主編　華學誠

文獻語言學

第二輯

中華書局

圖書在版編目(CIP)數據

文獻語言學.第二輯/華學誠主編. —北京:中華書局,2016.7
ISBN 978-7-101-11843-8

Ⅰ.文… Ⅱ.華… Ⅲ.文獻學-語言學 Ⅳ.①G256②H0

中國版本圖書館 CIP 數據核字(2016)第 095221 號

書　　名	文獻語言學(第二輯)	
主　　編	華學誠	
出版發行	中華書局	
	(北京市豐臺區太平橋西里 38 號　100073)	
	http://www.zhbc.com.cn	
	E-mail:zhbc@ zhbc.com.cn	
印　　刷	北京瑞古冠中印刷廠	
版　　次	2016 年 7 月北京第 1 版	
	2016 年 7 月北京第 1 次印刷	
規　　格	開本/787×1092 毫米　1/16	
	印張 17¾　插頁 2　字數 320 千字	
印　　數	1-1500 册	
國際書號	ISBN 978-7-101-11843-8	
定　　價	58.00 元	

立足事實分析語文現象，
依據文獻研究漢語歷史，
貫通古今探索演變規律，
融會中外構建學科理論，
凝聚隊伍成就學術流派。

——北京語言大學校長崔希亮教授題

目　録

文獻語言學（2）:1~8,2016

首屆文獻語言學國際學術論壇
開閉幕式發言摘要

北京語言大學漢語史與古文獻研究所

一、開幕式發言摘要

華學誠（北京語言大學教授）：

"文獻語言學"這個名稱並不是由我們第一次提出來的。陸宗達先生談什麽是訓詁時説："早在漢代，就開始了以掃除古代文獻中語言文字障礙爲實用目的的一種工具性的專門工作，叫做訓詁。在這個基礎上，發展出後來所説的文獻語言學。"

衆所周知，西學東漸以來，西方語言學對中國的影響是全面的，中國語言學也因此獲得了長足的發展，收穫了一系列重要成果。但隨着研究的不斷深入，這條單向接受的道路逐步暴露出不少問題，並引起語言學界的反思。以郭錫良先生、王寧先生、魯國堯先生爲代表的前輩學者，號召以中國語言學的優良傳統爲根，取世界語言學的精華而融通之，堅定地走自主創新之路，爲繁榮中國語言學而奮鬥。這一理念迅速獲得學界回應，並有力地促進了中國當代語言學的發展。正是在這一背景下，文獻語言學作爲富有中國特色的歷史語言學科就應運而生了。

我們現在理解的文獻語言學，當然不局限於訓詁，也不局限於傳統語言學，其内涵更加豐富、外延更加寬廣、材料更加全面、方法更加多元。我們要實現的基本目標概括爲五句話，即"立足事實分析語文現象，依據文獻研究漢語歷史，貫通古今探索演變規律，融會中外構建學科理論，凝聚隊伍成就學術流派"。我們要把文獻語言學當做一個學科來建設，要把文獻語言學當做一個事業來推動。

魯國堯（南京大學教授）：

對中國語言學界來説，2015年11月有兩件大事：第一件是2015年11月5日《國務院關

於印發統籌推進世界一流大學和一流學科建設總體方案的通知》發布。通知上說："建設
世界一流大學和一流學科,是黨中央、國務院作出的重大戰略決策,對於提升我國教育發
展水準、增強國家核心競爭力、奠定長遠發展基礎,具有十分重要的意義。""爲實現'兩
個一百年'奮鬥目標和中華民族偉大復興的中國夢提供有力支撐。""到2020年,若干所
大學和一批學科進入世界一流行列,若干學科進入世界一流學科前列。到2030年,更多
的大學和學科進入世界一流行列,若干所大學進入世界一流大學前列,一批學科進入世
界一流學科前列,高等教育整體實力顯著提升。本世紀中葉,一流大學和一流學科的數
量和實力進入世界前列,基本建成高等教育强國。"讀到這個通知我非常興奮、激動。我
們經常講中華民族的偉大復興,對我們做學問的人來說,最切身、最切實、最切合的就是
這一條令人振奮的信息。

還有一個喜訊。今天是11月28日,北京語言大學召開首屆文獻語言學國際學術論
壇,同時舉行《文獻語言學》創刊號首發儀式,這是11月裏的第二件大事。這件大事必將
在中國語言學界產生深遠的影響。我們國家提出高校"兩個一流"的建設任務,我們語言
學科能不能進入"一流"? 要努力啊! 千里之行,起於足下,今日就是"足下","文獻語言
學"就是"足下"。我認爲今天這個文獻語言學國際學術論壇的召開和《文獻語言學》的
創刊,具有重要的意義。我們恭賀北京語言大學,敬佩中華書局。現在的雜誌很多很多,
一流學科要有一流雜誌,《文獻語言學》就要辦成這樣的雜誌。

王寧 (北京師範大學教授):

今天看到很多老朋友,很多忘年交,很多非常有成就的中青年學者,大家在一起討論
一個問題,即文獻語言學。文獻語言學是用中國的方法、中國的材料,同時合理汲取國外
的東西而形成的一個學科,爲了這個學科大家聚會在一起。剛才華學誠教授已經說了,
文獻語言學是上世紀60年代陸宗達先生提出的一個名稱。陸先生在講《説文》學的時候,
提出《説文》學可以做叫文獻文字學;1982年陸先生和我在《辭書研究》上發表了一篇題
爲《文獻語義學與辭書編纂》的文章,把訓詁學稱爲文獻語義學。當時我們提出這個問題
是爲了説明自己的研究工作,跟今天已經不能比了。今天有了新的文獻來源,有了新的
方法,同時還有了新的工具,因此這個名稱要加入非常多的新因素和新內涵,涵蓋了更多
人的研究。華教授剛剛提出來五句話,第一句話是"立足事實分析語文現象",這個事實
首先是漢語的事實,而且是歷史語言和現代語言兩方面的事實。第二句是"依據文獻研
究漢語歷史",這就是說,我們的語言研究不能僅有歷史比較語言學,還要有中國語言學
自己的方法,這個方法就是要憑藉文獻來研究漢語發展規律、依靠文獻本身來探討漢語
的發展規律,要探討我們漢語自己的發展規律。漢語的特點及其研究成果,是可以補充
普通語言學的,因此我相信文獻語言學在大家的努力下會有非常好的前途。

秦淑華（中華書局編審）：

當《文獻語言學》開始討論時，我們曾有過一剎那猶豫，我們的工作强度遠遠超過在座各位的想象，但大家意識到這是一件非常有意義的事情，再忙也必須做！上世紀80年代初，在北大迎新會上我聽到王力先生説"語言學是科學"這樣一句話，至今没忘。華教授剛才説到辦刊宗旨，明確要立足於語言事實，這是它的科學性之一。咱們國家對語言文獻有多少深入、細緻的挖掘，有多少歷史語言研究是真正基於文獻語言事實並且在正確理論指導下來做的，值得省視和反思。華老師、北語有了辦這個刊物的想法，中華書局應該擔起來。爲學界做一點踏踏實實的事情，爲中國語言學的建設與發展添磚加瓦，是中華書局義不容辭的事情。

第一輯的編輯時間很緊，需要編纂者與出版者之間協調磨合的事情很多，但我們配合得很好，今天看到了創刊號，請專家們提意見、提建議。特別要提一下的是，刊物的封面是美編室主任親自設計的，刊物所用純質紙是出版部主任選定的用以彩印的紙，我們追求的是文質兼美。

顧青（中華書局總編）：

我談兩點感想：第一，大家知道中華書局人不多，經濟實力也不够强，所以我們祇能要求自己做最該做的事，出最該出的出版物。我知道文獻語言學這個意念在華教授的頭腦中已經存在了很久。很多年以來，他常常在電話中叨叨一下類似的想法，可以説"處心積慮"地要把這個事情做起來。爲什麽我會表態中華書局一定要出這個刊物，因爲我覺得這件事是中華書局應該辦的。中華書局專門做傳統文化典籍整理研究和出版工作，而且要做高水準的書。聽了華教授關於這方面的思路，我覺得這是中華書局的"菜"。因爲是做文獻的，從文獻的角度研究語言對我們整理文獻至關重要。祇有把這中間的一些問題研究好了，文獻整理才能上臺階。國家也非常重視古籍整理。十八屆五中全會關於"十三五"規劃的建議裏邊有四句話好像是給中華書局量身定制的。這四句話是："構建中國傳統文化傳承體系，保護文化遺產，發展民間工藝，整理中國文化典籍。""十三五"規劃馬上要做了，從文獻的角度來研究語言非常重要，要納入中華書局的規劃。

再談另一個感想。辦學術期刊很不容易。《文獻語言學》第一輯裏面的文章都非常精彩，各位先生都把好東西拿進去了，而且都是"乾貨"。中華書局看待學術期刊跟別的有些同行可能不一樣。我們認爲有些期刊是可以扔的，有些期刊再也不會重印，但希望中華書局出的學術期刊都具有重印價值。過了五年十年，這個期刊放在案頭上，或者書架上，您還常常覺得這裏面某篇文章很重要，還要看一看，這樣您才會保留它，它也才真正具有保留價值，這是我對《文獻語言學》的期待。作爲一個搞文獻出身的人和一個文獻工作從業者來説，我們看問題要幾十年幾百年地看。我希望這個刊物可以長期辦下去，中華書局願意長期合作、服務下去。一個有價值的期刊是值得承襲和保存的,它的生命力主要體現在品質上,重要標誌是看它活得長不長,這是我們看重的地方。中華書局已經有103年的歷史。前些年,我們提"百年再出發"。我希望《文獻語言學》這樣的學術雜誌能夠五年十年五十年一百年地生存下去,因爲文獻語言學這個學科的生命是長遠的。這是我對這個刊物的期待!

崔希亮(北京語言大學教授、校長):

今年參加了三個活動,對我的影響都非常大:第一是參加中華書局和北京大學聯合召開的《王力全集》出版座談會,發言主要是擺成績、談貢獻,也有反思,會議開得非常成功。第二是參加北師大舉辦的紀念章黃學術思想和陸宗達先生誕辰百年的一個學術研討會,很多先生的發言具有衝擊力,特別是關於繼承與發展方面的觀點,給我留下了很深的印象。第三就是參加了人民網大學校長論壇,論壇的主題是建設一流大學和一流學科,背景就是剛才魯國堯先生所提到的國務院文件。在那個論壇上,我提出了一些問題:什麼是一流學科? 它的標準是什麼,誰定的標準? 西方的標準,還是我們自己的標準? 有沒有國際公認的一流學科標準? 自然科學有,但人文社會科學有沒有? 大概也有一些,但很多是有爭議的。如果一流學科是指有特色的學科,即我們有而別人沒有,比方中國語言文學,那麼這類學科在國際上有沒有可比性? 第二個是交叉學科,有些交叉學科有可能成爲一流學科,因爲它們都是由不同學科雜交而成的。第三個是新興學科,比方說北語剛辦的語言病理學這樣一個小學科,是應用學科,也是新興學科,在我們國家還沒有很多人做。

我想,文獻語言學雖然不是一個新興的學科,正如剛才魯先生和王寧先生所說,它現在已經注入了新的內涵,所以從這個意義上來講,它是新生的,《文獻語言學》這個雜誌也是新生的。華學誠教授提出做這件事,我很支持,今天公開表態,今後繼續大力支持。正如顧青總編所説,華學誠教授"處心積慮"謀劃此事很多年了,還有張猛教授、羅衛東教授、石定果教授等也爲這件事情奔走呼號了很長時間。現在時機成熟了,我們可以來做這件事了。

借這個機會我提四點建議:第一,希望文獻語言學這個學科和《文獻語言學》這個雜誌能夠有繼承有發展,衹有在繼承的基礎上才會有更好的發展。第二,希望有語文學的功底和語言學的眼光,這是汪維輝教授的話,我借過來用。文獻語言學這個團隊的語文學功底是非常扎實的,再加上現代語言學的眼光,就有兩個翅膀,就能飛起來。第三,要守正出新。這一點與繼承和發展有聯繫,但不完全一樣,守正是前提,出新是目標。最後,在守正出新、繼承發展的基礎上建設有中國特色的語言學。這是多年來我們前輩學者的願望。我們要相信,有了中國特色,有了文獻語言學這樣一些學科的支撐,中國語言學走進世界一流學科是有希望的。

二、閉幕式發言摘要

華學誠（北京語言大學教授）：

在北京語言大學和中華書局領導的大力支持下，在海內外專家的共同努力下，首屆文獻語言學國際學術論壇開了整整兩天，順利完成了全部議程。作爲論壇組織者，我謹代表組委會簡單歸納一下此次論壇的成就和特點。

首先談成就。此次論壇有來自五十多所高校和研究機構的七十多位專家提交了論文，做了五十多個大會報告，北京大學、北京語言大學等在京高校和部分京外高校四十多位研究生旁聽了論壇。論壇所收到的論文涉及四個大方面的内容：第一是關於文獻語言學以及語言學文獻整理，第二是關於語音史與音韻學及其文獻研究，第三是關於文字詞彙及其文獻研究，第四是關於歷史語法及其文獻研究。所有論文都圍繞文獻語言學這一主題，作者無論是提出新見，還是補正前説或者深化已有的研究，都基於傳世文獻、出土文獻進行了扎實研究、科學論證。這些成果在論壇閉幕之後會陸續發表，並將推動文獻語言學的進一步發展，這是本次論壇所取得的最重要的也是最大的成就。

其次談特點。這次論壇從組織到舉辦，都有很多不同於其他同類學術活動的特點。初步概括有如下六點：一是前輩的傾力支援。論壇，包括刊物、講座，從策劃到實施，都得到了郭錫良先生、王寧先生、魯國堯先生、趙振鐸先生、竺家寧先生等前輩學者的全力支持，王寧先生、魯國堯先生、竺家寧先生論壇期間全程駐會，發表宏論。二是隊伍的梯度合理。出席本次論壇的有尊敬的前輩，他們是中國語言學的領軍者，更多的是中青年，他們是文獻語言學研究的中堅力量，還有一批剛剛入行的青年人，他們是學科的未來。出席者年齡從三零後到八零後，橫跨半個世紀，這是文獻語言學學科必將興旺發達最有力的證明。二是純學術活動。論壇的組織與舉辦，根本目標就是爲了建設並發展富有中國特色的歷史語言學科，因此它既不同於由某個學會、研究會組織的會議帶有點官味兒，也不同於某個單位爲了特定利益而召開的會議那麼有實際目的，換句話説，這是個純學術的論壇。四是共同的學術理念。論壇從一開始發出邀請函就明確了五句話，即立足事實分析語文現象，依據文獻研究漢語歷史，貫通古今探索演變規律，融會中外構建學科理論，凝聚隊伍成就學術流派。高論宏議是因爲認同這一理念而作，專家學者更是因爲認同上述理念而來。五是高度的學科共識。無論會上會下，專家學者們對文獻語言學這一學科概念的提出都表示了充分肯定，對這一學科未來的建設與發展提出了很多積極建議。與會者希望北京語言大學漢語史和古文獻研究所舉辦的論壇、創辦的刊物和系列講座能够越辦越好，並紛紛表示，將積極爭取參加每屆論壇，願意爲《文獻語言學》優先供稿,大力支持北語辦好系列講座。六是平等的交流機會。論壇全部采用大會報告形式,每位與會專家都得到了公開發表論文和討論的機會,使得這次論壇形式上緊湊熱烈,内容上豐富多彩。

魯國堯(南京大學教授):

華學誠教授讓我在閉幕式上談談一孔之見。那我就先談一談這兩天參會的一些想法:一個是文獻語言學國際學術論壇,一個是《文獻語言學》刊物的首發式,我的評估是,都辦得很好。我所以認爲好,因爲衡量好的標準,我以爲有兩個:一是廣度,一是深度。這次論壇提交了七十多篇論文,大陸和港臺五十多所高校與研究機構的專家都來參加,可以説全中國東西南北的學者都到了,這麽多單位的精英人物到這裏開會,這是第一個廣度;另一個廣度則是諸位專家學術報告的内容涉及文字學、詞彙學、音韻學、語法學以及義理等等方面。這兩天諸位的報告都很有深度,都是作者多年來精心研究的成果,可以説是心血結晶。有了一個廣度,又有了一個深度,所以我説這個會開得好。

更重要的是,這次華學誠教授和北京言大學舉起了文獻語言學這面大旗。以前陸宗達先生、王寧先生都講過“文獻語言學”,但是我們都不太知道。這次把這個大旗舉起來,我認爲很有意義。語言學人研究語言學需要資源,包括口語資源和文獻資源。我們反對把以文獻爲資源的研究説成是低等數學,而做口語資料的學問就是高等數學。這種錯誤的説法在中國大陸和海外都很有市場,他們的來源呢,用現在一句通行的話説:“你懂的。”研究方言,首先要去調查口語的資料,這的確是很重要,可是涉及到方言史的時候,就不能不利用文獻記載了;研究漢語的歷史,相較之下文獻資料更重要。季羨林先生説過,在世界主要的文明古國裏,漢語文獻最多,第二是梵語,希臘語和拉丁語則是第三第四,但是跟第一名第二名比,就差了許多。季先生的話我相信。漢語的文獻那麽多! 要研究漢語的歷史,不能不利用自己極其豐富的文獻資源。如果從甲骨文算起,中國文字的歷史長達三千多年,我們的先人利用文字記錄下大量的文獻,這裏面富含各個時代的語言資源。而口語中的大量信息,尤其是古代口語的信息,被時間毫不留情地沖刷,沖刷掉太多。因此,研究漢語的歷史,不得不主要依靠文獻記錄下來的信息。我們的文獻資料如此之多,十分寶貴,世界罕見,我們絕對不能采取虛無主義,數典忘祖。

我們應該堅持不崇洋、不排外的“雙‘不’方針”。崇洋,泯没自己的心智,匍匐在他人的脚下,落到拾人牙慧的下場;排外,猶如封閉了一條取他人之長以豐富自己、提高自己的途徑。中國語言學界確實存在這種不好的傾向,這影響了中國語言學的健康發展。昨天晚上我與竺家寧教授論學,竺教授説臺灣也很有崇洋的傾向。日本的學術環境本來不錯,近年來跟着美國的一套走,現在學術生態也出了問題。今年11月5號,國務院發出通知,要求我們有一流學科、一流大學進入世界行列、前列,甚至要處於領先地位,崇洋能够做到嗎？講形式語法、講功能語法，喬姆斯基是一流，韓禮德是一流，中國人跟在後面轉，能是一流？不要以爲我反對崇洋就認爲我排外，我一點兒都不排外。我很重視外國的東西，丹麥比較語言學家裴特生的《十九世紀歐洲語言學史》的英文本我逐字逐句地讀過兩遍，中文本讀得更多，我爲中文版做了個校訂本，發表了一篇很長的書評。近年我在讀20世紀英國哲學家羅素的《西方的智慧》，從頭看到尾，我很認真地讀了朱光潛先生的《西方美學史》。我讀這些書，是遵照先賢徐光啟"欲求超勝，必先會通"的教導，取其精髓融通之，力求創新，爲中國語言學的獨立、繁榮盡我的綿薄之力。我認爲崇洋不是辦法，它嚴重地阻礙了中國語言學的發展，而文獻語言學則是促進中國語言學科成爲一流學科的一柄利劍。不要因爲我反對崇洋，就以爲我輕視口語資源，我是很重視口語的，我調查過方言，研究過方言，寫的論文加起來也有十多萬字。我主張"新二重證據法"，文獻與口語並重。我是過來人，五十年的治學經驗，我認爲文獻語言學是重要的。

我雖然老之已至，但還想爲中國一流學科的建設貢獻我的一份力量。作爲中國學者，我盼望國家繁榮富強，我希望中國語言學學科早日屹立於世界學術之林，能够進入世界前列，甚至達到領先地位。但是最能爲這個偉大目標的實現而作出貢獻的應該是在座的二三十歲的年輕學人。我要對諸位講，你們到了五十歲，亦即你們人生的輝煌時期，我敢相信，是你們對國家和民族的忠誠，是你們的智慧和汗水，將中國語言學打造成爲世界一流學科。

我還要感謝爲會議服務的所有同志，論壇的成功舉辦，你們的奉獻功不可没。我還注意到一個細節，小姑娘、小伙子給專家遞送話筒都是雙手奉上，這説明北京語言大學文明程度高。中國是禮儀之邦，北京語言大學是禮儀之校，我們要感謝這些小姑娘、小伙子！

李宇明（北京語言大學教授、黨委書記）：

這個論壇最大的特點就是祖孫在一起開會，文獻語言學就是需要幾代人的努力。學誠剛才總結了會議的幾個特點，我認爲"祖孫同堂"是最大的特點。魯國堯先生説中國要建設世界一流的語言學科，得到2050年，看來今天坐在後面的還是學生的年輕人責任重大。學誠講這個會議還有個特點，就是没有官氣，我想我來不會增加官氣。我來的目的就是看看老朋友，看看我們的專家，大家到北京語言大學來開會，我應該來。魯先生剛才還表揚北京語言大學是禮儀之校，我不來就没禮貌了。我來的第二個目的，是因爲我對文獻語言學瞭解較少，搞語言的人對一個語言學科一點兒都不知道，怕别人笑話，來這裏沾點兒仙氣兒，來學習點兒東西。

作爲一個語言學者，應有四個學術目標：第一，把本學科做好，雖然一個人不一定起多大作用，但如果大家都努力，學科就會往前進。第二，希望對普通語言學有所貢獻。中國語言學至今没有對普通語言學産生重要影響，原因很多，也許是他們没有顧得上看中國，也許是我們的研究成果他們沒有興趣。現在醫學非常發達，但裏面中醫的學術成分很少。屠呦呦獲諾貝爾獎很大的原因就是因爲她把傳統醫學和現代科學結合起來了。中國語言學的研究成果能否對普通語言學產生影響？也許到了魯國堯先生說的2050年，中國有了一流的語言學科，普通語言學就會吸收更多中國語言學的研究成果了。第三，一個學科應得到相關學科的關注。時至今日，相關學科對語言學的研究成果關注不多，中國語言學對相關學科的實際影響不大，文獻語言學做起來之後，說不定會對相關學科提供幫助。西方的不同學科之間好像都有一個共同的追求，且聯繫緊密，一個學科產生了什麼新成果，有了什麼新方法，馬上就會被另一個學科吸收。但在中國還不是這樣，學科之間，甚至相同的學科，都似乎缺乏共同的追求。我們的語言學科也是這樣，相互之間不通氣，這是阻礙學科發展的一個重要原因。第四，就是語言學科能惠及社會大衆。如果學術祇在工作室、實驗室，作爲學者個人當然可以，但作爲一個學科，就是喪失學術的社會職責，就會喪失發展的動力。

　　建設一流大學、一流學科的一流，是一種追求，一種理想，不是現實，也不知道何時能實現。文獻語言學的提出，也是一種追求。文獻語言學幾乎包括了語言學所有的方面，傳世文獻、出土文獻，現在的口語資料把它轉寫下來也成了文獻，所以文獻語言學的研究物件包括出土文獻、傳世文獻和將來可能成爲文獻的文獻，文獻語言學結合了中國的特點，發揮了中國的優勢，因爲中國擁有世界上最多的文獻。此次論壇是首屆，說"首屆"就包含着頂層設想和未來展望，因爲它要繼續開下去，第二屆、第三屆。祝文獻語言學論壇一屆一屆都能開好，爲中國語言學躍爲世界一流做出貢獻，爲學者的四個學術目標的實現做出貢獻。

　　我們希望把北京語言大學辦成語言學家之家。語言學工作者到北京來，我們接待的條件好不好，暫且不說，熱情總是有的。開這樣的會，校長和書記知道了，要跑過來看一看，就是想給大家家的感覺。我們還希望把北京語言大學辦成語言學之家，跟語言相關的，我們都感興趣，都支持。北京語言大學現在是語言學大校，還不是語言學强校，北京語言大學的發展，得到了大家的支持，希望以後還能得到海内外學者的支持。

文獻語言學（2）:9~10,2016

首屆文獻語言學國際學術論壇論文綜述

北京語言大學漢語史與古文獻研究所

2015年11月27日到30日,北京語言大學漢語史與古文獻研究所主辦了首屆文獻語言學國際學術論壇。與會專家七十餘位,來自五十多所高校和研究機構,共提交論文七十多篇,這些研究涉及漢語史方方面面。主要涉及四個方面:

第一,關於文獻語言學以及語言文獻的整理。論及兩個問題:一,如何理解、定義"文獻語言學"概念。魯國堯《簡論"文獻語言學"》主張"以文獻爲主要資源的研究語言的學問與以口頭材料爲主要資源研究語言的學問都應該受到尊重,互補相濟,可臻勝境";汪維輝《語文學的功底語言學的眼光》認爲"研究漢語詞彙史須要有語文學的功底,否則難以駕馭複雜的文獻材料,不能準確地描寫詞彙演變的史實,想要進行高水準的詞彙史研究當然無從談起",趙麗明《文字語言學與文獻語言學》以傳統的語言文字之學對應文獻語言學。二,如何利用文獻學方法整理語言學著作、解決語言學問題。李運富《傳世文獻的改字及其考證》、楊軍《盧文弨抱經堂本〈經典釋文〉再評價》、華學誠《戴震〈方言疏證〉校勘記》、張民權《萬光泰〈蒙古字括〉校釋》、萬獻初《顏師古〈漢書注〉三千五百條"音"考析》等,在這一方面進行了實踐。

第二,關於語音史和音韻學的研究。以新思路與新眼光重新審視前代韻學著作,如黃耀堃《讀〈古韻標準〉札記》提出了本屬考古派的段玉裁在《六書音均表》編制中實際運用了韻圖的理論,其關於斂侈的説法從理論上涉及陰、入分立。李無未《〈廣韻〉"新添類隔今更音和切"與等韻門法"正則"》,認爲宋代學者對《切韻》系韻書的修訂,不是簡單化地校讎和增損質正工作,而是按照新的等韻意識審定,並建立新的等韻化韻書模式的脱胎換骨過程。此類文章還有孫建元《〈洪武正韻〉的音韻構架和明清"官話"的内涵》、李軍《從〈于氏捷韻〉看直圖系列等韻著作傳承與創新的方式及其實際語音研究方法探微》等。此外,在挖掘音韻材料中的新現象或提出新理論方面也有創獲,如孫玉文指出古代學者在研究中有工作音系和对象音系,從理論和實際兩個方面提出了研究古方言和通語的途徑。張渭毅《慧琳上下字異調同韻類的反切及其研究價值》説明前人在研究慧琳反切中所忽略的反切上下字異調同韻的現象及其價值；竺家寧《論〈詩經〉的韻例問題》嘗試跳出押韻的窠臼，從音韻角度設想探討《詩經》用多少種不同的方式來表達音樂與韻律。丁治民、儲泰松、徐朝東、劉子瑜等均就具體音韻問題提出了新的見解。

第三，關於文字詞彙和相關文獻的研究。鄧福禄對新版《漢語大辭典》的義項進行了辯證分析，方一新、羅衞東、魏德勝、孟蓬生分別對出土文獻中文字問題作了細緻的考釋。汪啟明、邵則遂、謝榮娥等對古代方言詞彙進行了研究，張美蘭運用《官話指南》譯本從宏觀上探討了粵語、滬語的方言特點，等等。關於文字詞彙的理論建構方面，馮勝利通過對乾嘉學者學術成果的考察，試圖挖掘背後的理論，劉釗則把傳世文獻和出土文獻結合起來，清晰地演示了二重證據法的應用，展示了文獻語言學一條不可或缺的研究路徑。

第四，關於歷史語法和文獻研究。這類文章都能堅持立足於文獻作探索，如松江崇《試談唐五代的兩類量詞及其語義功能的差異》考察了唐五代敦煌文獻中八個量詞及其所構成的數量名短語，將其分爲兩類，指出這兩類結構承載了不同的語義功能。邵永海《〈韓非子〉中的"NP之所VP"結構》清晰地展示出《韓非子》中能够出現在NP和VP兩種位置上成分的句法語義特點。洪波《先秦漢語示意語力的增級與降級——以語氣副詞"曾、其"爲例》、魏兆惠《論艾約瑟對漢語詞類轉換問題的認識》、傅惠鈞《"你這（個）NP"的形成與發展》等，對語法史上相關重要問題提出了新的意見。

本屆論壇的論文有一個共同特點：無論是提出新見解，或是補正前人舊説，或深化已有研究，都基於傳世文獻暨出土文獻進行了實事求是的探索。

圍繞"文獻語言學"這個主題，本屆論壇匯聚了一批高品質的研究成果。這些成果中的絶大部分將陸續刊發。

文獻語言學（2）：11~16,2016

談談古音研究的十年論爭

郭錫良

（北京大學中文系,北京,100871）

　　2002年6月,我在南昌紀念《中國語文》創刊五十周年學術會議上發言,駁斥梅祖麟2001年在香港語言學年會上的講話,揭開了古音研究的一場爭論。至今正好十年,回顧一下這場爭論,不無意義。

　　梅祖麟在講話中攻擊了王力和王念孫,還掃蕩了乾嘉學派、章黃學派及其"旁支別流",罵倒一切;又"册封"了"主流"音韻學家,儼然是中國語言學界的霸主。潘悟雲也早就寫了"勸進信",要梅氏來領導中國語言學界,撥正大陸語言學研究保守、落後的研究方向,言辭謙卑,情意懇切。

　　爭論開始後,很快形成海峽兩岸聯合進行的一場學術論爭。不過情勢詭譎,有理一方的發言、文章發表竟然遇到了阻力,是《古漢語研究》主動承擔了開展這場學術論爭的重任。初步統計:十年來梅氏等六人,發表論爭文章九篇;批評梅的兩岸學者（包括一名華裔美籍學者）共二十五人,發表論爭文章三十三篇。

一

　　梅氏《有中國特色的漢語歷史音韻學》的講話攻擊王力不懂"同聲必同部"的重要性,不懂得利用諧聲字研究上古音,不贊同複輔音,不用漢藏語材料,在古音研究中犯了"總退卻路線"錯誤,被他開除出"主流音韻學"行列。梅文又歪曲地表述王念孫《廣雅疏證》的"一聲之轉",輕蔑地挖苦說"祇有清儒会發明這種論證方法,外國人可没有這個能耐";還攻擊章黃學派"根本不是語言學",進而橫掃章黃學派的"徒子徒孫"和"旁支別流"。

　　我的發言《歷史音韻學研究中的幾個問題》針鋒相對地批駁了梅氏對王先生的攻擊,揭示了他的無知和武斷;並指出梅氏自己考察漢藏同源詞的錯誤,還分析了潘悟雲的《漢語歷史音韻學》"知識性錯誤實在太多",被奉爲歷史音韻學的主流著作,實在太荒誕。文章發表在《古漢語研究》2002年第3期,第4期又發表了孫玉文的《〈漢語歷史音韻學·上古篇〉指誤》。孫玉文說:"發現本書《上古篇》錯訛太多,初步核查,有一百多處。"他祇舉出38例,作了有理有據的分析、批評。這就證實了我批評潘著的論斷。

這裏須要説明,在我去南昌開會前,曾將發言草稿送請正在清華大學講課的陳新雄提意見,獲得贊許。陳先生回臺灣後,撰寫了《梅祖麟〈有中國特色的漢語歷史音韻學〉講辭質疑》,召集、舉辦了漢語歷史音韻學討論會。他們把梅氏2000年在史語所七十周年研討會上的發言,集中攻擊章黃學派的《中國語言學的傳統和創新》一文,一併進行了全面、深入的批駁,編發了《會前參考論文集》。

梅氏在香港的講話是貼在語言所和北大的網上,南昌會後,我把發言稿也貼上北大的網站。不久,梅氏給我來了一封信,承認自己的講話錯誤:"妄言王先生不懂'同聲必同部'更是不當。"但是,卻向我提出了三個難題:一聲之轉是否能用來做同源詞研究;怎樣做漢藏比較;王先生的上古音系統是否能用來做漢藏比較。要我回答。

我不得不寫了第二篇駁議文章《音韻問題答梅祖麟》。主要内容是:(1)論證了梅氏攻擊王念孫《廣雅疏證》和王力的詞源研究的論點是錯誤的。(2)陳述了雙方對歷史比較法和漢藏語比較的不同看法,指出了漢藏語比較中現存的普遍缺陷。(3)指出王力明確表示擬測先秦古音是依靠傳統使用的三種材料,一般不用漢藏比較材料。從高本漢到董同龢、陸志韋、李方桂等各家深具影響的古音構擬系統,都是如此,並介紹了五家系統的異同。同時批評了潘悟雲古音構擬觀念和鄭張尚芳六元音古音構擬系統的荒誕。然後點出俞敏的《漢藏同源字譜稿》就是采用王力的古音構擬系統,梅氏應該把眼光開放一些。

2003年《古漢語研究》在發表魯國堯的《論"歷史文獻考證法"與"歷史比較法"的結合、華學誠等的《就王念孫的同源詞研究與梅祖麟教授商榷》(1期)、薛鳳生的《中國音韻學的性質和目的》(2期)後,發表了我的《音韻問題答梅祖麟》(3期);同時也發表了爲潘悟雲辯護的文章,即麥耘的《漢語歷史音韻研究中若干問題之我見》和董建交的《關於"正月"及其他》(4期)。《語言學論叢》(第28輯)發表了唐作藩的《王力先生的"諧聲説"》、張雁的《上、去二聲源於韻尾説不可信》、李香的《關於"去聲源於-s尾"的若干證據的商榷》。《語言研究》發表了陳新雄的《梅祖麟〈有中國特色的漢語歷史音韻學〉講辭質疑》和梅祖麟的《比較方法在中國,1926~1998》(這是2000年一文的縮寫本)。《語言科學》發表了耿振生的《論諧聲原則——兼評潘悟雲教授的"形態相關"説》。還有韓國《中國學研究》發表了耿振生的《漢語音韻史與漢藏語的歷史比較》。此外,鄭張尚芳在《南開語言學刊》發表了《漢語與親屬語言比較的方法問題》,又在東方語言學網站貼上了《〈漢字古音手册〉勘誤》。因此可以説,2003年形成了這次古音爭論的高潮。

2004年《古漢語研究》發表了黃易青的《論上古喉牙音向齒頭音的演變及古明母音

質》（1期）、張猛的《關於〈小雅·正月〉中"正月"的訓詁問題》（1期）。黃文從歷史音變角度對複輔音進行了質疑,張文是與楊劍橋在東方語言學網站爲潘悟雲辯護的説法（内容與董建交一文基本相同）進行商榷,分析了他采用俞樾説動搖不了古訓毛傳。

2005年《古漢語研究》發表了孫玉文的《試論跟明母諧聲的曉母字的語音演變》（1期）、周守晉的《漢語歷史音韻研究之辨僞與求真》（2期）。孫文從語音演變角度論證構擬複輔音不可信,周文則對麥耘維護潘悟雲的觀點進行了全面批駁。《語言學論叢》發表了孫玉文的《上古音構擬的檢驗標準問題》,主要從理論、方法角度批評了潘悟雲古音構擬的錯誤,揭示出他理論方法的荒誕,材料分析方面的主觀隨意。《學術界》發表了王寧、黃易青的《漢語歷史音韻學要尊重歷史、尊重事實、尊重科學》,也主要是從理論、方法角度著眼,批評梅氏評價前人時不尊重歷史事實,研究古音時不重視古漢語事實,進行漢藏比較時表現出明顯的循環論證。兩文考察都比較全面,分析都比較深入。此外,潘悟雲在《音史新論——慶祝邵榮芬先生八十壽辰文集》中刊登了《字書派與材料派——漢語語音史觀之一》,對我（2002）和孫玉文（2003）批評他《漢語歷史音韻學》存在的大量常識性錯誤中找出"黷"和"硬"兩個字的論斷進行辯解,把我倆歸入字書派,他自己是材料派。我們分別寫了文章,對他進行了批駁,這是後話。這兩年,可以説論爭已經進入延續階段。

2006年《古漢語研究》發表了節於今的《建設創新型語言學》（1期）,文章視野開闊,帶有對這場論爭小結的性質。該文提倡自主創新,反對盲目"接軌";中心是繼承優良傳統,反對"嘲諷王氏（王念孫）貢獻";提倡不同學派的爭鳴,對梅氏"不應戰"表示了"遺憾"。梅祖麟則在《語言學論叢》（第32輯）發表了《從楚簡"（美）"字來看脂微兩部的分野》,承認"兩次連帶着董先生的《上古音表稿》來敘述王先生功業,兩次都不怎麼成功"。肯定王力"《上古系統韻母研究》裏面的'脂微分部'之説在當時有繼往開來兩種作用"。評價與他原來的説法完全變了樣;但是整篇文章卻是要論證王先生列在脂部的"美"字要歸入微部,認爲"王先生的丙項標準要改成董先生所説的樣式"。仍然留下了一項須要駁正的話題。可以説,這次古音研究論爭已經到了收官階段。這時,不斷有學者建議將這次古音學國際大討論的文章編成一部論文集;大家的論文要徵得作者本人的同意,梅祖麟等都不肯授權,我們衹得把他們的論文目録在《編後記》中列出。2007年底交商務印書館,2009年出版。

二

2007年以後,古音學論爭的浪頭雖然逐漸平靜下來,但是餘波仍然不斷蕩漾。這裏有兩期風波必須有所交代:一是梅氏留下的"美"字的歸部問題,2007年我在《語言學論叢》(第35輯)發表了《"美"字能歸入微部嗎?——與梅祖麟商榷》,對梅文作了辨正,分析了錯誤所在及其原因。鄭張尚芳2008年在《語言學論叢》(第38輯)發表了《"美"字的歸部問題》批駁我。我2009年寫了《再談"美"字能歸入微部嗎?——與鄭張尚芳商榷》,2011年發表在《中國語言學》(第5輯)。我在文章中揭示了鄭張研究古音完全割斷了從顧炎武以來古音學家的理論方法,對如何運用詩文押韻、諧聲系統和《切韻》系統的對應關係來考察古韻分部的基本方法都十分生疏;並指出他把"美"字歸入微部是拋棄了系統性原則,陷入了隨意推測的泥坑。

另一風波是馮蒸2008年在《漢字文化》(第4期)發表了《第三次古音學大辯論》講辭。他貌似客觀公正,卻不顧事實,爲梅祖麟、鄭張尚芳辯護;把郭某的表現描寫成霸氣十足,並借別人之口,攻擊郭某"以衞士自居,可是在學人的眼中,他們是學術界的恐怖分子"。黎新宇撰寫了《讀馮蒸教授第三次古音學大辯論講辭——兼回應梅祖麟教授對"一聲之轉"的批評》,發表在2009年《中國語言學》(第5輯)。文章首先揭示了馮蒸"自炫頭銜"、"冒充""音韻大家的學生",棄業師於不顧;他的講辭僞裝公正,明顯偏袒梅氏,甚至替梅氏向王先生"追加質疑";又吹捧鄭張尚芳,爲貶低王先生張目;還宣揚鄭張尚芳爲幫助梅氏而攻擊《漢字古音手册》時所用的網站,卻置純粹批評梅氏的文章《對"殺"和"死"形式標誌的確立與應用的追蹤分析》於不顧。黎文在回應梅祖麟對"一聲之轉"的批評時,揭示出梅氏不懂《廣雅疏證》,把"一聲之轉"片面化爲同源。黎文還剖析了馮蒸的"擁蕘",指出他謾罵郭某的言辭,恰恰暴露了他自己文章"遺老遺少"的"嘴臉"。

郭錫良、孫玉文對潘悟雲2005年的文章都在2006年寫了批駁文章,在不同的國際學術會議上宣讀。郭錫良的《從湘方言的"蓋"和"鬮"談到對古代語言學文獻的正確解讀》,2008年發表在湘方言首屆國際學術會議論文集上。孫玉文的《漢語史研究中材料的考證與運用》(答《字書派與材料派——漢語語音史觀之一》),發表在《中國音韻學——中國音韻學研究會2006年南京研討會論文集》。郭文把"蓋"和"鬮"在湘方言中詞義、語法的異同詳細分析後,又討論了它們的歷史發展,然後分析潘文的錯誤,指出它概念混亂,缺乏語言學基本知識,"是一篇歪曲前人成果、邏輯混亂、自相矛盾、錯誤加胡編的奇文"。孫文就潘文提出的"硬"和"鬮"兩字的考證,從學識和學風兩方面進行了批駁;揭露他隱瞞學術事實,"對前輩的成果隻字不提";曲解對方意見,掩蓋自己錯誤;引證材料粗疏,論證方法荒謬。

此外,2008年《中國語言學》(第1輯)發表了郭錫良的《漢藏諸語言比較研究芻議》、陳新雄的《鄭張尚芳〈詩經的古音學價值〉述評》,孫玉文的《漢藏諸語言詞彙比較中的詞義對應問題》,也屬於這次論爭的範圍之列。

郭文根據考古成果、文獻資料論證了:中華大地華夏族與四周其他族群是語言各異的族部；華夏族有史以來就使用同一語言，周代形成雅言，長期國體統一，書面語統一，語言融合成爲主流，漢語没有分化成不同的語言。又從語言類型學方面論證了漢語與藏緬語族同源不可信。最後引用了《李方桂先生口述史》中他看低漢藏語系的可信性和批評白保羅靠雙語詞典搞漢藏語比較和構擬上古音的意見，並批評某些人把白保羅的書捧作聖經；然後提出，“李先生的話似乎都是對着鄭張、潘悟雲這些人説的”。此文是對論爭初期某些人聲稱“漢藏諸語言構成一個語系是常識”的説法，做出了決定性的回擊。

陳文揭示出鄭張的古音系統一部有三套三個主元音；入聲韻不是向來的清塞音，而是根據民族語改成濁塞音；一個韻部既可以收喉（質-g、真-ng），也可以收舌（質-d、真-n）。不但擾亂《詩經》押韻，而且系統混亂，把人“搞得如墮五里霧中”。還批評鄭張在一篇論述古音學價值的文章中，推斷出“莫須有”的“前冠音”，弄出個“史無前例”的“連讀音變”。這是這次論爭對鄭張古音系統的一篇畫龍點睛的專論。

孫文從偏重理論、方法的角度批駁了白保羅及其追隨者鄭張尚芳等運用比較詞義的論證方法來證明漢藏同源，揭示他們在詞義的對當上常常任意牽合，荒謬比附；對那些爲這種論證方法辯解、找托詞的論調也進行了直接批駁，指出是“顛倒了是非”。

三

這場論爭從2002年爆發起已經十年，如果從梅氏2000年發表《中國語言學的傳統和創新》算起，那就是十多年了。其實我們同梅氏的分歧還早得多，祇是没有爆發罷了。梅氏等人把這場論爭看做新與舊、先進與落後、科學與不科學之爭；我們則把這場論爭看作崇洋輕中與以我爲主（中外古今）、主觀輕浮與求真務實之爭。毫無問題，這是學風和學術思想路線的大是大非，遲早避免不了要爆發。現在分歧擺開了，事實俱在，是非自有公論。

總之，經過論爭，梅氏兩次表示有錯，這是我們應該歡迎的。大家都看到，當初梅、潘那種來勢洶洶的架勢看來是没有了。“漢藏語是一個語系是常識”的高調也唱不出來了，“研究古音不用漢藏比較資料”就是倒退的唬人戲文，聽的人也應該少了。梅氏等人的不良學風和思想方面的底細受到了一次應得的清算。他們打着李方桂的旗幟，卻落得要被李先生斥爲“此類構擬純屬胡鬧”，要被李先生歎息，“這太可悲了”。另方面，乾嘉學派、章黄學派和以王力爲主要代表的中國現代語言學的真實價值，得到了一次比較全面的展示，中國語言學自己的優良傳統得到了一定的維護。我們留下了一本《音韻學方法論討論集》，組織編輯了一本學術輯刊《中國語言學》，宗旨是“以中國語言學的優良傳統爲根，取世界語言學的精華而融通之，堅定地走自主創新之路，爲繁榮中國語言學而奮鬥”。

綜觀全局，十年論爭中，梅氏及其信徒是處在被動挨批局面。然而問題相似的論爭不限於古音學界，語言學的其他分支也有這個問題，語言學領導機構中也有這個問題，看來勢力還不小；因此，對這場論爭的前途我們雖然樂觀，但是需要各方面的努力，才能遏制這種壞學風和壞的學術思想路線的泛濫。

2012年3月10日初稿於海口
2012年7月6日修訂於燕園

文獻語言學（2）：17~32，2016

傳世文獻的改字及其考證

李運富　李　娟

（北京師範大學文學院，北京，100875；江西科技師範大學文學院，南昌，330013）

提　要：傳世文獻的版本很少有與内容同時形成的，大多屬於文字晚於内容的後時文獻。後時文獻常有改變同時文獻用字的“當代化”現象，考證這種後時文獻當代化的改字，單靠版本異文的校勘有時不一定奏效，因爲異文本身也可能是改字形成的。本文提出可以通過考證相關字符的産生和使用時代以確定“改字”，或者通過考證相關義項的産生和使用時代以確定“改字”。考證改字的材料主要有三種：一是其他文獻的“同時材料”；二是“同時代書寫材料”；三是古代注家説明了用字情況的“釋字材料”。“後時材料”也可用於旁證。

關鍵詞：傳世文獻；改字；同時材料；後時材料；同時代書寫材料；釋字材料

一

　　一種文獻的初始文本生成後，在傳世過程中除非不再産生新的版本，否則就難免出現錯訛和改字。無意識的錯訛往往會造成原文的解讀困難，歷來爲訓詁學、校勘學所重視；有意識的改字一般並不影響原文的解讀，跟訓詁關係不大，但改字反映了寫字者的用字心理和時代習慣，是研究漢字職能變化和字詞關係變化的極好材料，所以有越來越多的學者給予了關注。

　　義不變而字變，改字者總是有某種目的的。或爲了適應當代的用字習慣，或爲了書寫的方便快捷，或爲了獵奇而使用新出字，或爲了減少理解的困難而將通假字換成本字等。太田辰夫《中國語歷史文法·跋》中説很多文獻整理者“由於缺乏語言變化的知識而把文字任意改成時髦的了。看來把文字改成時髦的，這一點，從古到今所有的校訂者無一例外地一直在做”①。李榮《文字問題》指出：“傳世古籍屢經抄刊，屢經‘當代化’，某字

---

① 太田辰夫《中國語歷史文法》第375頁。

某種演變始於何時往往無法查考，始見於何書也難於查考。我們祇能一面采用前人的説法，一面根據文獻來驗證補充。"①張涌泉《漢語俗字研究》："古籍在流傳過程中，文字不斷地被'當代'化。傳世古籍一經六朝以迄唐五代人的染指，無不打上俗字的烙印，至宋以後刊版流行，則又往往以正字改易俗字。"②

　　這些學者注意到改字現象的"當代化"問題，但在考證"當代化"改字時，通常運用的是傳統校勘四法，很少提出或運用別的新方法。"當代化"改字現象有時並非僅靠校勘法就能判定的，因爲我們今天看到的各種版本異文和引用異文大都屬於後時材料③，未必就是真正的異文，或許異文本身也是由於改字而形成的。所以確定文獻中的某個字是否有意改字，或者異文中究竟哪個是改字，有時不能靠異文本身來校勘，還須要用別的更爲嚴密的考證方法。

　　文獻用字是否被後世改動，主要看"嫌疑字"的形義是否符合文獻的時代。考證文獻改字除了校勘的基本方法外，還有兩種方法可以運用：一是通過考證相關字符的産生和使用時代以確定改字，二是通過考證相關義項的産生和使用時代以確定改字。

　　考證的有效材料大致有四種：一是其他文獻的同時材料（如有本文獻的同時材料就無須考證）；二是同時代書寫材料，即文獻内容是前代的，而記録文獻的文字是跟被考文獻同時代書寫的；三是古代注家説明了用字情況（如字際關係和字形結構等）的注釋材料，原文獻的用字情況一經注釋家特別出注説明，就相當於加了一層保鮮膜，通常能體現用字的原貌；四是跟被考文獻同時代的文獻的後時材料，這種材料不能主證，但可以通過使用頻率的統計和比較來佐證某個時代的用字習慣，還可以跟其他相對可靠的材料互證。

　　通常所謂出土文獻、碑刻文獻、手寫本、宋刻本、明刻本等跟上述材料指稱角度不同，實際所指可能相同。其中既有同時材料，也有不少文字跟文獻内容並不同時的後時材料，相對於原文獻而言，出土材料本身也存在改字的可能。但出土文獻、碑刻文獻等一般書寫時代明確，即使不是同時材料，也可以作爲同時代的書寫材料用來證明同時代的被考文獻的用字，因為同時代的書寫材料可能具有用字習慣的一致性。

二

　　通過考證相關字符的産生和使用時代以確定改字，其實是有學者提到過的方法。裘錫

---

① 李榮《文字問題》第76頁。

② 張涌泉《漢語俗字研究》第159頁。

③ 太田辰夫《中國語歷史文法》（第374~375頁），把文獻資料分爲同時資料和後時資料兩種，本文參照這種分法並變通某些説法以指稱有關材料。

圭在討論《史記》《漢書》中的古今字異文時説："一般都認爲司馬遷作《史記》多用今字，班
固作《漢書》多用古字。《漢書》的確有用古字的地方。但是，有些人舉出來的《史記》用今
字《漢書》用古字的例子，如《史記》用'烹'《漢書》用'亨'，《史記》用'早'《漢書》用'蚤'
等(《漢書》顔師古注屢言'蚤古早字')，卻是有問題的。從我們現有的關於古代用字情
況的知識來看，在司馬遷和班固的時代，從'火'的'烹'根本還沒有出現；把早晚的{早}寫
作'蚤'在班固的時代是很常見的，在司馬遷的時代更是普遍現象。《史記》原本一定也跟
《漢書》一樣，是以'亨'表{烹}，以'蚤'表{早}的，後來才被傳抄、刊刻的人改成了'烹'和
'早'。就這兩個例子來説，《史記》《漢書》都用了當時的通行字，根本不存在一古一今的
問題，衹不過《史記》所用的字被後人改成了他們所用的今字而已。《漢書》裏被後人改成
今字的字，要比《史記》少得多。人們之所以會産生《史記》多今字《漢書》多古字的印象，
這是一個重要原因。"①裘先生這段話雖然針對的是古今字問題，但其中暗含了一種重要的
考證改字的方法，就是在缺乏本文獻的同時材料的情況下，要調查具體字符的出現時代以
及相關時代的用字習慣。如果我們看到某個版本上的甲字在該文獻產生時代及以前時代
都沒有出現過，而且同時代書寫材料顯示該文獻時代記録該詞項習慣用的是"乙"字，傳世
文獻的字頻統計也能提供佐證，那麼基本上就可以判斷甲爲後世的改字，例如：

【景—影】

　　傳世文獻中，很早就有用"影"記録{陰影}的例子，如《尚書》(四部叢刊景宋本)："惠
迪吉，從逆凶，惟影響。"孔安國傳："若影之随形，響之應聲也。"《史記·平津侯主父列傳》
(景祐本，下同)："夫匈奴之性，獸聚而鳥散，從之如搏影。""未有樹直表而得曲影者也。"
其他如漢代的《春秋繁露》《韓詩外傳》《鹽鐵論》《淮南鴻烈解》《説苑》等都有用"影"記
録{陰影}的用例。甚至連漢人注釋材料中也有很多{陰影}義的"影"字，如上引孔安國
傳。再如《史記·天官書》："日方南金居其南，日方北金居其北。"唐張守節正義："鄭玄
云：'方猶向也。謂畫漏半而置土圭表陰陽，審其南北也。影短於土圭謂之日南，是地於
日爲近南也；長於土圭謂之日北，是地於日爲近北也。凡日影於地，千里而差一寸。'《周
禮》云：'日南則影短多暑，日北則影長多寒。'孟康云：'金謂太白也。影，日中之影也。'"
《孟子》(四部叢刊景宋大字本)："君行仁政，斯民親其上，死其長矣。"趙岐章指："言上
恤其下，下赴其難。惡出於己，害及其身，如影響自然也。"《淮南鴻烈解·説林訓》(北宋
本，下同)："使景曲者，形也。"許慎注："形曲，則影曲也。"

　　但我們看到的這些傳世文獻的版本大都是宋代以後的，屬於後時文獻。後時文獻不
能證明同時文獻的用字。這些文獻的同時版本已佚，我們衹能根據同時代的文本用字來

---

① 裘錫圭《文字學概要》第272頁。

考證。從同時代的材料看,漢代以前尚無"影"字,{陰影}義是用"景"字記録的。

　　《説文》日部:"景,光也。從日,京聲。"段注:"光所在處,物皆有陰。""後人名陽曰光,名光中之陰曰影,別製一字,異義異音。"可見"景"的本義是{日光},如《陌上桑》:"景未移,行數千。壽如南山不忘愆。"日光照耀在物體上地面會留下陰影,所以"景"引申可記録{陰影},在漢代出土文獻和碑刻文獻中記録{陰影}義時全用"景"字,如《馬王堆漢墓帛書·老子乙本卷前古佚書》76:"如景之隋刑,如向之隋聲,如衡之不臧重與輕。"《居延新簡》E.P.T59:167:"孤山里景囗。"東漢《祀三公山碑》:"神熹其位,甘雨屢降,報如景響。"《潘乾墓碑》:"於是遠人聆聲景附,樂受一廛。"《唐公房碑》:"休謁徃徠,轉景即至,闔郡驚焉。"《樊敏碑》:"所歷見慕,遺歌景形。"《隸釋·金鄉長侯成碑》:"於是儒林衆儁,惟想邢景,乃樹立銘石,昌揚洙美。"《隸釋·費鳳碑》:"不悟奄忽終,藏形而匿景。"《隸釋·老子銘》:"背棄流俗,舍景匿形。"《漢書》無"影"字,共30個{陰影}義都用"景"字記録,分別見於《藝文志》《天文志》《郊祀志》《五行志》《律曆志》《楚元王傳》《張馮汲鄭傳》《蒯伍江息夫傳》《司馬相如傳》《董仲舒傳》《揚雄傳》《賈鄒枚路傳》《睢兩夏侯京翼李傳》《楊胡朱梅云傳》《王莽傳》和《敘傳》。

　　"影"字不見於《説文》,那麽用"影"記録{陰影}是什麽時候才有的事呢? 大概由於"景"還可記録{光明}{景色}{大}等義項,爲了分擔"景"的記録職能,使文字的表義更加明確,人們在"景"的基礎上增加"彡"生成新字"影"來專門記録{陰影}。王觀國引徐鉉《新修字義》曰:"景非設飾之物,不合從彡。""以此知是俗書影字,於偏旁之義,皆不可考。"因而斷言:"古之日影字不從彡,祇用景字。"①這個所謂俗字"影",南北朝時期的顏之推認爲是到晉代才出現的,《顏氏家訓·書證》(四部叢刊景明本):"《尚書》曰:'惟影響。'《周禮》云:'土圭測影,影朝影夕。'《孟子》曰:'圖影失形。'《莊子》云:'罔兩問影。'如此等字皆當爲光景之景。凡陰景者,因光而生,故即謂爲景。《淮南子》呼爲景柱,《廣雅》云:'晷柱挂景。'並是也。至晉世葛洪《字苑》,傍始加彡,音於景反。"晉代以後的工具書也都收録了"影"字,如《篆隸萬象名義》:"影,於景反,隨形也。"《廣韻》(澤存堂本,下同)梗韻:"影,形影。"《集韻》(潭州宋刻本,下同)梗韻:"景,物之陰影也。葛洪始作影。"《類篇》(汲古閣本,下同):"影,於境切。物之陰影也。葛洪始作影。"日本學者佐野光一通過對漢代的出土文獻進行研究,也認爲"蓋自漢以後,虛始爲墟,猶形景爲影,本乎稚川也"②。段玉裁曾對顏説提出懷疑:"惠定宇説漢張平子碑即有影字,不始於葛洪。"但陳直予以駁正:"或説漢張平子碑即有影字,不始於葛洪。張碑原石久佚,殊不可據。東晉末《爨寶子碑》云:'影命不長。'此影字之始見。又東爲《武定六年邑主造

---

① 王觀國《學林》第323頁。
② 佐野光一《木簡字典》第633頁。

石像銘》云：‘台鈞相望，珪璋叠影。’景之作影，在六朝時始盛行耳。”看來顏之推的説法是可信的。那麽上引各種漢以前的文獻，其傳世版本中如果用“影”來記録{陰影}，就應該是後世改字的結果。所以王楙説：“古之陰影字用景字……自葛洪撰《字苑》，始加彡爲陰影字。古之戰陣字用陳字……至王羲之小學章，獨自旁作車爲戰陣字。而今爲漢間書，或書影字陣字，後人改之耳，非當時之本文也。”①王觀國也指出：“明皇不好隸古，天寶三載，詔集賢學士衛包改古文尚書從今文，故有今文尚書，今世所傳尚書，乃今文尚書也。今文尚書多用俗字，如改説爲悦，改景爲影之類，皆用後世俗書。”②這説明實際情況應該以晉爲分界線，晉以前“景”是記録{陰影}義的習用字，晉及晉以後“影”逐漸取代“景”成爲記録{陰影}義的習用字，凡不符合這種用字時代性的後時文本都可能是改字造成的。

【倦—勌】

在傳世文獻中，記録{疲倦}義的“勌”早見於春秋戰國時期，如《莊子·應帝王》（四部叢刊景明世德堂刊本）：“有人於此，嚮疾彊梁，物徹疏明，學道不勌。”漢代文獻中出現更多，如《漢書·韓彭英盧吳傳》：“今足下舉勌敝之兵，頓之燕堅城之下，情見力屈，欲戰不拔，曠日持久，糧食單竭。若燕不破，齊必距境而以自彊。”《鹽鐵論·禁耕》（明弘治涂氏江陰刊本）：“今陛下繼大功之勤，養勞勌之民，此用麋鬻之時。”《孔叢子·詰墨》（明翻宋本）：“臣聞孔子聖人，然猶居處勌，惰廉隅不脩。”《論衡·道虛篇》（上海涵芬樓藏明通津草堂刊本，下同）：“周章遠方，終無所得，力勌望極，黙復歸家。”但實際上這都是後時文獻改字的結果，晉以前尚無“勌”字，凡{疲倦}義大都用“倦”字記録。

《説文》力部：“券，勞也。從力，卷省聲。”臣鉉等曰：“今俗作倦，義同。”段注：“今皆作倦，蓋由與契券從刀相似而避之也。”《説文》人部：“倦，罷也。從人，卷聲。”可見“券”與“倦”爲異構字，都是記録{疲倦}的本字。戰國時期已經出現“倦”字，歷代沿用，如《上海博物館藏戰國楚竹書（二）·從政》：“敦行不倦，持善不厭，雖世不識，必或知之。”《上海博物館藏戰國楚竹書（三）·仲弓》：“刑政不緩，德教不倦。”《郭店楚簡·唐虞之道》：“四肢倦懈，耳目聰明衰，禪天下而授賢，退而養其生，此以知其弗利也。”《馬王堆漢墓帛書·十問》：“明大道者，亓行陵雲，上自麋摇，水溜能遠，襲登能高，疾不力倦，□□□□□□巫成柖□□不死。”東漢《袁博殘碑》：“常以易詩尚書授，訓誨不倦。”《子游殘碑》：“否則獨善（闕數字）□著書不倦。”此外，《隸釋·濟陰太守孟郁脩堯廟碑》《隸釋·安平相孫根碑》《隸釋·從事武梁碑》《隸釋·玄儒婁先生碑》《隸釋·涼州刺史魏元丕碑》《隸釋·太尉劉寬碑》等也有“倦”記録{疲倦}的用例。《史記》無“勌”字，而用“倦”記録{疲倦}達20次，分別見於《高祖本紀》《平準書》《樂書》《孔子世家》《外戚世

———————
① 王楙《野客叢書》第234頁。
② 王觀國《學林》第20頁。

家》《孟子荀卿列傳》《游俠列傳》《司馬相如列傳》《屈原賈生列傳》《東越列傳》《仲尼弟子列傳》《楚世家》《淮陰侯列傳》《平原君虞卿列傳》,這説明到漢代"倦"仍然是{疲倦}義的習用字。

"勌"不見於《説文》,也不見於漢代的出土文獻及碑刻文獻。該字可能是爲了區别"券"與"券"而將"券"的聲符"卷"寫完整,於是産生從力卷聲的一個異構字"勌"。最早的可靠用例見於北魏時期的碑刻文獻,如《元子直墓誌》:"絲綸告勌,執戟云疲,唯梁請牧,連率是廮。"《高猛妻元瑛墓誌》:"加以批詁問史,好學罔勌。"在其他文獻中尚不多見。慧琳《一切經音義》(獅谷蓮社刻本)"不倦"條:"不倦,下拳卷反。《聲類》云:'倦,猶疲也。'《説文》云:'勞也。罷也。從人,卷聲。'録作勌,誤也。"説明慧琳編撰《一切經音義》時"倦"依然是記録{疲倦}的習用字,而把"勌"看做誤字。在唐代碑刻文獻中"倦"的可靠用例有72個,"勌"衹有1個,即《韓君妻趙摩墓誌》:"舉案以對良人,憂勤之志無勌。"可見"勌"到了唐代還不怎麽常見。

但到宋代,"勌"字就用得多了,字書也開始收録這個字。宋本《玉篇》力部(澤存堂本):"勌,居員切。勞也。"《廣韻》線韻:"倦,疲也。或作勌。"《增修互注禮部韻略》(文淵閣四庫本,下同)線:"勌,渠卷切。罷也,厭也,懈也,勞也。勌、券,俗作倦。"《禮部韻略》是科舉考試用書,在一定程度上反映了當時的實際用字面貌,它把"倦"看做俗字,那麽"勌"反而成了宋代的規範字。宋代的同時材料也可證明當時確實習用"勌"來記録{疲倦}義。如《太平御覽》(景宋本):"獵者時徃寄宿,文夜爲檜水,而無勌色。"《參寥子詩集》(上海涵芬楼影印宋刊本):"度谷勌聞車軋軋,穿林愁聽馬蕭蕭。"《温國文正公文集·奉和早朝書事》(宋紹熙刊本):"疋馬精神勌,前驅意思豪。"《沈氏三先生文集》(明覆宋本):"年來病勌厭尋山,且寄清冷白水間。"

由上述可知,晉以前的文獻不應該有"勌"字,傳世魏晉前的文獻如果有"勌"字,應該是把原文本的"倦"當代化爲"勌"的結果。如宋景祐本《漢書》用"倦"記録{疲倦}義19例(分别見於《武帝紀》《食貨志》《禮樂志》《匈奴傳》《西南夷兩粵朝鮮傳》《王貢兩龔鮑傳》《揚雄傳》《嚴朱吾丘主父徐嚴終王賈傳》《司馬相如傳》《趙充國辛慶忌傳》《賈鄒枚路傳》《谷永杜鄴傳》《雋疏于薛平彭傳》和《王莽傳》),而用"勌"記録{疲倦}義衹有2例,這2例應該是後時改字造成的,《嚴朱吾丘主父徐嚴終王賈傳上》:"留而守之,歷歲經年,則士卒罷勌,食糧乏絶。"顏師古注:"罷讀曰疲。勌亦倦字。"這條注釋説明兩個問題:唐以前已經有人把習用的"倦"字改成了"勌";唐代"勌"字還不大爲人熟知,所以才要用社會上通行的"倦"給它作注。直到宋代,"勌"字取代"倦"成爲社會規範字,所以宋刻本會把許多漢以前文獻中的"倦"當代化爲"勌"。但習用"勌"的時間可能並不太長,元明以後"倦"殺了個回馬槍,又佔據了習用地位。

【溫—熅】

《史記·封禪書》：“至中山，曬熅，有黃雲蓋焉。”

“熅”在這裏記録的是{暖}。

“熅”不見於《説文》，漢代出土文獻及漢魏六朝碑刻文獻皆不見“熅”字。在《史記》時代前後記録{溫暖}義一般使用“溫”字。根據同時代材料考證，“熅”大概出現於五代，那麽五代前的《史記》不可能使用“熅”字。

《説文》水部：“溫，水。出犍爲涪，南入黔水。”可見，“溫”的本義是水名。但至晚在秦代，“溫”就可以記録{暖}，《關沮秦漢墓簡牘》簡318：“而炙之炭火，令溫勿令焦，即以傅黑子，寒輒更之。”在漢代出土文獻中，“溫”記録{暖}的頻率很高。《張家山漢簡》“溫”5見，其中記録{暖}義4見，如《張家山漢簡·引書》簡7：“冬日，數浴沐，手欲寒，足欲溫，面欲寒，身欲溫。”《武威漢簡》“溫”6見，皆用於記録{暖}義，如《武威漢代醫簡》簡80乙：“溫飲一小柘，日三飲。”《馬王堆漢墓帛書》“溫”35見，其中記録{暖}26見，如《五十二病方·諸傷》：“稍石直溫湯中，以洒癰。”《雜療方》：“取醇酒半柘，溫之勿熱。”《居延漢簡》“溫”2見，其中記録{暖}1見，即“以溫湯飲一刀刲，日三，夜再，行解，不出汗。”《居延舊簡》“溫”4見，其中記録{暖}1見，即“以溫湯飲一刀刲”。《敦煌漢簡》1見，即簡1409“於蘭莫樂於溫，莫悲於寒”。《隨州孔家坡漢墓簡牘》“溫”11見，皆用於記録{暖}，如簡469“必溫，不溫，民多疾，草木、五穀生不齊”。東漢《魯峻碑》：“内懷溫潤，外撮强虐。”《淮南鴻烈解》：“寒不能煗。”許慎注：“煗，溫。”《春秋繁露》(上海涵芬樓藏武英殿聚珍版本)：“冬溫夏寒。”

宋景祐本《史記》用“溫”記録{暖}義有6例，分別見於《孝武本紀》《樂書》《天官書》《田敬仲完世家》和《扁鵲倉公傳》。而用“熅”僅上舉1例，且該用例在《孝武本紀》中“曬熅”寫作“晏溫”，集解引如淳曰：“三輔謂日出清濟爲晏，晏而溫也。”此外，《增修互注禮部韻略》：“曬，《史記·封禪書》‘全中山曬溫’，亦作曹。”宋景祐本《漢書》無“熅”字，而用“溫”記録{暖}義有29個用例，分別見於《天文志》《郊祀志》《五行志》《藝文志》《西南夷兩粵朝鮮傳》《循吏傳》和《眭兩夏侯京翼李傳》。可見，在《史記》和《漢書》中，“溫”都是記録{暖}的習用字。那麽《史記》中這個僅見的“熅”就應該是後世的偶爾改字。

可靠的“熅”字見於五代時《可洪音義》的收録：“熅曬，上烏昆反，下奴短反。”我們在基本古籍庫中檢索，發現從宋代開始用例逐漸增多，故推測“熅”可能是唐五代時期產生的新字。宋代的字書已普遍收録此字，如《集韻》：“熅，日出而溫。”《類篇》：“熅，日出而溫。”《增修互注禮部韻略》：“熅，日暖。《史記·封禪書》‘至中山，曬熅’，《漢書·揚雄傳》作‘晏溫’。”《班馬字類附補遺》(宋寫本)：“熅，《史記·封禪書》‘曬熅，有黃雲蓋焉’《武帝紀》作‘晏溫’。”宋代的同時文獻中，也有“熅”的用例，如《溫國文正公文集·次韻和鄰幾秋雨十六韻》（宋紹熙刊本）：“曛㬈方有望，蔚薈已隨生。”此外，《西山文集》（明正德刊本）也有“㬈”的用例，即“鳴鑾鳳駕，喜景氣之曛㬈；奠璧宵昇，仰月星之明概。”

可見宋代通行用“㬈”記錄{溫暖}義，《史記》這個“㬈”大概也是在宋代被改用的。但宋代把古代文獻的“溫”改爲“㬈”並不普遍，《史記》這個改字，大概是受前字“曛”的形旁“日”的類化影響。對於宋人改前代文獻用字，盧文弨曾云：“今之所貴於宋本者，謂經屢寫則必不逮前時也。然書之失真，亦每由於宋人。宋人每好逞臆見而改舊文。”①

【砂—沙】

　　大風起，砂礫擊面，兩軍不相見。（《史記·衛將軍驃騎列傳》）

　　而大風起，沙礫擊面，兩軍不相見。（《漢書·衛青霍去病傳》）

“砂”和“沙”在這裏記錄的都是{細碎的石粒}。

沙，甲骨文寫作（），金文寫作（）（休盤），小篆寫作（）。《説文》水部：“沙，水散石也。从水从少，水少沙見。”段注：“石散碎謂之沙。”《馬王堆漢墓帛書·五十二病方》：“取久溺中泥，善擇去其蔡、沙石。”《疏勒河流域出土漢簡》636：疏*687：“日不顯目兮黑雲多，月不可視兮風非沙。”《居延新簡》E.P.T58：17：“虜可廿餘騎萃出塊沙中。”《居延舊簡》502·15A：“地熱多沙。”東漢《韓勑造孔廟禮器碑》：“離敗聖輿食粮，亡于沙丘。”《説苑·雜言》（平湖葛氏傳樸堂藏明抄本，下同）：“得其人，如聚沙而雨之。”可見，“沙”的本義是{細碎的石粒}。

“砂”不見於《説文》。漢代的傳世文獻除《史記》外，“砂”還見於《説苑·談叢》：“蓬生枲中不扶自直，白砂入泥與之皆黑。”《吳越春秋》（烏程劉氏嘉業堂藏明刊本）：“飛石揚砂，疾於弓弩。”“飛砂石以射人，人莫能入。”《前漢紀》（無錫孫氏小緑天藏明嘉靖本，下同）：“漠北地平，少草木，多大砂。”但是在漢代的出土文獻和碑刻文獻中皆不見“砂”字。“砂”字最早見於北朝東魏《南宗和尚塔銘》：“師世家砂候社水峪村人氏，稟性溫良，仁慈好善，爲僧戒行。”但是它記錄的不是{細碎的石粒}，而是地名。唐《正名要録》（影敦煌文獻，下同）：“右字形雖别，音義是同，古而典者居上，今而要者居下……沙砂。”宋本《玉篇》石部：“砂，色加切。俗沙字。”《類篇》：“砂，師加切。水散石也。”《集韻》：“沙（）砂，師加切。《説文》水散石也……亦从石。”

《史記》用“沙”記錄{細碎的石粒}3見，分別見於《留侯世家》《屈原賈生列傳》和《淮陰侯列傳》。用“砂”記錄該義項僅上舉1例。《漢書》無“砂”，用“沙”記錄{細碎的石粒}12見，《韓彭英盧吳傳》《司馬相如傳》《揚雄傳》《李廣蘇建傳》《衛青霍去病傳》《趙

---

① 《抱經堂文集》卷二《重雕經典釋文緣起》。

充國辛慶忌傳》《酷吏傳》《傅常鄭甘陳段傳》和《西域傳》皆1見,《匈奴傳》3見。

綜上所述,《史記》中的"砂"可能是發生在唐代前後的改字。將"沙"改成"砂"大致有兩個原因:受下文"礫"的"石"旁類化;從字形上"砂"的形旁"石"能更好地提示本義{細碎的石粒}的意義類別。

【爐—鑪】

　　且夫天地爲爐兮,造化爲工;陰陽爲炭兮,萬物爲銅。(《史記·屈原賈生列傳》)
　　且夫天地爲鑪,造化爲工;陰陽爲炭,萬物爲銅。(《漢書·賈誼傳》)

"爐"和"鑪"在這裏記錄{火爐}義。

"爐"不見於《説文》,漢代出土文獻及碑刻文獻皆不見。《漢書》無"爐"字,《史記》"爐"2見,除上文所舉用例外,還有1例見於《刺客列傳》:"夫以鴻毛燎於爐炭之上,必無事矣。""爐"除了在《史記》中出現外,還見於《前漢紀》:"爐分爲十,一爐中消鐵,散如流星飛去。"《申鑒》(江南圖書館藏明文始堂刊本):"故大冶之爐可使無剛。"但是,這些文獻是明代的版本,其中的用字很可能被後人改動過。那麼"爐"出現在什麼時代呢? 現在能找到的最早用例見於北齊《高建墓誌》:"至如日華飛觀,庭燃百枝,風清曲沼,水文千葉,牀施象席,階陳鳳爐。"宋本《玉篇》火部:"爐,火爐也。"《正名要録》:"右字形雖別音義是同,古而典者居上,今而要者居下……爐鑪。"《干禄字書》:"壺壷、爐鑪、蒲蒱、蓲蘇、皅圖,並上俗下正。"唐《成君墓誌》:"因心不虧,其操爐香屢爇。"《王鍊墓誌》"陰陽相扇兮洪爐熾焚,萬物變化兮各歸其根。"《劍閣詩刻》:"千年管鑰誰熔範,祇自先天造化爐。"

{火爐}一開始由"盧"記録,"盧"甲骨文寫作🖼(甲三六五二)、🖼(佚九三五),金文寫作🖼(嬰次盧),小篆寫作🖼。《説文》皿部:"盧,飯器也。"徐灝注箋:"盧,即古鑪字。"于省吾《殷契駢枝續編》:"(甲骨文)爲鑪之象形初文。上象器身,下象款足……加虍爲聲符,乃由象形孳乳爲形聲。""後世作盧,從皿,已爲絫增字。"郭沫若《殷周青銅器銘文研究》:"許書之釋盧爲飯器者,蓋假借之義。"郭沫若《新鄭古器之一二考核》:"盧,余謂此乃古人然炭之鑪也。鑪字其後起者也(今人作爐,又其後起)。"《張家山漢簡·奏讞書》簡165:"臣有診炙肉具,桑炭甚美,鐵盧其磐。"《居延漢簡》:"索盧酒處一。"《居延新簡》ESC:8A:"炭盧。"可見,"盧"的本義是{火爐}。

《説文》金部:"鑪,方鑪也。"臣鉉等曰:"今俗別作爐,非是。"段注:"方對下圜言之。凡然炭之器曰鑪。"徐灝注箋:"鑪,古祇作盧,相承增金旁。"賈誼《新書》(江南圖書館藏明正德長沙刊本,下同):"且夫天地爲鑪,造化爲工。"《淮南鴻烈解》:"譬若鍾山之玉,炊以鑪炭,三日三夜,而色澤不變。"《論衡》:"火之在鑪,水之在溝,氣之在軀,其實一也。"可見,"鑪"的本義是{火爐}。《釋名·釋地》:"地不生物曰鹵。鹵,爐也,如爐火處也。"畢沆疏證:"爐,《水經注》引作盧,今加火旁,俗。"《史記》"鑪"1見,但記録的不是{火爐}。《漢書》"鑪"4見,分别見於《五行志》2、《賈誼傳》1和《揚雄傳》1。

綜上所述,《史記》中的"爐"可能是發生在南北朝時期的改字。孫奕《履齋示兒編》引《雌黄》云:"晉宋以來,多能書者,至梁大變。蕭子雲改易字體,邵陵王頗行僞字,'前'上爲'草','能'傍作'長'之類是也。至爲一字唯見數點,或妄斟酌,遂使轉移。北朝喪亂之餘,書迹猥陋,專輒造字,猥拙甚於江南。"①《史記》所用原字有兩種可能:一是寫作"盧",漢代出土文獻中多用"盧"記録{火爐};二是寫作"鑪",《漢書》保留了《史記》的原本用字。改字發生的原因可能是"爐"字產生後,與"鑪"相比它不僅書寫簡便而且從字形上也能看出本義{火爐}的構造意圖,符合造字規律,容易被大衆接受。

三

上述例證説明,傳世文獻中的用字如果見於同時代書寫材料,則基本可以證明該字的使用是符合時代性的,但要確證其屬於原用字,還得附加一個條件,就是該字表達的義項也應該符合當時的實際情況,如果當時有其字而非其義,則該字也有可能是後時的改字。所以在改字與被改字同時存在的情況下,我們可以通過義項的時代性來考證改字現象,例如:

【諜—喋】

> 此兩人言事曾不能出口,豈敦此嗇夫諜諜利口捷給哉!(《史記·張釋之馮唐列傳》)
> 此兩人言事曾不能出口,豈效此嗇夫喋喋利口捷給哉!(《漢書·張馮汲鄭傳》)

"喋"和"諜"在這裏記録{多言}義②,它們是否都符合原文獻的用字呢?可驗以漢代的同時材料和同時代的書寫材料。

"喋"不見於《説文》,但漢代有其字,且可以記録{多言}義。東漢《張遷碑》:"帝遊上林,問禽狩所有,苑令不對,更問嗇夫,嗇夫事對,於是進嗇夫爲令,令退爲嗇夫。釋之議爲不可:苑令有公卿之才,嗇夫喋喋小吏,非社稷之重。"這段話敘述的内容與《史記》《漢書》相同,其中的用字應與漢代的真實用字最接近。此外,《漢紀》對此事亦有記載,用的也是"喋":"上問上林尉禽獸,簿尉不能對,虎圈嗇夫代尉對,響應無窮。上曰:'爲吏不當如此邪。'詔釋之拜嗇夫,欲爲上林令。釋之進曰:'陛下以周勃、張相如何如人?'上

---

① 孫奕《履齋示兒編》第388頁。
② 喋,景祐本《漢書》寫作喋,因二者是異寫的關係,没有構意上的差别,所以我們將其寫成通行的"喋"。

曰：‘長者也。’釋之曰：‘此兩人稱爲長者，言事曾未出口，豈若嗇夫喋喋利口捷給哉！’”
《史記》用“喋”記録{多言}有2個用例，見於《匈奴列傳》。《漢書》用“喋”記録{多言}，除
上文所舉用例外，還有2例見於《匈奴傳》。

　　“諜”在漢代亦有，但與{多言}義無涉。《説文》言部：“諜，軍中反間也。從言，枼
聲。”《周禮·秋官·掌戮》（四部叢刊明翻宋岳氏本，下同）：“掌戮掌斬殺賊諜而搏之。”
鄭玄注：“諜，謂姦寇反間者。”可見，“諜”的本義是{間諜}。此外，“諜”在漢代還記録{公
文}義和{譜系}義，如《隸釋·濟陰太守孟郁脩堯廟碑》：“復刊碑勒諜，昭示來世。”

　　《史記》“諜”有10個用例，分别見於《三代世表》3《十二諸侯年表》4，《廉頗藺相如列
傳》1《張釋之馮唐列傳》2，其中7個記録的是{譜系}義，1個記録的是{間諜}義，2個記録
的是{多言}義。《漢書》“諜”有3例，分别見於《禮樂志》《藝文志》和《揚雄傳》，記録的都
是{譜系}義。可見，在《史記》和《漢書》中“諜”是記録假借義{譜系}的習用字。同時，我
們對漢代其他傳世文獻中的“諜”進行測查，發現它有8例，其中3個用於記録{間諜}義，如
《淮南鴻烈解》：“善用間諜，審錯規慮……出於不意，敵人之兵無所適備，此謂知權。”3
個用於記録{譜系}，如《揚子雲集》（清文淵閣四庫全書本）：“靈宗初諜伯僑兮，流於末之
揚侯。”2個用於記録{多言}，即《中論·覈辯》（上海涵芬樓借江安傅氏雙鑑樓藏明嘉靖乙
丑青州刊本影印）：“然而好説而不倦，諜諜如也。”在魏晉時期的其他文獻中，我們没有
發現“諜”記録{多言}的情况。所以《漢書》中的“喋”符合漢代的用字情况，而《史記》中
的“諜”則有可能是後人的改字。

　　《史記》：“豈斅此嗇夫諜諜利口捷給哉。”集解引晉灼曰：“音牒。”索隱：《漢書》作
‘喋喋’。喋喋，多言也。”《漢書》：“豈效此嗇夫喋喋利口捷給哉。”晉灼曰：“喋，音牒。”這
説明南朝劉宋時的裴駰在給《史記》作集解時，見到的依然是“喋”而非現在所見的“諜”，
否則他不會引用晉灼《漢書音義》中的注釋，因爲晉灼在給《漢書》作音義時出的注釋就
是“喋，音牒”而非“諜”字。並且裴駰和顏師古在對相同的字詞作注引用前人的注語時，
他們引述的注語内容大多相同。到唐代司馬貞寫作《史記索隱》時，見到的就是已經改過
的“諜”字了。《玉篇》言部（羅本）：“諜，徒頰反……《史記》：‘豈效此嗇夫諜諜利口捷給
哉。’野王案：辯利之兒也。”《金樓子》（清知不足齋叢書本）：“雖諜諜利口，致戒嗇夫。便
便爲嘲，且聞謔浪。”由此，我們認爲後人改“喋”爲“諜”可能是發生在南朝宋梁之際。

　　那麽改字發生的原因是什麽呢？可能是因爲“喋”除了記録{多言}外，還經常用於記
録{流血兒}。爲了分擔“喋”的記録職能，同時更好地提示{多言}的意義類别和範疇，人
們以“言”爲形符，造出“諜”字，而恰好與間諜的“諜”同形。另一種可能是形符“口”與
“言”義相通，如《説文》“吟”的或體作“訡”，“咏”的或體作“詠”等，所以在使用中人們誤
以爲“諜”是“喋”的異構字，也能表達多言義。

【侮—娒】

四人者年老矣，皆以爲上慢侮人，故逃匿山中，義不爲漢臣。（《史記·留侯世家》）

四人年老矣，皆以上嫚娒士，故逃匿山中，義不爲漢臣。（《漢書·張陳王周傳》）

“侮”和“娒”在這裏記録的是{輕慢}義。

“侮”甲骨文寫作**粹1318**，金文寫作**（中山王鼎）**，小篆寫作**腾**。《說文》人部：“侮，傷也。從人，每聲。侮，古文從母。”《詩·大雅·烝民》：“不侮矜寡，不畏彊禦。”孔穎達疏：“不欺侮於鰥寡孤獨之人。”《居延新簡》E.P.T51:230：“常爲衆所欺侮。”《隸釋·漢成陽令唐扶頌》：“憂者閔稚，不侮烹矜。”可見，“侮”的本義是{欺侮}，引申可記録{輕慢}。《定州漢墓竹簡論語》：“（不知天命而畏也，狎大）人，侮聖人之言也。”

《說文》女部：“娒，女師也。從女，每聲。讀若母。”《禮記·內則》（四部叢刊景宋本）：“女子十年不出，姆教婉娩聽從。”《儀禮·士昏禮》（四部叢刊景明徐氏翻宋刻本）：“壻御婦車授綏，姆辭不受。”可見，“娒”的本義是{女師}。北魏《王遺女墓誌》：“至高太后以女歷奉三后，終始靡愆，蔣訓紫闈，光諷唯闈，故超升傅姆焉。”北齊《高顯國妃敬氏墓誌》：“方謂永延嬪德，長祚姆師，嵫山尚遠，石火已謝。”《五經文字》（後知不足齊本）：“娒姆，二同，並莫又反，女師也。又音母。今《禮記》並用下字。”宋本《玉篇》：“娒，同姆。”“姆，音茂，女師也。”可見，從漢至唐“娒”都祇記録{女師}這一個義項。唯獨在《漢書》和《新書》中出現記録{輕慢}的用例，所以，這裏的“娒”可能是後世的改字。

《史記》無“娒”字，用“侮”記録{輕慢}9見，分別見於《高祖本紀》3、《禮書》1、《留侯世家》1、《陳丞相世家》1、《孔子世家》1、《老子韓非列傳》1和《魏豹彭越列傳》1。《漢書》用“侮”記録{輕慢}9見，分別見於《高帝紀》3、《五行志》1、《霍光金日磾傳》2、《魏豹田儋韓王信傳》1、《佞幸傳》1和《王莽傳》1；用“娒”記録{輕慢}2見，即《賈誼傳》：“今匈奴嫚娒侵掠，至不敬也。”師古曰：“娒，古侮字。”《張陳王周傳》：“皆以上嫚娒士。”師古曰：“嫚，與慢同。娒，古侮字。”《班馬字類附補遺》（宋寫本）：“娒，《漢書·張良傳》‘上慢娒士’，古侮字。”這説明景祐本《漢書》“上嫚娒士”中的“娒”在唐以前的本子中就已經出現。

漢代其他傳世文獻中，用“侮”記録{輕慢}83見，分別見於《蔡中郎集》4、《大戴禮記》3、《春秋繁露》2、《論衡》2、《潛夫論》4、《中論》2、《前漢紀》5、《風俗通義》2、《吳越春秋》1、《揚子法言》5、《太玄經》4、《古列女傳》4、《説苑》11、《新序》9、《淮南鴻烈解》4、《孔叢子》8、《新書》3、《鹽鐵論》1、《韓詩外傳》3、《尚書大傳》6。用“娒”記録{輕慢}1見，即《新書》：“今匈奴嫚娒侵掠，至不敬也。”

綜上所述，我們認爲“上嫚娒士”中的“娒”可能是唐以前的改字。改字發生的原因或是受前字"嫚"的形旁影響而改"俖"的"人"旁爲"女"旁。諸如此類受前後字影響而改換形旁的還有"'稷'改爲'禝'。東魏《封延之墓誌》：'真所謂社禝之衛，匪躬之臣者矣。''禝'，本當作'稷'，由於受'社'的影響，形旁類化，改'禾'部爲'礻'部"①。上文的"矓眼、砂礫"也屬這種情況，看來受上下文類化改字爲一條規律。當然改"俖"爲"姆"也可能是因爲"人"旁和"女"旁類義相通而改，如"嫉"的異體字寫作"倿"。改字發生後顏師古爲之作注，"姆"記録{輕慢}逐漸得到認可，於是記録{女師}的"姆"和記録{輕慢}的"姆"構成同形字。但是這個改字並不徹底，在唐代前期其他抄本中依然有寫作"俖"的情況，如日本大谷文書中的一件殘片保留了《漢書·張陳王周傳》的部分内容，該殘片用的就是"俖"②。唐代的正字書《五經文字》祗收録了"姆"的一個義項{女師}，説明"姆"記録{輕慢}在唐代没有得到社會的認可。到宋代，不僅韻書字書收録了"姆"的{輕慢}義，如《集韻》："俖仸俖悔姆務，《説文》傷也。一曰慢也。古作仸俖悔，或作姆務。"《類篇》（文淵閣四庫全書本）："姆，岡甫切。傷也。一曰慢也。又滿補切。女師也。又莫候切。"《佩觿》（鐵華本）："姆姆，上莫古、莫布二翻，女師。下古俖字。"而且有同時文獻用例，如《誠齋集·墓誌銘》（宋寫本）："是綴是附，疇予敢姆。"

四

傳世文獻中的改字情況有時相當複雜，可能一改再改，可能是多種因素造成，所以不能簡單地用有意、無意來區分，也不能用單一的方法來證明。這時就要綜合考證，弄清每一個環節的來龍去脈，例如：

【匱—鐀】

卒三歲而遷爲太史令，紬史記石室金匱之書。（《史記·太史公自序》

卒三歲而遷爲太史令，紬史記石室金鐀之書。（《漢書·司馬遷傳》）

周道廢，秦撥去古文，焚滅詩書，故明堂石室金匱玉版圖籍散亂。（《史記·太史公自序》）

周道既廢，秦撥去古文，焚滅詩書，故明堂石室金鐀玉版圖籍散亂。（《漢書·司馬遷傳》）

"匱"和"鐀"在這裏記録的是{匣子}義。

---

① 毛遠明《漢魏六朝碑刻異體字研究》第346~347頁，商務印書館2012年。
② 榮新江《〈史記〉與〈漢書〉——吐魯番出土文獻札記之一》，《新疆師範大學學報》（哲學社會科學）2004年第1期。

《説文》匚部："匱，匣也。從匚，貴聲。""匱"字見於戰國中期，寫作🔲（包山楚簡），小篆寫作🔲。《包山楚簡》簡13："呆瘫在漾陵之厽鈴，🔲🔲之典匱。"漢代以後沿用，如《張家山漢簡·二年律令》簡331："民宅園户籍、年細籍、田比地籍、田命籍、田租籍，謹副上縣廷，皆以篋若匣匱盛，緘閉。"《隸釋·張平子碑》："金匱壬板之舁，讖契圖緯之文。"《淮南鴻烈解·精神訓》："夫有夏后氏之璜者，匣匱而藏之，寶之至也。"《論衡·別通》："富人之宅，以一丈之地爲内，内中所有柙匱所贏縑布絲綿也。"可見，"匱"是記録{匣子}的本字，在漢代的出土文獻、碑刻文獻和傳世文獻中都能找到"匱"記録{匣子}的用例。

"鑽"不見於《説文》，漢代出土文獻及碑刻文獻皆不見此字，漢代傳世文獻除《漢書》外也找不到其他用例。《史記》無"鑽"，用"匱"記録{匣子}4見，分別見於《魯周公世家》1、《樊酈滕灌列傳》1和《太史公自序》2。《漢書》用"匱"記録{匣子}15見，分別見於《高帝紀》1、《藝文志》1、《爰盎鼂錯傳》1、《樊酈滕灌傅靳周傳》1、《外戚傳》1、《元后傳》1和《王莽傳》9；用"鑽"記録{匣子}2見，皆見於《司馬遷傳》，直到宋代才能找到其他的用例。因此，我們懷疑"鑽"可能是後人的改字。

《漢書》原本所用的字大概有兩種可能：一是《漢書》本來用的是"饋"字。"紬史記石室金鑽之書"師古曰："饋與匱同。"顏師古《漢書注·敍例》："《漢書》舊文多有古字，解説之後屢經遷易，後人習讀，以意刊改，傳寫既多，彌更淺俗，今則曲覈古本，歸其真正。"這説明唐以前古本《漢書》用的是"饋"。"饋"字出現很早，見於戰國中期的《包山楚簡》，寫作🔲，小篆寫作🔲。《説文》食部："饋，餉也。从食，貴聲。"《周禮·天官·膳夫》："凡王之饋，食用六穀，膳用六牲。"鄭玄注："進物於尊者曰饋。"《外黄令高彪碑》："聖朝宗虔，特加禮饋。"可見，"饋"的本義是{進食於人}。由{進食於人}可引申出{食物}，《詩·小雅·伐木》："于粲灑掃，陳饋八簋。"《史記》"饋"8見，記録的是{贈送}{運送糧餉}或{祭祀}。《漢書》"饋"7見，記録的是{贈送}{食物}或{祭祀}，没有記録{匣子}的用例，在《白虎通德論》中"饋"記録的依舊是{食物}。漢代其他的傳世文獻中我們也没有發現"饋"記録{匣子}的情況。但是"饋"和"匱"有通假的條件，讀音相近，在西晉碑刻文獻中，有"匱"通"饋"的用例，即《徐君妻管洛墓碑》："整饈中匱，僕御肅然。"因此，之所以没有在漢代發現"饋"通"匱"記録{匣子}的用例，可能是因爲現在可見的漢代文獻有限。二是《漢書》本來用的是和《史記》一樣的"匱"字。"匱"不僅是記録{匣子}的本字，同時也是習用字，所以《漢書》一開始可能用的就是"匱"，祗是後來流傳到唐以前才被人改成了讀音相近的"饋"。

那傳世版本中的"鑽"是怎麽來的呢？我們認爲"鑽"是"饋"的訛誤字，訛誤大致發生在唐代，理由有三：第一，"食"和"金"字形相近，並且受前字"金"的影響也容易將"饋"寫成"鑽"。第二，在唐代的碑刻文獻中，我們發現了將"饋"錯寫成"鑽"的例子，如《王令墓誌》："仙娥而亮彩虔恭靡忒嬪風絢乎中鐀。"唐傳世文獻中，也發現了1例，《盈川集·爲梓州官屬祭陸郪縣文》（明童氏刊本）："哀哀弱嗣，朝暮一溢；皎皎孀妻，鐀乎下室。"第三，顏師古在給《漢書》作注時所依據的唐以前的古本用的是"饋"，而到宋人李曾伯寫《班馬字類附補遺》宋寫本時所見的版本已寫作"鐀"："鐀，《漢書·太史公傳》'紬金鐀石室之書'，與匱同。補遺：舊本作'饋'，蓋轉寫誤。"那爲什麼不按照李曾伯的説法，把"饋"看做訛誤字，而認爲《漢書》原用字就是"鐀"呢？如果這樣，則顏師古的注文也應該是"鐀與匱同"而被後人"轉寫誤"爲"饋與匱同"了。這種推論情理上是説得過去的，但缺乏同時代書寫材料的支持，因爲除《漢書·司馬遷傳》的2例外，漢代以前甚至唐代以前的所有文獻資料都無法找到"鐀"字。就造字理據而言，{匣子}義的"匱"可以有異體字"櫃（柜）"，但有意新造"鐀"字的可能性很小，因爲鐵櫃子並不多，在已有"匱、櫃"的情況下不會專爲鐵櫃子造"鐀"字，所以這個字看做假借字"饋"的誤寫或因形改正也許更合理。儘管唐人把"饋"寫成"鐀"是出於訛誤，但從字形上把"鐀"的"金"旁看作櫃子的製作材料勉强可行，所以積非成是，記錄{匣子}義的"鐀"字在宋代得到認可而被收進了字書韻書，如《類篇》："鐀，求位切。匣也。"《集韻》至韻："匱鐀櫃，求位切。《説文》'匣也'。或作鐀櫃匱。一曰乏也。"《增修互注禮部韻略》："鐀，匣也。《司馬遷》'紬石室金鐀之書'，亦作匱。"而且有許多同時材料的用例，如《容齋四筆》（宋刊本）卷八第十七則："傳其子遷，紬金鐀石室之書，罔羅天下放失舊聞。"《誠齋集·李仁甫侍講閣學挽詩》（宋寫本）："芝庭過晁董，金鐀續春秋。"此外還有高頻使用"鐀"字的同時代文獻可爲旁證，如沈括《夢溪筆談》（叢書集成初編本）卷二："大夫七十而有閣。天子之閣，左達五，右達五。閣者，板格，以庋膳者，正是今之立鐀。今吳人謂立鐀爲廚者，原起於此。以其貯食物也，故謂之廚。"洪适《盤洲文集·樂章·蝶戀花》（上海涵芬樓影印舊抄本）："鸝語金鐀詩人新，得句江山應道來。"龐元英《文昌雜録·序》（文淵閣）："昔太史公父子紬金鐀石室之書，而《世本》《戰國策》《楚漢春秋》咸補舊聞之闕，後之學者殆將有考於斯。"楊至質《勿齋先生文集·代回嚴州衛守》："書登金鐀，密聯東壁之輝，車擁朱幡，高壓客星之次。"這些書雖作宋本，但可以作爲證明宋代用"鐀"記錄{匣子}的旁證。"鐀"雖然一開始是"饋"的訛誤字，但它之所以能被宋人認可，也是因爲從字形上勉强可以把"鐀"的"金"旁看做櫃子的製作材料吧。

總之，由於顏師古的注文出現了"饋"或"鐀"字，《漢書》中的"鐀"就不太可能是"匱"的直接改換，因爲顏師古之前沒有"鐀"字，則被注釋的字應該是"饋"，而"鐀"既然不是一個現成的字，當然也不可能看成"匱"的借字，那麼最大的可能就是《漢書》本來用的是通假字"饋"，而被唐宋時人錯寫或改造成"鐀"，並且在宋代得到認可而看成"匱櫃"的異構字。

參考文獻

（漢）班固 《漢書》，北京圖書館出版社2003年。

甘肅省博物館、中國科學院考古研究所 《武威漢簡》，中華書局2005年。

甘肅省文物考古研究所 《敦煌漢簡》，中華書局1991年。

國家文物局古文獻研究室 《馬王堆漢墓帛書》，文物出版社1980年。

河北省文物研究所定州漢墓竹簡整理小組 《定州漢墓竹簡論語》，文物出版社1997年。

（宋）洪适 《隸釋》，商務印書館，1983年。

湖北省荆州市周梁玉橋遺址博物館 《關沮秦漢墓簡牘》，中華書局2001年。

湖北省文物考古研究所、隨州市考古隊 《隨州孔家坡漢墓簡牘》，文物出版社2006年。

李　榮 《文字問題》，商務印書館1987年。

林梅村、李均明 《疏勒河流域出土漢簡》，文物出版社1984年。

馬怡、張榮强 《居延新簡釋校》，天津古籍出版社2013年。

裘錫圭 《文字學概要》，商務印書館1988年。

（漢）司馬遷撰，（南朝宋）裴駰集解 《史記集解》，二十五史編刊館1955年。

（宋）孫奕 《履齋示兒篇》，中華書局2014年。

（日）太田辰夫 《中國語歷史文法》，北京大學出版社2003年。

（宋）王觀國 《學林》，中華書局1988年。

（宋）王楙 《野客叢書》，中華書局1987年。

（漢）許慎 《說文解字》，中華書局1963年。

張守中 《張家山漢簡文字編》，文物出版社2012年。

張涌泉 《漢語俗字研究》，商務印書館2010年。

（日）佐野光一 《木簡字典》，雄山閣出版株式會社昭和六十年。

文獻語言學（2）:33~42,2016

《周易》文獻語言文字研究中的問題

楊端志

（山東大學文學與新聞傳播學院,濟南,250013）

提　要: 我國有着豐富的傳世文獻,也有着豐富的出土文獻。文獻語言研究是漢語史研究的基礎。但是,近些年來,文獻語言研究亂象叢生。我們根據《周易》文獻語言研究的歷史和現狀,特別是《周易》文獻語言研究中存在的問題,談幾點看法:與語言文字有關的版本問題;《周易》文獻語言文字的性質、特點問題;《周易》語言文字的時代性問題;《周易》語言的口語性問題;《周易》語言的社會性問題;古音通假問題。

關鍵詞: 《周易》;文獻語言;版本;語言性質;古音通假

目前,在我國古籍文獻研究的領域中,沒有任何一部書能比得上《周易》研究的地位,它以"易學"學科的意義獨樹一幟,隨着湖南馬王堆帛書《周易》、阜陽漢簡《周易》,特別是上海博物館所藏戰國竹書《周易》的發現和研究,易學研究已經成爲我國古代文獻、哲學、文化研究中具有帶頭作用的一個新興學術部門。

《周易》研究自古以來分爲象數義理兩大門派。這兩大門派形成易學研究的象數易學、義理易學兩大領域。象數是《周易》本身的東西,即卦象、爻象和大衍之數、揲蓍之數以及它們的發展等,義理是哲學思想的闡發。象數易學、義理易學都離不開卦辭、爻辭,都要借用卦辭、爻辭來闡發。象數易學把卦辭、爻辭作爲象數的表達,找出象數的根據來解説;義理易學把卦辭、爻辭作爲哲理的表達,找出哲理的根據來解説,這就使卦辭、爻辭語言解釋産生了巨大的分歧。並且,中國古代的象數易學、義理易學發展又極爲紛繁,《四庫全書總目提要·易類》小序説"漢儒言象數,去古未遠也,一變而爲京、焦,入於機祥,再變而爲陳、邵,務窮造化,《易》遂不切於民用。王弼盡黜象數,説以老、莊,一變而爲胡瑗、程子,始闡明儒理,再變而爲李光、楊萬里,又參證史事,《易》遂日啟其論端。此兩派六宗,互相攻駁"。自漢至宋、清、近代、現代,關於《周易》的書有兩千餘種,大抵不出兩派六宗範圍,派中有派,宗中有宗,各自爲説,人言人異,人人都可以拿卦辭、爻辭作出自己的或象數或義理的解説。卦辭、爻辭變成了説易者“任人打扮的女孩”。《周易》卦辭、爻辭幾乎成爲不可知的語言。這種現象，就是收入《四庫全書》的王弼注、孔穎達正義也不能免。戴震在寫《四庫全書·周易正義》提要時不得不發出感慨説“至於詮釋文句，多用空言，不能如諸經正義根據典籍，原委粲然”，犯了“狐不首丘，葉不歸根”的大毛病。

如今，象數易學、義理易學的研究，尤其是象數易學的研究，成就卓著，影響巨大。而象數易學、義理易學研究的基礎則在於《周易》的語言文字，在於《周易》語言文字的研究。易學研究的内容，應當由象數、義理、語言文字三個方面來組成。易學研究的程式應當由語言文字入象數，入義理。易學的研究水準，應當從語言文字、象數、義理三個方面來衡量。《周易》語言文字的研究如果跟不上，象數、義理研究都會受其影響，都會得不到準確、恰當的闡述。

這裏，我們根據《周易》文獻語言文字研究的歷史和現狀，特別是《周易》語言研究中存在的問題，從《周易》文獻語言文字研究的理論方法角度，談幾點看法。

一、與語言文字有關的版本問題

研究《周易》的文獻語言文字，首先遇到的就是《周易》的版本和版本性質的認識問題。

《周易》傳世的版本很多，十三經注疏之《周易注疏》阮元校勘所用就有四類十一種：

（一）單經本

唐石經本（凡九卷，附《略例》，開成二年刻，今在陝西西安府）

（二）單注本

岳本（宋岳珂刻，凡十卷，今據武英殿重刊五經本）

古本（以下二本據七經《孟子考文補遺》）

足刻本

（三）單疏本

宋本（據錢遵王校本，案：錢跋有單疏一、單注本二、注疏本一，今不復能識別，單稱錢校本）

（四）注疏本

影宋抄本（據余姚盧文弨傳校明錢保、孫求赤校本，今稱錢本）

宋本（據七經《孟子考文補遺》）

十行本（凡九卷，附《音義》一卷，無《略例》）

閩本（凡九卷,附《略例》一卷,《音義》一卷）

監本（與閩本同）

毛本（凡九卷,無《略例》《音義》）

以上是清代阮元主持校刻十三經注疏時所用的版本,經過阮元校刻的本子稱爲阮刻本。而阮刻本又有原刻本、原世界書局縮印本、清江西書局重修阮刻本、清點齋石印本、1979年中華書局影印本。其中,中華書局影印本最好,修正了其他本子的不少錯誤。

這都是宋元明清以來的傳抄本、傳刻本和精校本。一般稱爲傳世本。

近年文獻出土,又有馬王堆漢代帛書本、阜陽漢簡本、上海博物館藏戰國楚竹書本等。這些都是漢代、戰國時期的抄本,可以稱爲出土本。

傳世本的各種本子之間,經過前人的研究,祇是因爲師傳的不同,或者因爲傳刻的不同,存在個別文字的差異,但主體相同,它們是同一部書。新出土各種本子之間,也祇是由於地域不同或個人口音、個人習慣不同所用假借字、異體字不同,也有個別抄脱一兩個字的現象,但它們也是同一部書。新出土各種本子與傳世本之間,也是祇有個別文字不同,也是同一部書。

新出土本使我們知道了戰國、漢代這部書的傳播、格式、假借字、異體字等,這是很有價值的。傳世本是根本,一是它由先秦一直傳下來,歷代學者的研究就是根據它的,據有傳承性。二是有歷代學者研究的相關資料。三是它有精校本。四是它是辨識出土本文字,讀懂出土本的橋梁,出土本的研究不能離開它。

但是,奇怪的是,出土本出現以後,有把出土本作爲新作,作爲獨立的著述來研究的。也有每遇到出土本與傳世本不同,就拋棄傳世本,另辟新説,任意解釋的。如《周易》有蠱卦,帛書本"蠱"作"箇",有的學者就作了很離奇的解釋。爲了説明問題,我們不妨引文長一些:

　　　箇元吉,亨,利涉大川。

　箇（音個）:卦名。"箇"本指筮占所用的工具——策的計數單位。此借爲筮占之代稱。"筮"字從竹,明筮本用竹。《説文·竹部》"筭"下説:"長六寸,所以計歷數者。從竹弄。常弄乃不誤也。"帛書有《筭》卦。"筭"即"籌、策、著"也。"筭"爲計數之工具,其計數之單位者,何也? 帛書《箇》卦之"箇"是也。《説文解字》:"箇,竹枚也。從竹固聲。"段玉裁《注》云:"竹梃,自其徑直言之;竹枚,自其圓圍言之,一枚謂之一箇也。"《方言》曰:"箇,枚也。"〇箇,通行本作"蠱"。蠱、箇,見母雙聲、魚歌通轉。疑後人借音纂改。《音義》:"蠱,音古,事也、亂也。《左傳》云'于文,皿蟲爲蠱'。又云:'女惑男、風落山謂之蠱。'徐又姬祖反。一音故。"或以爲"箇"是用來畫地記爻的竹竿、木棍（見

《儀禮》）。

　　這段話錯誤很多，主要有：第一，《周易》的蠱卦傳世本作"蠱"，帛書本寫作"箇"，作者就認爲《周易》本來没有蠱卦，祇有"箇"卦。傳世本之所以寫作"蠱"是因爲"蠱"與"箇"讀音相近，"疑後人借音篡改"了的結果。其實，蠱作爲卦名，已見於《左傳·僖公十五年》："其卦遇蠱。"《周易大傳》也幾十處談到蠱卦。以後幾千年的傳世本一直都是蠱卦。義理家孔穎達正義説："蠱者，事也。"象數家李道平引南朝伏曼容曰："蠱，惑亂也。萬事從惑亂而起，故以蠱爲事也。"蠱是指惑亂之事。"箇"祇是"蠱"的假借字。作者把假借字誤當作本字，極爲離譜。第二，誤認爲"'箇'本指筮占所用的工具——策的計數單位"，"'箇'是用來畫地記爻的竹竿、木棍"。所以，作者把"初六，幹父之箇"解釋爲"向父親學習畫卦記爻的方法。或謂繼承父親畫卦筮占的事業"，把"九二，幹母之箇"解釋爲"向母親學習畫卦的方法"。這也是作者把假借字"箇"當作本字的結果，極爲離譜。第三，對所引出的"筮、筭、籌、策、蓍"的系聯和解釋也都没有根據，毫無道理。第四，認爲"帛書有《筭》卦"，所謂筭卦是把假借字"筭"誤認作本字，誤認作卦名。本字當作"巽"。

　　其實，我們對《周易》進行語言解釋的時候，版本要以傳世本爲主，語言文字一定要參考歷史上積累的成果，不能隨心所欲，想怎麽説就怎麽説。這不但遺害他人，遺害社會，也遺害自己。

二、《周易》文獻語言文字的性質、特點問題

　　研究《周易》的文獻語言文字，就必須懂得《周易》文獻語言文字的性質和特點。

　　我們曾經在《周易古經韻考韻讀》中説過："《周易》古經是由64個神秘符號和卦辭、爻辭配合起來的龐大'符號·語言'系統。這個系統，以符號爲骨幹，以語言爲説明。就創作者初衷説，語言是理解符號進而通向天地人事的中介。就今天的研究説，從音韻訓詁角度真正弄明白古經語言的意義，則是全部《周易》研究的基礎。"

　　根據符號學的觀點，《周易》的符號形式爲 ䷀（下乾上乾）、䷁（下坤上坤）、䷂（下震上坎）、䷃（下坎上艮）、䷄（下乾上坎）、䷅（下坎上乾）、䷆（下坎上坤）、䷇（下坤上坎）等64卦畫和 --、—等396爻畫，其名稱是"乾、坤、屯、蒙、需、訟、師、比"等64卦名，其符號結構是64卦序和各爻初、二、三、四、五、上各爻位。符號和符號結構必須有内容，《周易》的符號和符號結構的内容就是卦辭、爻辭的語言意義。符號、符號結構和符號内容合起來就是《周易》的符號體系。這個符號體系的價值是"推天道，明人事"。人要通過符號系統來與自然界和人類社會打交道，認識自然和社會。符號系統代表現實現象，而語義内容

反映現實現象。《周易》語言文字的内容即語言意義是穩定的,但它反映的自然界和人類社會的現實現象卻是複雜的,如"☰(下乾上乾)乾:元亨利貞""乾道變化,各正其性命"。根據説卦至少有"乾爲天,爲圜,爲君,爲父,爲玉,爲金,爲寒,爲冰,爲大赤,爲良馬,爲老馬,爲瘠馬,爲駁馬,爲木果"等等,一句"元亨利貞"既有其語言意義,還要有各種乾道的象徵意義。象徵意義又有象數意義和義理意義等等。這樣,"元亨利貞"四個字的意義就再也説不清楚了。

　　所以,《周易》文獻語言文字的研究一向被稱爲是最難的。朱熹就曾歎(《朱子語類》):"《易》難看,不比他書。《易》説一個物,非真是一個物,如説'龍'非真'龍'。"近代易學大家尚秉和在爲黄壽祺《易學群書評議》寫的序中也説過:"最難者《易》解。"

　　《周易》是一部很特殊的書,它的語言文字的意義是通過書面意義,進而表達複雜多變的象徵意義。它有一個語言意義與多種語用文化意義的轉換問題。但是,《周易》語言文字的研究,書面意義是重點,是基礎。但常有人抛開書面文獻語言意義而望文生義,生出根本不曾有的象徵意義,而又把妄生的象徵意義當作語言意義。所以,即如王弼、韓康伯、孔穎達,其語義解釋也"不能如諸經正義根據典籍,原委粲然",而祇能是"狐不首丘,葉不歸根"了。

　　《周易》本是一部筮書,卦辭、爻辭本爲象數而立,但卦辭、爻辭的語言意義與象數的象徵意義並不相同,語言意義並不是直接從象數來,而是從當時的語言社團來。對《周易》的文獻語言文字,必須采用語言學、歷史語言學的科學觀點和方法來解決。

三、《周易》語言文字的時代性問題

　　象數是《周易》的核心。但象數的解釋必須要有語言,卦辭、爻辭是象數解釋的起點。現代學者如劉大鈞等,帛書、竹書《易》一出就連寫語言文字系列考證文章,這是很高明的。

　　研究《周易》的語言文字,就要懂得《周易》語言的時代性。

　　傳世本《周易》包括古經和大傳兩部分,而兩部分是不同時期的語言,必須分別進行研究而不能混而爲一。古經即卦辭、爻辭,語言簡短、質樸,一般認爲是商末周初的語言。大傳則是由古經占筮看到了自然界、人類社會的各種複雜關係,由此引起關於中國文化起源、發展和結構的哲學思考,由占筮轉爲哲學。一般認爲是戰國早期的作品。大傳除非孔子那樣的大思維、大手筆者莫能爲,當出自孔子或其門徒之手。這是研究《周易》語言文字必須首先弄清楚的問題。我們所説的《周易》文獻語言文字研究,一般祇指《周易》古經的語言文字研究。

　　《周易》古經既爲商末周初的語言文字,那麽,就要把它放到商末周初的時代背景下來研究。商末周初的語言文字保留下來的作品不多，研究起來有一定的難度。經常出現的問題是，對《周易》語言文字所作的詞義解釋，不是商末周初語言文字所能具有的詞義，如《周易·蠱》有：

> 初六：幹父之蠱，有子，考無咎，厲終吉。
> 九二：幹母之蠱，不可貞。

有人説：“幹：除去也，即今語幹掉之幹。蠱，毒蟲，以喻小人（小人指姦巧之人）。考，父也。古者父在父没皆稱考。厲，危也。爻辭言：子能除去其父之蠱蟲，有子如此，則父無災咎，雖有危險亦終吉。”“幹，除去也。蠱，毒蟲，以喻小人。不可貞，所占問之事不可爲。爻辭言：子欲除去其母之蠱蟲，如欲除去其母之寵男，此不可爲之事。”

有的學者把“幹”解釋爲“幹掉”，也就是殺死或致殘某人。其實，“幹”産生做、幹掉義很晚，大約是在宋代以後。如《朱子語類》卷二一：“且幹一件事，自家心不在這上，這一事便不成。”無名氏《緋衣夢》二折：“這妮子好不幹事也。”以宋元以後産生的意義解釋商末周初的語詞，就違背了詞的時代性原則。《周易》蠱卦“幹”的意義應當是匡正，糾正，《廣雅·釋詁》：“幹，正也。”“幹父之蠱、幹母之蠱”就是匡正父親的惑亂、匡正母親的惑亂。

同一時期同一個詞不會有太多的意義。否則會造成語言使用的混亂。王力在爲《詩經詞典》寫的序言中指出：“同一時代，同一個詞有五個以上的義項是可疑的，有十個以上的義項幾乎是不可能的。”對《周易》解釋最常見的問題是，同樣語境下的同一詞、句子往往有多種解釋。這是很不正常的。

更不能從現代生活的想象出發望文生義。以帛書本《周易·蠱》爲例，“利涉大川”，有學者解釋爲“利於大河航行”。“不可貞”，有學者解釋爲“不應當向母親學習畫卦記爻的事情”。“少有悔”，有學者解釋爲“悔恨不多”。有“不事王侯，高尚其德”，有學者解釋爲“學成了占筮的本領而不爲王侯所用，超然遨遊以修其德。小人望而生畏，以爲這將是大禍臨頭之兆”等等，這些解釋都是與《周易》語言原義不沾邊的。

四、《周易》語言的口語性問題

口語化是《周易》文獻語言的一個重要特性。

《周易》本是一部占筮性的書，是大衆的應用性文字，其語言應當是非常大衆化、口語化的，一定是很流暢的。《周易》的句子，大多比較短，這是當時語言發展的水準問題，也是當時口語的長度問題。常見的問題是把本來已經很短的句子再標點爲一個字一句，這樣就很憋氣，如乾卦卦辭“元亨利貞”，自《文言》以來很多學者標點爲一字一句。《文言》

説："'元'者,善之長也。'亨'者,嘉之會也。'利'者,義之和也。'貞'者,事之幹也。"《子夏傳》説："元,始也。亨,通也。利,和也。貞,正也。"此後,孔穎達、李道平以及不少現代學者也都同意"元亨利貞"爲"乾卦四德"之説。這樣,就祇能標點爲"元、亨、利、貞"或"元,亨,利,貞",大衆化、口語化和句子的流暢性全没有了。再説,漢語中還没見過四個並列成分形成的没有前後語境的獨立的句子。正確的標點應當是"元亨,利貞",意思是"很亨通,有利於貞問的事情"。

一個字一個字的分別解釋,不僅是訓詁的元語言問題,更重要的是語法和訓詁本身的理解問題。

《周易》的口語性還表現在它的押韻上,如坎卦卦辭就是押韻的:

> 坎　　　有孚,
> 　　　　維心亨（xǐaŋ）,
> 　　　　行有尚（zǐaŋ）。（陽部）

説的是人有誠意,他的心中就會亨通無阻,行爲即有事功與之相配。"亨、尚"協陽部韻。有的學者標點爲:"有孚維心,亨,行有尚。"有的學者標點爲:"有孚,維心。亨。行有尚。"讀破了韻,自然也破了句,失去了其大衆化、口語化的風格。致使語義凌亂不堪,異解蜂出。從本質上看,也是語法和訓詁問題。

五、《周易》語言的社會性問題

一個詞,或者一個詞的某個義位的產生,必定是同一時代有一定的作者、一定的作品使用,而不祇是僅僅某一個作者使用,祇出現在某一個例子中,這就是語言的社會性。

如果一個詞或一個義位祇出現在某一個例子中,那它的社會性就值得懷疑。如蒙卦有:

> 非我求童蒙,童蒙求我。初筮告（kəuk）,
> 　　　　　　　　再三瀆（dǒk）,
> 　　　　　　　　瀆則不告（kəuk）。（覺屋合韻）
> 　　　　　　　　利貞。

馬王堆帛書本作:

> 匪（非）我求童蒙,童蒙求我。初筮吉,

> 再參（三）擯，
>
> 擯則不吉。
>
> 利貞。

有學者把兩個“擯”都解釋爲“抽”，意思是抽筮草。不要説在西周語言中，就是在先秦語言中，也找不到“擯”用作“抽”義的其他例。“擯”是個假借字，本字應當作“瀆”，褻瀆、褻慢的意思。另外，帛書本的“吉”恐怕是“告”的誤字，因爲這首卦辭本來是押韻的，如果依帛書本改爲“吉”，就不押韻了。押韻是大衆化、口語化的要求。傳世本的文字和文字訓詁是準確的。蒙六三有：

> 勿用取女，見金夫，不有躬，無攸利。

對於“金夫”，程頤《周易程氏傳》説：“女之從人，當由正禮，乃見人之多金，説而從之，不能保有其身者也。”朱熹《周易本義》説：“金夫，蓋以金略，己而挑之，若魯秋胡之爲者。”都把“金”解爲金幣，但是，在《周易》的時代，金幣還没有出現，正如郭沫若《周易時代的社會生活》所説“資貝是當時的貨幣，資字亦從貝，金屬的貨幣還没有産生”。所以，把“金夫”解爲多金之男子是違背了語言的社會性的。其實“金夫”衹是比喻美貌的男子，《詩·衛風·淇奥》“有匪君子，如金如錫，如圭如璧”，“金”就是對君子的比喻。

六、古音通假問題

利用聲音求訓詁，是清代以來歷史語言研究的傳統，利用聲音求同源詞，是近年來歷史語言研究的熱點。利用聲音求訓詁、求同源詞符合上古、中古甚至近代漢語詞語發展的實際，是漢語研究的非常重要的科學方法。

關於《周易》的文獻語言文字研究，尤其是近現代的研究，人們尤其喜歡聲訓。不過，喜歡聲訓，不是因爲他懂得了漢語詞彙發展史的實際，懂得了以聲音通訓詁的科學理論方法，而是因爲以聲音通訓詁的另一面，即脱離漢語詞彙發展的實際，遠離音義關係的科學理論，拋棄由音義入手研究語言的科學的操作程式，而隨心所欲，任意造説。這是非常有害的。

《周易》語言文字研究使用聲訓，比較容易出的問題有兩點：

首先，不當聲訓而聲訓。有的學者一遇到不容易解釋的詞語就祈求於聲訓，甚至利用古音通假追求新説，編造新説。《周易》注解本，不少有這個毛病。如有人把蒙卦中的“蒙”解釋爲“蒙借爲‘矇’，目生翳而視不明也，引申爲愚昧之義”。“包”解釋爲“疑借爲‘庖’，主炊事之廚人也”。本來是很明白的東西，一借，語義變了，新穎了，但迂曲了。

其次，應當聲訓而不聲訓。這主要是在帛書本、竹書本《周易》出土之後，不懂得秦漢以前人們抄書，祇求大致語音相同而隨手拈來的用字特點，因而假借字、異體字較多，拿現代所看到的經歷代學者所校改的本字較多的傳世本多本字的眼光來識讀。錯誤地把許多假借字作爲了本字來解釋，因此，使得所解文意非驢非馬。完全不懂得王念孫《廣雅疏證·序》説“詁訓之旨本於聲音。故有聲同字異，聲近義同；雖或類聚群分，實亦同條共貫。譬如振裘必提其領，舉網必挈其綱。故曰‘本立而道生’，‘知天下之至賾而不可亂也’。此之不寤，則有字別爲音，音別爲義，或望文虛造而違古義，或墨守成訓而鮮會通，易簡之理既失，而大道多岐矣。今則就古音以求古義，引申觸類，不限形體，發明前訓”的道理。

我們以帛書本《周易》爲例。

傳世本否卦卦辭第一句作“否之匪人”，帛書本卦名“否”作“婦”，有人誤認帛書本卦名作“婦之”：“婦之，卦名。之，疑是人字之訛。婦之，婦人。婦人作卦名猶如‘同人’作爲卦名。《恒·六五》中亦有‘婦人’一詞，其辭云：‘恒其德。貞：婦人吉，夫子凶。’又《管子·權修》：‘婦人言人事，而求百姓之安難。’《管子·君臣》：‘主德不立，則婦人能食其意。’這都是對‘婦人’苛求的反映。”其實，“婦”祇是“否”的假借字。“之”字就是“之”，疑爲“人”字之訛，毫無根據。

傳世本有卦名“無妄”，意思是不虛妄。帛書本作“無孟”，於是有人説：“無孟，卦名。無孟，意思是不努力黽勉從事。孟，努力。《爾雅·釋詁》‘孟，勉也。’”不知作者在什麼書上見到過“無孟”一詞，何例又作“不努力黽勉從事”義。其實，“孟”祇是“妄”的假借字。

傳世本有姤卦，“姤”借爲“遘”，相遇的意思。是講剛柔相遇的。“姤”帛書本作“狗”，也是“遘”的假借字，但有人説：“狗，卦名。狗是人類最早馴養的動物，除食用外，還可以作爲人們打獵的助手，又可以充作看家的門衞。因此，古有食犬、田犬、守犬之分。距今已有五六千年歷史的西安半坡遺址中出土了不少狗骨，足以證明狗在遠古人們的生產、生活中的地位。《易》作者用‘狗’字作爲卦名，説明了狗在當時人們心目中的地位仍然比較重要。或者是狗祭、狗圖騰的文化現象。”作者對作爲《易》的卦名堅信不疑。大誤特誤。

蠱卦初六有“有子考”，于省吾用古文字證明“考”就是“孝”，意思是有一個兒子很孝順。“考”帛書本作“巧”，“巧”同“考”一樣，也是“孝”的假借字。但是有人把“有子巧”解釋爲“兒子靈活聰明”。

傳世本有坎卦，卦辭第一句作“習坎”，“習”本義是鳥反復練習飛，引申有反復的意思。“坎”指低窪不平的地方，引申爲有困難。“習坎”就是反復遇到困難。帛書本第一句作“習贛”，“贛”是“坎”的假借字。但是有學者誤認“習贛”爲卦名，並解釋説：“習贛，卦名，意思是學習貢獻。習，學習。贛借爲貢獻之貢。贛本義爲賜。《爾雅·釋詁》：‘贛，賜也。’《説文解字》：‘贛，賜也。’今本《爾雅·釋詁》‘贛’作‘貢’，明‘贛’‘貢’二字古通用。孔子弟子端木賜之字《論語》及《史記·仲尼弟子列傳》均作子貢。是'賜''貢'相通之證。古者正反不嫌同辭,故賜予的'贛'可訓爲貢獻的'貢'。"根本錯了,越是旁徵博引,離中心越遠,錯誤越多。

不當聲訓而聲訓、應當聲訓而不聲訓,這兩種古音通假觀,使《周易》的語言文字訓詁水準退回到了乾嘉段玉裁、王念孫以前的時代。這是易學研究界必須注意的。

目前關於古籍文獻語言文字的解釋,問題最多的是《周易》,尤其在帛書、竹書《易》出土後。還有本字、古今字、異體字、通用字問題。所以,我們要强調,對《周易》的研究,必須象數、義理、語言文字並重,而且象數、義理的研究必以語言文字的研究爲基礎。《周易》語言文字研究清楚了的時候,那才是易學全面發展的時期。

文獻語言學（2）:43~52,2016

《經義述聞》中"音""聲"有別

魏鵬飛

（洛陽理工學院人文與社會科學學院,洛陽,471023）

提　要:《經義述聞》在因聲求義時,主要使用了"音"與"聲"兩類用語。研究發現,前者多與中古的反切連用,實指語詞的中古音,而後者多指上古音,上下文中多無反切出現。王念孫、王引之父子對這兩類用語分別較嚴,在一定程度上體現了學術研究的嚴謹性。

關鍵詞:《經義述聞》;音;聲;因聲求義

〇、引　言

　　語言是聲音和意義的結合體,文字則是語言的視覺符號,本身承載了語言的音和義。"訓詁者,文字之義也"①,探求語詞的意義有時可以采用聲訓之法,因聲求義——用讀音相同、相近的詞語去解釋意義:二者或具有同一來源,屬於同源詞;或純粹是同音假借,屬於音近借用的關係,等等。

　　《經義述聞》作爲清代訓詁著作的典範,大量使用了因聲求義之法。該書雖由王引之所著,但實質是王念孫、王引之父子二人合寫的讀經札記,全書32卷,共2045條。據統計,王引之"述聞"於王念孫的有703條,而王引之本人獨自撰寫的有1326條,其餘16條係王引之在王念孫論述的基礎上加以完善而成②。對於王氏父子使用的一些用語,舒懷《高郵王氏父子學術初探》、薛正興《王念孫王引之評傳》、張其昀《〈廣雅疏證〉導讀》《〈讀書雜志〉研究》等都曾有過探討;胡繼明《〈廣雅疏證〉的字異而義同》、朱國理《〈廣雅疏證〉中的聲義同（近）》《廣雅疏證的"通"》《〈廣雅疏證〉的"同"》等也都有所考辨。本文則以

---

① 黄侃著,黄延祖重輯《黄侃國學講義録》第42頁,中華書局2006年。

② 有人認爲"王念孫684條,王引之1340條,王引之佔66.1%"（百度百科、互動百科等"王引之"條均持此説,可能是將王引之補苴王念孫的有關條目都算成王引之個人所撰。另外,這種説法實指《經義述聞》中總數是2024條,與實際情況不符。

《經義述聞》的使用情況爲準,在窮盡材料的基礎上,主要探討一下"音""聲"兩類用語的有關區别。

王氏父子以聲音通訓詁,他們在語音方面主要使用了兩類用語:一類是與"音"有關的用語,如"音相合、音與某相近、音與某同、音同、古音相近、與某音相近、轉音、同音"等。另一類是與"聲"相關的用語,如"一聲之轉、聲義正同、聲近而假借"等。以我們的研究來看,前者多指中古音,後者多指上古音。

就考釋的情況來説,這兩類用語確實存在一定差别。從形式上看,與"音"有關的用語上下文一般有字詞的反切或直音出現,而與"聲"有關的用語一般衹是泛指,很少出現反切。與"聲""音"分用不同,"聲音"或"音聲"則泛指字詞的整體讀音,但又常常暗指上古音。

一、與"音"有關的用語,前後文多有中古的反切出現,
多指字詞的"今音"

含有"音"的用語,《經義述聞》前後文中多出現中古韻書、字書中的反切,例如:

> 《周官·太宰》釋文:"璣,劉音其既反。"《玉篇》:"璣,渠氣切。"《集韻》"璣、曁"二字並巨至、其既二切。是"璣"與"曁"同音,故借"璣"爲"曁"。(卷三《尚書上》"厥篚玄纁璣組"條,78)[1]

《尚書·禹貢》"厥篚玄纁璣組",孔傳以"璣"爲"珠類",陸德明《經典釋文》引《説文》"珠不圜也"等爲證。王引之指出:"玄也、纁也、組也,皆女紅所爲也;璣則珍寶之屬,廁於'元、纁、組'之間,殊爲不倫。"然後排比《尚書》中同類句式,認定"璣、曁"在中古時同音。復以二字今音相同,去推證二者的古音也相同。從語音情況來看:

璣,見母微部(居依切,見微開三平止)[2];

曁,群母物部(其冀切,群至開三去止)。

二者見、群旁紐雙聲,微、物旁轉,古音相近。但王氏是以陸德明《經典釋文》、顧野王《玉篇》以及丁度等《集韻》之反切爲據,所以此處之"同音"當指二字在上述字書、韻書中的反切相同,"音"本指中古時期的語音,也就是音韻學上所謂的中古今音。又如:

---

[1] 本文引用《經義述聞》較多,所用版本爲江蘇古籍出版社2000年據道光七年王氏重刻本之影印本。括號内爲引文出處,依次是卷數、卷名、條目名以及頁碼。

[2] 本文所列語詞的聲韻地位,主要依據郭錫良《漢字古音手册》(增訂本),商務印書館2010年,括号前爲上古音的聲母和韻部,括號裏面是該字的中古音韻地位。

　　《小雅·正月篇》釋文引《字林》“威，武劣反”，正與“蔑”音相近，故借“威”爲“蔑”。（卷三《尚書上》“威侮五行”條，79）

王引之指出，《尚書·甘誓》“威侮五行”之“威”於義不通，“威”乃“烕”之訛字。據《經典釋文》所引《字林》，“烕”音武劣反，從語音情況來看：

　　　烕、蔑，明母月部（莫結切，明屑開四入山）。

這説明“烕、蔑”不僅今音相同，它們的古音也相同。但此例中“音相近”與《字林》之反切相連，所以此處之“音”指今音無疑。又如：

　　　巁，當讀爲“屵”。《説文》：“屵，岸高也。從山、厂，〔呼旱切。〕厂亦聲。”《玉篇》牛桀、牛割二切。《廣韻》又語偃切。“語偃”之音與“巁”同。屵，正字也；巁，借字也。（卷二十七《爾雅中》“重巁陳”條，660）

王引之爲證《爾雅·釋山》“重巁，陳”條，利用音近義通原則，先讀“巁”爲“屵”，意謂前者爲通假字，後者爲本字。復據《説文》之訓釋《玉篇》《廣韻》之注音，指出：“‘語偃’之音與‘巁’同。”這是以《廣韻》等今音去推證古音相同。從語音情況來看：

　　　巁，疑母元部（魚蹇切，疑獮開三上山）；
　　　語，疑母魚部（魚巨切，疑語開三上遇），
　　　偃，影母元部（於幰切，影阮開三上山）。
　　　屵，疑母月部（五割切，疑曷開一入山）。

　　“語”是疑母字，“偃”是元部字。此例之“音與某同”，前後均爲中古的反切，正指“語”的聲母、“偃”的韻部與“巁”聲母、韻部相同。至於“巁”與“屵”，二字疑母雙聲；元、月陽、入對轉：所以讀音相近。其他又如：

　　　《列子·黃帝篇》“使弟子並流而承之”，《釋文》：“並，音傍。”《史記·秦始皇紀》“並河以東”，《集解》引服虔《漢書注》：“並，音傍。”《漢書·武紀》“遂北至琅邪，並海”，顏注：“並，讀曰傍。”是“並”與“旁”音相近也。（卷二十《國語上》“民旁有慝”條，492）

　　　“㞋、蠯”並音大才反，義與《字林》“蛤貝”同。（卷二十八《爾雅下》“元貝貽貝”條，674）

　　　“介”音古拜反，又音古賀反，猶“大”之音唐佐反、“柰”之音“奴個反”，皆轉音也。（卷三十一《通説上》“个”條，747）

這幾例都是前有切音，後有與某字音同或義同的説法，表明“音”乃是指具體字的讀音，並且指的都是中古時代的今音。在上面最後一例中，王氏以《廣韻》今音去證先秦兩漢的上古音，更能説明這種情況。

總體來看，《經義述聞》中的"音"暗指中古今音。若要用"音"來指上古音，一般要與"古"字上下文連用，采用"古音、古正同音、古並同音、古……同音"等表述，如：

> 注及正義皆不釋"密"字。引之謹案：《考工記·廬人》"傅人則密"，鄭注曰："密，審也，正也。"《爾雅》："抑抑，密也。"郭注曰："威儀審諦。""密"有審、正之義，故與"察"連文。"密"之言"覆"也。《爾雅》："覆、察，審也"。古音"密、覆"相近。《小雅·楚茨篇》"苾芬孝祀"，《韓詩》"苾"作"馥"，〔見《文選·蘇子卿詩》注。〕是其例矣。（卷十六《禮記下》"文理密察"條，387）

《禮記·中庸》："文理密察，足以有別也。"鄭注及孔疏均無注釋。朱熹《集注》："密，詳細也；察，明辯也。"王引之不以爲然，他以《周禮·考工記·廬人》"傅人則密"鄭注"密，審也，正也"以及《爾雅》"抑抑，密也"郭注"威儀審諦"爲據，指出"密"即審、正之義，因而與"察"連文，係同義連用結構。王氏又推求語源，認定"密、覆"具有聲訓的關係，並指出二者古音相近。復以《毛詩》與《韓詩》的異文等上古語料爲據，而證成其説，前後均無中古反切出現。由此可知，此處之"古音"乃是指"密、覆"的上古音，並非中古音。又如：

> 罷，讀爲"播"。"罷、播"古音相近。〔罷，古音"婆"，説見《唐韻正》。〕故借罷爲播也。（卷二十二《春秋名字解詁上》"楚蘧罷字子蕩"條，541）

《左傳·襄公二十七年》："楚蘧罷如晉莅盟。"杜預注："罷，令尹子蕩。"陸德明《經典釋文》："罷，音皮。"王引之指出"罷"爲"播"的通假字，復據顧炎武《唐韻正》，認定"罷"音"婆"。然後引用大量文獻用例，以證"播"有摇蕩之義。從語音情況來看：

罷，並母歌部（薄蟹切，並蟹開二上蟹），又並母歌部（符羈切，並支開三平止）[1]；

播，幫母歌部（《集韻》補火切，幫果合一上果）。

二者並、幫旁紐；歌部疊韻。此處之"古音相近"實指二字聲母旁紐雙聲，韻部相同。又如：

> 古音"兆"在宵部，"圍"在魚部，古或以二部爲韻。《楚辭·大招》"昭"與"遽"韻，《九辯》"固"與"鑿、教、樂、高"韻，《登徒子好色賦》"袪"與"妙"韻，是其例也。（卷三十《太歲考下》"弟廿論爾雅太歲戊己之號傳寫舛誤"條，714）

《楚辭·大招、九辯》以及《登徒子好色賦》中魚、宵二部字互相通押。王引之以之爲據，認

---

① 若據《经典释文》"音皮"，當以此音爲正。

爲“兆、囿”亦爲押韻字。王氏引用上古文獻概括韻例，所以此處之“古音”也是指上古音。

二、與“聲”有關的用語，往往暗指字詞的上古音

《經義述聞》中含有“聲”的用語，前後文中往往沒有中古韻書、字書的反切或直音等注音方式，例如：

> 引之謹案：徐本“周災至”，“至”當爲“志”，聲近而訛也。〔《荀子·正論篇》“其至意至闇也”，楊注曰“至意，當爲‘志意’”，亦聲近而訛。〕則“光被”之“光”作“横”，又作“廣”，字異而聲義同，無煩是此而非彼也。（卷三《尚書上》“光被四表”條，66）

王引之爲證“光、横、廣”三者“字異而聲義同”，先以楊倞《荀子注》之異文爲據，直接申明“至、志”是“聲近”的訛字。不管是“至、志”，還是“光、横、廣”，這兩組字的上下文中均無表示中古音的反切。所以此處之“聲近”或“聲義同”均爲王氏根據它們的古音關係而直接確定的。又如：

> “戰”與“憚”，古同聲同義，故字亦相通。（卷二十一《國語下》“戰”條，507）

此條内容，王引之“述聞”於王念孫。王念孫依據文意，直接破“戰”爲“憚”，並結合《國語》上下文證成其義。復據《白虎通義》所引《尚書大傳》以及《廣雅》訓釋，以明“戰、憚”通借有故訓爲證。再以《大戴禮記》《魯語》與《説苑》，《莊子》與《吕氏春秋》之異文爲據，説明古文獻中“戰、憚”確實可以通借。自始至終，均無中古的音切，所引語料都是先秦西漢作品，所以此處之“同聲”乃是指上古音相同，“聲”是指上古音。又如：

> 特以“祥、常”聲近，故誤爲“常”耳。（卷十《儀禮》“薦此常事”條，260）

《儀禮·士虞禮》：“朞而小祥，曰‘薦此常事’。又朞而大祥，曰‘荐此祥事’。”鄭玄注、賈公彦疏皆以“常”字作解，鄭氏還指出“古文‘常’爲‘祥’”。王引之認爲“常”與“祥”讀音相近，因而前字爲後字之訛。從語音情況來看：

　　祥，邪母陽部（似羊切，邪陽開三平宕）；

　　常，禪母陽部（市羊切，禪陽開三平宕）。

二者今音均爲陽韻，古音均爲陽部，但“祥”爲邪母字，“常”爲禪母字，聲母還是有差別的。在王氏古音體系中，章組本應歸爲端組，但端組祇有端、透、定、泥，没有擦音與書（即審）、禪相配。王引之曾指出：

依字母，"寫"在心母，"鼠"在審母；二母之字，往往相通。（卷二十六《爾雅上》"寫
鼫憂也"條，621）

他若"信"之作"申"、"性"之作"生"、"速"之作"數"，皆心、審二母之相通也。"寫、
鼠"之通，亦猶是矣。（同上）

"鼠、數"均爲書母字，而"申、生"則爲生母字。王氏之意，是照系的審母（包括書母以及
生母）與精組的心母相配。這樣一來，禪母當與邪母相配。所以"祥、常"在王氏古音體
系中就成了同音關係，因而可以通假。此例之"祥、常"聲近，在王引之看來，當指二者的
古音相同。又如：

《染人》："夏纁玄。"鄭注曰："故書'纁'作'竂'。鄭司農云：'竂，讀當爲'纁'。
纁，謂絳也。'"引之謹案：竂，黃黑色也。《説文》作"靀，黑有文也。讀若飴登字"。《玉
篇》："靀，於勿、於月二切。或作黰。"《廣韻》："黰，黃黑色也。""黰"與"竂"同。又通
作"苑"。《淮南·時則篇》："天子衣苑黃。"高誘注曰："苑，讀登飴之登。"〔"登"，道藏本
訛作"登"。〕則古人衣色亦有用竂黃者。《急就篇》曰："鬱金半見緗白䊶。"顔師古注曰：
"鬱金，染黃也。""鬱"與"竂"，聲義正同。"夏竂玄"者，《豳風·七月》所謂"載玄載黃"
也，似不必改爲"纁"字。（卷八《周官上》"夏纁玄"條，196）

王引之引用《説文》"靀，讀若飴登字"以及《玉篇》"靀，於勿、於月二切"，其目的在於證
明"黰"與"竂"的今音相同，進而推證它們的古音也相同。王氏所謂"'鬱'與'竂'，聲義
正同"，並非是指"鬱、竂"的中古音義相同，而是指它們的上古音相同，因而在上古文獻
中的詞彙意義也相同。所以此處"聲義相同"之"聲"當指上古音無疑。

簡而言之，不管是"聲近而訛、同聲同義"，還是"聲義正同"，抑或單純的"聲近"，王
氏父子大多是想證明相關字詞的上古音相同或相近。

"聲"暗指上古音，若加上"古"字，其時代意味就更濃了，例如：

蓋古聲"舍、予"相近，〔舍，古音"暑"，見《唐韻正》。〕"施舍"之言"賜予"也。（卷
十八《春秋左傳中》"旅有施舍"條，424）

王引之爲證"舍、予"古音相近，先以顧炎武《唐韻正》中"舍"之注音爲據。顧氏於《唐韻
正·凡例》曰："凡韻中之字，今音與古音同者，即不注。其不同者，乃韻譜相傳之誤，則注
云'古音某'，並引經傳之文以證之。"所以王引之所引的"古音'暑'"，顯然是指"舍"的
上古音。王氏意謂"舍、予"二者的上古音相近，因而意義相同。

三、"聲、音"上下文連用時，"聲"指上古音，"音"指中古音

當"音、聲"連用時，最能體現二者的區別，例如：

> 溷，當讀爲"焜"。"溷"與"焜"同聲，〔《集韻》"焜、溷"並音户衮切。〕故借"溷"爲
> "焜"。（卷二十二《春秋名字解詁上》"宋樂溷字子明"條，532）

樂溷字子明，王引之爲證"溷"與"明"義有關，先據《集韻》二字並音户衮切，然後以今音相同推證古音也相同，指出古音中"溷、焜"同聲，可以通假，意謂"溷"是借字，"焜"是本字。此處"同聲"之"聲"正指二字的古音，而"並音"顯指今音。

有時"聲、音"雖然沒有一起出現，但揣摩文意，還是能體會出它們的差別，例如：

> 今俗語疾謂之快，又謂之燥，與決躁之音相近。（卷二《周易下》"爲決躁"條，62）

《周易·説卦》"震爲決躁"，孔穎達正義："爲決躁，取其剛動也。"王引之認爲"決、躁，皆疾也"，並引《説文》"趩，疾也"，指出"趩，與躁同"。復引《莊子·逍遥遊》"我決起而飛"李頤注"決，疾貌"和《齊物論》"麋鹿見之，決驟"崔譔注"疾走不顧爲決"爲據。再據《廣雅》"躁、趞，疾也"，指出"（決）字或作趞"。王氏最後指出"今俗語疾謂之快，又謂之燥，與決躁之音相近"，這是用俗語之音證古音，意謂俗語"快"音與"決"音相近，"燥"音與"躁"音相近。從語音情況來看：

　　快，溪母月部（苦夬切，溪夬合二去蟹）；

　　決，曉母月部（呼決切，曉屑合四入山）。

二者溪、曉旁紐，月部疊韻。此處之"音相近"本指二字的中古"今音"相近，其目的在於推求它們的上古音相近——聲母相近而韻部相同。又：

　　燥，心母宵部（蘇老切，心皓開一上效）；

　　躁，精母宵部（則到切，精號開一去效）。

二者聲母心、精旁紐；宵部疊韻。所以這裏的"音相近"也是指《廣韻》對應的"今音"相近。然後以此爲基礎，推求二者的上古音也相近——聲母相近，韻部相同。

四、"聲音"或"音聲"則泛指字詞的整體讀音，往往暗指上古音。

上面説的是"聲、音"分開使用的情況，如果出現"聲音"或"音聲"這些用語，就泛指相關字詞的整體讀音，有的用例中古今之別就不太明顯，例如：

　　二十一年《傳》:"庚子,孔子生。"何注曰:"時歲在己卯。"……錢氏曉徵以《三統術》"超辰之法"推之,謂:"是年歲在乙巳,己卯必乙巳之訛也。"引之謹案:……若以爲"乙巳"之訛,則"卯、巳"二字形體、聲音俱不相近,"巳"字無緣誤"卯"。(卷二十四《春秋公羊傳》"歲在己卯"條,585)

　　引之案:"卯、巳"二字形體、聲音俱不相近,"巳"字無緣誤"卯"。(卷三十《太歲考下》"弟十七論公羊傳注歲在己卯爲殷數"條,712)

　　"形體"與"聲音"連文出現,則"形體"就是字形,"聲音"就是字音。此處之"聲音"顯然泛指語詞的整體讀音。

　　但是,不少用例涉及的語料都來自先秦西漢的著作,王氏論述中提到的"聲音、音聲"就往往暗指上古音,例如:

　　《玉海》引《大傳序》曰:"……音聲猶有訛誤,先後猶有差舛,重以篆隸之殊,不能無失……"此謂伏生《書》中有音聲之誤、先後之差、篆隸之失,所謂闕也。(卷四《尚書下》"伏生尚書二十九篇説"條,110)

　　《玉海》所引《大傳序》云"音聲猶有訛誤",王引之解釋爲"此謂伏生《書》中有音聲之誤","音聲"就是有關詞語的讀音,但暗指伏生時代的語音,顯然屬於古音。又如:

　　《玉海》引《大傳序》云:"生没後,數子各論所聞,以己意彌縫其闕……"則《大傳》之作在伏生之後。即如歐陽以《大誓》入今文經,所謂"彌縫其闕"是已。〔案:闕,謂聲音之訛,先後之差,篆隸之失,非謂有闕篇也。《玉海》所引《大傳序》顯然可考,不得牽合。〕(卷四《尚書下》"附某孝廉書"條,116)

　　王引之對鄭玄《尚書大傳序》進行了分析,認定《尚書大傳》成書於伏生之後。然後自加注説明鄭序"彌縫其闕"的涵義,指出"闕"實指聲音之誤,簡牘順序的顛倒,或是篆書、隸書的字體差誤,並非指缺少了某些篇目。此處之"聲音"泛指字詞的讀音。但考慮到《大傳序》産生在西漢,那麼此處之"聲音"也暗指古音無疑。再如:

　　夫古字通用,存乎聲音。今之學者,不求諸聲而但求諸形,固宜其説之多謬也!(卷三《尚書上》"平章百姓"條,68)

　　"古字通用"是指讀音相同相近而導致的通假現象。前有"存乎聲音",後有"不求諸聲",則"聲音"相當於"聲"。考慮到"古字"之"古"以及"今之學者"之"今",此處之"聲音"

當指字詞的上古音。但這是深究文意的結果,從表面上看,將"聲音"理解爲字詞的讀音就足以解釋上下文了。

總之,《經義述聞》中的"聲"與"音"是有區別的,雖然都可泛指(或對譯爲"讀音、語音")字詞的讀音,但在一般情況下,"聲"著重指上古音,而"音"偏向於中古音,且其前後往往出現韻書或字書的反切。

五、"同音"等用語也可表語詞的古音關係

"聲""音"有別,是就《經義述聞》中大多數用例所概括出來的,並不能囊括全部。有些"音"類用語也可以泛指語詞的古音關係。例如:

"無或如齊慶對弑其君,弱其孤,以盟其大夫。"正義曰:"崔杼弑莊公,立其弟景公。孤,謂景公也。以其幼小,輕弱之。"惠氏《補注》曰:"《呂氏春秋》載此事曰:〔《慎行篇》。〕'毋或如齊慶封弑其君而弱其孤,以亡其大夫。''弱其孤',謂殺崔成、崔彊。'亡其大夫',謂崔杼强而死。《左氏》傳世既久,或先秦以來所據本異,當以《呂覽》爲正。"家大人曰:惠説非也。弱其孤,謂弱景公,孔説是也。盟其大夫,謂崔慶盟國人於大宮也。自"弑其君"以下三句,皆一時之事。若崔杼父子之死,在弑莊公後三年,與前事絕不相涉。慶封之害崔杼,非其罪之大者,楚靈王無爲數之以告諸侯也。《呂氏春秋》作"亡其大夫"者,"亡"字古讀若"芒","盟"字古亦讀若"芒",〔説見《唐韻正》。〕"盟、亡"同音,故借"亡"爲"盟"耳。〔"盟、明、亡"三字古並同音。《管子·七法篇》"世主所賞者寶也,所親者戚也,所愛者民也,所重者爵禄也;亡君則不然",亡君即明君也。"明"之通作"亡",猶"盟"之通作"亡"矣。〕(卷十九《春秋左傳下》"以盟其大夫"條,451)

此條由王引之"述聞"於王念孫。王念孫據顧炎武《唐韻正》,認定"亡、盟"古音與"芒"相同,因而可以通假。夾行小注再次申明,"盟、明、亡"古音相同。從語音情況來看:

盟,明母陽部(武兵切,明庚開三平梗);

明,明母陽部(武兵切,明庚開三平梗);

亡,明母陽部(武方切,明陽合三平宕)。

由此可以看出,"同音"這個用語當指兩個語詞的具體聲韻關係,所以不但可以用在今音相同的情形中,也可以直接用來判斷幾個語詞的古音關係。但要承認的是,這種表示古音關係的"音"類用語所佔比例並不大。而且在使用時,其上下文往往有"古讀若"等直音出現,這與"聲"類用語也存在不小的區別。

六、小　結

　　《經義述聞》所使用的"音"主要有兩種意義:其一是指語詞的中古音,前後文中多有中古韻書、字書的反切出現;其二往往是指語詞的整體讀音,既包括聲母,也包括韻母。與此相對的是,《經義述聞》所使用的"聲"也主要有兩種意義:其一是指字詞的上古音,前後文中很難看到中古反切;其二是指聲母,多用在"一聲之轉、聲之轉"等格式中,"聲、轉"連用,大多是指相關語詞以聲母不變爲基礎,韻部發生了一定變化。"聲""音"用語的差別雖然細微,不過在閱讀《經義述聞》時還是要稍加注意的。

　　從"聲、音"類用語的使用情況來看,王念孫、王引之父子對有關概念的區分還是比較明確的。概念是邏輯思維的起點,也是進行判斷、推理的基礎。以使用有異的"聲、音"等用語爲核心,王氏父子靈活地采用了因聲求義、循文證義等訓詁方法,"於古義之晦,於抄之誤寫,校之妄改,皆一一正之。一字之證,博及萬卷,其精於校讎如此"①。從這個意義上説,"聲""音"有區別使用,正是王氏父子學術謹嚴的生動體現。

參考文獻

胡繼明　《〈廣雅疏證〉中的"字異而義同"》,《古漢語研究》1995年第3期。

舒　懷　《高郵王氏父子學術初探》,華中理工大學出版社1997年。

(清)王念孫　《廣雅疏證》(附《補正》),中華書局2004年。

———　《讀書雜志》,江蘇古籍出版社2000年。

(清)王引之　《經義述聞》,江蘇古籍出版社2000年。

魏鵬飛　《〈經義述聞〉用語研究》,北京語言大學2015年博士學位論文。

薛正興　《王念孫王引之評傳》,南京大學出版社2008年。

張其昀　《〈廣雅疏證〉導讀》,社會科學文獻出版社2009年。

———　《〈讀書雜志〉研究》,社會科學文獻出版社2013年。

朱國理　《〈廣雅疏證〉的"同"》,《殷都學刊》1999年第4期。

———　《〈廣雅疏證〉的"通"》,《古籍整理研究學刊》2001年第1期。

———　《〈廣雅疏證〉的"聲義同(近)"》,《漢語史研究集刊》第三輯2000年。

---

① 趙爾巽等《清史稿》第13212頁,中華書局1977年。

文獻語言學（2）:53~65,2016

一述一讀 一主一句

——先秦文獻句讀原則與條例

濟 寬

（北京語言大學人文社科學部,北京,100083）

提 要:文獻語言學的研究離不開文獻閱讀。今人讀古代文獻離不開句讀。本文就古代文獻的句讀問題提出兩條原則:1.一述一讀;2.一主一句。在這兩條原則的基礎上,根據文獻語言的實際情況,增加若干條例。期待通過"原則+條例"的途徑,建立並完善漢語文獻語言學的句讀規則系統。

關鍵詞:文獻語言學;句讀;條例;一述一讀;一主一句

一

從事文獻語言學研究,閱讀文獻是基礎。古代文獻無句讀,欲讀古書,須能斷句。句讀向爲學子入門。《説文解字·敘》説:"周禮八歲入小學,保氏教國子。"《禮記·學記》:"古之教者,家有塾,黨有庠,術有序,國有學。比年入學,中年考校,一年視離經辨志。"入學一年便要學會"離經辨志"。然而,離析經傳之斷句法,自古無定則。今之學子多苦焉。

關於句讀之法則,自古以來的傳授方式都是"兩條腿走路":經驗與感悟。

所謂經驗,來源有二:其一,師傅先行將經書斷句,然後教弟子熟讀記誦。若能記誦四書五經無礙,便等於已具備離析經傳的相當之經驗。其二,詩騷、漢賦、樂府、古風、駢文等,句子雖有長短,但皆以韻字爲節點,大略構成"句"的形式。學子時時諷誦,便可從中積累造句斷句之經驗。

所謂感悟,即弟子一方面從師傅記誦經典、吟詠詩賦韻文,另一方面自行瀏覽經史子集等散文。"讀書千遍,其義自見"。在大量閱讀過程中,增加對文獻語言的瞭解,深化對文獻語言的認識,感悟文獻語言句讀的規律。

經驗也罷,感悟也罷,儘管都要花費不少時間,但皆已應用千百年,且被歷史證明行之有效,所以至今爲後學者視爲可取之法。但是,若要提高學習效率,減少學習的時間成本,儘可能地與現代社會生活節奏諧調起來,就不能不進一步研究句讀之法則,即文獻閱讀的斷句規律。

二

句讀的語言學基礎是句子的構成規則,簡單説即句法。

古今中外諸種語言,句子皆由詞構成。討論句法,自然離不開詞法。印歐語系諸語言中,由於詞有形態變化,詞法的形式規則較爲精細,便於分辨句中各詞語的詞性和句法功能。有了詞法上的分類,句子的構造就比較容易判定。因此,基於印歐語系諸語言建立的語言學理論,注重詞法的歸納和句法的分析,形成了符合其語言形式特點的語法學乃至語言學。

詞法豐富,句法就相對簡單;詞法簡單,句法就相對多樣。漢語的詞没有形態變化,詞法規則難以從形式上進行觀察,因而句中各詞語的詞性和句法功能也難以從形式上加以確認。相對於如此"一清二白"的用詞方式,漢語的造句法顯示出相當大的自由度,自由到"無不可説"乃至"無章可循",從而顯得變化多端。這種情況下,句法規則的研究,在借鑒基於印歐語系諸語言而生成的語法學及語言學理論和方法時,一味照搬套用,自然常有迷途碰壁之苦,難有豁然開朗之樂。

漢語至少有四千年歷史。漢語典籍以及分析和研究漢語的工作至少有二千多年歷史,《國語·晉語》記載了晉國大夫叔向説《詩》的史事,便是明證。關於漢語文獻和語言文字的研究,不可謂不早:周代即有"離經辨志"的啟蒙教育,春秋孔子區分"雅言"和俗語,孔子後學編纂漢語詞典《爾雅》,西漢揚雄輯録"別國方言",東漢劉熙探究日常用語的來源,東漢許慎分析漢字的構形和本義,等等。既然起步甚早,爲何至今没能形成類似印歐系諸語言中的語法學和語言學呢?

除了研究思路這一主觀因素之外,漢語特點這一客觀因素也起到了決定性作用。

漢語作爲一個單一的語種,具有獨特的、迥異於人類其他語言的形式。印歐系諸語言的語法學中所依賴的詞形變化,漢語完全没有。印歐系諸語言中依賴詞形變化所形成的句法分析方法,以及印歐系諸語言中基於詞類而建立的語法學理論,漢語必須藉助語義才能勉强套用。

自馬建忠《馬氏文通》開始,順應"五四"新文化運動大潮,國內學者致力於借鑒歐美語言學理論來研究漢語。至今歷時一個多世紀,將歐美語言學理論幾乎逐一"拿來"過;但至今没有一部嚴謹系統的漢語語言學理論,没有一部被公認爲科學而全面的、可以作爲標準教科書的漢語語法教程。我們所面對的事實是：在教學方面，目前的研究成果祇能滿足現代漢語的初級的需要；在研究方面，目前的認識祇能滿足現代漢語的初級和中級的需要。一旦將視野放大到整個漢語史，面對浩瀚紛繁的漢語文獻語言現象，教學上還得依賴自我感悟，研究上還得依賴注疏訓詁。

筆者之所以做出上述判斷，是因爲有如下幾個簡單的事實：第一，目前的漢語研究人員，大多識字不足，讀書未遍，對漢語的全貌缺乏認識。在此基礎上做出的研究，難免片面和有偏差。第二，目前的語文教學環境，不少學生是學完語法不能會話，走出課堂不能讀書，拿到學位寫不好文章的。第三，如果有標準教科書和系統的漢語語言學理論，每年就不會有那麼多在基本問題上説法不一的論文產生了。那些問題大到詞類劃分、動賓關係、句子完形，小到述補結構、助詞功能、結構定式等，匯聚起來便顯示出在漢語裏沒有一個搞明白了的領域。

總之，關於漢語的聽説讀寫問題，不得不承認我們常常處在“隨機應變”的狀態中。現有的理論無法讓我們做到“以不變應萬變”。比起幾何學、數學、物理學、化學、生物學，乃至經濟學等學科在系統性和應用性上的進步，漢語學難望項背①。

對於漢語的文獻語言學而言，文獻語言的斷句，就是一個公認的依賴經驗、缺乏理論而有待研究的難題。

三

語言是思維的工具。

漢語是漢民族思維的工具。洞察漢民族思維的特點，必然有助於洞察漢語的特點，反之，瞭解了漢語，也可以進一步瞭解漢民族的思維模式。

研究漢民族思維模式的學問，是中國哲學。以中國哲學爲平臺，應該能够構建起漢語研究的基礎。

中國哲學中，最有代表性的成果是《易》理。《易》理中蘊涵的觀察事物、分析事物的方法，適用於一切運動變化中的事物。漢語的詞在用法上千變萬化，所以，《易》理應該能够適用於漢語，有助於建立漢語語言學理論。

《易》理的核心在變易。《易》理是圍繞變易生成的。客觀世界中的變易，亦即事物的一次運動，在語言裏的反映是一個述語，在《易》理中叫做陽；客觀世界中參與變易的那個對象，亦即運動的那個載體，在語言裏的反映是一個主語，在《易》理中叫做陰。

_____

① 此節所述觀點，可參閱張猛《訓詁和漢語體系的關係》一文。

一個對象的一次變易，便是一個事件，可以用一個主語和一個述語表達。在漢語裏，這個主語＋述語的組合便是一個句子。

一個對象的若干次變易，是一組事件，用一個主語和若干個述語表達。這些述語歸屬於同一個主語，所以仍然是一個句子。不過，句中不同的述語，分別表達不同的變易，具有一定的獨立性，可以分別作爲讀來看。

述語連用，可以逗開；主語不同，可以斷句。變易（述語）決定讀，對象（主語）決定句。

歸納起來，就是兩條原則：

> 【原則一】一述一讀。
> 【原則二】一主一句。

這兩條原則是句讀的發足點，也將是文獻語言學中句法研究的發足點。漢語文獻語言的句讀問題，都不妨立足於這兩條原則去解讀、分析。若從現象中認識到原則有所不足，則補充相應的條例。在對原則的理解和完善中，逐步構建起一個關於漢語文獻語言的句讀規則系統。

筆者還有一個樂觀的期望：通過句讀規則系統，發掘出符合漢語實際的句法學規則系統和漢語文獻語言學的語法規則系統。

四

《論語·爲政》：子曰吾與回言終日不違如愚退而省其私亦足以發回也不愚

關於這一章的斷句和理解，史上有爭議。

皇侃說："察退與二三子私論，亦足以發明聖奧，振起風訓也。"[1]即顏回退而省視自己之私。他的斷句當爲：

子曰："吾與回言終日。（顏回）不違，如愚，退而省其私，亦足以發。回也不愚。"

朱熹《集注》以爲是孔子"退而省"顏回之"私"，"則見其日用動靜語默之間，皆足以發明夫子之道"[2]。他的斷句當爲：

子曰："吾與回言終日。（顏回）不違，如愚。（吾）退而省其私，亦足以發。回也不愚。"

① （南朝梁）皇侃著，高尚榘點校《論語義疏》第32頁，中華書局2013年。
② （宋）朱熹《四書章句集注》第56頁，中華書局1983年。

《爲政》原文,按一述一讀原則斷開,如下:

> 子曰、吾與、回言、終日、不違、如愚、退、而省其私、亦足、以發、回也不愚。

與

"與"作述語,用法主要有兩個:一表參與,一表給予。

1.音預,參與。"吾與、回言",意爲"我參與,顏回説"。顏回是説話人,孔子是聽話人中的一員。通常這個意思的語序是"回言,吾與(之)",即"顏回説,我跟着(他)(聽)"。

2.音予,給予。"吾與、回言",意爲"我給與,顏回説"。這個意義的"與",通常帶雙賓語,一個賓語是受事之人,一個賓語是受事之物;且可以省略其中一個賓語,被省略的賓語可根據上下文邏輯推知。這裏若將"吾與"和"回言"視爲兩個不同的句子,則"與"的賓語没有一個可以推知出來,這屬於語境殘缺,是不合理的,舊稱爲"不辭"。如果不承認《論語》中有不辭現象,"回"就祇能是"與"的賓語之一,即受事之人。斷句則爲"吾與回,言"。這種情況下,意思可以是"我給與顏回(某物),説"。由於上下文中未出現被給予的受事之物的信息,語境殘缺,仍然不辭。

3.音羽,和、跟。"與"不具有實際意義,是從參與義虚化而來的一個虚字。"與"下不宜斷開,當爲"吾與回言",即"我跟顏回説話"。辨別這種用法的"與",主要看其後是否有其他述語。如果没有其他述語,這個"與"本身就是述語;如果有其他述語,這個"與"就虚化了。

於是有如下句讀條例:

【條例一】凡"與"字虚化而不做述語時,其下可不讀。

而

"而"字不用,則爲兩讀:"退、省其私",可通。"而"字若用,則兩讀可以合一:"退而省其私。"一般認爲,"而"有連接兩個動作行爲的作用。不過,不用"而"字也可以直接將兩讀合一,成爲"退省其私"。可見:可以通過詞序去自然完成兩讀之連接。那麼,"而"就是一個虚字。"而"字的功能不過是補充音節,使語氣順暢委婉;其使用條件是前後兩個語言單位皆爲讀。至於通常所言順接、逆接,皆由前後兩部分之語義邏輯關係決定,非"而"字本有之功能。

於是有如下句讀條例:

【條例二】凡"而"字前面之述語下,可不讀。

以

"以"字不用,則爲兩讀:"亦足、發"。"以"字若用,則合爲一讀:"亦足以發。"若不用

"以"字而合爲一讀,成爲"亦足發",無不可。因此"以"也是一個虛字。其功能也是補充音節,使語氣順暢委婉;其使用條件也是前後兩個語言單位皆爲讀。

"而、以"字形不同,根據語言的經濟原則可知,倘若功能完全一樣,不會出現兩個用法相同的常用虛字。既然出現了,二者之間就一定有所不同。比較"而"與"以"的不同,可用之法有二:

1.換位替代。於是有"退以省其私""亦足而發",亦無不可。因此不妨認爲:"而""以"之別,換文而已。

2.比較所關聯的前後兩個述語。"而"前之"退"表進退,屬趨止類述語;"而"後之"省"表省思,屬思慮類述語;"以"前之"足"表足够,屬狀態類述語;"以"後之"發"表感發,屬思慮類述語。"而"所連接的是兩個述語,"以"所連接的是一個述語以及該述語的前加描述成分。換句話説,"而"連接的是聯合結構,"以"連接的是偏正結構。然而,能否將這樣一種區別定爲條例,單憑此例尚不足以證實,還有待進一步的考察。目前,謹就此例暫擬一個條例:

【條例三】凡"以"字連接兩個述語,其前面之述語下可不讀。

五

至此,根據原則一之"一述一讀"而劃分出來的句子:

子曰、吾與、回言、終日、不違、如愚、退、而省其私、亦足、以發、回也不愚。

在"與、而、以"三處得以合併,結果如下:

子曰、吾與回言、終日、不違、如愚、退而省其私、亦足以發、回也不愚。

"言"與"不違",在語義上是對立的呼應關係,而在語境中是共時共地關係,邏輯上不可能屬於同一行爲主體。已知"吾"是孔子,爲"言"之主體;則"不違"當屬當時在場聽孔子之言者,即前面已經出現了的"回"。

於是有如下句讀條例:

【條例四】凡共時共地的兩個述語,若語義對立,當分屬於不同行爲主體。

由下文"退"可知:"吾與回言"和"(回)不違、如愚"這兩組事件發生在同一時間、同一場所,故"終日"這一表示時間概念的詞語,等效於雙方。所以,無論是:

吾與回言終日,(回)不違、如愚

抑或：

吾與回言，(回)終日不違、如愚

於句法上看，皆無不可。

然而，與下文結合起來，則後者不如前者通順。試比較：

吾與回言終日，(回)不違、如愚、退而省其私、亦足以發

吾與回言，(回)終日不違、如愚、退而省其私、亦足以發

顯然，"言"與"退"之間是歷時關係而不是共時存在的。從邏輯上看，有兩點值得注意：其一，"終日"這個時間詞僅及於"言"與"不違"，不及於"退"。其二，"言"與"不違"分屬於不同的行爲主體，其後的"退"與"不違"屬於同一行爲主體。見於上述兩點可知，"終日"附加於"言"之後，可通；附加於"不違"之前，可能被誤解爲其作用可及於"退"，不妥。因此，正確的斷句應該是：

吾與回言終日。(回)不違、如愚、退而省其私、亦足以發。

由此推理出一條句讀條例：

【條例五】凡時間詞，若上下兩屬皆可，宜上屬。

六

根據原則二之"一主一句"，上文討論之《爲政》一語中已有三處出現了表現行爲主體的詞語：子、吾、回。另據條例四，可知有一處行文主體不同於上文，但可據下文推知爲"回"。如此一共爲四句：

子曰。吾與回言終日。(回)不違，如愚，退而省其私，亦足以發。回也不愚。

這就是皇侃的斷句。

朱熹認爲"退"之行爲主體是孔子。雖然從語義上看，解釋起來不無道理；但遺憾的是朱熹未能說明該行爲主體如何得以缺省。從邏輯上看，朱熹的主張屬於主觀推想，缺乏句法規則的支持，有"六經注我"之嫌。

要補充的是，按照皇侃的斷句，第三句包含四讀，其行爲主體皆爲顏回。不過，四讀之間，分屬兩個不同的時間和處所：其一，"不違"和"如愚"共時共地於孔子座前。其二，"退而省其私"與"亦足以發"共時共地於顏回居處。斷句之外，如果考慮用現代漢語標

點精確標記出這一差異的話,當在"如愚"下用分號標出"分句",成爲:

　　（回）不違,如愚;退而省其私,亦足以發。

進一步的考慮是,假如沒有那麼多讀,即使時地不同,亦不必用分號標出分句。例如設僅有"不違"和"退",則爲:（回）不違,退。

或根據條例二,用"而"連接兩讀:（回）不違而退。

於是有如下條例:

【條例六】凡有多讀,雖屬同一行爲主體,若時地不同,可酌情標爲不同分句。

七

根據上述兩項基本原則和六項條例,《爲政》一語之斷句標點如下:

　　子曰:"吾與回言終日。不違,如愚;退而省其私,亦足以發。回也不愚。"

訓詁方面則宜從皇侃説。朱熹之説,不妨備考。

下面分析《左傳·隱公元年》"鄭伯克段于鄢"之首段。進一步闡述本文所論斷句原則,補充相關條例。

　　初鄭武公取于申曰武姜生莊公及公叔段莊公寤生驚姜氏故名曰寤生遂惡之愛公叔段欲立之亟請於武公公弗許

【第一步】根據基本原則"一述一讀"斷句:

初。鄭武公取。于申。曰武姜。生莊公。及公叔段。莊公寤生。驚姜氏。故名。曰寤生。遂惡之。愛公叔段。欲。立之。亟請。於武公。公弗許。

【第二步】"于"是述語性成分,次於述語"取"之後,但並非主語"鄭武公"所直接作爲之動作,而是指向"取"的地點。其語法性質具有兩個特點:其一,詞序方面,直接述語而非主語。其二,語義方面,直接與述語相關而非與主語相關。所以:

1."于"是一個間接歸屬於主語而直接歸屬於述語的準述語成分。

2.在結構上,述語居於主語之下,而"于"不具備與述語"取"同層並列的性質,應當居於述語之下。

3.層次的差異已反映在詞序的先後上:後於述語"取",故與主語的距離遠於述語"取"。

4.斷句時,如果將不同層次的述語性成分一概讀斷,將造成語法結構層次的混淆,進而干擾對語義的解讀。

由此可得如下條例：

【條例七】凡屬主語間接支配之述語性成分，不宜讀斷。

據此條例可知，下文"亟請。於武公"之"於"亦不宜讀斷。

同理，"生莊公。及公叔段"中之"及"不宜讀斷。於是有：

初。鄭武公取于申。曰武姜。生莊公及公叔段。莊公寤生。驚姜氏。故名。曰寤生。遂惡之。愛公叔段。欲。立之。亟請於武公。公弗許。

【第三步】察"欲"之後，其所屬述語性成分皆不能與"欲"同時同地發生，且有屬於不同主語者。此處之"欲"乃姜氏所作爲，而"立"則屬武公之作爲，二者不能同時同地發生。固"欲"下不宜讀斷。於是有如下條例：

【條例八】凡"欲"下帶有述語性成分，則"欲"下不讀斷。

【第四步】察"故名"之"名"，有主語、述語兩種用法。視爲主語，則下文"曰寤生"不宜讀斷，當爲"故名曰寤生"（今譯：所以名字叫寤生）。視爲述語，則可以有兩種情況：

其一，與"名"同屬一個主語，而且"名"和"曰"在此處語義相近。這種情況下，不妨略去其中一個。略去"曰"，則爲"故名寤生"，仍然表達出"寤生"是給莊公起的名字的意思。略去"名"，則爲"故曰寤生"，亦通，但不具備"名"所能表達的給人取名之義，而可能誤解爲指寤生難產這一事件的名稱。顯然，"曰"可省而"名"不可省。在語義關係上，"名"爲主，"曰"爲次；在詞序關係上，"名"在前，"曰"在後。因此，"曰"從屬於"名"，其功能是在"名"的基礎上加以強調。於是有關於"曰"的條例：

【條例九】凡"曰"接於表言語稱說義之述語後，用於補充強調者，實受主語間接支配，不讀斷。

條例九適用於"言、語、論、議、奏、諫、命、令"等表言語稱說之詞語[①]。

至此，讀斷結果爲：

初。鄭武公取于申。曰武姜。生莊公及公叔段。莊公寤生。驚姜氏。故名曰寤生。遂惡之。愛公叔段。欲立之。亟請於武公。公弗許。

條例八與九，其實與條例七相通。三者可以歸併成一條。本文爲闡明句讀規則系統的構建過程，特分而條陳之，以便讀者具體瞭解從原則到條例，從條例到法則系統的工作流程。希望將來同心戮力，建立起漢語文獻語言的句讀規則系統。

---

① 參張猛《左傳謂語動詞研究》。

八

根據句讀原則之二一主一句，用逗號和句號標點上述語段：

> 初，鄭武公取于申，曰武姜，生莊公及公叔段。莊公寤生，驚姜氏，故名曰寤生，遂惡之，愛公叔段，欲立之，亟請於武公。公弗許。

總計三個主語：鄭武公、莊公、公，故分爲三句。此爲第一步。

三句之中，第一句有三讀。第二讀中"武姜"非鄭武公所稱，"曰"之主語不是鄭武公。第三讀述語"生"，今之常識以爲乃母親之行爲，則主語是"武姜"。然爲父者亦可用"生"，故隸屬於鄭武公亦無不可。因此，"曰武姜"乃《左傳》作者之插説，現代標點當爲：

> 初，鄭武公取于申——曰武姜——生莊公及公叔段。

其次當爲：

> 初，鄭武公取于申，——曰武姜，生莊公及公叔段。

時下流行的標點對插説成分一般不特意標明，最易模糊；所以在講解時往往要多費一點口舌，而讀者讀書時則往往囫圇帶過：

> 初，鄭武公取于申，曰武姜，生莊公及公叔段。

第二句"莊公"爲主語，"寤生"爲首位述語成分，其後"故名曰寤生"之"名"，若主語爲"莊公"，則當爲被動用法；若主語爲"姜氏"，則當爲一般用法。其後又有"遂惡之，愛公叔段，欲立之，亟請於武公"，主語皆爲"姜氏"而不是"莊公"。因爲從上下文看，"愛公叔段，欲立之，亟請於武公"，皆爲姜氏所爲；此"愛、欲、請"三事，又皆緣於"惡"之一端；所以"惡"者實乃姜氏，而非莊公，而所惡之"之"指代的正是莊公。如此看來，主語無疑發生了轉換。

主語在何處發生了轉換呢？有兩個位置供考慮：其一，在"遂惡之"之前。其二，在"故名曰寤生"之前。倘若在"遂惡之"之前，標點當爲：

> 莊公寤生，驚姜氏，故名曰寤生。（姜氏）遂惡之，愛公叔段，欲立之，亟請於武公。

此爲當前通行標點。不過其中的"名"宜做被動用法解（被叫[做]），這一點往往被忽視。同時，"遂惡之"前省略了主語"姜氏"，其省略的前提不甚分明。

倘若在“故名曰寤生”之前，標點當爲：

莊公寤生，驚姜氏。（姜氏）故名曰寤生，遂惡之，愛公叔段，欲立之，亟請於武公。

此處“名”爲一般用法（叫［他］），主語“姜氏”承前省略。此外“故”作爲提示，指出其後帶出的一連串五讀，皆爲“莊公寤生，驚姜氏”之結果。故，一般視作因果複句中前後兩個相關分句之間的連接詞。分句也是句，因爲分句可以有自己的主語。分句之所以爲分句，僅僅是在句中所處的構造層次不同。所以，現代標點可以是：

莊公寤生，驚姜氏；故名曰寤生，遂惡之，愛公叔段，欲立之，亟請於武公。

若再細察，則“名曰寤生，遂惡之”與“愛公叔段，欲立之”之對象分別爲莊公與共叔段，是相對立的兩回事。末一讀對象則爲武公。一個主語，三個對象，本應分爲三個分句，但在此句中，主語“莊公”和被省略的主語“姜氏”已經劃分爲兩個分句了，現代漢語的標點，關於分句祇有一個符號，僅够用於一層分句的句子構造裏。對於分句之內的分句，目前沒有專用的標點符號。爲解決標點符號不够用的問題，可以有一個折衷的處理方式，如下：

莊公寤生，驚姜氏。故名曰寤生，遂惡之；愛公叔段，欲立之；亟請於武公。

這樣一來，理論上等於取消通常意義上的複句，將通常所説的因果複句視爲兩個相連的句子，而通常所知的關聯詞語，就此成爲斷句的標誌。由此例的因果關係的關聯詞“故”，可推而及於假設、條件、轉折、目的等複句之關聯詞語上。如此處理，是否妥當，有待進一步研究。

九

至此，在“一述一讀，一主一句”這兩項原則的基礎上，結合漢語文獻語言的實際情況，做了九個方面的進一步闡述，體現爲九項條例：

【條例一】凡“與”字虛化而不做述語時，其下可不讀。

【條例二】凡“而”字前面之述語下，可不讀。

【條例三】凡“以”字連接兩個述語，其前面之述語下可不讀。

【條例四】凡共時共地的兩個述語，若語義對立，當分屬於不同行爲主體。

【條例五】凡時間詞，若上下兩屬皆可，宜上屬。

【條例六】凡有多讀，雖屬同一行爲主體，若時地不同，可酌情標爲不同分句。

【條例七】凡屬主語間接支配之述語性成分，不宜讀斷。

【條例八】凡“欲”下帶有述語性成分，則“欲”下不讀斷。

【條例九】凡“曰”接於表言語稱説義之述語後，用於補充强調者，實受主語間接支配，不讀斷。

將上述九項條例作爲前提，結合現有的漢語理論研究成果，可做如下推導：

根據條例一推得：即使是動詞，若不做述語，其下可不讀。

根據條例二、三推得：用連詞連接的兩個述語，前面述語之下可不讀。

根據條例四推得：兩個或兩個以上的述語連用，可根據語境（時、地）和述語間的語義關係找出第二個主語並決定斷句位置。

根據條例六推得：並列結構與聯合複句同質，可讀可不讀。

根據條例七、九推得：補語或間接述語前均不宜讀斷。

根據條例八推得：兼語式之兼語前不宜讀斷。

十

上述分析，僅涉兩例；然而已經可以看出漢語句子的結構是多層次的，而現有的標點體系在標記句子內部構造層次時，有一定的局限性。

漢語文獻語言的句子構造實例中，有四層及更多層的現象。傳統的句讀方法往往采用一點到底或一句到底的方式，祇管斷句，不論層次。這意味着讀者祇能用意會的方式去解決句中的層次分析和理解問題。現代標點符號系統的確立，不僅解決斷句問題，而且滿足了讀者在大多數情況下對句中層次分析的需求。這無疑值得肯定！

不過，從漢語文獻語言學的角度考慮，僅僅滿足大多數情況下的需求自然不能令人滿意。本文便是從這一點點不滿意出發，從斷代研究入手，嘗試建立先秦文獻的句讀規則系統。本文所提出的兩項原則、九項條例，以及關於複句的處理方式，皆爲初步設想。條例中有的還有可能在進一步考察的基礎上進行歸納合併。總之，這些原則和條例皆有待更廣泛和深入的考察來予以完善。

真正有意義的是：關於句讀的研究，其實也是關於句法的研究。如果想要立足於漢語文獻語言的實際，走出一條符合漢語特點的研究路子，從而確立緊密聯繫漢語實際的研究方法，構建一套適用於漢語研究的理論系統，那麽，先秦文獻語言之句讀的研究，未嘗不是一個有價值的突破口。

參考文獻

（漢）許慎　《説文解字》（大徐本），中華書局1978年。

《十三經注疏》，中華書局1982年。

張　猛　《訓詁和漢語體系的關係》，《北京大學學報》（哲學社會科學版）2015年第52卷第1期。

———　《左傳謂語動詞研究》，語文出版社2003年。

文獻語言學（2）:66~86,2016

談談方言史研究中的考本字和求源詞^①

——主要以湖北黃岡話爲例

孫玉文

（北京大學中文系、北京大學中國語言學研究中心，北京，100871）

提　要:論文分以下十個部分:一,何謂方言本字和源詞,主張追溯方言詞歷史來源時要區分本字和源詞。二,我國方言考本字和求源詞的悠久歷史,簡要回顧我國研究方言本字和源詞的歷史進程。三,爲什麼要考本字、求源詞,從語言研究、閱讀古書、積纍文化、辭書編纂和修訂四個方面説明考本字和求源詞的意義。四,爲什麼本字可考、源詞可求,探討考本字和求源詞這兩項研究之所以成立的學理依據,以及科學地考本字和求源詞需要的知識儲備。五,考本字、求源詞的難點,論證方言中有些詞並無古代的本字或源詞,有本字和源詞的一些詞在探尋過程中容易陷於主觀,必須避免。六,如何考本字——語音對應方面,提出考本字時應在系統中尋求語音對應規律,對於讀音例外也要作深入的科學分析,力避主觀性和片面性,增强語音方面的客觀性。七,如何考本字——語義對應方面,提出全面利用各種古代材料,爭取語義求證、説明方面的科學性。八,如何求源詞——語音對應方面,提出在求源詞時必須注意音變構詞。九,如何求源詞——語義對應方面,提出求源詞時,在語義對應方面,説方言的甲詞義來自古代乙詞義,甲乙兩個詞義有無發展關係,應該具有可證實性,不能流於主觀猜測。十,書證,繼續肯定書證在考本字和求源詞中的重要作用,提出尋求書證時應注意的一些複雜情況。

關鍵詞:方言;本字;源詞;黃岡話

一、何謂方言本字和源詞

　　方言本字,指的是在一個語言系統中,後代方言中一個詞語,在歷史上已有用來記錄它的最早的字。因此,後代方言中出現的一個詞語,如果跟古代文獻中記録的是同一個

---

① 本文爲教育部人文社科重點研究基地重大項目"鄂東方言詞語探源"（14JDD74004）的階段性成果。

詞語,才可以説古代記録的那個詞語是後代方言的本字;如果記録的不是同一個詞語,則不是後代方言的本字,例如黄岡話管用手將沙或粉末狀的東西分散到地上或人、物之上叫[ian²],如説"往他身上[ian²]沙""把粉筆末兒[ian²]了他一身""在溼地下[ian²]點灰"等。這個[ian]有本字,《集韻》豔韻以贍切:"敥,以手散物。"跟[ian]的對應嚴絲合縫,可見其本字就是"敥"。其實,《集韻》中的"敥"也不是無源之水,它是"鹽"的去聲讀法的滋生詞,鹽,食鹽,讀平聲;變調構詞,指製作腌菜時在腌製物上面撒鹽,讀去聲。《禮記·内則》:"屑桂與薑以灑諸上而鹽之。"詞義擴大,就成了"敥"。

　　有時候,方言中的詞是後起的詞,因此古代無本字。但這後起的詞並非没有古代來歷,儘管無本字,但跟古代的詞有同源關係,是古代某詞的滋生詞,古代的某一個詞是方言中某個詞的源詞。例如有一種從南美洲及中美洲引進的家禽,各地有不同的叫名:番鴨、瘤頭鴨、洋鴨、麝鴨、騰鴨、紅頭鴨、木鴨、麝香鴨、紅嘴鴨,等,據説是300年前瓊籍華僑直接從馬來西亞引進的。這種家禽,黄岡一帶叫[₋tən],没找到本字。因爲這個詞産生得較晚,中古没出現,當然無本字可考。但[tən]得名於"騰"。這種家禽,形狀在鵝鴨之間,嘴的兩側有紅色的冠,能飛,但飛不高,也飛不遠;成群放養在水中,晚上回到籠子裏棲息。叫作[₋tən],取其能飛騰。因此,這個詞是騰躍、飛騰的"騰"滋生出來的一個名詞。用"騰"字來給動物起名,上古就有,神話傳説中有一種興雲駕霧而飛的蛇,叫"螣蛇",《荀子·勸學》:"螣蛇無足而飛,鼫鼠五技而窮。"碰到這種情況,我們可以説,黄岡話的[₋tən]是"騰"的滋生詞,但"騰"不是[₋tən]的本字。今天黄岡人將[₋tən]寫作"騰"。

　　可見,考方言本字,要區分本字和源詞。大部分方言詞語有本字可考;也有的没有本字可考,但有些有源詞可尋。由於人們對一個漢字記録的幾個字義是屬於一詞多義還是一詞分化爲多詞的看法不同,因此有時候本字和源詞不容易區分,但核心區域的分别是清楚的。區分本字和源詞有實際意義,它能使我們直截了當地知道,一個方言中,哪些詞語古代已出現,哪些是由古代的源詞派生出來的新詞。

二、我國方言考本字和求源詞的悠久歷史

　　我國對方言本字和源詞的探討有悠久的歷史,有豐富的實踐經驗。我們可以上世紀爲限,分兩個階段來談。上世紀之前,可以稱爲傳統語言學時期的本字考證和源詞探求;上世紀迄今,可以稱爲現代語言學時期的本字考證和源詞探求。這兩個時期,在本字考證和源詞探求方面都取得了可觀的成績,是我們研究工作的光輝起點。

　　傳統語言學時期的本字考證和源詞探求,很早已開始。東西漢之交的揚雄,在撰寫《方言》時,實際上就有本字的探討。《方言》調查各地口語,要用漢字將調查的成果記録

下來。漢字有不少同音字，揚雄選擇某一個字來記録，不選擇另一個字，須要將口語中的音義跟前此的詞語挂鈎，這就要求他儘可能尋找本字或源詞，例如卷一：“眉……老也。東齊曰眉。”郭璞注：“言秀眉也。”東齊表示老的意思叫“眉”，在那個時代，“眉”的同音字有“湄楣”等好幾個，選用“眉”，反映出揚雄認爲東齊作“老”講的“眉”源詞就是“眉”。郭璞注釋説“言秀眉也”，深契楊氏之意。卷九：“舟，自關而西謂之船，自關而東或謂之舟，或謂之航。”表示船的意思，揚雄選用了“船”字，跟“周州洲輖”等同音的“舟”字，這説明他認爲關東讀作“船”的那個詞本字就是“船”字，關西讀作“舟”的那個詞本字就是“舟”字；關東還管船叫作“航”，揚雄選用跟“行桁杭”等同音的“航”字來記録，反映出他認爲“航”是作“船”講的“航”的源詞。歷代撰寫的方言詞典無不反映了古人本字考證和源詞探求的學術實踐。

　　古人在給古書作注解時也會涉及考本字和求源詞，例如《公羊傳·莊公二十八年》：“《春秋》伐者爲客。”漢何休注：“伐人者爲客，讀‘伐’長言之，齊人語也。”又《莊公二十八年》：“伐者爲主。”何休注：“見伐者爲主，讀‘伐’短言之，齊人語也。”何休是方言證古，用漢代齊地方言證明《公羊傳》的用詞有來歷。釋讀這兩個“伐”也反映了他認爲《公羊傳》中的這兩個“伐”跟漢代齊地方言的兩個“伐”同詞，也就是齊地的兩個“伐”的本字在《公羊傳》中可以找到。再如《左傳·昭公十九年》：“初，莒有婦人……及老，托於紀鄣，紡焉以度而去之。”唐孔穎達疏：“此婦人……而去藏之。去即藏也。《字書》去作弆，羌莒反，謂掌物也。今關西仍呼爲弆；東人輕言爲去，音莒。”孔疏明白指出：同樣作藏弆講，“去”在關西方言中讀音是羌莒反，溪母，上聲；在關東方言中音莒，見母，上聲。這裏既解讀了《左傳》，也證明關東的“去”、關西的“弆”在《左傳》中能找到本字。古書注解中，顯示了方言證古的特色，也就顯示了古人本字考證和源詞探求的學術實踐。

　　古人的學術筆記中也往往會涉及考本字和求源詞，例如唐顏師古《匡謬正俗》卷七：“或問曰：‘今人呼履舄鳥屨屬之屬，一具爲一量，於義何耶？’答曰：‘字當作兩。《詩》云葛屨五兩者，相偶之名。屨之屬，二乃成具，故謂之兩。兩音轉變，故爲量耳。古者謂車一乘亦曰一量，《詩》云百兩御之是也。今俗音訛，往往呼爲車若干量。’”除了對後代讀音轉變持批評態度跟今天的觀念有不同外，顏師古對後代“一量”的“量”的本字之分析是很精彩的。再如沈括（1031~1095）《夢溪筆談》卷三：“《莊子》云：‘程生馬。’嘗觀《文字注》：‘秦人謂豹曰程。’余至延州，人至今謂虎豹爲程，蓋言蟲也。方言如此，抑亦舊俗也。”按：《莊子·至樂》：“久竹生青寧，青寧生程，程生馬，馬生人。”據成疏，“久竹”草名，“青寧”蟲名，“程”成疏：“亦蟲名也。”《釋文》“程”下引李軌：“未聞。”“程”既與“青寧”並列，則不可能泛指蟲，但反映了沈括認爲秦人的“程”本字是“蟲”，是對本字的一種探求。這樣的材料不難找到。

進入現代語言學時期，方言的研究側重於音系、語法的描寫；詞彙方面也有可觀的成績。章炳麟作《新方言》，對方言本字的考證和源詞的研究有參考價值。王力《中國語言學史》認爲其缺點在於將"古音通假說的流弊……推向極端"（170頁）。1923年，楊樹達開始發表《長沙方言考》；黄侃1936年發表《蕲春語》，都涉及考本字和求源詞。新中國成立後，方言本字和源詞的考證工作仍在展開，更多地利用現代語言學理論從事這樣的工作，在方法上有自覺追求，李榮、黄典誠等人有文章發表。上個世紀中國語言學深受歐美學術影響，而歐美語言學在方言考本字、求源詞上下功夫不多，這使得我國語言學在這方面的獨立探討有局限；學科分工細密化也是導致考本字、求源詞工作不受重視的一個原因。上個世紀80年代初以來，我國方言研究蓬勃展開，方言同音字表的製作、方言詞彙的描寫和比較都不能離開本字和源詞的探討。從總體上說，這樣的工作並沒有受到應有的重視，尤其對一些疑難詞語的本字和源詞多缺乏進一步的科學探討，這對有兩千年方言研究歷史的大國來說，是一個遺憾。

任何人在調查方言詞語時都離不開考本字和求源詞，因此考本字、求源詞並非一件神秘的事。祇是有的本字、源詞易求，有的難考而已。從古至今，前人和時賢留下了不少本字和源詞研究的成果，但是古代學者往往祇有考證的結論。這些結論大多可信，說明前賢考本字和求源詞有科學的方法，祇是沒有告訴後人，需要我們認真總結既有的經驗和教訓，探尋科學方法，逐步自覺地解決方言的考本字和求源詞問題。這是科學研究的時代要求，也是語言工作者的義務。

三、爲什麽要考本字、求源詞

從四個方面來談，特別强調對辭書編纂和修訂方面的作用：

（一）對語言研究有重要作用。

發展中國語言學，考本字、求源詞是絕佳的研究方向。因爲漢字有獨特性，中國反映本字、源詞的文獻汗牛充棟，歷三千年而從未間斷，是我們研究語言的優勢。利用這一優勢來研究語言學，是值得開展的工作。舉例來說：第一，研究漢語方言詞彙學離不開考本字、求源詞。離開了考本字、求源詞，這樣的方言研究將有重大缺陷。作好了這樣的工作，對研究現代方言詞彙存古和趨新的狀況、方言的造詞法和構詞法、方言的詞義引申、方言的接觸、方言區劃等都有積極意義；就是全面科學的方言音系描寫也離不開本字和源詞的考證。第二，漢語詞彙、語法史研究須要考本字、求源詞。科學的漢語詞彙、語法史，離不開方言詞彙、語法的研究。語言在不同地域發展速度不一，因此存古的情況不一。研究清楚本字、源詞，能使我們從時空方面看清歷代詞彙、語法在當今的沿革，例如黃岡話管動作、反應等迅速而靈敏叫[ˌtsantɕi]。其本字當爲"摲疾"。[tɕi]的本字是"疾"，這在考證上没有什麽難度；至於[ˌtsan]，《集韻》祖含切："摲，疾也。"音義和黃岡話的對應嚴絲合縫，"摲疾"應是並列複合詞。"摲"作"疾"講不是中古突然冒出來的，它跟上古的"捷、疌"等同源。再如根據李榮《漢語方言裏當"你"講的"爾"》（上、下）兩文，李榮和一些方言學者論證浙江温嶺，上海崇明，江蘇丹陽，安徽休寧、祁門、績溪、歙縣、黟縣，江西南昌、婺源，山西汾陽、文水、祁縣、平遥、沁縣、襄垣、長治、潞城、離石等地都使用了第二人稱代詞"爾"，江蘇蘇州，江西黎川、新建、南城等地都有第二人稱代詞"汝"，有重要參考意義。第三，能爲研究語言符號性質、語言符號在時空上的傳遞提供一個觀察的窗口。考本字、求源詞，必須音義結合。光説音義結合，太抽象，如何結合，需要哪些條件，從考本字、求源詞的角度可以探討出一些規律。這對理解語言符號的交際功能和傳遞信息的功能都有意義。因此，值得花大力氣將這項工作做好。

（二）是閲讀古書的需要。

　　這項工作漢代學者在注釋古書時就開始了，例如《禮記·緇衣》："《君雅》曰：夏暑雨，小民惟曰怨；資冬祁寒，小民亦惟曰怨。"鄭玄注："資，當爲至，齊魯之語聲之誤也。祁之言是也，齊西偏之語也。"這裏鄭玄利用漢代齊魯一帶方言來解釋"資"和"祁"，他認爲當時齊魯一帶讀作"資"的那個字的本字是"至"，讀作"祁"的那個字的源詞是"是"。《緇衣》所引《君雅》，見於《書·君牙》，文字不盡相同，解釋也有不同。

　　像上面所舉《公羊傳·莊公二十八年》"《春秋》伐者爲客"和"伐者爲主"，兩個"伐"字不同，如果没有何休注中所引漢代齊人語作證，就很不好理解。魏建功《迎接新的文化高潮的前奏》説："這公羊氏的原文説《春秋》的體例把征伐别人的一方面作爲客，被人征伐的一方面作爲主，兩個不同的方面都用了一個'伐'字表示，如果没有何休的注，我們就不可能知道這句話的意思。"

（三）是積纍文化的需要。

　　李榮《考本字的甘苦》説："'字'爲音義之結合體，考本字可以考求未見著録的某個音義結合體，如'梗'字的合口，吴音是[ˈkuaŋ]上聲，意思是'莖或莖狀物'，區别於廣闊的廣[ˈkuɔŋ]上聲。此'字'雖無形體可求，仍可比較方言而論之。不過'某地某音，意思是某某'，説起來十分纍贅。無字天書，豈能垂之久遠。寄音義於形體，著於竹帛，方能突破時間空間的雙重限制，纍積文化……這樣一來，考本字就有用武之地。"

　　積纍文化是研究所有學問的重要目的，漢語研究必須在這方面作出基礎性的貢獻，因此考本字、求源詞在積纍文化方面作用巨大。

（四）對辭書編寫和修訂有重要作用。

隨着文化的積纍,將來必然要編寫規模宏大的漢語歷史大詞典;要編寫這樣的詞典,必須仰賴考本字、求源詞的研究成果。古代字書中有些字,衹有形音義,無古代書證。這些字,它們所記錄的詞今天還活躍在部分方言中,考出其本字,能給辭書編寫提供書證,例如黃岡話管小水溝叫"[˳tɕian]溝",如説"[˳tɕian]溝裏頭冇得（=没有）水""到[˳tɕian]溝裏捉魚"等。其本字當爲"筧"。《廣韻》古典切:"筧,以竹通水。"指引水的長竹管。唐白居易《長慶集》五九《錢塘湖石記》:"（錢塘湖）北有石函,南有筧。凡放水溉田,每減一寸,可溉十五餘頃,每一復時,可溉五十餘頃。"宋陸游《閉户》詩:"地爐枯葉夜煨芋,竹筧寒泉晨灌蔬。"《杜門》詩:"筧水晨澆藥,燈窗夜覆棋。"《集韻》吉典切:"筧梘,通水器。或从水。"明宋應星《天工開物·乃粒水利》:"凡河濱有製筒車者,堰陂障流,繞於車下,激輪使轉,挽水入筒,一一傾於内,流入畎中。"詞義轉移,屋檐下的水溜稱爲水梘。進一步引申指小水溝。《集韻》吉典切:"梘,小溝。"據《漢語方言大詞典》3093~3094頁,浙江浦江管引水的竹、木管子叫"梘",湖北蘄春（見於黃侃《蘄春語》）叫"梘水"。4894頁,四川成都、南川、宜賓,湖北麻城,貴州遵義,廣西柳州,湖南瀏陽,江西贛州蟠龍等地都管安在檐下或田間引水用的長竹管或木槽叫"筧",湖北武漢有"筧溝",指檐下横向的槽形排水器具;四川成都、雲陽有"筧槽",指安在檐下或田間,用竹筒一剖兩半作成的引水器具,也泛指一般的小型引水器具。黃岡話口語中管溪水不叫"溪",叫"港"或"梘溝"。學生讀書時,碰到"澗"字多讀成"梘",如王維的《鳥鳴澗》讀成了《鳥鳴梘》。因爲黃岡話中"澗"和"梘"聲韻母全同,衹是聲調有異,起先我還以爲黃岡話是將"澗"讀成了上聲,一考察才知道,將"鳥鳴澗"的"澗"讀成"梘",是訓讀,拿黃岡話的"梘"字去讀"澗"。《漢語大字典》"梘"字jiǎn音下:"小溝。《集韻·銑韻》:'梘,小溝。'"無書證。黃岡話的"梘溝"既可説明《集韻》的收音、釋義有語言的根據,也可彌補《漢語大字典》的不足。

再如"栖（栖）"《廣韻》蘇計切:"栖,雞所宿也。"《集韻》思計切:"栖栖,雞所止。或从西。""栖（栖）"作"雞所宿"講在古書中有不少用例,但是没有讀去聲的確證。現代方言能彌補這個不足,章炳麟《嶺外三州語》:"《説文》:西,鳥在巢上。或作栖。引申謂巢曰西。三州（文按:指廣東惠州、嘉應、潮州）謂雞西曰西,音如細。"可見清末的廣東方言中,"栖"作雞窩、雞栖息的地方講,仍讀去聲。《漢語方言大詞典》4580頁中,"棲（栖）"下,客家話的廣東翁源,"棲"作"雞舍"講,例如清水《翁源兒歌》:"雞進棲,鴨打屁,打呀啦啦又唎唎。"這裏"棲、屁、唎"都押去聲。

有時候,我們可以考求本字以改進辭書的注音,例如黃岡話管質輕易燃的木炭叫[˳futan]。如説"買些[˳futan]過冬""身上黑得像個[˳futan]"等。今考[˳futan]即"桴（麩、浮）炭"。此詞至晚唐代已出現:白居易《長慶集》五二《和〈自勸〉》之一:"日暮半爐麩炭火,夜深一盞紗籠燭。”宋陶穀《清異録·星子炭》:“唐宣宗命方士作丹餌之,病中熱,不敢衣緜擁爐。冬月冷,坐殿中,宫人以金盆置麩炭火少許進御,止煖手而已。禁闥因呼麩炭爲星子炭。”陸游《老學庵筆記》六:“謝景魚家有陳無已手簡一編,有十餘帖,皆與酒務官托買浮炭者,其貧可知。浮炭者,謂投之水中而浮。今人謂之桴炭,恐亦以投之水中則浮故也。白樂天詩云:‘日暮半爐桴炭火。’則其語亦已久矣。”《辭源》(1979年修訂本)給這個“桴”注音fú,讀陽平,《漢語大詞典》因之。恐未安。黄岡話“桴炭”的“桴”讀陰平。據《漢語方言大詞典》555頁,四川成都“夫炭”讀[fu^{55}t‘an^{213}],意思是木炭;5249頁,上海、上海嘉定,江蘇太倉,浙江寧波、鎮海“麩炭”,指木炭;5739頁,安徽歙縣“烰炭”,指鬆脆易燃的碳,浙江紹興則指木柴燃燒後的餘燼。這些都讀陰平,寫作“夫、麩”等。因此《辭源》的注音應取“桴”的芳無切,注成fū。

有時候,我們可以考求本字以改進辭書的釋義,例如《漢語大字典》火部將“煆”的熱和火氣併爲一個義項,舉唐柳宗元《同劉二十八院長述舊言懷》:“瘴氛恒積潤,訛火亟生煆。”蔣之翹輯注:“煆,火氣。”這實際上是引申義“火氣”一義的例證。黄岡話管微熱、温熱叫“煆熱”。正可説明,“煆熱”的“煆”作“熱”講,確切的意思應該是微熱,温熱。“煆”至晚漢代已出現,《方言》卷七:“煦、煆,熱也,乾也。吴越曰煦煆。”《廣雅·釋詁》卷二:“煦、煆,爇也。”王念孫疏證:“煦、煆,熱也。”“煦”跟“煆”可能是同源詞,二者聲母相同,韻部“煦”是侯部,“煆”是魚部,魚侯旁轉。“煦”是温熱的意思,《説文》火部:“煦,烝也。一曰:赤皃。一曰:温潤也。”《玉篇》火部:“煦,温也。”黄岡話的“煆”也正是微熱、温熱的意思。

再如《辭源》(1979年版)禾部“秧”下“秧馬”條:“插秧所用的農具。宋蘇軾《分類東坡詩》二四《秧馬歌引》:‘予昔遊武昌,見農夫皆騎秧馬。以榆棗爲腹,欲其滑;以楸桐爲背,欲其輕。腹如小舟,昂其首尾;背如覆瓦,以便兩髀雀躍於泥中,繫束藁其首以縛秧。’”這個釋義很不準確,對例證的理解也不對,蘇軾説“繫束藁其首以縛秧”,是指拔秧時所用。清陸世儀《思辨録輯要》卷十一引用了蘇軾《秧馬歌引》之後,明確指出(引自《中國科技史資料選編》農業機械):“按秧馬,製甚有理。今農家拔秧時宜用之。可省足力,兼到載秧。供拔時者,甚便。”今黄岡話有“秧馬”,是拔秧所用的農具,非插秧所用。但《辭源》這個釋義影響很大。《漢語方言大詞典》4485頁給“秧馬”立了兩個義項:一是“拔秧時用的似馬鞍狀的矮凳”,例證爲清傅崇渠《成都通覽·農業用品》:“秧馬,插秧時特用的似馬鞍狀的矮凳。”這裏的“插秧”是泛指整個過程,包括拔秧。二是“一種原始的插秧機”,例證是1982年第1期《科學園地》:“蘇東坡在湖北做官時,發現那裏農民用秧馬插秧,非常方便,他便極力倡導。”這是根據對上引蘇軾文的錯誤理解定的一個義項,應該併到第一個義項中去。有人以爲蘇軾所説的“秧馬”跟今天的秧馬形制很不相同,因此還認定古代的秧馬是插秧的農具,這在邏輯上是不能成立的。

　　由此可見，考本字、求源詞功用甚巨。我們應該將古已有之的考本字、求源詞的工作接續起來，花大力氣將它作好。

四、爲什麼本字可考、源詞可求

　　本字之可考、源詞之可求，這首先取決於語言發展的規律性。如果古代漢語變爲現代方言雜亂無章，沒有規律性可言，那麼人們就不可能科學地考本字、求源詞。正因爲古代漢語變爲現代方言是規整有序的，所以我們可以考本字、求源詞，這項工作才可以成爲現代科學的一個門類。由於語言發展的連續性，因此有些詞語歷千百年而仍在使用，藉助記錄這些詞語的古代文獻的豐富性，我們可以考本字。由於語言發展具有變化性，變化性中存在連續性，因此我們可以求源詞：語音上，滋生詞和源詞或同音，或遵循一定的規則而有一定的變化；語義上，滋生詞和源詞必然有詞義發展引申的規律存在。

　　其次，本字之可考、源詞之可求，還取決於我國文獻資料的豐富程度。如果沒有古代傳下來的文獻，就不可能有考本字、求源詞的工作，更不可能知道本字、源詞至晚何時已出現，最多祇能根據語言發展不平衡的規律，在後代口語中尋找哪些字可能是本字，哪些詞可能是源詞。

　　我國古代傳下來的文獻資料十分豐富，這在世界範圍内是獨一無二的。歷代文獻，比較忠實地記錄了漢語。特別是古代的一些字書，其中有不少的字在其他文獻中沒有用例，但今天仍活躍在各地方言中，例如《廣韻》渠綺切：“㝢，立也。”《集韻》巨綺切：“倚，立也。《易》‘三天兩地而倚數’王肅讀。”據《集韻》，“㝢”作爲詞，並非中古才出現，上古已有，原來可以寫作“倚”。《易·説卦》：“三天兩地而倚數。”《釋文》：“而倚，於綺反，馬云：依也。王肅其綺反，云：立也。虞同，蜀才作奇，通。”可見“倚”有不同的解釋，但據王肅讀法，至晚三國時代“㝢”這個詞已出現。寫作“㝢”，大概是後來的事。《漢語大字典》收有“㝢”，但祇有《廣韻》的釋義，沒有書證。根據黃岡話的使用情況，可證《廣韻》的“㝢”有來歷。因此，祇要我們具備了一定的專業素養，認真分析材料，尋找科學方法，就一定能考出方言的本字，求出方言的源詞。這種專業素養，包括方言學，古漢語文字、音韻、訓詁、語法方面的知識，以及文化史方面的一些相關知識，還包括良好的求實學風。

五、考本字、求源詞的難點

　　任何一個時代，它的詞彙系統，跟以往的漢語比較起來，有三種情況：一是以往的一些詞語得到沿用，二是產生新的詞語，三是以往的詞語在後代消失了。

　　第一種情況，如果這個沿用下來的詞語古今都常用，則考本字比較容易，一般人在考本字時不會出現偏差；如果屬於一般詞彙中的詞語，則考本字時可能會出現偏差，因而成爲難點。

　　第二種情況，也會有難點，關鍵是如何知道這些詞語是新產生的詞語。得根據古今的對應關係確定它們是沿用舊詞還是創造新詞。這樣的新詞語，除了利用舊詞滋生新詞，還有如下兩類，這兩類可以説明有些方言詞語沒有本字：

　　（一）現代方言中模擬外界聲響而造的詞，當然没有古代的本字。

　　語言中任何時期都可以模擬外界聲響造詞，例如黄岡話管呼喊喊叫又叫[ˌŋaŋ]，如説"痛得直[ˌŋaŋ]"，即疼得直叫喚，"莫亂[ˌŋaŋ]"即不要亂叫喚。又指招呼、呼喚，如説"[ˌŋaŋ]他進來"即喊他進來，[ˌŋaŋ]，陰平。此字在古代無本字可考。中古韻書中影母唐韻没有[ˌŋaŋ]的本字。這不難理解：[ˌŋaŋ]是黄岡人的祖先根據擬聲的原則造的詞，起先，[ˌŋaŋ]的詞義應該是呼喊、喊叫、叫喚，後來引申出招呼、呼喚的意思。造詞的時間不會太長，行用的地域有限。漢語方言無本字可考的字，包括後代方言區根據擬聲原則造出來的詞。當然這類詞不會太多。

　　（二）從外族語中借的詞語没有古代的本字。

　　這種情況在與其他民族接觸較多的方言中較多，例如廣州話。一些漢族聚居的地區這種情況較少，但可以通過詞語傳播的途徑傳過來，例如黄岡話的"麥克風"，這在古代不可能有本字可考。這種借詞，雖然在漢語中沒有本字可考，但是可以探討它是從哪一個外族語中借過來的。

　　第三種情況，儘管以往的詞語在後代消失了，但是有的是完全消失，有的則有後代的滋生詞。從原來的詞語中滋生出來的新詞没有古代的本字，但有源詞，仍然要求源詞，例如黄岡話管餵給動物吃的食物叫[ʂʅ²]，音同"是"。它是食物的"食"的滋生詞，由入聲調變調構造新詞，成爲[ʂʅ²]。上文所舉的"騰"也如此。不過，由飛騰的"騰"滋生出一種家禽的"騰"，是采取詞義構詞的方式；由食物的"食"滋生出動物吃的食物的"食"，是采取變調構詞的方式。漢語方言中很多無本字可考的詞語，就是屬於這一種。

　　因此，考本字、求源詞就成爲相當繁難的一項工作，既充滿誘惑，又密布陷阱，需要我們在既往研究的基礎上總結經驗教訓，探尋考本字、求源詞之法。其中音義對應是關鍵。

六、如何考本字——語音對應方面

　　既然要考本字，就要以音節爲單位來進行。字是一個音義結合體，因此考本字就必須因聲求字，因爲語音是語言符號的物質外殼，從聲入手容易把握。這個聲，包括三個方面：

（一）本方言的音系。

關於方言的音系，也有一個選擇的問題，應該選擇音系比較複雜的點作爲考本字的基礎音系；因爲音系越簡化，同音字就越多，別的點有區別的字音，在音系簡化得厲害的點中可能没有區別。這樣，音系簡化得厲害的點，在古今對應中對應的字就大量增加，考本字時工作量會加大；反之，音系表較複雜的點，在古今對應中對應的字就大量減少，考本字時工作量就會變少，也會減少一些誤判。

比如黄岡話，各地音系不完全一樣。黄州城區的話，由於受武漢話的影響較大，tʂ（知）、tʂʻ（癡）、ʂ（詩）的保留没有陳策樓、上巴河等地完整。黄州城區tʂ（知）、tʂʻ（癡）、ʂ（詩）祇保留在合口u或ʮ之前，跟其他韻母相拼，則變成了ts（資）、tsʻ（詞）、s（思）。這時候，選擇tʂ（知）、tʂʻ（癡）、ʂ（詩）保留得完整的點作爲考本字的基礎音系，可以大大減少工作量。

（二）相關方言的音系，特別是臨近方言的音系，及其與本方言的對應關係。

由於語音發展各地快慢不一，因此各地沿用的相同的詞，語音磨損的程度不同。如果本方言磨損得厲害，就會給考本字帶來麻煩，甚至誤判，所以對相關方言音系，特別是臨近方言音系的瞭解對本方言考本字意義重大。

（三）古代漢語的音系，以及古今對應關係，主要是《切韻》音系與本方言、相關方言的一一對應關係。

要對相關方言和古代漢語的音系對應作深入細致的分析，不要遺漏跟考本字、求源詞的字任何語音對應關係，如果有遺漏，就有可能出現偏差。李榮《關於方言研究的幾點意見》："考求本字，就是從古今比較、方言比較入手的。"《考本字的甘苦》："'古今比較'要求瞭解古今音演變的常例，還要明白語音演變有些什麼常見的例外。'方言比較'要求瞭解若干方言的主要對應關係，還要明白方言語音對應關係有些什麼常見的例外。這兩項是考求本字入門的方法——因音求字。"説的就是這個意思。

這並不是説因聲求字時不要因義求字。因爲方言與古音的對應關係常常是複雜的，更多的時候，方言的一個音節來自古音多個音節；同一個音節常常有多個字。要找到本字，可以在因聲求字的框架下因義求字。這種以因聲求字爲主、以因義求字爲輔的考本字之法，可以叫作"音經義緯"的考本字之法：以作爲物質外殼的語音爲經，找出一串一串有對應關係的字；然後在其中以義爲緯，選擇跟方言那個符號同義或近義的字作爲本字，例如黄岡話管裂紋，除了叫"裂"或"縫兒"，又叫[tsʻɛ]，如説"缸上有一條[tsʻɛ]"。[tsʻɛ]的本字當爲"坼"。從中古音跟黄岡話的對應來説，黄岡話的[tsʻɛ]來自如下音韻地位：初母職韻開口三等；清母德韻開口一等；初母陌韻開口二等；初母麥韻開口二等；初母緝韻開口三等；澄母陌韻開口二等；徹母陌韻開口二等。我們得在《廣韻》《集韻》的這些音節中去因聲求字。在這個框架下，我們還要因義求字。"坼"本作分裂、裂開講，《易·解》："天地解而雷雨作，雷雨作而百果草木皆甲坼。"甲坼，指外殼裂開。《詩·大雅·生民》："誕彌厥月，先生如達，不坼不副，無菑無害。"毛傳："凡人在母，母則病；生則坼副，菑害其母，橫逆人道。"也作"宅"。晉左思《蜀都賦》："百果甲宅，異色同榮。"甲宅，指花開。引申指裂紋，裂縫。《管子·四時》："（秋）四政曰：補缺塞坼。"《周禮·春官·占人》："史占墨，卜人占坼。"鄭注："坼，兆釁也。"可見黃岡話的"坼"有很久古的來歷。根據《漢語方言大詞典》5884頁"塝"下，江蘇蘇州、無錫薛典、常熟也是"坼"作"裂縫"講，四川管泥土裂開叫"坼"。

今人考本字，易受當今辭書所用的共同語讀音的影響。當今的共同語是普通話，普通話的規範讀音跟方音並非處處對應，考本字時要儘量擺脫對普通話的依賴。有時候，表示同一個意思，古人有不區別意義的異讀，我們今天的普通話往往祇采用一讀，方言采用了另一讀。如果拘泥於今天共同語的常音，也會找不到本字，因此要特別注意古代異讀，例如黃岡話管馴服、服帖叫[ʂʋən₃]。考其本字，當爲"馴"，祇是跟普通話的"馴"來自古代的不同讀音。"馴"作"馴服"講古代有異讀。《經典釋文》給"馴"注音10次，其中8次作馴服或使馴服講。有三種注音方式：一是祇注似倫反。2次。《周禮·天官·大宰》："以擾萬民。"鄭注："擾猶馴也。"《釋文》："馴也，似倫反。"《禮記·檀弓下》："仲尼之畜狗死。"鄭注："畜狗，馴守。"《釋文》："馴守，上音巡，下如字，又手又反。"二是兼注音巡、常遵反。5次。《詩·小雅·無羊》："麾之以肱，畢來既升。"鄭箋："此言擾馴，從人意也。"《釋文》："擾馴，音巡，又常遵反。"《巧言》："躍躍毚兔，遇犬獲之。"鄭箋："遇犬，拳之馴者，謂田犬也。"《釋文》："馴者，音旬，又音屑。"《鴛鴦》："鴛鴦于飛，畢之羅之。"毛傳："鴛鴦，匹鳥。"鄭箋："匹鳥……性馴耦也。"《釋文》："性馴，音巡，又音屑。"《莊子·馬蹄》："是故禽獸可係羈而遊，鳥鵲之巢可攀援而窺。"郭象注："與物無害，故物馴也。"《釋文》："物馴，似遵反，或音純。"《周禮·夏官·服不氏》："服不氏掌養猛獸而教擾之。"注："擾，馴也。教習使之馴服。王者之教無不服。"《釋文》："馴也，似遵反，一音屑。"三是兼注似遵反、食倫反、養純反。《禮記·曲禮上》："畜鳥者則勿拂也。"鄭注："畜，養也。養則馴。"《釋文》："則馴，似遵反，狎也。徐食倫反，沈養純反。"可見，在陸德明心目中，儘管三讀不區別意義，但他以似倫反爲正音，有時兼注常遵反。注意：《禮記·曲禮上》鄭玄注的"馴"注食倫反，是采用徐邈的讀音。《廣韻》"馴"祇采用了詳遵反，常倫切和食倫切下都未收"馴"。就采取正音這一點上說，《廣韻》和《經典釋文》一致。黃岡話的[ʂʋən₃]，跟《經典釋文》的常遵反、音純、食倫反對應關係嚴絲合縫。因此，黃岡話的讀法來自中古讀常遵反、音純、食倫反的那些方言。

個別情況下，方言中的一個音義結合體對應古代的兩個讀音，但從理論上說，方言某詞的本字不可能有兩個來源。這時候應據其他辦法確定哪一個才是方言的本字，例如黃岡話管吸叫[so₂]，如小孩兒吸奶叫"[so₂]媽（ ＝奶，陰去 ）"，吸煙也叫"[so₂]煙"；又可說"把瓶子裏的牛奶[so₂]出來"等等。黃岡話的[so₂]來自如下中古入聲韻：山母覺韻開口二等；心母末韻合口一等；心母鐸韻開口一等。《廣韻》《集韻》符合黃岡話[so₂]字義的字，有"欶"等，《集韻》色角切："欶嗽㰤嗍，《說文》：吮也。或作嗽㰤嗍。"潳，《集韻》先活切："潳，吮也。"從"欶"和"潳"與黃岡話的對應關係說，這兩個字都能跟黃岡話的[so₂]對應得嚴絲合縫。但是黃岡話的[so₂]不可能都來自這兩個字，祇有其中的一個是黃岡話[so₂]的本字。"欶"和"潳"上古都出現了，是兩個不同的詞。但"欶"在古書中很難找到例證。《說文》欠部："欶，吮也。从欠，束聲。"此字形古書少用，它又作"嗽"，《釋名·釋飲食》："嗽，促也，用口急促也。"《漢書·鄧通傳》："文帝嘗病癰，鄧通常爲上嗽吮之。"顏注："嗽音山角反。"《後漢書·和熹鄧皇后傳》："后嘗夢捫天，蕩蕩正青，若有鐘乳狀，乃仰嗽飲之。"也作"嗍"，宋周密《齊東野語·沈君與》："嗍稱吳兒呀似鍍，劈斷湖女手如蔥。"元楊維楨《周鐵星》："刮民膏，嗍民髓，六郡赤骨填努靈。"清邵長衡《重賦》："刮膏嗍民髓，髓竭國亦僵。"可見漢語史上，"欶"一直在用，而"潳"上古就是個僻詞。現代漢語方言中，"欶"這個詞的使用地域甚廣。因此，黃岡話作"吸"講的[so₂]本字是"欶"字。這一例也說明，在考方言本字時，確實面臨古代的兩個字都能與方言的音義對得上的情況。這時候，我們一般可以找出方法確定哪一個才是真正的本字。

有時候，由於各種原因，方言中某字的讀音出現例外，跟古代讀音對應不完整，也會影響到考本字。考本字，先要從符合音變通例的讀音入手，如果找不到本字，再從讀音例外的角度去求本字。李榮《關於方言研究的幾點意見》說"還要明白方言語音對應關係有些什麼常見的例外"，正是強調根據語音對應例外考本字時不能想當然，要依據例外的常見規律來進行，從而保證研究成果的科學性，例如黃岡話有六個聲調，去聲分陰陽。鍛煉的"鍛"黃岡話讀[tan²]，陽去。但黃岡話管煉動物油叫"[tan²]油"，陰去。如說"一斤肥肉才[tan²]了這點油"。本字當爲"鍛"。從中古音跟黃岡話的對應來說，黃岡話的[tan²]來自如下音韻地位：端母翰韻開一；端母換韻合一（《集韻》屬翰韻）；端母闒韻開一；端母勘韻開一。根據《廣韻》《集韻》提供的線索，《廣韻》丁貫切："鍛，打鐵。"《集韻》都玩切："鍛段，《說文》：小冶。或作段。"祇有這個"鍛"能合理解釋黃岡話"[tan²]油"的來源。鍛，"段"的滋生詞。段，椎擊。《說文》："段，椎物也。"大徐本引《唐韻》："徒玩切。"是濁聲母。變聲構詞，打鐵，即以金入火，焠而錘打成形；讀丁貫切，字作"鍛"。《書·費誓》："鍛乃戈矛，礪乃鋒刃。"引申指用加熱的方法將油從動物肉中分離出來，即"鍛油"。"鍛"和"煉"是同義詞，"鍛"發展出此義，猶"煉"發展出此義。共同語中叫"煉油"，黃岡話叫"鍛油"。據《漢語方言大詞典》6678~6679頁，湖北武漢有"煅油"；福建廈門管“涼了的熟食品再蒸或烤”叫“煅”，如説“煅菜”。可見此用法不僅局限於黄岡話。今天黄岡話管“鍛煉、鍛打、鍛造”的“鍛”讀[tan²]，陽去，這應是偏旁類推導致的讀音例外，“段”及從“段”得聲的“緞”都讀陽去，偏旁類推在漢語讀音例外中屢見不鮮。

　　有時候，由於各種原因，普通話中某字的讀音出現例外，而方言没有。如果受制於普通話的讀音，就難以找到本字，例如黄岡話管完整、没有缺陷或遺憾叫“全[xuan]”。如説一個人一生到了該有的都有，没有遺憾是“這一生乜（副詞，很）全[xuan]”；病痊愈了，可以説“病好全[xuan]了”。考其本字，[xuan]當爲“完”。根據《漢語方言大詞典》2101頁“全還”條，“全還”作“齊全，齊備，完整，周全”講，還見於山東聊城、煙臺、梁山，陝西岚縣、湖北武漢、隨州等地。寫作“全歡”，見於河南鄭州、山西太原；寫作“全夵”，見於山西北部；寫作“全完”，見於山西西南部。其實每一種寫法的後一個字都是“完”字。“完”在“完全、完整”等詞中讀[uan]，這是受權威方言或共同語的影響。依古今音對應關係來説，“完”在中古本來讀匣母，《廣韻》胡官切，折合成今音應該是[xuan]，今天讀[uan]是讀音例外。爲什麽會有這種例外？這是因爲宋欽宗名趙桓，“完丸紈”等字要避諱。南宋鄧名世《古今姓氏書辨證》卷一四：“祁縣王氏，唐世稱烏丸王氏，今避御嫌名，因改之。”《萬曆野獲編》卷一：“宋欽宗諱桓，則並嫌名‘丸’字避之。科場韻脚用‘丸’字者，皆黜落。”可以説，黄岡話中使用“全完”一詞要早於“完完、完整”等詞。那時候，“完”没有發生讀音例外，因此在“全完”一詞中保留了符合音變規律的讀音。避忌改音也是漢語讀音例外的常見成因。

　　因聲求字，可利用《廣韻》《集韻》，尤其是《集韻》。《集韻》作爲韻書，收字極全。魯國堯《〈集韻〉——收字最多規模宏大的韻書》：“《集韻》的收字和訓釋首先根據《説文》，但《説文》衹收字9353，重文1163。而《集韻》收字至53525字之多，幾達五倍，凡《説文》所無者，則以他書爲據，《集韻》把經史諸子，前代字書、韻書的字儘量搜羅，《集韻》比《廣韻》新增27331字，‘自宋以前群書之字略見於此矣’（顧廣圻《補刊集韻序》）。”因此，很多方言的本字能在《集韻》中找到，以它作爲篩選本字的語音基礎，基本能解决選字的問題，但還不能完全决定何者爲本字。

七、如何考本字——語義對應方面

　　既然考本字是考求一個詞的古今讀音形式的對應，那麽方言中的詞義跟本字的詞義應該是一樣的，似乎語義對應方面没有那麽複雜。其實不然：人們考本字，往往借助《廣韻》《集韻》一類的工具書。但是這類工具書常常收義不全，所收複音詞有限，有時釋義不那麽好懂。如果碰到方言中某一個符號語音對上了，而《廣韻》《集韻》卻没有收某一個詞義，某一個複音詞，我們也許會跟本字失之交臂。

　　爲了克服這種困難,我們除了利用《廣韻》《集韻》,還可利用《辭源》《漢語大字典》《漢語大詞典》《王力古漢語字典》《故訓匯纂》等工具書,因爲這些工具書收義比較齊全。還可以利用拙作《漢語變調構詞考辨》,其中對一些具有四聲別義的字的音義配合關係作了比較全面的梳理,能彌補當今工具書音義匹配中的不足。

　　就單字來説,如果《廣韻》《集韻》本身就能幫助我們找出本字,那是再好不過了。一旦我們在《廣韻》《集韻》中無法找到本字,但一定能從中找到符合方言對應規律的一串串的方言同音字。然後我們可以這一串串的方言同音字爲向導,在《辭源》《漢語大字典》《漢語大詞典》《王力古漢語字典》《故訓匯纂》等工具書中去尋找跟方言中詞義相同的字,那個字就可能是本字。

　　例如黃岡話管液體受沖擊向四外射出叫[tsan²],相當於普通話的"濺"。黃岡話的[tsan²]來自中古這些音韻地位:精母翰韻開一;精母換韻合一;精母勘韻開一;精母鑒韻開一。《廣韻》翰韻則旰切有:"灒,水濺。"《集韻》換韻則旰切有:"灒淺湔濺,《説文》:汙灑也。一曰:水中人。或作淺湔濺。"上面所列的所有音韻地位的字中,祇有這個字跟黃岡話在音義上對應。這個"灒"跟"濺"同源。"灒"也寫作"灒",《説文》水部:"灒,汙灑也。一曰:水中人。"可見,這個"灒(灒)"所記錄的詞,至晚漢代就已經出現了。

　　方言的本字不限於單音詞,複音詞也有本字。《廣韻》《集韻》收複音詞有限,《辭源》《漢語大詞典》《故訓匯纂》收了不少複音詞,能幫助我們考求本字。複音詞同音詞較少,因此比單音詞找本字容易,例如黃岡話管處處、到處叫[tsai²tʂʅ]。如説"[tsai²tʂʅ]都是人""[tsai²tʂʅ]找他"。其本字當爲"在處"。可以第一個字[tsai²]爲線索查找複音詞。黃岡話的[tsai]來自如下中古音韻地位:從母海韻開一;從母代韻開一。各音韻地位的轄字不多。《辭源》:"【在處】處處,到處。唐張籍《張司業集》卷四《喜王起侍郎放牒》詩:'誰家不借花園看,在處多將酒器行。'《漢語大詞典》:"【在處】到處,處處。唐張籍《贈別王侍御赴任陝州司馬》詩:'京城在處聞人少,惟共君行並馬蹄。'宋歐陽修《與王龍圖書》:'所云少朋儔宴處爲樂,此乃在處皆然,何獨濟也。'明李時珍《本草綱目·草七·何首烏》[集解]引蘇頌曰:'何首烏本出順州南河縣,今在處有之。'"張籍(770~830?)是和州烏江(今安徽和縣)人。可見唐代已有"在處"一詞,至明仍沿用。

　　《全唐詩》"在處"還有多見,例如卷二三九錢起(715?~780?,吳興[今浙江湖州]人)《夜泊鸚鵡洲》:"小樓深巷敲方響,水國人家在處同。"卷五五四項斯(802?~847?,台州樂安[今浙江仙居]人)《送僧》:"有時過靜界,在處想空林。"卷五七四賈島(779~843,范陽幽都縣[今北京市西南]人)《贈翰林》:"看花在處多隨駕,召宴無時不及身。"卷六〇四許棠(822~?,宣州涇縣[今屬安徽]人)《寫懷》:"在處有歧路,何人無別離。"卷六七九崔塗(850?~?,桐廬[今屬浙江]人)《蜀城春》:"在處有芳草,滿城無故人。"卷八三八齊己（864~937？，潭州益陽[今屬湖南]人）《過荆門》：“翻思故林去，在處有猿啼。”可見，“在處”指處處，到處，唐代已很常見，黄岡話繼承了這一用法。

八、如何求源詞——語音對應方面

就原始詞和方言滋生詞的語音關係來説，有兩種情況：詞義構詞；音變構詞。音變構詞中，變調構詞從古至今一直都很能産。現代方言中不少的詞，跟古代語音對應不上，但意義有關聯，這些詞往往是音變構詞的産物，因此可以説在古書中没有本字，卻有源詞。這是值得注意的現象，注意到了這種現象，許多方言詞就有源可求。

從理論上説，方言中的新詞，其同源詞可以有多個，但其源詞祇有一個，例如黄岡話管一種薄而小的簡陋棺材叫“[ɕia]子”。以前窮苦人家買不起棺材，就用幾塊木板釘成一個小棺材，叫“[ɕia]子”，相當於古代的“槽”。現在實行火葬，而且一般人家能買起棺材，因此“[ɕia]子”這個詞很少使用了。其實是“匣”字的變調構詞。黄岡話[ɕia]這個讀音來自中古的匣母麻韻開口二等平聲。《廣韻》胡加切《集韻》何加切，都没有[ɕia]的本字。這時候要考慮音變構詞。這個[ɕia]應該是“匣”的滋生詞。“匣”是盛物的器具，《史記·刺客列傳》：“而秦舞陽奉地圖匣，以次進。”司馬貞《索隱》：“匣，亦函也。”這個“匣”黄岡話念[ɕia]，是個入聲字。至元代，發展出一種薄而小的簡陋棺材的意思，張國賓《合汗衫》第二折：“倘或間俺命掩黄沙，則將這衫兒半壁匣蓋上搭。”《漢語大字典》給此例釋爲“棺材”，不太準確。黄岡話的“匣子”有二義：盛物的器具；一種薄而小的簡陋棺材。後者是前者發展而來的。爲了區別，就將後者聲調改變一下，讀作陽平。“匣”的同源詞不少，《同源字典》就列了“医、篋、緘、函”等多個，其實還有不少。但是黄岡話“[ɕia]子”的[ɕia]，源詞祇能是“匣”。

給方言的新詞找源詞，實際上是溯源的工作，有時候古代好幾個詞似乎都是方言的源詞。由於源詞祇有一個，因此要聯繫多方面的已知條件做甄別，例如黄岡話管人固執難纏叫“結根”，如説“這個人乜結根”“莫跟我結根”等等。從理論上説，古書中既有“節根”，也有“結根”，它們都能發展出黄岡話固執難纏的意思。中古有“節根”一詞，指草木的節和根。唐韓愈《郾州谿堂》：“孰爲邦孟，節根之蟊，羊狠狼貪，以口覆城。”但這祇是偶爾一用，没有固定爲一詞。因此黄岡話的“節根”不可能由這個“節根”變來。

相比較而言，“結根”的出現更早，意思是植根，扎根，漢代已有用例，《古詩十九首·冉冉孤生竹》：“冉冉孤生竹，結根泰山阿。”此後代有用例，如《先秦漢魏晉南北朝詩·晉詩》卷五陸機《塘上行》：“沾潤既已渥，結根奥且堅。”卷十六陶淵明《榮木》：“采采榮木，結根於兹。”《梁詩》卷二一沈約《詠竹火籠詩》：“結根終南下，防露復披雲。”《隋詩》卷二李德林《詠松樹詩》：“結根生上苑，擢秀邇華池。歲寒無改色，年長有倒枝。”《全唐詩》卷一六一李白《古風》之一：“碧荷生幽泉，朝日艷且鮮……結根未得所，願托華池邊。”卷二一六杜甫《歎庭前甘菊花》：“念茲空長大枝葉，結根失所纏風霜。”卷四八一李紳《新樓詩·橘園》：“憐爾結根能自保，不隨寒暑換貞心。”卷六六四羅隱《野花》：“結根必竟輸桃李，長向春城紫陌間。”《全宋詞》張榘《醉落魄·次韻趙西里梅詞》：“風弄橫枝，殘月半窗白。孤山仙種曾移得，結根久傍王猷宅。”王十朋《點絳唇·國香蘭》：“芳友依依，結根遙向深林外。國香風遞，始見殊蕭艾。”章耐軒《步蟾宮》：“未開大如木犀蕊。開後是、梅花小底。悠然衹欲住山林，肯容易、結根城市。”清黃鷟來《雨晴遊弘濟寺訪蒲庵和尚》詩：“結根凌虛無，下顧驚魂魄。”可見“結根”從漢至今一直在用，這爲它凝固成詞並發展出相關詞義提供了語言文化土壤。草木結根，則深固難徙，因此福建漳平管牢固、結實叫“結根”，湖北武漢、黃岡管固執難纏叫“結根”。黃岡話還可用“結”字指固執難纏，例如可以説“這個人蠻結”“老頭子結得很”，意思都是指人固執難纏。

　　詞義構詞由於語音没有發生轉換，因此在語音上容易把握一些，但是也有複雜的情況。有時候，表示同一個意思，古人有不區別意義的異讀，今天的普通話往往衹采用一讀，而方言采用了另一讀。如果拘泥於今天共同語的常音，也會找不到源詞，例如黃岡話管用針或類似針的小尖狀物刺一下叫[təu˲]，如説“用針[təu˲]一下”“把（被）蜂子（馬蜂）[təu˲]了一下”“把濃疱[təu˲]出來”“刺樹上的刺乜[təu˲]人”。[təu˲]的源詞當爲“啄”。從中古音跟黃岡話的對應來説，黃岡話的[təu˲]來自如下音韻地位：端母屋韻一等；定母屋韻一等；端母沃韻一等；定母沃韻一等；端母没韻一等；定母没韻一等。查閱《廣韻》《集韻》等相關資料可知，衹有“啄”最適合作黃岡話[təu˲]的來源。《廣韻》丁木切：“啄，啄木鳥。”《集韻》（據《集韻校本》）都木切：“啄，咮也。”啄，鳥啄食。有丁木和竹角二切。中古時代，以讀竹角切爲常見讀音。《説文》大徐本衹收竹角切，《玉篇》將丁角切擺在前面。《經典釋文》給“啄”注音4次，衹注陟角切或相同的讀音。《詩·小雅·黃鳥》：“黃鳥黃鳥，無集于穀，無啄我粟。”《釋文》：“無啄，陟角反。”《小宛》：“交交桑扈，率場啄粟。”《釋文》：“啄粟，陟角反。”《周禮·冬官·冶氏》鄭注：“句謂胡曲多也，以啄人則創不決。”《釋文》：“以啄，丁角反。”《莊子·養生主》：“澤稚十步一啄，百步一飲。”《釋文》：“一啄，陟角反。”按：《諸子集成》本“陟”訛作“涉”。字亦作“噣”。《爾雅·釋鳥》：“生哺，鷇；生噣，雛。”《釋文》：“噣，竹角反。義當作‘啄’。”但是《玉篇》《廣韻》《集韻》“啄”都收了丁木切（或都木切），無疑有來歷。鳥啄食，尖尖的硬嘴必扎刺食物，因此可以發展出用針或類似針的小尖狀物刺一下的意思。根據《漢語方言大詞典》3805頁，湖北紅安管蠍子蜇人叫“[təu]人”，記作“毒人”；山東西部管蠍子、蜂等的刺叫“[tur]兒”，記作“毒兒”，河南洛陽叫作“[tu⁴²]子”，記作“毒子”。4302頁有“獨”，湖北隨州管戳、插叫

"獨"。可能還有其他寫法,但本字應該是"㖞"。

音變構詞中,變調構詞在方言中出現得較多,其語音形式的轉換也是有條理的。求源詞,應該注意音變構詞,不能拘泥於源詞和滋生詞同音的那種詞義構詞的方式。那樣的話,很多方言詞本來有源詞,卻會被輕易地放過去,例如黃岡話管塞子叫"[tsəu˧]子"。如說"我要買個[tsəu˧]子""開水瓶[tsəu˧]子"。[tsəu˧]也用作動詞,如說"把[tsəu˧]子[tsəu˧]到""把[tsəu˧]子[tsəu˧]緊"等。此字在《廣韻》和《集韻》中無本字可考。根據《漢語方言大詞典》3812和5984頁(分別寫作"奏"和"揍"),今四川成都有[tsou²¹³](也記作[tsəu²¹³]),意思是塞,堵,如說"田埂漏水,快用泥巴揍倒"。西南官話還有"揍揍"(也寫作"奏奏"),指塞子,瓶蓋,如成都説"瓶子揍揍""水壺揍揍",重慶叫[tsou˧ ˌtsər],貴州赫章叫[tsou²¹³tsou²¹³⁻⁵⁵]。6383頁,"塰子"指塞子,見於湖北武漢(讀[tsou³⁵]子)、雲南昆明(讀[tsu³¹]子)、臨滄(讀[tsu³¹]子),湖南長沙(讀[tsəu²⁴]子)。黃岡話裏,有的地方能區分[ts][tsʻ][s]和[tʂ][tʂʻ][ʂ],但所有的地方都管塞子叫"[tsəu˧]子"。宋亞雲見告,應城話讀"[tʂəu˧]子"。這是重要線索。可以認爲,黃岡話的[tsəu˧],受西南官話影響,卷舌讀成平舌。祇能這樣認爲,[tsəu˧]([tʂəu˧])是"塰"的滋生詞。從語音上説,"塰"是阻塞、堵塞、梗塞的意思,是入聲。由此變調構詞,讀去聲。因此"塰"由入變去在語音上毫無挂礙。從詞義上説,"塰"由阻塞、堵塞、梗塞義完全可以發展出塞子的意思,"塞"字就是這樣發展的。

漢語音變構詞中,有急言和緩言造成的滋生詞。求源詞時應該慮這種構詞現象。例如黃岡話管紅薯叫"苕"。上世紀50年代末和60年代初,學術界曾就番薯是我國原產還是舶來品、傳入我國的時間及途徑、傳播的具體情況等展開爭論,影響至今。無論我國是否原產跟紅薯類似的植物,但確從外國引進了番薯。材料顯示,紅薯原產地在美洲,引進到東南亞。至晚大約明萬曆年間,再從東南亞傳入雲南及沿海一帶的閩桂粵浙,繼而傳入湘鄂贛黔川渝豫等內陸地區,逐步擴散到全國。清代尤其是乾隆時期,是北方各省傳播的高峰。紅薯對解決饑餓問題起到了重要作用,極大刺激了明清人口的增長。因此,黃岡話的"苕"是個新產生的詞。這個詞不是從外國借來的,而是從"山藥"一詞引申出來的,今天還有方言管紅薯叫"山藥"。山藥,原來叫薯蕷,南北朝時開始叫"山藥";到唐宋兩代,由於避唐代宗李豫、宋英宗趙曙諱,"山藥"指薯蕷成爲強勢。於是"山藥"合音,讀成了"苕"。李時珍《本草綱目》卷二七菜部"薯蕷"條引蘇頌《本草圖經》:"江、閩人單呼爲藷,亦曰山藷。"並給"江、閩人單呼爲藷"的"藷"注音:"音若殊及韶。"江、閩人,是指長江沿線和福建一帶。可能明代之前表山藥的"藷"已經音變爲"殊",已見於宋代蘇頌《本草圖經》;至於音"韶",可能是李時珍加上去的,應該記錄的是一種訓讀音,記錄的是"山藥"的合音變成的一個新詞"苕",當時還沒有爲這個新詞造字,就借"藷"字來記錄。值得注意的是,這個讀成"韶"的新詞在李時珍的時候還不是指紅薯,而是指薯蕷、山藥;後來這個讀成"韶"的詞詞義引申,用來指紅薯,仍然讀作"韶",寫作"苕",跟上古出現的"苕"字成爲同形字。

九、如何求源詞——語義對應方面

一個語言中,任兩個詞義之間,有的有詞義引申關係,有的没有。由於源詞和滋生詞語義不同,因此在求方言源詞的時候,必須論證清楚源詞和滋生詞之間在詞義上是否有發展關係。這跟考本字的語音關係不同。考本字時,方言中一個音節的讀音跟古代的本字之間應該同義,或關係極近的引申義。如果詞義差遠了,就不是一個詞古今不同的表現形式,而是變成了不同的詞;而變成不同的詞,則屬於求源詞的範圍。

可以平行引申關係來論證兩義之間有無引申關係。這種求詞義引申的方法,可以稱爲"義經字緯"式:以一字不同兩個字義爲經,看同一字形的其他字是否也有甲乙字義。如果多個字都有甲乙兩義,則甲乙兩義之間有相通關係。具體論證,可參拙作《談根據同義詞詞義平行的例證區別詞義引申和用字假借》。這裏據此分析源詞。例如黄岡話種植叫[ɕin]。如説[ɕin]棉花[ɕin]麥"等。其源詞當爲"興"。黄岡話的[ɕin]來自如下音韻地位:心母真韻;曉母欣韻;曉母青韻;曉母蒸韻;心母清韻;心母青韻;心母侵韻。《廣韻》《集韻》相關小韻各字,都没有作種植講而讀[ɕin]的字。則[ɕin]是一個方言後起詞,應該淵源有自。根據詞義引申的規律,源詞定爲"興"最爲合適。"興"的本義是興起,《説文》:"興,起也。"引申爲興建,建立,《漢書·晁錯傳》:"臣聞漢興以來,胡虜數入邊地。"《宋史·种世衡傳》:"請因其廢壘而興之,以當寇衝。"由此引申出種植義。平行的例子可以爲證:(1)"樹"有種植義,《詩·小雅·巧言》:"荏染柔木,君子樹之。"引申出樹立、建立義,《書·泰誓》:"樹德務滋,除惡務本。"(2)"植"有樹立、豎立義,《周禮·夏官·田僕》:"令獲者植旍及獻比禽。"鄭玄注:"植,樹也。"也有種植義,《戰國策·燕策》二:"薊丘之植,植於汶篁。"(3)"種"有種植義,《詩·大雅·生民》:"種之黄茂,實方實苞。"引申出培植、樹立義,《新唐書·裴度傳》:"内結宦官,種支黨,醜沮日聞。"而興起、興建、建立義和樹立義相通,因此可證黄岡話的[ɕin]源詞就是"興"。根據《漢語方言大詞典》2248頁,湖北紅安有"興花",即種花。湖北作家劉醒龍《母語寫作的宿命——〈聖天門口〉未完的話》説:"在《聖天門口》的寫作中,我特意在自己的母語方言中選了十幾個有意味的常用詞語……種菜、種麥、種棉花、種黄豆等,一般人已經記不得還有一種説法:興菜、興麥、興棉花、興黄豆。在我們的方言母語中,'興'即是'種'。"劉先生是湖北黄岡人,他的説法是正確的。

有時候,采取音義結合的方式,遍查《廣韻》《集韻》及相關辭書的相關音義,都找不到源詞,則應考慮通過詞義引申的途徑找源詞。例如黄岡話管人不馴順、行爲粗俗叫[₂xantɕian²]。本字可定爲“寒賤”，是狀態動詞。如説“他太寒賤了”“這伢兒寒賤得很”。勸阻人不要亂動叫“莫寒賤”。“寒賤”一詞，晉代已出現，本指門第卑下。袁宏《後漢紀·靈帝紀下》：“初，進寒賤，依諸中官得貴幸。”《梁書·文學傳上·吳均》：“家世寒賤，至均好學有俊才。”《晉書·熊遠傳》上疏：“今朝廷法吏多出於寒賤。”引申指不嚴肅，不莊重。元曾瑞《留鞋記》第四折：“斷不了輕狂寒賤，還祇待癡迷留戀。”不嚴肅、不莊重義是黃岡話不馴順、喜歡亂動義引申的關鍵。由地位低賤，發展出行爲粗俗的意思，是很自然的。例如“卑鄙”本指地位低下，諸葛亮《出師表》：“先帝不以臣卑鄙，猥自枉屈，三顧臣於草廬之中。”引申爲行爲粗俗，品德低劣。可説“卑鄙無恥、卑鄙齷齪、卑鄙的行徑”等。

還可以通過方言的比較去找源詞，例如黃岡話管小便宜、能獲致小利益的事叫“相因”，佔別人的便宜叫“佔相因”，如説“莫佔別個的相因”“這件事冒得（没有）相因佔”。據《漢語方言大詞典》3827頁，“相因”在許多方言中是作形容詞，意思是（價格）便宜，公道。見於四川成都、漢源、西昌、儀隴，重慶，雲南昭通、蒙自、新坪、騰衝、澄江、昆明，貴州遵義、黎平、清鎮、桐梓，福建莆田等地。黃岡話用作名詞，但跟這些方言的用法一脈相承。

找到了本字，並不意味着找到了源詞，還得往前追溯，以求得源詞，例如黃岡話管食物吃膩了叫[iaŋ²]，陰去。如説“大魚大肉都吃[iaŋ²]了”。據《漢語方言大詞典》3506頁，武漢也有這樣用法，寫作“餀”。[iaŋ²]的本字當爲“餀”。[iaŋ²]來自中古影母漾韻開口三等去聲。祇有“餀”字音義對應。“餀”本義是吃飽了，《廣韻》於亮切：“餀，飽也。”《廣雅·釋詁一》：“饟、餀，滿也。”餀、饟、餟是同源詞。《方言》卷十二：“饟，飽也。”“饟、餀”都不是最早產生的詞，更早是“飫”字，意思是飽食。《左傳·襄公二十六年》：“江羋爲之加膳，加膳則飫賜。”杜預注：“飫，猒也。酒食賜下，無不猒足，所謂加膳也。”吃得過飽，則發展出嫌棄的意思。如同“厭”指吃飽，引申指嫌棄。《論語·鄉黨》：“食不厭精，膾不厭細。”從諧聲字來看，“飫”是影母宵部，但從先秦韻文看，是影母侯部，《詩·小雅·常棣》“豆、飫、具、孺”都是侯部自押。大約至晚秦漢，就變入了魚部。“餀、饟、餟”都是影母陽部，與“飫”有對轉關係，可能是在“飫”的基礎上滋生的詞。

十、書　證

考本字、求源詞，因爲是要找到方言詞語的早期用字，尋求方言新產生的詞的語源，所以就必須要有書證材料作爲立論的依據。書證的重要性李榮已經作了提示，《關於方言研究的幾點意見》：“考求本字當然還要讀書。”《考本字的甘苦》：“‘因音求字對付穬字遊刃有餘；對付坐字的本字就不够了，還要讀書——因書求字。”

考本字、求源詞的書證指印證字形、注音、釋義的材料。可以分爲兩種：一是古代字書的書證，二是古代作品中的用例。這裏專指後一種。書證不僅可以補充、印證字書的字形、字音、字義，而且有時候能將字書中的字形、字音、字義的時代提前。因此，書證的作用巨大。

有的書證材料易求，有的難尋。要找到難考的字的古代書證材料，有時無異於大海撈針。這就要尋找方法，減少盲目性。還是應該以字書的字音爲線索，篩選出一些跟本字、源詞字義相關的字，再到古書中去查找反映這樣的字的書證。例如黃岡話管磨墨叫"[ˌŋai]墨"，如説"幫他[ˌŋai]墨""快[ˌŋai]墨，免得過一下冒得墨水寫毛筆字"。相應的説法別的方言也有，據《漢語方言大詞典》4743頁，今湖北蒲圻、福建廈門都管研磨叫"磑"，記作"挨"字；5341頁，今雲南騰衝、福建廈門都管研、磨、擦叫"磑"，湖北武漢管"揉"叫"磑"，記作"捱"，今吉林通化、湖北天門都管磨墨叫"捱墨"（5342頁）。其本字當爲"磑"。"磑"本指石磨，《説文》："磑，磨也。古者公輸般作磑。"《廣韻》五灰切："磑，磨也。"《集韻》魚開切："磑……一曰：磨也。"可以據"磑"找書證。《資治通鑑·唐紀》七一："時民間無積聚，賊掠人爲糧，生投於堆磑，并骨食之，號給糧之處曰'舂磨寨'。"胡三省注："舂磨寨，即設碓磑處。碓以舂，磑以磨。磨，莫臥翻。"引申指磨擦。揚雄《太玄》五《疑》："陰陽相磑，物咸彫離。"宋陸游《初夏閒居》："小樓有月聽吹笛，深院無風看磑茶。"《戲書日用事》："寒添沽酒興，困喜磑茶聲。""磑"用於"磑墨"，猶"磨"用於"磨墨"。今天黃岡話管磨子叫"磨"，陽去。根據"磑墨"一詞，大概可以推知：操黃岡話的人的祖語原來管磨子叫"磑"，由此引申出用磨子磨，再擴大指摩擦。不然的話，就不會有"磑墨"的説法。後來用"磨"，是受權威方言或北方共同語的影響，由"磨"替換了"磑"。

古代字書收義往往不全，有時候，無法篩選出一些跟本字、源詞字義相關的字，這時祇好以語音爲線索，到古書中去查找跟方言有對應關係的字，看能否找到本字、源詞。這項工作的工作量很大，難度也很大，但是要考這樣的字的本字、源詞，這是必須開展的工作。碰到這種情況，恐怕要靠平時的積纍了。例如黃岡話作行動緩慢講的[ˌxan]，據《漢語方言大詞典》，這個[ˌxan]，不少方言有相應的説法，寫法好幾種，寫作"嫚"，例如湖南長沙，指辦事拖沓；寫作"憨"，例如湖北武漢、浠水，安徽安慶、績溪，指性情過於遲緩，反應慢；行動遲緩，懶散。這個詞不大可能是從外族語中借過來的，也不大可能是模擬外界聲響造的詞，應該是古代某一個詞的滋生詞。黃岡話的[ˌxan]來自如下中古音韻地位：曉母寒韻開一；曉母覃韻開一；曉母談韻開一；曉母咸韻開一。另外，《集韻》刪韻有呼關切，山韻有虛閑切，折合起來，也可以是黃岡話[ˌxan]的來歷；匣母談韻開一個別字"酣"也是來歷之一，但屬對應的例外。遍查《廣韻》《集韻》，無法找到黃岡話[ˌxan]的本字。《集韻》呼含切有"㟁"字，注曰："疎縱也。"也許跟[ˌxan]有語源關係，但也是中古新起的，還得往前追溯。《集韻》"甘"收了胡甘切一讀，但那是跟"酣"字相通。黃岡話的[ˌxan]實即"甘"

的滋生詞。“甘、苦”是反義詞,指味甘和味苦。《莊子·天道》:“斲輪徐則甘而不固,疾則苦而不入。”《釋文》:“甘,如字,又音酣。司馬云:甘者,緩也。苦者,疾也。”《淮南子·道應》:“(斲輪)大疾則苦而不入,大徐則甘而不固。”高誘注:“苦,急意也。甘,緩意也。”《廣雅·釋詁二》:“甘,緩也。”可見“甘、苦”在寬緩和緊窄的意思上也形成反義詞,這有力説明此二義跟味甘和味苦二義之間有引申關係。寬緩義和行動遲緩義之間的引申關係一目了然。特別值得注意的是,《釋文》給寬緩義的“甘”注又音“酣”。“酣”本來是匣母,很早就變成了曉母,《中原音韻》中“酣憨”是陰平,和“含涵邯”(陽平)對立。如果作寬鬆、寬緩講的“甘”也和“酣”一樣變成曉母,折合成黃岡話,正好是[ˍxan]。因此,黃岡話作行動遲緩講的[ˍxan]源詞應該是讀作“酣”的“甘”。這樣的書證比較難求,要靠平時積纍,也要碰點運氣,但在考本字、求源詞時不會太多,不必產生畏難情緒。

有時候,除了古代字書,我們難以找到書證材料。這時候,字書的材料就很有用,因爲如同上面所言,字書的材料本身也是一種書證。例如黃岡話管用鋤頭等工具將草或小樹木清除掉,叫[ˎkʻuan],這個讀音祇有一個中古來源:溪母緩韻。《廣韻》苦管切:“梡,斷木也。”《集韻》苦緩切:“梡梡欵,斷木也。”可見“梡”是黃岡話[ˎkʻuan]的本字,它還有異體字“梡”和“欵”。《漢語大字典》“梡”和“梡、欵”下相應的音義祇收《集韻》的注釋,未引古代作品的用例。但是有《廣韻》《集韻》等古代字書,又有黃岡話的活材料,這樣的本字考證也是可信的。

參考文獻

李　榮　《關於方言研究的幾點意見》,《方言存稿》,商務印書館2012年。

———　《考本字的甘苦》,《方言存稿》,商務印書館2012年。

劉醒龍　《母語寫作的宿命——〈聖天門口〉未完的話》,《湖北大學學報》2014年第1期。

魯國堯　《〈集韻〉——收字最多規模宏大的韻書》,《魯國堯語言學論文集》,江蘇教育出版社2003年。

清華大學圖書館科技史研究組編　《中國科技史資料選編》(農業機械),清華大學出版社(未著出版時間)。

孫玉文　《談根據同義詞詞義平行的例證區別詞義引申和同字假借》,《漢語教學與研究》,首爾出版社2008年。

———　《黃岡話詞語零札》,《正學》創刊號,中國社會科學出版社2013年。

———　《黃岡話詞語零札》(續一),《正學》第2輯,中國社會科學出版社2014年。

———　《考“苔”》,《長江學術》2014年第1期。

———　《漢語變調構詞考辨》,商務印書館2015年。

王　力　《中國語言學史》,《王力全集》第五卷,中華書局2013年。

———　《同源字典》,《王力全集》第十三卷,中華書局2014年。

魏建功　《迎接新的文化高潮的前奏》,《魏建功語言學論文集》,商務印書館2012年。

許寶華、宮田一郎主編　《漢語方言大詞典》,中華書局1999年。

文獻語言學（2）:87~95,2016

《論語》詞語考釋八則①

楊逢彬

（中央財經大學中經管院,北京,100081）

提　要:"退"的語義特徵:一爲卑对尊而言,一爲客對主而言,故"退而省其私"沒有出現的主語當爲"顏淵"。共時語料的歸納又表明:"非爾所及也"及類似句子表示的都是對現實的判斷,而非對已然的否定;"如有"連言且在句首時,"如"一般都是連詞,意爲如果、假如,故"如有所立卓爾"的主語是孔子而非顏淵;由於職業名一般用"良"而非用"善"修飾,且"善"常修飾抽象名詞,故"善賈"的"賈"不應讀作gǔ而應讀作"價";"君子泰而不驕"的"泰"爲貶義,並非安詳舒泰之意;由於"甚"通常用於描述不好的、惡劣的事物,且"水火"通常代表可怕的、容易傷害人的事物,故"民之於仁也,甚於水火"意爲老百姓對於仁的畏懼,超過對水火的畏懼;"逸"已引申出隱逸義,未見表超逸者,故"逸民"意爲隱逸之民;"又誰怨"不當如諸家所譯爲"又誰來怨你呢","誰"是前置賓語,因爲副詞"又"總是位於主語之後,賓語之前。

關鍵詞:《論語》;退;賈;泰;甚;逸

　　"文獻語言學"的含義,竊以爲是在普通語言學的指導下從事中國古典文獻的整理。恰好,從2004年起,我一直從事這一工作;其成果就是即將出版的《論語新注新譯》,書中有考據《論語》詞句的小論文162篇。其中大約50~60篇已經陸續發表,今從未發表的100餘篇中選出8篇,請讀者指正。

　　一、退

　　《爲政》:"子曰:'吾與回言終日,不違,如愚。退而省其私,亦足以發,回也不愚。'"

---

① 本文爲國家社科基金項目"運用現代語言學方法考釋先秦漢語疑難詞句的理論與實踐研究"（15BYY124）的階段性成果。

皇侃《義疏》：“察退與二三子私論，亦足以發明聖奧，振起風訓也。”[1]即顏回退而省視自己之私；朱熹《集注》卻以爲孔子退而省顏回之私，“則見其日用動靜語默之間皆足以發明夫子之道”[2]。我們同意皇説。因爲，“不違如愚”和“亦足以發”未出現的主語都是顏回，這是没有異議的。如皇説，則3句的主語一氣貫穿，正和“回也不愚”相呼應。如朱説，則是孔子“退而省其私”，而顏回“皆足以發明夫子之道”，文氣不相連貫。但這一點並不足以完全證明皇説正確，因爲“古人行文不嫌疏略”[3]。

我們的主要證據是動詞“退”的語義特徵。“退而省其私”的“退”，《王力古漢語字典》的解釋是“退走，退回”[4]。我們在對《論語》以及與《論語》成書爲同一時代的《左傳》以及有關孔子的《禮記·仲尼燕居》《孔子家語》《史記·仲尼弟子傳》等加以全面考察後發現，表示返回、退走的“退”，還同時具備兩個特點：卑對尊而言“退”；身份地位無明顯差别者，則是客言“退”。例如《左傳·閔公二年》：“里克諫曰……公曰：‘寡人有子，未知其誰立焉。’（里克）不對而退。”《僖公五年》：“初，晉侯使士蔿爲二公子築蒲與屈，不慎，置薪焉。夷吾訴之。公使讓之……（士蔿）退而賦曰……”《僖公十六年》：“周内史叔興聘于宋，宋襄公問焉……對曰……（叔興）退而告人曰……”《宣公二年》：“（宣子）問何故。對曰：‘翳桑之餓人也。’問其名居，不告而退。”《襄公十四年》：“衛侯在郲，臧紇如齊，唁衛侯。與之言，虐。（臧紇）退而告其人曰‘衛侯其不得入矣！其言糞土也。’”《昭公六年》：“晉侯享之，有加籩。武子退。”《昭公二十五年》：“宋公使昭子右坐，語相泣也。樂祁佐，退而告人曰……”《昭公三十一年》：“荀躒以晉侯之命唁公，公曰……荀躒掩耳而走……（荀躒）退而謂季孫……”《哀公元年》：“吳子將許之。伍員曰……（吳子）弗聽。（伍員）退而告人曰……”《孟子·公孫丑下》：“孟子去齊，居休。公孫丑問曰：‘仕而不受禄，古之道乎？’曰‘非也。於崇，吾得見王，退而有去志’。”《孔子家語·顏回》：“魯定公問於顏回曰……對曰……定公色不悦，謂左右曰……顏回退。”

因此，孔子和學生講學時，都是學生“退”；孔子和兒子談話時，則是兒子“退”。例如《論語·顏淵》：“樊遲問仁。子曰：‘愛人。’問知。子曰：‘知人。’樊遲未達。子曰：‘舉直錯諸枉，能使枉者直。’樊遲退。”《季氏》：“陳亢問於伯魚曰：‘子亦有異聞乎？’對曰：‘未也。嘗獨立，鯉趨而過庭，曰：“學詩乎？”對曰：“未也。”“不學詩，無以言。”鯉退而學詩。他日又獨立，鯉趨而過庭，曰：“學禮乎？”對曰：“未也。”“不學禮，無以立。”鯉退而學禮。聞斯二者。’陳亢退而喜曰：‘問一得三，聞詩，聞禮，又聞君子之遠其子也。’”《禮記·仲

---

[1] （南朝梁）皇侃著，高尚榘點校《論語義疏》第32頁，中華書局2013年。

[2] （宋）朱熹《四書章句集注》第56頁，中華書局1983年。

[3] （清）俞樾等《古書疑義舉例五種》第23頁，中華書局1956年。

[4] 王力主編《王力古漢語字典》第1429頁，中華書局2000年。

尼燕居》：“仲尼燕居，子張子貢子游侍……子貢退。”《孔子家語·王言解》：“孔子閒居，曾參侍……孔子又不應，曾子肅然而懼，摳衣而退，負席而立。”《致思》：“孔子北遊於農山，子路、子貢、顏淵侍側。孔子四望，喟然而歎曰……顏回退而不對。”《弟子行》：“孔子曰……子貢跪曰：‘請退而記之。’”《入官》：“子張既聞孔子斯言，遂退而記之。”《論禮》：“子曰：‘禮乎！夫禮，所以制中也。’子貢退。”《五刑解》：“冉有問於孔子曰……冉有跪然免席，曰：‘言則美矣！求未之聞。’退而記之。”

孔子的“退”，祇出現在孔子見國君或季孫等權臣時，例如《孔子家語·曲禮子貢問》：“孔子適季氏，康子晝居內寢。孔子問其所疾，康子出見之。言終，孔子退。”

孔子和身份地位差不多者相見時，無論是孔子還是他人，都是客“退”，例如《論語·述而》：“陳司敗問：‘昭公知禮乎？’孔子曰：‘知禮。’孔子退。”《左傳·哀公十一年》：“孔文子之將攻大叔也，訪於仲尼。仲尼曰：‘胡簋之事，則嘗學之矣。甲兵之事，未之聞也。’退，命駕而行。”

綜上，這一章既然是孔子記述自己與顏回談話的情形，當然“退而省其私”的是顏回。

二、非爾所及

> 《公冶長》：“子貢曰：‘我不欲人之加諸我也，吾亦欲無加諸人。’子曰：‘賜也，非爾所及也。’”

楊伯峻譯“非爾所及也”爲：“這不是你能做到的。”[1]按：楊説得之。孔安國説“非爾所及，言不能止人使不加非義於己也”[2]，正是這個意思。孫欽善《論語本解》：“在12.2中孔子把‘己所不欲，勿施於人’視作‘仁’的内容，在15.24中又把‘己所不欲，勿施於人’視作終身行之的‘恕’道（仁道的一種表述），而孔子不輕以仁許人，故這裏説子貢尚未做到這一點。此處‘非爾所及’是‘非爾所已及’的意思，不是‘非爾所能及’的意思，否則就與15.24中對子貢説的話相矛盾，在那裏正是把‘己所不欲，勿施於人’作爲子貢終身努力的方向提出來的。”[3]此説我們不能同意。這一説法，正是李零讚譽的所謂“很注意辭語互見”[4]。但這種著重思想而非語言的“注意辭語互見”，適足以擾亂基於語言内部考察所作出的正確判斷。《左傳·隱公五年》：“若夫山林川澤之實，器用之資，皁隸之事，官司之守，非君所及也。”沈玉成《左傳譯文》：“……有關官吏的職分，不是國君所應涉及的。”《昭公十八年》：“天道遠，人道邇，非所及也。”《左傳譯文》：“天道悠遠，人道切近，兩不相關，怎麼能瞭解它們的

---

① 楊伯峻《論語譯注》第46頁，中華書局1980年。

② 程樹德撰，程俊英、蔣見元點校《論語集釋》第317頁，中華書局1990年。

③ 孫欽善《論語本解》第51頁，三聯書店2009年。

④ 李零《喪家狗：我讀〈論語〉》第41頁，山西人民出版社2007年。

關係？”《昭公二十五年》：“公曰：‘非小人之所及也。’”《左傳譯文》：“昭公說：‘這不是小人管得着的。’”《宣公十二年》：“潘黨曰：‘君盍築武軍，而收晉尸以爲京觀。臣聞克敵必示子孫，以無忘武功。’楚子曰：‘非爾所知也。’”《左傳譯文》：“……這不是你所知道的。”①《孟子·萬章上》：“長息問於公明高曰：‘舜往于田，則吾既得聞命矣。號泣于旻天，于父母，則吾不知也。’公明高曰：‘是非爾所知也。’”楊伯峻《孟子譯注》：“……這不是你所能懂得的。”②《禮記·雜記下》：“孔子曰：賜也樂乎？（子貢）對曰：一國之人皆若狂，賜未知其樂也！子曰：百日之蜡，一日之澤，非爾所知也。”《國語·魯語下》：“晉樂王鮒求貨於穆子，曰：‘吾爲子請於楚。’穆子不予。梁其脛謂穆子曰：‘有貨，以衛身也。出貨而可以免，子何愛焉？’穆子曰：‘非女所知也。’”以上7例“非所及、非……所及、非……所知”句式的句子，表示的都是對現實的判斷，而非對已然的否定。後者在當時語言中用“未”不用“非”，而“非”通常用於判斷句，否定謂語和主語的關係，不是對過往的否定。

三、如有

　　《子罕》：“顏淵喟然歎曰：‘仰之彌高，鑽之彌堅。瞻之在前，忽焉在後。夫子循循然善誘人，博我以文，約我以禮，欲罷不能；既竭吾才，如有所立卓爾，雖欲從之，末由也已。’”

　　“既竭吾才，如有所立卓爾”兩句有歧義。何晏《集解》引孔安國說：“……使我欲罷而不能，已竭我才矣。其有所立，則又卓然不可及……”③按照孔安國的說法，是孔子“有所立”，句中的“如”是連詞，如果、假如的意思；“如有所立”就是“假如（夫子）有所建樹”。朱熹《集注》與孔說同：“盡心盡力，不少休廢，然後見夫子所立之卓然。”④但韓愈、李翺的《論語筆解》則說“此回自謂雖卓立，未能及夫子之高遠也”⑤，又成了顏回“有所立”，句中的“如”爲副詞，好像、似乎的意思；“如有所立”則是“似乎能够獨立地工作”⑥。

　　我們同意孔安國說。原因一是孔說遠較《筆解》之說爲早，二是雖然《論語》中的“如”大多是副詞，意爲好像、似乎，但“如有”連言且在句首時，“如”一般都是連詞，意爲如果、假如。除本章存疑待考外，其他如《雍也》：“如有復我者，則吾必在汶上矣。”“如有博施於民而能濟衆，何如？可謂仁乎？”《泰伯》：“如有周公之才之美，使驕且吝，其餘不足觀也已。”《子路》：“如有王者，必世而後仁。”“其事也，如有政，雖不吾以，吾其與聞

---

① 沈玉成《左傳譯文》第9~10、459、489、190頁，中華書局1981年。

② 楊伯峻《孟子譯注》第207頁，中華書局1960年。

③《論語集釋》第596頁。

④《四書章句集注》第112頁。

⑤《論語集釋》第596頁。

⑥《論語譯注》第90頁。

之。"《衞靈公》:"吾之於人也,誰毀誰譽? 如有所譽者,其有所試矣。"《陽貨》:"如有用我者,吾其爲東周乎!"可見,"如有"在當時語言中是一表假設的常用詞組,本章的"如有"似乎也不能例外。

有一點順便説一下。朱熹《集注》在"欲罷不能,既竭吾才,如有所立卓爾,雖欲從之,末由也已"後注釋説:"此顔子自言其學之所至也。"[①]這並不意味着朱熹的解釋與《論語筆解》同,是顔回"有所立"。朱熹這段話是總結上面5句話的,而非單單解釋"如有所立"的,當然也不是説顔回"有所立"了。觀其下文也可知,"蓋悦之深而力之盡,所見益親,而又無所用其力也"。

四、善賈

《子罕》:"子貢曰:'有美玉於斯,韞匵而藏諸? 求善賈而沽諸?'子曰:'沽之哉! 沽之哉! 我待賈者也。'"

"善賈"有兩説:一爲"賈"同"價",價錢;一爲"賈"音gǔ,商人,上古行商曰商,坐商曰賈。如取後一義,"善賈"便是"好商人"。但形容詞"善"在周秦時代祇修飾"人、士"等,作"善人、善士";農、工、商、賈、醫、匠、庖等職業名一般則用"良"修飾,作"良農、良工、良商、良賈、良醫、良匠、良庖"等。從未見"善農、善工、善商、善醫、善匠、善庖"等。"善賈(jià)"雖未在他書見到(《韓非子·五蠹》"長袖善舞,多錢善賈"之"善賈"是善於做買賣之意,"賈"音gǔ),但在《左傳》《國語》等書中,"善"修飾抽象名詞如"善政、善教"等常見,因此我以爲"善賈"的"賈"應讀作"價"。

五、泰

《子路》:"子曰:'君子泰而不驕,小人驕而不泰。'"

泰,又寫作"汏、汰"。"泰"和"驕"是同義詞,都是貶義,所以可以組成同義詞組如"驕泰、泰侈(侈泰)、驕侈"等,例如《國語·晉語六》:"君驕泰而有烈,夫以德勝者猶懼失之,而況驕泰乎?"《晉語八》:"及桓子驕泰奢侈,貪欲無藝,略則行志,假貸居賄,宜及於難,而賴武之德,以没其身。"《晏子春秋·内篇諫上》:"驕泰奢侈,上無以親下。"《左傳·襄公三十年》:"泰侈者,因而斃之。"《管子·禁藏》:"驕傲侈泰,離度絶理,其唯無禍,福亦不至矣。"《左傳·成公十七年》:"君驕侈而克敵,是天益其疾也。"《左傳·襄公三十年》:"伯有汏侈,故不免。"《昭公元年》:"楚王汰侈而自説其事,必合諸侯。吾往無日矣。"《昭公二十年》:"然則戴、桓也。汰侈,無禮已甚,亂所在也。"《晏子春秋·外篇上》:

“今公家驕汰，而田氏慈惠，國澤是將焉歸？”然而“統言無別，析言則異”，“泰、驕”的共同特點是看上去自高自大，嚴厲不好接近。《禮記·檀弓上》：“汏哉叔氏，專以禮許人。”《經典釋文》：“汏，自矜大。”就是矜持自負之意。“驕”則不但自大，還盛氣淩人，且顯擺自己。《孟子·離婁下》：“施施從外來，驕其妻妾。”然則君子雖然矜持自負，但“望之儼然，即之也溫，听其言也厉”（《論語·子張》），此所謂“泰”。《唐寫本論語》鄭玄注“泰謂威儀矜莊，驕謂慢人自貴”①，所謂慢人自貴，就是做出高高在上的樣子，通過輕慢他人來顯擺自己。君子則“無衆寡，無小大，無敢慢”，“無敢慢”就是“即之也溫”（接近他卻溫和親切），所以孔子緊接着説（《堯曰》）：“斯不亦泰而不驕乎？”譯文從此。另外，《論語》所有“君子~而不~、小人~而不~”的句式，實際上都是同義詞辨析。他如《爲政》：“君子周而不比，小人比而不周。”《子路》：“君子和而不同，小人同而不和。”《衛靈公》：“君子矜而不爭，群而不黨。”“君子貞而不諒。”本章適足以與上舉各章互證。這些材料都有利於同義詞的辨析，是訓詁學、詞彙學的好材料，但孔子的本意是爲了“正名”（《子路》）。爲何不將“泰”從楊伯峻《譯注》譯作“安詳舒泰”（143頁）？除以上兩個原因外，還因爲先秦文獻中除此章外再也找不到“泰”作“安詳舒泰”解的用例。可知，此章實辨明君子的缺點和小人的做派有着本質上的區別。

六、甚於水火

　　　　《衛靈公》：“子曰：‘民之於仁也，甚於水火。水火，吾見蹈而死者矣，未見蹈仁而死者也。’”

“甚於水火”有歧義。何晏《集解》引馬融説：“水火與仁皆民所仰而生者，仁最爲甚。”②楊伯峻《論語譯注》從之，注釋説：“《孟子·盡心上》説‘民非水火不生活’，譯文摘取此意。”並譯爲（169頁）：“百姓需要仁德，更急於需要水火。”錢穆《論語新解》譯作（394頁）：“人生有賴於仁，尤甚其有賴於水火。”但皇侃《義疏》引王弼説：“民之遠於仁，甚於遠水火也。”③孫欽善《論語本解》從之，譯爲“老百姓對於仁的畏懼，超過對水火的畏懼”（206頁）。我們傾向於後一種解釋。理由如下：

1.《論語》時代，“甚”作爲動詞，是過分、嚴重（《王力古漢語字典》）的意思。該詞用作謂語時，通常用於描述一些不好的、惡劣的事物，例如《論語·述而》：“甚矣吾衰也！”《子張》：“紂之不善，不如是之甚也。”《左傳·桓公二年》：“官之失德，寵賂章也。郜鼎在廟，章孰甚焉？”《桓公十七年》：“高伯其爲戮乎？復惡已甚矣。”《僖公元年》：“君子以齊人殺哀

---

① 王素編著《唐寫本〈論語〉鄭氏注及其研究》第143頁，文物出版社1991年。

② 《論語集釋》第1123頁。

③ 《論語義疏》第414頁。

姜也爲已甚矣。”《僖公五年》：“晉不可啟，寇不可翫，一之謂甚，其可再乎？”《僖公二十一年》：“若能爲旱，焚之滋甚。”《成公二年》：“禍其在此乎！君欲已甚，其何以堪之？子若不許，仇我必甚。”《成公六年》：“若不能敗，爲辱已甚，不如還也。”《襄公十四年》：“欒饜汰虐已甚。”《襄公二十一年》：“楚子使醫視之，復曰：‘瘠則甚矣。’”“尤而效之，其又甚焉！”《昭公元年》：“獲諸侯，其虐滋甚，民弗堪也。”《昭公五年》：“大叔謂叔向曰：‘楚王汰侈已甚，子其戒之。’叔向曰：‘汰侈已甚，身之災也。’”《昭公十六年》：“貪淫甚矣，獨非罪乎？”《國語・周語下》：“若聽樂而震，觀美而眩，患莫甚焉。”《晉語八》：“怠偷甚矣，非死逮之，必有大咎。”例外是有的，但不多見，如《左傳・襄公十四年》：“天之愛民甚矣。”在那一時期，當“甚”後接“於”字介賓結構，用於比較時，一般用於比較兩個較爲不好的事物中哪一個更爲不好，例如《左傳・襄公二十六年》：“楚師大敗，王夷師熸，子反死之。鄭叛吳興，楚失諸侯……聲子曰：‘今又有甚於此。椒舉娶於申公子牟，子牟得戾而亡……’”《國語・周語上》：“防民之口，甚於防川。川壅而潰，傷人必多，民亦如之。”《楚語下》：“子常爲政，而無禮不顧甚於成、靈。”《孟子・公孫丑上》：“民之憔悴於虐政，未有甚於此時者也。”也有例外，但少見，如《孟子・告子上》：“生亦我所欲，所欲有甚於生者，故不爲苟得也。”“民之於仁也，甚於水火”，句式略同上舉“民之憔悴於虐政，未有甚於此時者也”。

2.《論語》時代的典籍中，“水火”通常代表可怕的、容易傷害人的事物，例如《左傳・昭公十三年》：“衆怒如水火焉，不可爲謀。”《國語・周語下》：“水火之所犯，猶不可救，而況天乎？”《墨子・尚同上》：“天下之百姓，皆以水火、毒藥相虧害。”《兼愛下》：“又與今人之賤人，執其兵刃、毒藥、水火，以交相虧賊。”《孟子・梁惠王下》：“以萬乘之國伐萬乘之國，簞食壺漿以迎王師，豈有它哉？避水火也。”“今燕虐其民，王往而征之，民以爲將拯己於水火之中也，簞食壺漿以迎王師。”《滕文公下》：“救民於水火之中，取其殘而已矣。”“水火”沒有貶義的雖遠較含有貶義的爲少，但並不鮮見，除楊伯峻所舉《孟子・盡心下》“民非水火不生活”之外，又如《左傳・昭公二十年》：“和如羹焉，水火醯醢鹽梅以烹魚肉，燀之以薪。”但若與“甚”連用，我們便傾向於認爲其義爲比水火更爲可怕了。聯繫下文“水火，吾見蹈而死者矣”，更能顯現“水火”在此表現威脅人身安全的事物。然則，孔子之哀歎“民之於仁也，甚於水火”，與哀歎“已矣乎！吾未見好德如好色者也”（《衛靈公》）如出一轍。

七、逸民

《微子》：“逸民：伯夷、叔齊、虞仲、夷逸、朱張、柳下惠、少連。子曰：‘不降其志，不辱其身，伯夷、叔齊與！’謂：‘柳下惠、少連，降志辱身矣，言中倫，行中慮，其斯而已矣。’謂：‘虞仲、夷逸，隱居放言，身中清，廢中權。我則異於是，無可無不可。’”

何晏《集解》："逸民者,節行超逸也。"[1]皇侃《義疏》："逸民者,謂民中節行超逸不拘於世者也。"[2]我們不取此説,因爲終先秦之世,未見"逸"表超逸者。"逸"有安逸義,似乎與超逸義近,但多含貶義,如《左傳·襄公十八年》："不穀即位,於今五年,師徒不出,人其以不穀爲自逸,而忘先君之業矣。"《國語·周语中》："夫三軍之所尋,將蠻、夷、戎、狄之驕逸不虔,於是乎致武。"《楚語上》："齊桓、晉文,皆非嗣也,還軫諸侯,不敢淫逸,心類德音,以德有國。"《論語》時代"逸"最爲常見的義位是逃逸,進而引申出隱逸義。而伯夷、叔齊、柳下惠諸人均隐逸不仕者。上文的長沮、桀溺就是所謂逸民。黄式三《論語後案》説當釋爲"佚民",引《説文》"佚,佚民也"爲説[3]。按:"逸、佚"本常通用,《孟子·盡心上》："以佚道使民,雖勞不怨"《莊子·大宗師》："夫大塊載我以形,勞我以生,佚我以老,息我以死。"故不必捨近求遠。

八、又誰怨

> 《堯曰》："子張曰:'何謂惠而不費?'子曰:'因民之所利而利之,斯不亦惠而不費乎? 擇可勞而勞之,又誰怨? 欲仁而得仁,又焉貪? 君子無衆寡,無小大,無敢慢,斯不亦泰而不驕乎? 君子正其衣冠,尊其瞻視,儼然人望而畏之,斯不亦威而不猛乎?'"

這一段中的"又誰怨",注《論語》諸家如楊伯峻、錢穆、李澤厚、孫欽善、金良年等今譯時都將"誰"當成主語,譯爲"又有誰來怨恨呢、又誰來怨你呢、又誰會怨恨",恐不妥[4]。上古漢語疑問代詞作賓語時,通常置於謂語動詞的前面,這裏的"誰怨"意爲怨誰。類似的有《左傳·成公三年》："臣實不才,又誰敢怨?"《昭公元年》："叔出季處,有自來矣,吾又誰怨?"《國語·晉語七》："二三子爲令之不從,故求元君而訪焉。孤之不元,廢也,其誰怨?"《史記·吴太伯世家》："吾敢誰怨乎?"這幾例"誰怨"都是怨誰的意思,本章也是如此。本章下文"又焉貪",《述而》的"求仁而得仁,又何怨",《子路》的"既庶矣,又何加焉",《左傳·宣公十五年》的"又何求",《昭公元年》的"又何疑焉",《莊子·逍遥遊》的"之二蟲又何知",《在宥》的"朕又何知"都與之類似。

上舉諸家之釋,大約本自皇侃《義疏》："擇其可應勞役者而勞役之,則民各服其勞而不敢怨也。"[5]自漢代起,以前前置的賓語逐漸轉爲後置,這一時期"誰怨"的"誰"就逐漸

① 《論語集釋》第1283頁。

② 《論語義疏》第488頁。

③ 《論語集釋》第1280~1281頁。

④ 《論語譯注》第210頁;《論語新解》第481頁;李澤厚《論語今讀》第452頁,安徽文藝出版社1998年;《論語本解》第254頁;金良年《論語譯注》第242頁,上海古籍出版社2004年。

⑤ 《論語義疏》第522頁。

成爲主語了,如《戰國策·西周策》:"王曰:'周君怨寡人乎?'對曰:'不怨且誰怨王?臣爲王有患也。'"所以漢以後注家會將"又誰怨"的"誰"理解爲主語。

也許有人問"誰"用爲主語更爲常見,怎知這一章的"誰"不是主語?實際上作主語和作賓語的"誰"是能够鑒別的。以這裏的"又誰怨"爲例,副詞"又"通常都緊接謂語動詞,通常都位於主語後面。除去"莒紀公生大子僕,又生季佗"(《文公八年》),"吾驟歌北風,又歌南風"(《襄公十八年》)這樣的"又"前承前省略了主語的句子不算外,《左傳》"又"位於主語後的有74例,而無1例位於主語之前者(《論語》"又"字句都没有主語,故從略)。如《隱公元年》:"大叔又收貳以爲己邑,至於廩延。"《莊公三十二年》:"將亡,神又降之,觀其惡也。"《僖公四年》:"君老矣,吾又不樂。"《僖公二十四年》:"尤而效之,罪又甚焉。"上文所舉"又焉貪、又何怨、又何加、又何求、又何疑焉、之二蟲又何知、朕又何知"的"又"則全部位於前置賓語的前邊。

綜上,"又誰怨"的"誰"應當不是主語,而是前置的賓語。所以我們將"擇可勞而勞之,又誰怨"譯爲:"選擇可以役使的時機去役使百姓,(百姓)又能怨恨誰呢?"

與"又"類似的副詞還有"將",通常祇位於主語之後。據此也可以斷定出現於"將"之前的"誰"爲主語,而出現於之後的"誰"爲前置賓語,《左傳·昭公七年》:"誰將當日食?"《晏子春秋·外篇上第七》:"美哉室,其誰將有此乎!"《昭公十年》:"佻之謂甚矣,而壹用之,將誰福哉?"《定公四年》:"君討臣,誰敢仇之?君命,天也,若死天命,將誰仇?"

其實鑒定主語"誰"和賓語"誰"還有多種方法,如在敘述句中做主語的"誰"通常是:①句中另有賓語。以上引定公四年《左傳》爲例,前面的"誰敢仇之"因爲有賓語"之",即知"誰"是主語。②"誰"之後謂語動詞前有能願動詞"能",否定副詞"不、非"等。如《僖公四年》:"以此衆戰,誰能禦之?"《昭公元年》:"主齊盟者,誰能辯焉?"③謂語動詞爲不及物動詞。如《定公十四年》:"人誰不死?吾死莫矣。"《昭公四年》:"其餘,君之所及也,誰敢不至?"

除了前文所説副詞"又、將"通常位於主語之後這一鑒別方法外,在敘述句中做賓語的"誰"通常是:①"誰"之外另有主語,如《僖公五年》:"狐裘尨茸,一國三公,吾誰適從?"《僖公九年》:"秦伯謂郤芮曰:'公子誰恃?'"②除"誰"外既無主語也無賓語,謂語動詞又是及物的,這種情況下"誰"一般都是賓語。如《僖公二十四年》:"盍亦求之,以死誰懟?"許世瑛説:"第二小句'擇可勞而勞之,又誰怨'是條件關係構成的複句……'誰'是'怨'的止詞,因爲是疑問指稱詞,所以提前了。'又'是限制詞。第三小句'欲仁而得仁,又焉貪'也是如此。"[1]我們認爲,許説是正確的。

①　許世瑛《〈論語〉二十篇句法研究》第355~367頁,臺灣開明書店1978年。

文獻語言學（2）：96~99，2016

北大藏漢簡《反淫》中古琴部位名稱考釋

邵永海

（北京大學中文系、北京大學中國語言學研究中心，北京，100871）

提　要：北大藏漢簡《反淫》中關於古琴的描述，可以確證古琴部位名稱在西漢初年的稱謂情況，由此對當時古琴形制的研究提供了更可靠的地下出土文獻依據，文章論證《反淫》中"榖"即"𣪊"，指琴徽；"櫏"應讀爲"柱"，指琴柱。

關鍵詞：北大藏漢簡；《反淫》；琴徽；琴柱

　　2009年初北大入藏一批海外回歸的西漢竹簡，初步整理後其中有59支簡文以魂與魄對話結構成篇，內容與傳世文獻漢代枚乘賦《七發》多有相合之處；2589①號斷簡背面寫有"反淫"二字，"反淫"即反對過度地放縱欲望，恰與通篇文意一致，故判斷爲該文篇名。

　　釋讀表明，這是一篇已經佚失的漢代作品，內容基本完整。其中"聽琴"一節與枚乘賦《七發》相似度頗高，而文字上又有歧異。關於古琴部位的描述，二者有不同。下面先列出原文比較：

　　　　《七發》：使琴摯斫斬以爲琴，野繭之絲以爲弦，孤子之鈎以爲隱，九寡之珥以爲約。使師堂操暢，伯子牙爲之歌。

　　　　《反淫》：葉菀蓬（脩），斡車槁，乃使使（史）蘇焯（灼）龜卜卦，瑟（琴）摯齋（齋）戒，受而裁之，野繭3884之絲爲弦，石岸之檀爲櫏（柱），弧（孤）子之鉤爲隱，寡女珥爲榖。臨深谿，倍（背）槁楊，乃3822使鐘子期操觴（暢）其旁。

　　上面兩段文字中對古琴部位命名的描寫對照如下：

---

① 爲整理統一編號。下文同。

七發	反淫	釋義
弦	弦	琴弦
	廩	琴柱
隱	隱	古琴上的飾品
約	縠	琴徽

本文主要論證《反淫》之"縠"通"彀"，與《七發》之"約"所指同，指琴徽；《反淫》之"廩"通"柱"，指琴柱。

一

3884簡："寡女珥爲縠。"縠，《説文》或作"㲉"，"楮也"，與文意不合。按："縠"古音見母屋部，與"彀"古音同，故《爾雅·釋詁上》郝懿行義疏："彀、縠古音同。""彀"可指弓弩射及的目標，《管子·小稱》："匠人有以感斤欘，故繩可得料也；羿有以感弓矢，故彀可得中也；造父有以感轡筴，故遫獸可及，遠道可致。"尹知章注："彀謂射質棲皮者也。"此義亦用"彀中"，《莊子·德充符》："遊於羿之彀中，中央者，中地也。"郭象注："弓矢所及爲彀中。"成玄英疏："其矢所及，謂之彀中。"

由射質義我們可以建立起"彀"與"的"之間的聯繫。《禮記·射義》鄭玄注："的，謂所射之識也。"《説文》收"旳"，釋曰"明也"。段注："旳者，白之明也，故俗字作'的'。"許慎引《周易·説卦傳》"爲旳顙"，即馬之額頂爲白色。白色在古人的色彩認知中具有鮮明的特性，故引申爲鮮明義，《廣雅·釋器》："旳，明也。"王念孫疏證："的，與旳同。"《文選》戰國宋玉《神女賦》："眉聯娟以蛾揚兮，朱脣的其若丹。""的"之疊音形式或聯綿字"的皪"均表鮮明義，《淮南子·説林》："的的者獲，提提者射。"許慎注："的的，明也。"《漢書·司馬相如傳》："皓齒粲爛，宜笑的皪。"郭璞注："的皪，鮮明貌也。"

《説文》"旳"字段注："漢魯峻碑曰：'永傳奮齡，暎矣旳旳。'引伸爲躲旳。"可見段氏認爲"的"之箭靶靶心義由鮮明義引申而來。由靶心之義引申爲目標、準的，如《韓非子·外儲説左上》："人主之聽言也，不以功用爲的，則説者多棘刺白馬之説。"

《文選》枚乘《七發》："九寡之珥以爲約。"李善注引《列女傳》曰："魯之母師，九子之寡母也……不幸早喪夫，獨與九子居。""約"字五臣本作"旳"，李善注："《字書》曰：'約，亦的字也。'的，琴徽也。"《玉篇》弓部："旳，又作的。"《集韻》錫韻："旳，射質也。通作的。"

琴徽是一弦外側面板所嵌十三個圓點標志，以金、銀、玉、石等製成。徽之點位實爲弦之泛音振動節點；在按音彈奏時作爲按音音準之參考。

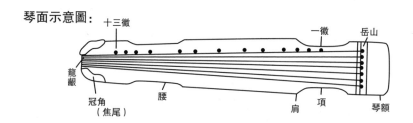

琴面示意圖：

　　"的"由靶心、標準之義引申指琴徽義，實因靶心和琴徽這兩者之外形和功能特徵高度相似。"彀"受"的"影響，由射質之義平行引申出目標、標準義，《韓非子·問辯》："夫言行者，以功用爲之的彀者也。"正以"的彀"連用表示目標、標準之義；亦由靶心、標準之義引申指琴徽義。

　　《文選》張銑注："鉤、珥皆寶也。隱、弰皆琴上飾，取孤子寡婦之寶而用之，欲其聲多悲聲。"

　　二

　　《反淫》描寫作琴時以"石岸之欅爲縻（柱）"，此語不見於《七發》；其中"欅"字因漫漶而字形有損，由文義知爲木名，暫定爲"欅"。按：字右下"里"字或爲聲符，古音來母之部①；故字可與"梓"（精母之部）通；或此即"梓"之異體。《詩經·小雅·小弁》："維桑與梓，必恭敬止。"宋朱熹集傳："桑、梓二木。古者五畝之宅，樹之墙下，以遺子孫給蠶食、具器用者也⋯⋯桑梓父母所植。"後世遂以"桑梓"代指故鄉或鄉親父老。漢張衡《南都賦》："永世克孝，懷桑梓焉；真人南巡，覩舊里焉。"《說文》："里，居也。"又指居民組織單位，《周禮·地官·遂人》："五家爲鄰，五鄰爲里。"引申指故鄉；亦可以"梓里"連文指故鄉。五代翁承贊《奉使封閩王歸京洛》："此去願言歸梓里，預憑魂夢展維桑。"

　　《說文》："梓，楸也。"梓木材質好，用途廣；古琴製作中使用梓木的記載多見於文獻。《文選》左思《蜀都賦》："棟宇相望，桑梓接連。"晉劉逵注："梓，木名，可以爲琴瑟。"《詩經·鄘風·定之方中》："椅桐梓漆，爰伐琴瑟。"《淮南子·脩務》："山桐之琴，㵎梓之腹，雖鳴廉隅，脩譽唐牙。"明張大命輯《太古正音琴經》："天下之材柔良莫如桐，堅剛莫如梓。以桐之虛，合梓之實，剛柔相配，天地之道，陰陽之義也。"

　　縻，此字右部似有缺損，上部或從"宀"；字蓋以"殳"爲聲符（禪母侯部），與"柱"（定母侯部）古音可通。琴上之"柱"在文獻中較早可見者乃《淮南子·齊俗》："今握一君之法籍，以非傳代之俗，譬由膠柱而調琴也。"藏本作"琴"，王溥本、王鏊本、朱本、汪本、張本、吳本等作"瑟"。按：《列子·湯問》："匏巴鼓琴，而鳥舞魚躍，鄭師文聞之，棄家從師襄游。柱指鉤弦，三年不成章。"楊伯峻注引馬敍倫曰："古書言'琴''瑟'不甚別異。《史

---

① 本文中凡各字之古音地位均依據郭錫良《漢字古音手册》，下同。

記·魏世家》'中旗憑琴而對',《韓非子》作'推瑟',《説苑》作'伏瑟',是其例也。"漢魏
六朝文獻中所見"琴柱"的用例,如《古詩十九首》之十二:"音響一何悲,弦急知柱促。"南
朝梁江淹《蓮花賦》:"秋雁度兮芳草殘,琴柱急兮江上寒。"由此大致可以推知,琴柱乃調
節弦之張弛以定音準的部件,故須以堅木爲之。

參考文獻

（清）段玉裁　《説文解字注》,上海古籍出版社1981年。

郭錫良　《漢字古音手册》（增訂本）,商務印書館2010年。

《漢語大字典》字形組　《秦漢魏晉篆隸字形表》,四川辭書出版社1985年。

（宋）洪興祖　《楚辭補注》,中華書局1983年。

（唐）陸德明　《經典釋文》,中華書局1983年。

錢　穆　《論語新解》,巴蜀書社1985年。

（明）汪瑗,董洪利點校　《楚辭集解》,北京古籍出版社1996年。

王　力等　《王力古漢語字典》,中華書局2000年。

王夢鷗　《漢簡文字類編》,臺灣藝文印書館1974年。

（清·王念孫　《讀書雜志》,江蘇古籍出版社2000年。

（清）王念孫　《廣雅疏證》,江蘇古籍出版社2000年。

（南朝梁）蕭統　《文選》,中華書局1977年。

（南朝梁）蕭統　《六臣注文選》,中華書局2012年。

（漢）許慎撰,（南唐）徐鉉校定　《説文解字》（附檢字）,中華書局2004年。

張雙棣　《淮南子校釋》,北京大學出版社1997年。

（清）朱駿聲　《説文通訓定聲》,中華書局1984年。

宗福邦等　《故訓匯纂》,商務印書館2003年。

文獻語言學（2）:100~110,2016

近代漢語引述類語用標記及其演變[①]

李宗江

（解放軍外國語學院外訓系，昆山，215300）

提　要:引述類語用標記是指用來標記引述語的語言表達式。所謂引述語，即指説話人引自别人的話語，其話語所表達的事件不是説話者親身經歷或親眼所見。本文將引述語分爲熟語性引述語和非熟語性引述語2類，相應地引述標記也分爲熟語引述標記和非熟語引述標記。文章列舉了近代漢語中的以上2類引述標記，舉例進行了詳細的描寫，以期展現近代漢語引述標記的全貌及其發展演變情況。

關鍵詞:近代漢語;引述標記;演變

一、引　言

引述類語用標記，以下簡稱爲"引述標記"，其作用是標記其後的引述語。所謂引述語，即指説話者引述别人的話語，表達所説的事件不是説話者親身經歷或親眼所見。根據引述語的來源可將引述語分爲以下三類:

第一類，即一般所説的引語，包括直接引語和間接引語。引語是作者或説話者引用語境中某一個具體的人説的話，如:

（1）我給他打電話了，他説:"我不去了，你們不要等了。"

（2）我給他打電話了，他説他不來了，讓我們不要等了。

（3）據他説，此地没有華南虎。

以上（1）中"他説"後面的話是直接引語，（2）（3）中"他説、據他説"後的話是間接

---

① 本文爲國家社科基金項目"近代漢語的語用標記及其演變研究"（13BYY112）以及國家社科基金重大項目"漢語詞彙通史"（14ZDB093）的階段性成果。

引語。“他説、據他説”也可以看作是引述標記,但因其成分會因語境的不同不斷改變,如“老張説、據小王講”等,詞語形式不固定,所以本文所説的引述標記不包括這一類。

第二類,引述語並非是語境中實有的人説的,而是成語、俗語、名言、警句等,本文稱爲熟語性引述語,如:

（4）你等我慢慢的去想,別催我,有道是忙中有錯！（老舍《方珍珠》）

例中的“忙中有錯”是説話人引述的一句熟語,並非是語境中一個特定的人説的。我們稱標記這類引述語的爲熟語引述標記,如例中的“有道是”。熟語引述標記的主要功能是引述某一衆所周知的或説話者估計聽話者所知的熟語,從正面或反面來支持或佐證自己或別人的觀點,以便更有説服力地影響聽者或讀者。

第三類,引述語並非熟語,而是説話者聽別人説的一句或一段話,而且這個“別人”往往是不定指的,説話者不願説出説話的人。本文稱這類引述語爲非熟語性引述語,如:

（5）這個梅姑娘倒是有一天晚上跳的河,可是不是一個,她手裏抱着一個剛生下三天的男孩。聽人説她生前是不規矩的。（曹禺《雷雨》）

例中的“她生前是不規矩的”並非熟語,而是説話者聽別人講的一句話。我們稱標記這類引述語的爲非熟語引述標記,如例中的“聽人説”。非熟語引述標記主要是指出其後信息的來源,表示其後所説的事件並非自己親身經歷,親眼所見,或者不代表自己的觀點。

熟語引述標記和非熟語引述標記有較固定的詞彙形式,因此我們主要討論這兩類引述標記。作爲引述標記,引述熟語和非熟語是個大致的分工,既然都是引述語標記,其後的引述語的語言形式就不會是絕對不同的,二者有交叉,但非熟語引述標記可以引述熟語性引述語,但熟語引述標記卻很少用來引述非熟語性引述語。

傳統的研究將引述標記看作句子的獨立成分,如胡裕樹（341~348頁）將現代漢語中的部分引述標記如“聽説、據説、相傳、所報導”列入句子的獨立成分,認爲它們的意義是表示消息或情況的來源。邵敬敏（203頁）將“據説、聽説”等歸入“獨立成分”,稱其“表示消息的來源”。劉簡將本文所説的引述標記稱爲話語標記語,系統考察了現代漢語中的引述類話語標記語,他將其分爲兩大類:一類叫做“直接證據式”,表示“所述信息的具體來源”,主要功能是“引證功能”,如“據我所知、衆所周知、據……調查、據……説”等;另一類叫做“間接證據式”,表示“所述信息來源於除説話人以外的任何人”,其主要功能是轉述功能,如“據説、據悉、據稱、據瞭解、據統計、據估計、據猜測、據報導,聽説、聽別人説、聽人家説、有人説、俗話説、報紙上説”等。李宗江、王慧蘭將本文所説的引述標記稱爲引言類語篇關聯語,提到的有"説、説是、都説、有道是"等。也有人討論過方言的引述標記現象,如張愛玲研究了江淮方言間接引語標記"説的"的演變,張安生描寫了西寧回民話的引語標記"説着、説"的用法。

關於引述現象的研究,主要有兩個角度:一個是情態的角度,即將其看作傳信範疇的一部分,如樂耀(2011、2013),樊青傑(2008),范一文,張成福、于光武;另一個角度是篇章和話語分析的角度,如張榮建、鄭娟曼、徐立紅、秦建棟。但對近代漢語的引述標記以及演變情況,尚未見到系統的考察報告,本文旨在儘可能詳細地搜集近代漢語的引述標記,分類舉例進行描寫,並探討其發展演變情況。

二、熟語引述標記

近代漢語中的熟語引述標記,主要由言説或聽聞類動詞加上相關成分所構成,下文分別稱爲言説類和聽聞類,而且兩類中多數情況是中間都有個否定成分"不"。

(一)言説類

言説類熟語引述標記的主要動詞爲"道、説",構成的引述標記主要有:俗言道、俗話説(得好)、常言道、常言説(得好)、古人道(得好)、不見古人道、卻不道是、恰不道、(阿你)不見道、豈不見道、道不得個,可不道、卻不説,例如:

> 好意勸諫,越越嗔容長,眼見得今朝壞了務場。俗言道:"兩硬相逢,必有一損傷。"村夫用拳,知遠也不忙,側身早閃過,撲一水牛另有方,使力定拳頭,恰渾如模樣。(宋《劉知遠諸宮調》第一)

> 大哥説的是。俗話説:慣曾出外偏憐客,自己貪杯惜醉人。果然不錯。(明《老乞大新釋》)

> 俗話説得好:若要俏,帶三分孝。那婦人本等生得姿容美麗,更兼這白衣白髻,越顯得態度瀟灑。(明《初刻拍案驚奇》卷十七)

> (旦)休煩惱須待時至。(合)常言道好事不在忙哩。(宋《張協狀元》第十二出)

> 大王,常言説,男兒無婦財無主,女子無夫身無主。我的性命,險些兒不著這猢猻害了!(明《西遊記》六十回)

> 十個九個院中淫婦,和你有甚情實!常言説的好:船載的金銀,填不滿煙花寨。(明《金瓶梅》十二回)

> 古人道:"見色便見心,心外無餘。"你還見樹子不?(五代《祖堂集》卷七)

> 古人道得好:命裏合吃粥,煮飯忘了漉。一世恁地孤孤單單,嫁得個人,不及兩月,又

出去了。（宋《張協狀元》第二十二出）

差之毫釐，過犯山嶽。不見古人道，學處不玄，盡是流俗；閨閣中物，捨不得俱爲滲漏。（宋《五燈會元》卷十三）

你這個鳥頭陀好不依本分，卻怎地便動手動脚！卻不道是"出家人勿起嗔心"！（明《水滸傳》三十一回）

嫂嫂，我往常時草鞋兜不住脚根，到如今舊頭巾遮不了頂門，卻甚末白馬紅纓彩色新？恰不道壁間還有耳，窗外豈無人，你待要怎生？（《全元曲·鯁直張千替殺妻》）

我乃是人，豈得不合聞法。我爲下賤，佛性無殊。緇眠（服）不同，法應無二。不見道孔丘雖聖，著久迷對曰之言。大覺世尊，上（尚）有金槍之難。（敦煌變文《廬山遠公話》）

茶爲酒曰："阿你不見道：男兒十四五，莫與酒家親。君不見生生鳥，爲酒喪其身。（敦煌變文《茶酒論》）

師云："豈不見道：'智不到處，切忌説着。'説着則頭角生。喚作如如，早是變，直須向異類中行。"（五代《祖堂集》卷十六）

當時崔寧買將酒來，三杯兩盞，正是：三杯竹葉穿心過，兩朵桃花上臉來。道不得個"春爲花博士，酒是色媒人"。（宋話本《錯斬崔寧》）

（尚書怒云）可不道"女慕貞潔，男效才良；聘則爲妻，奔則爲妾"。你還不歸家去！（《全元曲·裴少俊牆頭馬上》）

休那般説。偏俺出外呵，頂着房子行那？也索投人家尋飯吃哩。卻不説，好者千里客，萬里要傳名。（元《老乞大》）

（二）聽聞類

聽聞類熟語引述標記的主要動詞衹有"聞"，構成的引述標記主要有：（阿你）不聞道、可不聞道、（汝）豈不聞、爾豈不聞乎、（汝）豈不聞道、蓋聞，例如：

秋胡喚言道："娘子！不聞道：采桑不如見少年，力田不如豐年！仰賜黄金二兩，亂采一束，請娘子片時在於懷抱，未委娘子賜許以不？"（敦煌變文《秋胡變文》）

茶爲酒曰："阿你不聞道：浮梁歙州，萬國來求，蜀川流頂，其山蕈嶺，舒城太胡（湖），買婢買奴，越郡余杭，金帛爲囊。素紫天子，人間亦少；商客來求，舡車塞絕。據此蹤由，阿誰合少？"（敦煌變文《茶酒論》）

王乃面慚失色，羞見群臣。"國相，可不聞道，成謀不説，覆水難收；事已如斯，勿複重諫！"（敦煌變文《伍子胥變文》）

　　問:"第八識及七六識等,畢竟無體。云何得言'轉第八識爲大圓鏡'?"師答曰:"豈不聞'轉名不轉體'?"(五代《祖堂集》卷十七)

　　婆羅門曰:"然則大德乃親見佛耶。"沙門曰:"然。汝豈不聞,佛子羅怙羅者我身是也,爲護正法,未入寂滅;説是語已,忽然不見。"(唐《大唐西域記》卷六)

　　爾豈不聞乎? 天子之怒,伏屍者百萬。將軍之權,得專誅戮。爾須自大斗南山來入,取建康西路而歸。(《全唐文》卷二五二)

　　德山云:"既然如此,因什摩不肯山僧?"師對云:"豈不聞道:智慧過師,方傳師教。智慧若與師齊,他後恐減師德。"(五代《祖堂集》卷七)

　　善慶,汝豈不聞道:鬥不著底,死亦難當。豈緣一鼠之怨,勞發千鈞之弩。汝欲見吾之鼓,不辭對答往來。(敦煌變文《廬山遠公話》)

　　妻獨單弱,夜常孤棲,常懷六憂。蓋聞百鳥失伴①,其聲哀哀;日暮獨宿,夜長棲棲。太山初生,高下崔嵬。上有雙鳥,下有神龜,晝夜遊戲,恒則同歸。妾今何罪,獨無光暉。(敦煌變文《韓朋賦》)

三、非熟語引述標記

　　近代漢語中的非熟語引述標記,也是多由表示言説或聽聞意義的動詞加上相關成分所構成,下文分別簡稱爲言説類和聽聞類,但與熟語引述標記的最大不同是其中都沒有否定詞。

(一)言説類

　　在非熟語引述標記中,主要動詞爲言説意義的主要有"説、道、稱、傳"等,構成的引述標記主要有:據説、據稱、人説(道)、見人説、聽見人説、(人)都説(道)、見説(道)、説道、有人説(道),都道、人道(是)、有人道、人都道是、人皆道是、見道、相傳,例如:

　　這話正要回知父親,我克齋老師也替我慮到這裏,説兩個人,一個姓顧,名繁,號肯堂,浙江紹興人,據説這人是從前紀大將軍的業師。(清《兒女英雄傳》四十回)

　　柏氏雖非預謀殺人,而背夫在逃,罪宜罰贖官賣。徐豹據稱已死,姑不深求。(明《型世言》二十一回)

　　人説孟子祇辟楊墨,不辟老氏。卻不知道家修養之説祇是爲己,獨自一身便了,更不

①　"蓋聞"在先秦即有,如《老子》五十:出生入死。生之徒,十有三。死之徒,十有三。人之生,動之於死地,亦十有三。夫何故? 以其生生之厚。蓋聞善攝生者,陸行不遇凶虎,入軍不被甲兵。凶無所投其角,虎無所用其爪,兵無所容其刃,夫何故? 以其無死地。

管別人,便是楊氏爲我之學。(宋《朱子語類》卷一二六)

看着他那父母的面上,他若來時,你多共少與他些錢鈔。我著人尋他去,人説道今日來;若來時,我自有個主意。(《全元曲·山神廟裴度還帶》)

一日,爲往長安,排比行李。見人説:"從五台往長安,向西南行二千餘里得到長安也。"(唐《入唐求法巡禮行記》卷三)

我去年在家裏,就聽見人説爹死了。大娘生了哥兒,怕不的好大了。(明《金瓶梅》九十回)

臣聞得昔年也有幾次取經的,都説是大唐來的唐僧,想是這虎害了唐僧,得了他文引,變作那取經的模樣,今在朝中哄騙主公。(明《西遊記》三十回)

王生父親在家盼望,見日子已久的,不見王生歸來。遍問京中來的人,都説道:"他下處有一女人,相處甚是得意,那得肯還?"(明《初刻拍案驚奇》卷十二)

小妖跪下道:"大王才説要吃唐僧,唐僧的肉不中吃。"老妖道:"人都説吃他一塊肉可以長生不老,與天同壽,怎麽説他不中吃?"(明《西遊記》八十五回)

見説回鶻兵馬入秦府城住。節度使逃走,新除節度使在路不敢入。(唐《入唐求法巡禮行記》卷三)

見説道、天涯芳草迷歸路。怨春不語。(宋辛棄疾《摸魚兒》)

張願恭云:"説道東京人家富庶,家家便設一錠金,今來須官中民間盡底將來贖取性命。"(宋《三朝北盟會編·靖康城下奏使録》)

錢大王聽説獲得真贓,便喚捉笊籬的面審,捉笊籬的説道:"小的去解庫中當錢,正遇那主管將白玉帶賣與北邊一個客人,索價一千五百兩,有人説是大王府裏來的,故此小的出首。"(宋話本《宋四公大鬧禁魂張》)

有人説道,你這等醉生夢死的,那神仙大道卻怎生得來?(《全元曲·吕洞賓三醉岳陽樓》)

今年爲壽,都道是、不比尋常時節。(宋游文仲《千秋歲》)

見來便覺情於我。廝守着、新來好過。人道他家有婆婆。(宋黄庭堅《鼓笛令》)

乘風好去,長空萬里,直下山河。斫去桂婆娑,人道是、清光更多!(宋辛棄疾《太常引》)

他兩個原是個船户,在江湖上賃載營生。近年忽然家事從容了,有人道他劫掠了客商①,以致如此。未知真否如何。(明《初刻拍案驚奇》卷二十七)

忽然風暴。那先過江的都被淹死,李君得免,這都是行陰德的報。人都道是富貴生

---

① "有人道"在近代以前用例:王恭有清辭簡旨,能叙説而讀書少,頗有重出。有人道孝伯常有新意,不覺爲煩(《世説新語·賞譽》)。

死，都是天定，不知這做狀元的，不淹殺的，也祇是一念所感，仔麽專聽於天得？我祇説一個"人生何處不相逢"，還叙得命之事。（明《型世言》十二回）

兩鬢青絲髮，雙眼黑方瞳。人皆道是，昭慶一個老仙翁。（宋葛長庚《水調歌頭》）

和尚至此處，自稱新羅人，見其言語非新羅語，亦非大唐語。見道日本國朝貢使船泊山東候風，恐和尚是官客，從本國船上逃來。是村不敢交官客住。（唐《入唐求法巡禮行記》卷一）

書序，某看來煞有疑。相傳都説道夫子作，未知如何。（宋《朱子語類》卷七九）

（二）聽聞類

在非熟語引述標記中，主要動詞爲聽聞義的是"聞"和"聽"，所構成的引述標記主要有：聞説、聞人説（道）、聞聽人説、聞道、聞説道、聞人道、我聞得（人説）、我聞得説、承聞、聞知，聽説、聽人説、（我）聽得道、我聽得道（來）、（我）聽得説，如：

聞説長安甚大鬧①，汝還知也無？（五代《祖堂集》卷四）

和尚，賤身生居草也，長向王宮，三五日前，大王占相道故，卻七日後命絡（終），放我歸家，令辭父母。適聞人説，和尚慈悲。故故起居，乞延受（壽）法。（敦煌變文《歡喜國王緣》）

山僧二十年前兩目皆盲，了無所睹。唯是聞人説道青天之上有大日輪，照三千大千世界，無有不遍之處。籌策萬端，終不能見。二十年後，眼光漸開。（宋《五燈會元》卷十四）

聞聽人説，包公正直，又目識英雄，果不虛傳。（清《三俠五義》十六回）

嘗見如今這千念佛的老婦人，他衣服上都去討一顆三寶印，我想這些不過是和尚胡説的，當得甚麽？聞道天師府裏有一顆玉印，他這個説是個至寶，搭在衣服上須是不同。（明《型世言》四十回）

若是個人，聞説道什麽處有老宿出世，便好驀面唾汙我耳目。（宋《雲門匡真禪師廣録》卷上並序）

十六日，早朝，從山院下，在路聞人道"舶船昨日發去"。到泊船處，覓船不見。暫住岸頭。（唐《入唐求法巡禮行記》卷二）

孩兒，人無率爾，事非偶然。我聞得今年狀元是西川人，不知是姓甚名誰。（宋《張協狀元》第二十七出）

也不消再央吳千户，他也不依。我聞得人説，東街上住的開綢絹鋪應大哥兄弟應二，

---

① "聞説"近代以前用例：又見衆生值佛出世，聞説甘露淨法不能受持。是故生悲（北朝《優婆塞戒經》第一）。

和他契厚。咱不如湊了幾十兩銀子,封與應二,教他替咱們説説,管情極好。(明《金瓶梅》三十四回)

爹家中連日擺酒辛苦。我聞得説哥兒定了親事,你老人家喜呀! (明《金瓶梅》四十七回)

江西北蘭讓禪師,湖塘亮長老問:"承聞師兄畫得先師真,暫請瞻禮。"(宋《五燈會元》卷三)

聞知九哥已即位①,恐有歸路,未晚也。(宋《大宋宣和遺事·利集》)

聽説林浪中一個屍骸,準是我那女孩兒的。俺是看去咱。(《全元曲·救孝子賢母不認屍》)

鳥瘦毛長,人貧就智短了。常聽人説金蛇是金,白鼠是銀,卻没有神道變鼠的話,或者樹下窖得有錢財,皇天可憐,見我夫妻貧苦,故教白鼠出現,也不見得。(明《警世通言》卷二五)

自從你嫁了老公,我家寒,攀陪你不著,到今不來往。我前日聽得你與丈夫官司,我日逐在這裏伺候,今且聽得道休離了。(宋話本《簡帖和尚》)

我有一故友,乃是李孝先。往年間我借了兩個銀子,出外做買賣去,本利該還四個了。誰想他命運不利,將那本錢都傷折了也。我聽得道家中染病哩。行錢,將着李孝先那一紙文書,再將着兩錠銀子,咱探望孝先走一遭去。(《全元曲·龐居士誤放來生債》)

崇福司官説,楊暗普奏也裏可温教崇福司管時分,我聽得道來,這勾當是大勾當,不曾與省台一處商量,省台必回奏。(元《通制條格》卷二十九)

若退了軍時,咱那時再做商量也者。又聽得説:達達軍馬不宜水土,見生瘟病,如今達達皇帝跟前與他女子、金銀段匹試看從也不從。(《元朝秘史》卷十三)

我聽得説,祝家莊裏路徑甚雜,未可進兵。且先使兩個人去探聽路途曲折;知得順逆路程,進兵,與他對敵。(明《水滸傳》四十六回)

四、引述標記的演變

引述標記在近代的分布及演變情況見下表②:

<hr>

① "聞知"近代以前用例:聞知此人自責悔過,有歲數也。此本俗人耳,而自責過無解已,更爲上善人也(東漢《太平經》卷一一一)。

② 此表統計所用語料爲北京大學CCL語料庫,爲製表簡明計,對祇有個別用例的没作統計,同時統計時對有的詞語進行了合併,如"人説"和"人説道"等。

類別	詞語	唐	宋	元明	清	總計	類別	詞語	唐	宋	元明	清	總計
熟語類	俗言道	0	1	0	1	2	非熟語類	見說	186	223	105	7	521
	俗話說	0	0	3	42	45		說道	9	7	0	0	16
	常言道	0	4	445	40	489		有人說	2	6	32	39	79
	常言說	0	0	16	41	57		都道	0	3	4	3	10
	古人道	53	223	22	3	301		人道	22	58	5	2	87
	卻不道是	0	1	8	0	9		人都道是	0	0	5	2	7
	恰不道	0	0	7	0	7		人皆道是	3	1	1	0	5
	不見道	21	108	0	0	129		見道	9	0	0	0	9
	道不得個	0	2	22	0	0		聞說	5	9	15	0	29
	可不道	0	0	139	4	143		聞人說	3	0	2	1	6
	卻不說	0	0	5	0	5		聞道	37	6	2	0	45
	不聞道	14	2	7	0	23		我聞得	0	0	6	1	7
	蓋聞	125	28	20	7	180		承聞	7	28	0	0	35
非熟語類	據說	0	0	0	10	10		聞知	0	5	42	3	49
	據稱	0	0	3	1	4		聽說	0	0	2	46	48
	人說	9	12	36	72	129		聽見說	0	0	1	52	52
	見人說	2	19	25	35	81		聽人說	0	0	0	6	6
	都說	0	2	42	86	130		聽得說	0	2	15	11	28

從上表來看,引述標記在近代的演變趨勢有以下幾點:

（1）無論是熟語類還是非熟語類,其基本的演變規律是:凡是其中主要動詞爲"說"或"聽"的,宋以後都呈遞升趨勢,凡是其中主要動詞爲"道"或"聞"的,宋以後都呈遞減趨勢。凡是其中不包含現代已經不說的成分如"聞、道"等,就都延用到現代漢語裏,如"常言說、俗話說、據說、人說、都說、有人說、聽說、聽人說"等。有的整體發生了詞彙替換,如"常言道→常言說、人道→人說、聽道→聽說、聞人道→聞人說→聽人說、都道→都說"等。這種演變與"說"對"道"與"聽"對"聞"的歷時替換有直接的關係。汪維輝認爲,至遲到元代,"說"就已經取得了言說類動詞的主導地位。就上面的統計看,即使是作爲引述標記的"道",到了清代也已經被"說"所取代。這也説明引述標記的詞化程度不高,因爲已經完全詞化的成分,其結構已經固化,不可能再接受詞彙替換對它的影響。

（2）就熟語類引述標記來說,其中帶否定詞"不"的詞語,到了清代已經基本不用,現代漢語中完全消失。這種含否定標記的詞語所以能夠成爲引述標記,是來自於反問句,看以下的用例：

　　僧曰：“何者在先，何者在後？”師云：“不見道‘常聞于未聞’？”（五代《祖堂集》卷八）

　　善慶，汝豈不聞道，鬥不著底，死亦難當。豈緣一鼠之謙（慊），勞發千均（鈞）之弩。（敦煌變文《廬山遠公話》）

　　你這個鳥頭陀好不依本分，卻怎地便動手動脚！卻不道是“出家人勿起嗔心”！（《水滸傳》三十一回）

　　從上下文義來看，以上的“不見道、汝豈不聞道、卻不道是”都是反問語氣，因爲如理解爲陳述句，語氣不通。現代漢語中雖然没有專門的這類詞語，但有的情況與其類似，如“不是説、不是講”在以下句中相當於引述標記：

　　狼吃葡萄麽？狼吃肉，不是説“狼行千里吃肉”麽？（汪曾祺《羊舍一夕》）

　　不是説“先使一部分人富起來”麽？應該是先使人民中的一部分人富起來才對啊！（梁曉聲《京華聞見録》）

　　衹不過“不是説、不是講”還不能脱離反問的語境而用於陳述句中，還没有演變爲一個成熟的引述標記。

　　（3）近代漢語的引述標記發展到現代漢語以後，發生了一些重要的變化：一是近代漢語中有的引述標記的變體很多，如“聽説、聽得説、聽見説”“人説、人説道”“都説、都説道”“見人説、聽人説、聽見人説”等，發展到現代，這種多變體的情況有所簡化，進一步定型爲“聽説、人説、都説、聽人説”，這些引述標記的詞化程度有所提高。二是有的引述標記類推爲一種圖式構式，其中某一要素的可替換性增强，如按照“據説、據稱”的結構方式，現代類推出：據講、據悉、據傳、據瞭解、據調查、據報導、據反映、據分析、據目擊者説、據當事人講、據記者報導；由“聽人説”擴展爲：聽他們講、聽參加會議的人説、聽部分代表反映，等等，構式化的趨勢進一步增强。

參考文獻

陳紅梅　《話語引述現象研究綜述》，《南京理工大學學報》（社會科學版）2011年第6期。

陳建林　《基於語料庫的引述動詞研究及其對英語寫作教學的啟示》，《外國語》2011年第6期。

段曉捷　《漢語篇章中的“直接引述”現象》，北京語言文化大學2003年碩士學位論文。

樊青傑　《現代漢語傳信範疇研究》，北京語言大學2008年博士學位論文。

――― 《現代漢語口語中的八類傳信語》,《北京師範大學學報》2013年第1期。

范一文 《現代漢語“説”的傳信功能――兼談上海話中的“伊講”》,上海師範大學2013年碩士學位論文。

高　磊 《引述動詞“道”英譯顯化的標記理論闡釋》,《湖南工業大學》(社會科學版)2014年第5期。

胡裕樹 《現代漢語》(重訂本),上海教育出版社1995年。

李宗江、王慧蘭 《漢語新虛詞》,上海教育出版社2011年。

劉　簡 《引述類話語標記語考察》,華中科技大學2012年碩士學位論文。

彭慶華 《間接引語中引述動詞的使用問題》,《玉溪師專學報》1998年第3期。

秦建棟 《話語轉述的類型、視角和引述目的》,《瘋狂英語》(教師版)2013年第4期。

邵敬敏 《現代漢語通論》,上海教育出版社2011年。

汪維輝 《漢語“説類詞”的歷時演變與共時分布》,《中國語文》2003年第4期。

徐立紅 《言語引述中回指解析研究》,《天津外國語學院學報》2010年第6期。

樂　耀 《論北京口語中的引述類傳信標記“人説”》,《世界漢語教學》2013年第3期。

――― 《國内傳信範疇研究綜述》,《漢語學習》2011年第1期。

――― 《漢語引語的傳信功能及相關問題》,《語言教學與研究》2013年第2期。

張愛玲 《江淮方言間接引語標記“説的”向語氣詞的詞彙化》,《鹽城工學院學報》(社會科學版)2014年第1期。

張安生 《西寧回民話的引語標記“説着”“説”》,《中國語文》2007年第4期。

張成福、于光武 《論漢語的傳信表達――以插入語研究爲例》,《語言研究》2003年第3期。

張榮建 《管領詞的引述功能與話語功能》,《外國語》1998年第1期。

鄭娟曼 《從引述回應式看漢語習語構式的貶抑傾向》,《浙江師範大學學報》(社會科學版)2012年第3期。

文獻語言學（2）：111~121,2016

《新譯經律異相》譯注獻疑

董志翹

（南京師範大學文學院，南京，210097）

提　要：《經律異相》是中國早期的佛教類書，然一直未有系統的整理本問世，臺北三民書局出版的《新譯經律異相》，以上海古籍出版社1988年影印宋《磧砂藏》本爲底本，以《大正藏》參校，選取其中230則，加以新式標點，並列有"題解、章旨、注釋、語譯"等項，乃目前最爲詳細的整理本，其中不乏精審之處。但由於篇幅浩瀚，間或亦有可商，本文選取數例，略加考辨，就教於方家。

關鍵词：《新譯經律異相》；譯注；獻疑

　　《經律異相》五十卷，另有目録五卷。寶唱撰。南朝梁天監十五年（516）成書。該書係將散見於經、律中之稀有異相集録而成，屬於佛經類書。一般認爲至南北朝時，漢譯佛經大量增加，僧徒有感佛典浩瀚，爲使學習者易於瞭知，利於披覽，遂將群經分類纂集。根據佛家目録記載，最早按類抄撮群經，編纂成書的是《法苑經》，約作於齊世。梁武帝天監七年，命僧旻於定林寺編《衆經要抄》八十八卷。十五年，梁武帝深感"稀有異相，猶散衆篇，難聞秘説，未加標顯"，遂令寶唱"抄經要事，以類相從"，成《經律異相》五十五卷。書中將内容分爲天、地、佛、菩薩、諸釋、聲聞、國王、王夫人、太子、王女、長者、優婆塞、優婆夷、外道仙人、梵志、婆羅門、居士、賈客、庶人、鬼神、雜獸畜生、地獄等二十二部門。該書較成書於唐高宗總章元年的著名佛教類書《法苑珠林》早一百五十餘年，較現存最早之外典類書《北堂書抄》早近百年，實爲我國現存最早的類書之一，具有重要的文獻價值。中國現存《經律異相》的最早版本爲北宋《毗盧藏》本殘卷。此外《高麗藏》《趙城藏》《磧砂藏》《普寧藏》等各版大藏經均有收録。最早的單刻本爲1934年據《磧砂藏》本影印。可惜的是長期以來，一直未有人對此書進行校勘整理。2010年臺北三民書局出版了顏洽茂譯注的《新譯經律異相》，該書以上海古籍出版社1988年影印宋《磧砂藏》本爲底本，以《大正藏》參校，選取其中230則，加以新式標點，並列有"題解、章旨、注釋、語譯"等項，乃目前最爲詳細的整理本,其中不乏精審之處。但由於篇幅浩瀚,間或亦有可商,兹選取數例,就教於方家云。

一、長宿

　　後安陀羅國與摩羅婆耶國共相誅罰,多年不剋。安陀羅王召其群臣:"當作何方得摩羅婆耶國?"諸臣答曰:"唯有波羅奈波頭摩國王出生寒賤,奉持十戒,不犯外欲。雖有宮女,年並長宿。撿括國中,不問豪賤,選擇名女,足一百人,年少端正、能悦意者,齋持重寶,並諸媒女,以相貢獻。彼若納受,從其借兵,並力攻戰,無往不伏。"(卷二"帝釋從野干受戒法")

　　顔譯:雖有宮女,年並長宿:雖然有宮女,但等到她們年長了才同宿。(第53頁)

按:"長(zhǎng)宿"爲同義複詞,謂年事高、歲數大。"雖有宮女,年並長宿"謂雖然有宮女,但年齡都很老了。這正與下文"選擇名女,足一百人,年少端正"相對。"宿"本有遲延留待義,因而引申爲久舊義。《漢書・翟方進傳》:"是時宿儒有清河胡常,與方進同經。"顔師古注:"宿,久舊也。"[1]又從而引申出(年)長、(年)老義。《周書・文帝紀上》:"比有敕旨,召吾還闕,亦有別詔,令君入朝。雖操行無聞,而年齒已宿。今日進退,唯君是視。"[2]《新唐書・李百藥傳》:"卿何身老而才之壯,齒宿而意之新乎?"[3]

佛典中,"長宿、宿長"同義並列表(年)長(者)、(年)老(者)義,觸處可見,如:

　　三國吳支謙譯《撰集百緣經》卷八:"聞諸婆羅門共父論議,悉能受持,一言不失,如是展轉,所聞甚多。耆舊長宿,皆來諮啟,無不通達。"(T04-239c)[4]

　　東晉佛陀跋陀羅共法顯譯《摩訶僧祇律》卷三四:"若欲入聚落,當先便右已而去。入聚落中若大行者,應往丈夫廁上,不得入女人廁。若無者,應問人求,隨所安處。問時不得問年少婦女,聞已當笑。應問長宿,若復無者,當入空舍。"(T22-504b)

　　劉宋求那跋陀羅譯《佛説四人出現世間經》卷一:"彼人便身行惡、口行惡、意行惡,彼若見沙門、婆羅門、諸長宿,彼見已無恭敬心,亦不禮事,亦不與言論。"(T02-834c)

　　北涼曇無讖譯《大方等大集經》卷十一:"復次,世尊!菩薩若有憍慢之心,以憍慢故不能供養佛法、衆僧、師長、和上、父母、長宿、同學、同師。若見勝己不能親近聽法問疑,是故雖聞,聞已便失。"(T13-72a)

---

① (漢)班固《漢書》卷八四第3411頁,中華書局1962年。
② (唐)令狐德棻等《周書》卷一第7頁,中華書局1971年。
③ (宋)歐陽修、宋祁《新唐書》卷二七第3974頁,中華書局1975年。
④ 本文所引佛典文獻標注格式爲:T指《大正新修大藏經》,X指《卍新纂續藏經》,"-"前後的數字分別表示册數和頁數,a、b、c分別表示上、中、下欄。下同。

失譯《雜譬喻經》卷二:"有一沙門摩訶盧,晚作沙門,一無所知。次應往食,行道遲遲,卻不時至。優婆夷逢見之,言:'此長宿年老,行步庠序。'謂是大智慧,益用歡喜,與作好食。"(T04-508a)

唐菩提流志譯《大寶積經》卷一〇〇:"時婆羅門衆中最長宿者,年百二十,名曰梵天。"(T11-556c)

舊題後漢安世高譯《大比丘三千威儀》卷一:"若成就十法不知上事者,雖滿五歲若過,盡令依止宿長有德者。若不依止,日日犯突吉羅。"(T24-913b)(按:宿長,【宋】【元】【明】【宮】本作"長宿")

東晉僧伽提婆譯《增壹阿含經》卷十五:"是時,世尊在彼河側住,尼拘類樹下,成佛未久,將千弟子,是皆耆舊宿長。"(T02-622b)

梁僧祐撰《弘明集》卷十二:"或有興福之人,內不毀禁,而迹非阿練者。或多誦經,諷詠不絕,而不能暢說義理者。或年已宿長,雖無三科可記,而體性貞正不犯大非者。凡如此輩皆是所疑。"(T52-85b)

另外,還有"老宿、宿老"同義並列表(年)長(者)、(年)老(者)義:

舊題後漢安世高譯《佛說奈女祇域因緣經》卷一:"長者婦問言:'醫形貌何似?'答言:'是年少。'彼自念言:'老宿諸醫治亦不差,況復年少?'即勅守門人語言:'我今不須醫。'"(T14-898b)

劉宋慧簡譯《瞿曇彌記果經》卷一:"於是大女人瞿曇彌,於後時共諸老宿比丘尼衆,與諸比丘尼上尊長老皆與俱,共行梵行,共至尊者阿難所。"(T01-857b)

東晉僧伽提婆譯《中阿含經》卷四〇:"爾時,鞞蘭若梵志年耆宿老,壽將欲過,命垂至盡。年百二十,拄杖而行。"(T01-679b)

劉宋求那跋陀羅譯《雜阿含經》卷二〇:"我法見有宿老,恭敬禮拜,命其令坐。"(T02-141c)

二、開心分死

從是其國遂致亡没。生地獄中,受衆楚毒。籍先學慧力,自識宿命,心自悔責,改往修來,須臾捨壽,生餓鬼中。復加懺謝,修念十善,須臾捨壽,受野干身。猶識先緣,復行十善。近逢師子,墮此井中,開心分死,冀得生天,離苦受樂。由汝接我,違失本願,方經辛苦,何時當免?是故我說:"汝濟我命,無功夫也。"(卷二"帝釋從野干受戒法")

顏譯:開心分死:胸膛破裂,將要死亡。(第54頁)

按："開心"並非"胸膛破裂"，在佛典中，"開心"猶"心開"，謂内心開悟、領悟，如：

西晉聶承遠譯《佛説超日明三昧經》卷二："如開心受學，其信樂者倍令堅進而不迴轉。"（T15-547a）

西晉竺法護譯《文殊師利佛土嚴淨經》卷二："爾時十方諸來菩薩，皆散天華供養是法，諮嗟文殊師利無量之德，法澤普潤弘覆三界，開心受者皆逮正覺。"（T11-902a）

東晉僧伽提婆譯《增壹阿含經》卷十二："彼云何名施爲福業？若有一人，開心布施沙門、婆羅門、極貧窮者、孤獨者、無所趣向者，須食與食，須漿給漿，衣被、飯食、床臥之具、病瘦醫藥、香花、宿止、隨身所便，無所愛惜，此名曰施福之業。"（T02-602b）

劉宋求那跋陀羅譯《菩薩善戒經》卷四："菩薩自於身口意惡，能疾調伏，開心懺悔。以有大智因緣力故。"（T30-984b）

後秦佛陀耶舍共竺佛念譯《長阿含經》卷十八："復次，慳悋貪取，不能施惠，死墮惡道；開心不悋，能爲施惠者，則生善處。"（T01-119b）

梁慧皎撰《高僧傳》卷十三："若乃心路蒼茫，則真儀隔化。情志慊切，則木石開心。故劉殷至孝誠感，釜庾爲之生銘。"（T50-413a）

又可倒文作"心開"，意同。

三國吳康僧會譯《六度集經》卷四："阿群心開，霍如雲除，五體投地，頓首悔過。"（T03-23b）

三國吳康僧會譯《六度集經》卷一："願令眾生早離八難，心去惡念逢佛見法，與沙門會，得聞無上正真明道，心開垢滅，如吾所見也。"（T03-4b）

北涼曇無讖譯《佛所行讚》卷五："宿命種善因，聞法能即悟。已得善寂滅，清涼無盡處。心開信增廣，仰瞻如來臥。"（T04-47c）

元魏慧覺等譯《賢愚經》卷十二："鬚髮自墮，法衣在身，便成沙門。因爲廣説四諦妙法種種諸理，心開結盡，得阿羅漢。"（T04-430a）

在佛典中，内心不開悟，稱爲"障礙心、不開心、覆蓋心、蔽心"，如：

姚秦曇摩耶舍共曇摩堀多等《舍利弗阿毘曇論》卷十三："云何其心開悟無有覆蓋？若貪欲瞋恚愚癡垢、煩惱垢、障礙覆蓋繫縛。不善行垢，是障礙心、不開心、覆蓋心，是蔽心。是起向縛不淨心，是不白不明了心，是名覆蓋心。若心無貪欲瞋恚愚癡垢，乃至明了心，是謂其心開悟無有覆蓋。"（T28-618a）

正因爲"開心、心開"爲内心開悟、領悟意，故在佛典中更多的是"開心發寤（悟）、心開意解、心開意癗（悟）"同義連用，也作"心開解、開心意"（以上各類均有數十百例，故各類僅舉一例），如：

西晉竺法護譯《佛說如來興顯經》卷四："其志性力勢至真，皆棄衆想、應與不應，入在聖明，一切如來悉在目前。所可念者，了虛空界、遵奉三昧、開心發癗。其有行入無量法界，爲諸菩薩志所造立，成就衆德而得自在，暢達通慧，除世衆垢，發心無餘。"（T10-613b）

三國吳支謙譯《佛說戒消災經》卷一："五百人至佛所前，爲佛作禮，一心聽經，心開意解，皆作沙門，得阿羅漢道。"（T24-945b）

姚秦竺佛念譯《最勝問菩薩十住除垢斷結經》卷七："如此法教皆出于味，衆生聞之心開意癗，畢此世患更不來生，盡於苦際即成道果。"（T10-1016a）（按：心開意癗，【宋】【元】【明】【宮】本作"心意開悟"，義同）

梁寶唱撰《經律異相》卷二十七："聞說苦諦，心開意悟，即得須陀洹道。"（T53-148c）

西晉竺法護譯《生經》卷四："即爲說經，使心開解，奉受五戒，修行十善，塞惡三塗，道心稍前，遂至無極，入佛正真。"（T03-99b）

元魏般若流支譯《正法念處經》卷四："黠慧開心意，解脫生死縛。"（T17-21c）

又：將"分（fèn）死"譯爲"將要死亡"亦不够準確。"分死"乃必死、定死，實乃"自分必死"之義。"分"有意料、料想義，如晉袁宏《後漢紀·順帝紀》："嬰雖爲大賊起於狂暴，自分必及禍。"①

漢荀悦《前漢紀·昭帝紀》："（李）陵與（蘇）武飲酒數日，復曰：'子卿一聽陵言！'武曰：'自已分死久矣，少卿必欲降武，武請畢今日之歡，效死於子前。'"②

《三國志·魏書·朱建平傳》："夏侯威爲兗州刺史，年四十九。十二月上旬得疾，念建平之言，自分必死。豫作遺令及送喪之備，咸使素辦。至下旬轉差，垂以平復。"③

《晉書·劉聰傳》："（劉）曜墜馬，中流矢，身被七創。討虜傅武以馬授曜，曜曰：'當今危亡之極，人各思免。吾創已重，自分死此矣！'"④

《魏書·高允傳》："允曰：'臣以下才，謬參著作，犯逆天威，罪應滅族。今已分死，不敢虛妄。'"⑤

① （晉）袁宏撰，張烈點校《兩漢紀·後漢紀》卷十九第367頁，中華書局2002年。
② （漢）荀悅撰，張烈點校《兩漢紀·前漢紀》卷十六第276頁，中華書局2002年。
③ （晉）陳壽《三國志》卷二九第809頁，中華書局1959年。
④ （唐）房玄齡等《晉書》卷一〇二第2657頁，中華書局1974年。
⑤ （北齊）魏收等《魏書》卷四八第1070頁，中華書局1974年。

故“開心分死”乃内心領悟,自料必死之意。

三、交路

北方天下,樹曲交路,天人在上,男女異處……有樹名象兜,交曲上合如交路。人民在上止宿,男女異處。人齒髮紺青,長八寸。人面色同,長短等,皆壽千歲。(卷三“鬱單曰”)

顔譯:北方天下,樹曲交路:北方天下,樹木曲折相交於路上。

“交曲上合如交路:樹枝在高處曲折相交會合,如同相交的道路。(第80頁)

按:佛典中“交路”一詞常見,如:

後漢支婁迦讖譯《佛説兜沙經》卷一:“東方極遠不可計佛刹有佛,佛名阿逝墮,其刹名訖連桓。文殊師利菩薩從是刹來,與諸菩薩俱——數如十方刹塵——皆前爲佛作禮,各各於自然師子座交路帳中坐。”(T10-445b)(按:交路,【宋】【元】【明】【宫】本作“交露”)

後漢支婁迦讖譯《佛説阿闍世王經》卷二:“從文殊師利所止,乃到城門盡索治嚴,以衆華結爲交路俠道兩邊,以名殊華悉布其地,以衆絶寶而爲帳幔覆蓋其上。其道廣六丈三尺,兩邊悉有欄楯,以衆寶化而作樹,間間行列俠道兩邊。則以寶作繩,繏縛諸樹展轉相連。”(T15-399b)(按:交路,【宋】【元】【明】【宫】本作“交露”)

西晉竺法護譯《正法華經》卷九:“於時妙音菩薩而於本土忽然不現,與八萬四千菩薩俱,動諸佛土雨寶蓮華,同時發作百千億伎樂,諸來菩薩各自現形,其眼明好猶如紺色,顔貌充滿如月盛明,體紫金光,無央數億百千功德莊嚴其身,威神巍巍智慧光光,奇相衆好文飾光顔,身力無極,其身處在七寶交絡,於虛空中去地四丈九尺,與諸菩薩眷屬圍遶,到忍世界至靈鷲山。下寶交路,手執寶瑛其價百千,詣能仁佛稽首足下,以持貢上能仁如來。”(T09-127c)(按:交路,【宋】【元】【明】【宫】本作“交絡”)

西晉竺法護譯《佛説寶網經》卷一:“一時,佛遊維耶離獼猴水邊交路精舍,與大比丘衆俱。”(T14-78a)(按:交路,【宋】【元】【明】【宫】本作“交露”)

西晉竺法護譯《佛説海龍王經》卷二:“其大城壁七重,七重欄楯、七重行樹、七重交路,繞城有萬遊觀園。其塹七重,滿八味水,生青蓮、紅蓮、黄蓮、白蓮,皆有美香,鴛鴦、鳬鴈相隨而鳴。其城如是,名等無量,不可思議。”(T15-140b)(按:交路,【宋】【元】【明】【宫】【知】本作“交露”)

劉宋求那跋陀羅譯《阿難陀目佉尼呵離陀經》卷一:“聞如是。一時佛遊於惟舍梨大黎樹間。有精舍名交路莊挍。與摩呵比丘僧三十萬人俱。”(T19-685a)(按:交路,【宋】【元】【明】本作“交露”)

上所引各例"交路"均有他本異文作"交露、交絡"。而大正藏《經律異相》中之"交路",校勘記中亦出他本異文。

《經律異相》卷三:"北方天下,樹曲交路。天人在上。男女異處……有樹名象兜。交曲上合如交落。"(T53-14c)(按:交路,【明】本作"交露";交落,【宋】【元】【宮】本作"交路")

所謂"交露",乃指用交錯的珠串組成的帷幔,可以裝飾宮廷、精舍、樓閣、車乘等。其狀若露珠,故稱。唐玄一集《無量壽經記》卷一(X22-65c):"又講堂精舍宮殿樓觀,皆七寶莊嚴自然化成。復以真珠明月摩尼眾寶,以爲交露,覆蓋其上……言交露者,准法華音義。二舉:一云剩交珠泣泣似垂露故,彼交珠名爲交露。一云露謂現露,如露地也。以彼眾寶而交於現處,即所以防風雨之具。"

"交露"一詞,佛典中大量出現(《大正藏》中凡402例):

三國吳支謙譯《阿彌陀三耶三佛薩樓佛檀過度人道經》卷一:"其講堂精舍,皆復有七寶樓觀、欄楯,復以金、銀、水精、琉璃、白玉、虎珀、車栗爲瓔珞;復以白珠、明月珠、摩尼珠爲交露,覆蓋其上。皆自作五音聲,甚好無比。"(T12-304a)

西晉竺法護譯《正法華經》卷六:"一切世尊各各普現,止其國土,坐於樹下奇妙莊嚴師子之座,與無央數百千菩薩,在寶交露布好座具,珍琦殊異懸繒幡蓋,垂於四面諸佛座上,爲諸眾生講說經法。"(T09-103b)

西晉竺法護譯《持人菩薩經》卷四:"又彼佛土皆以七寶而遍覆成,七寶樹生周匝圍繞,以用莊嚴一切諸樹,殊異珍琦交露帳覆。又諸樹下皆施師子床,其諸床上細好帛氎裹樹布床,一切諸床琉璃爲足,以赤真珠而挍諸樹,自然熏香合成諸葉,葉常茂盛而圍旋之。"(T14-639c)

西晉安法欽譯《道神足無極變化經》卷三:"如是目連! 彼世界以寶爲樹,其經行處皆寶,以寶爲交露帳,以寶爲欄楯,皆以雜寶而挍莊之。以寶爲浴池,中有八味之水。食飲皆自然,念便自然至,譬如兜術天上諸天被服、飲食。"(T17-812a)

東晉竺曇無蘭譯《新歲經》卷一:"於時海龍王,齎赤真珠,化作上妙交露閣帳,廣長四百里,紫紺瑠璃而共合成。手執擎持,行虛空中,出龍宮上。從交露閣,八味水池,流清灑地,供養如來及比丘眾;以交露閣,貢上大聖及比丘僧。"(T01-860a)

後秦佛陀耶舍共竺佛念譯《長阿含經》卷二一:"時,天帝釋戰勝還宮,更造一堂,名曰最勝,東西長百由旬,南北廣六十由旬。其堂百間,間間有七交露臺,一一臺上有七玉女,一一玉女有七使人。"(T01-142c)

　　北涼曇無讖譯《佛説腹中女聽經》卷一：“時七十五婦,各脱珠環,皆以散佛上,便自然虛空中,化作七十五交露珠瓔帳,帳中有七寶床,床上有坐,佛邊有無央數菩薩聽經。”（T14-915a）

　　如上所述,《經律異相》中之“交路”即“交露”,謂樹枝上合相交,垂下枝葉如珠串組成的真珠帳幔,故可稱“交路（交露）”。而天人在上止宿,如同上引《佛説腹中女聽經》中之七十五婦,在虛空交露珠瓔帳中止宿。

　　四、四徼道

　　　若欲行婬,意起相視,無所言説,男子便前行,女人隨後,至園觀中,共相娛樂。或二三日,或至七日,隨意罷去,不相屬也。女人懷妊,七八日便生。持著四徼道中,若有人從四面來者,與指嗽出乳飲之。過七日已,自以福德,即自長大,如閻浮人年二十,若二十五也。（卷三“鬱單曰”）

　　　顔注:四徼道:四通八達的道路。徼道,巡邏警戒的道路,這裏泛指道路。（第80頁）

　　按:“四徼道”在佛典中多處出現（《大正藏》中凡30例）,如:

　　　三國吳支謙譯《弊魔試目連經》卷一：“尋如其計,即化國中長者梵志,所在行路四徼道中,若在街曲,見諸持戒沙門道人,布髮著地令行其上。”（T01-867c）

　　　西晉法立共法炬譯《大樓炭經》卷二：“出轉輪王棺,衆人共作妓樂歌舞。出著城外,積一切香薪,持轉輪王棺,著上便放火燒。燒已玉女寶、主藏聖臣寶、導道聖臣寶,共收骨以置於四徼道中起塔。”（T01-283a）

　　　符秦僧伽跋澄等譯《僧伽羅刹所集經》卷三：“彼二長者子在四徼道頭弄土戲,當弄土戲時,毘闍耶蜜多羅長者子,便懷歡喜,便掬土惠施。”（T04-145a）（按:徼,【宋】【元】【明】本作“衢”）

　　字亦作“四交道”（《大正藏》中凡50例）:

　　　西晉白法祖譯《佛般泥洹經》卷二：“於四交道,起塔立刹,以綵著上,懸繒鼓樂,華香燃燈,飛行皇帝葬法若斯,佛復勝之。”（T01-169b）

　　　西晉竺法護譯《修行道地經》卷一：“適生在地,血纏臭處,鬼魅來繞,姦邪所中,飛屍所觸,蠱道、癲鬼,各伺犯之。如四交道墮一段肉,烏鵄、雕狼各來諍之。”（T15-188a）

　　　東晉佛陀跋陀羅共法顯譯《摩訶僧祇律》卷十九：“王即教勅禁官放比丘去,賊如法治罪。便取五百群賊,著迦毘羅華鬘,打鼓搖鈴四交道頭,唱唤而出,欲將殺之。”（T22-384a）

劉宋求那跋陀羅譯《雜阿含經》卷三六:"世尊! 我自知過去世時曾爲國王,名悉鞞梨,於四城門普施爲福,於其城内有四交道,亦於其中布施作福。"(T02-261c)

姚秦佛陀耶舍共竺佛念譯《四分律》卷五一:"王言:'何須入藏? 即可於彼四交道頭,布施沙門、婆羅門、貧窮孤老,隨所求索者一切施與。'時諸大臣聞慧燈王教已,即於八萬四千城,隨所在藏,於四城門中四交道頭,布施沙門、婆羅門、貧窮孤老,隨其所索一切施與。"(T22-951a)

梁寶唱撰《經律異相》卷二:"王答言:'於其城内四交道頭所作施福悉屬汝等。'"(T53-8c)

隋智顗撰《妙法蓮華經文句》卷一:"王令以屍置四交道引取其親,後因賈客群集猥鬧,甥載兩車薪覆之。"(T34-12a)

而更多的場合是作"四衢道"(《大正藏》中凡584例):

後漢安世高譯《五陰譬喻經》卷一:"譬如,比丘! 幻師與幻弟子於四衢道大人衆中,現若干幻化作群象群馬車乘步從。"(T02-501b)

西晉無羅叉譯《放光般若經》卷六:"譬如絶工幻師於四衢道化作如來及四輩衆而説於法。諸天子! 於意云何,寧有説、有教、有受者不?"(T08-40a)(按:衢,【宋】【元】【宮】【聖】本作"徼")

西晉竺法護譯《比丘避女惡名欲自殺經》卷一:"時彼天神化作長者女身,語比丘言:'於諸巷路四衢道中,世間諸人,爲我及汝起惡名聲言:"我與汝共相習近,作不正事。"已有惡名,今可還俗,共相娱樂。'"(T14-771c)

後秦佛陀耶舍共竺佛念譯《長阿含經》卷四:"收拾舍利,於四衢道起立塔廟,表刹懸繒,使國行人皆見王塔,思慕正化,多所饒益。"(T01-28b)

從以上所舉各例的上下文看,"四徼道、四交道、四衢道"所指相同,均指四條道路相交的十字路口。

後晉可洪撰《新集藏經音義隨函錄》卷五:"徼音叫,小道也。南方俗謂四俓道爲四徼道也。諸經云四交道,亦云四衢道,是也。經作激,悮也。"(K34-806c)

可洪説是,"徼"有道路義。《廣韻》嘯韻:"徼,小道也。"《漢書·敘傳上》:"據徼乘邪,以求一日之富貴。"王念孫《讀書雜誌》:"猶言據小道乘邪道以求富貴耳。"《文選·左思〈魏都賦〉》:"長塗牟首,豪徼互經。"劉良注:"豪徼,道也。"而"徼、交、俓"音近,"徼、衢、俓"義近。故此處與"徼"之巡邏警戒義無關。

五、成持

　　震旦國人,葬送之法:金銀珍寶,刻鏤車乘。飛天伎樂,鈴鐘歌詠,用悦終亡。身帶衣服,盛置棺槨,妙香芬苾,千百萬衆,送于山野。莊嚴處所,人民見者,莫不歡欣。震旦邊王,所領人民,欲葬之時,成持棺槨,内石室中。疾病之日,開看骸骨,洗浴求福,使病得愈。又有命終無有棺槨,直取屍骸置高閣上。疾急之時,下屍咒願,以求福祐。"(卷二"阿難問葬法經")

　　顔譯:成持棺槨:扶持棺槨。(第95頁)

　　按:"成持"並非"扶持"義。《漢語大詞典》收"成持"一詞,釋爲"扶持長成",例引宋劉克莊《卜算子·惜海棠》詞:"儘是手成持,合得天饒借。風雨於花有底讎,著意相陵藉。"《詞典》釋義似有隨文釋義之嫌,在劉克莊詞中"儘是手成持"乃言海棠是一手培植成就的,"合得天饒借"乃言同時得到老天的寬容(所以才能成長)。此"成持"當爲促成、成就之義,而且首見例爲宋詞,亦過晚。

　　"成持"一詞最早出現於佛典:

　　後漢曇果共康孟詳譯《中本起經》卷一:"佛告大王:'道法無親,唯善是輔。成持五戒,名清信士;精進直入,見諦不迴,便得須陀洹、斯陀含、阿那含、阿羅漢——各因本心,道位次敘。'佛説是時,王及國人一萬二千,諸天八萬,皆見道迹。"(T04-153a)

　　後漢支婁迦讖譯《佛説怵真陀羅所問如來三昧經》卷一:"而作醫王之德,療於老、病、死。已供養過去無央數佛,其功德而致相諸種好。已過空、無相、無願之法,諸法無所有,如幻野馬、如夢、如水中影、山中之響。悉知一切之音聲,通入諸法,各各能答。以成持諸所欲,以智慧曉了道事。"(T15-348c)

　　唐圓測撰《仁王經疏》卷一:"五成就他見。八地證見第一義,見始圓足,但化他未足。欲成就他故,成就他見。所言能運載,名摩訶衍。下以如理爲能運載,運是遷動義,載是成持義。行由如理,成持運動,故從生死出到薩婆若,以無到無出故,具説如彼。"(T33-383c)

　　唐法藏撰《梵網經菩薩戒本疏》卷一:"三得福成持。謂爲法滅身,爲生捨命,如薩埵王子等。若不捨反得罪,此中非直無三毒,亦與智和合,故成持也。"(T40-610b)

　　《祖堂集》卷八"青林和尚":"其僧珍重,便歸僧堂。白槌云:'五百來人在這裏,莫是不爲向上事?當頭和尚道無。不可成持,合殺處折合了休去。若是某甲,不得在這裏虛過一生。'"

　　《祖堂集》卷十九"徑山和尚":"恰遇上堂日,便置問曰:'三千里外,久響石霜。到來爲什摩寸步千里?"霜云:'我道落帶手不長。'從此親近石霜四十餘日。後卻歸本山,成持和尚。

《祖堂集》卷十四"江西馬祖":"是汝自身尚乃未得恬靜,何能令他道業成持? ……有西川黃三郎,教兩個兒子投馬祖出家。有一年卻歸屋裏。大人才見兩僧生佛一般,禮拜云:'古人道:"生我者父母,成我者朋友。"是你兩個僧便是某甲朋友,成持老人。'曰:'大人雖則年老,若有此心,有什摩難?'" ①

以上佛典中之"成持"均爲成就之義。此類"成持"的用例亦見於敦煌文獻:

《敦煌社會經濟文獻真迹釋録》第四輯,二五"光啟三年(887)沙州進奏院上本使狀":"又遣李伯盈修狀五紙,見四宰相及長官,苦著言語,痛説理害。言此件不得旌節,三般專使誓不歸還者。其宰相長官依信似許。其宋閏盈、高再盛、史文信、李伯盈等遂遣夷則通徹求囑得堂頭要人,一切口稱以作主□例成持,與節及官告者。遂將人事數目立一文抄呈過兼設言約。"(S1157號)

"夷則見他四人言語苦切,同見堂頭要人,仔細商量。言:'不用疑惑,但頻過狀,我與成持。'"(同上) ②

《釋録》中的兩例"成持",根據語境當是促成、成就、完成、實現等義。本人認爲:"成持"之"持"有詞綴化的傾向,"成持"義即同"成"。故《經律異相》中之"成持棺槨",亦爲"成就棺槨"之義,與前文的"盛置棺槨"義近。

---

① (南唐)靜、筠二禪師編撰,孫昌武等點校《祖堂集》(上、下)卷八第397頁;卷十九第846頁;卷十四第611~613頁,中華書局2007年。

② 唐耕耦、陸宏基編《敦煌社會經濟文獻真迹釋録》第四輯第373頁,全國圖書館文獻縮微複製中心1990年。

文獻語言學（2）:122~135,2016

禪宗文獻詞語訓釋相關問題綜論[①]

雷漢卿　　王長林

（四川大學中國俗文化研究所，成都，610064）

提　要:近年來禪宗文獻詞語釋讀的論著日趨豐碩，但問題也不少，主要表現在詞語切分、文字辨認、徵引方言、語境求義以及行業術語等方面。失誤類型的總結，可爲今後的研究提供借鑒和參考。

關鍵詞:禪宗文獻；詞語考釋；問題；總結

上世紀80年代中期以來，禪宗文獻中的詞語尤其是俗語詞逐漸成爲漢語詞彙史研究的熱點之一，詞語考釋、匯釋成果不斷，禪錄校注、譯注迭出。在此基礎上編纂的《禪宗詞典》《禪宗大詞典》相繼問世，可謂日新月異，蔚然大觀。成績的取得離不開方法的指導，郭在貽總結俗語詞研究方法主要有審辨字形、比類綜合、據對文以求同義詞或反義詞、據異文以求同義詞或近義詞、即音求義、探求語源和方言佐證七種方法（114~117頁），提綱挈領，影響深遠。七種方法同樣適用於禪宗文獻詞語考釋，恰當運用，必能釋疑解惑。然郭先生又説俗語詞的研究還必須具備四個程式，方能稱得上是高層次的研究工作，這四個程式就是"求證、溯源、袪惑、通文"。然而回顧三十年來的研究，公允地説，禪宗文獻詞語研究中還存在諸多問題，還不能説完全滿足這四個程式。今擬從禪籍詞語釋義中存在的問題入手，歸納失誤的類型，討論在釋義（及溯源）中還須要注意的幾個問題，以期爲今後的研究提供參考。

一、詞語切分問題

考釋詞語，首先須要切分詞語，這是詞語考釋中十分關鍵的一步。如何準確切分詞

---

① 本文爲教育部人文社科重點研究基地重大項目"禪宗文獻語辭匯釋"（4JJD740001）的階段性成果。

語,區別詞與非詞,往往須要參考上下文語境和具體用例而做出分析。對於詞語切分,目前的研究存在兩種誤解:一是把本來不是一個詞而誤認爲一個詞屬於當分而不分;二是本來不是一个詞而誤認爲是一個詞,屬於不當分而强分。

(一)當分而不分

【穿雲居子】《大慧録》卷九:“本仁將一穿雲居子,換卻天下人眼睛,卻被這僧將一條斷貫索,不動干戈穿卻鼻孔。”

拙著《禪籍方俗詞研究·待問録》(634頁)以“穿雲居子”爲一條詞語,實乃將“一穿雲居子”割裂。“穿”是“串”的借字,“一串”與“雲居子”各爲一詞。《宗門拈古彙集》卷三一《高安白水本仁禪師》:“白水將一串雲居子換卻天下人眼睛,卻被者僧將一條斷貫索,不動干戈穿卻鼻孔。”《宗鑒法林》卷六四本章同。“雲居子”即念珠,“一串雲居子”即一串念珠①。

【指柱】《祖堂集》卷八《青林和尚》:“先師又悲聲云:‘自少來不曾把手指柱別人,豈況造次杖責?’”

《禪宗大詞典》《唐五代語言詞典》和《祖堂集校注》均認爲上例“指柱”作“指注”,義爲指責、詰難。兩部詞典均以《祖堂集》一例爲孤證,未加仔細分析,遂致誤解。其實該句當讀爲“自少來/不曾/把/手指/柱/別人”,“手指”爲一詞,“指柱”不詞。“柱”與“築、擉、卓、拄、築”等同爲擊打、觸碰義。“柱”有支撐義,《集韻》語韻:“柱,支也。”支撐必須觸及,引申則有觸碰義,如《天聖廣燈録》卷一七《襄州谷隱山藴聰慈照禪師》:“僧問:‘忽遇洪水滔天,還堰待也無?②’師云:‘上柱天,下柱地。’”又《太平經》卷九三《國不可勝數訣》:“今欲使真人積財用,上柱天日月,下柱地。”本條大意爲僧軌曾請和尚杖責,青林和尚便説:“我從年幼時起便不曾用手指碰過別人,更何況魯莽地杖打他人呢③?”

(二)不當分而强分

與上述情況相反,研究中也不乏把詞語强行拆分而臆解的例子,主要表現在對於實詞的切分上。

【大拍】《云門廣録》卷上:“問:‘大拍盲底人來,師還接也無?’師放身倒。”

《唐五代語言詞典》據此立“大拍”詞目:“表示程度很深,猶‘極、甚’,副詞。”按:“大

---

① 可參王閏吉《唐宋禪録疑難語詞考釋四則》。
② “待”爲“得”之誤。
③ 該條詳見王勇、王長林《禪籍點校獻疑》。

拍”不詞，“拍”當屬下爲“拍盲”。“拍盲”在禪籍中至少有三個意思：一指眼瞎。《雪峰義存禪師語録》：“問：‘拍盲底人如何過日？’師云：‘喫茶喫飯。’進云：‘莫虚過日麽？’師云：‘虚過日。’”《希叟和尚廣録》卷六：“教眼年深似拍盲，金篦刮了膜重生。説天童有翳睛藥，妙手輕輕點即明。”二是引申指糊塗不明事（禪）理。《雪關禪師語録》卷七《拍盲禪》：“何謂拍盲？有等看教不知教意，參禪不悟禪理，一向認定箇没巴鼻底作本來主人翁，行也坐也覷是他。乃至穿衣喫飯動静語默，如燈下看影子相似，寸步不離。”《閲藏知津·敘》：“心外無法，祖師所以示即法之心；法外無心，大士所以闡即心之法……今之文字阿師，拍盲禪侣，竟何如哉？”禪籍常説的“瞎漢、瞎秃、瞎秃兵、瞎秃子無眼人”也就是“拍盲禪侣、拍盲居士”。禪宗把這類禪讖稱爲“拍盲禪”。三是引申指勇猛、奮不顧身。《天目中峰和尚普應國師法語》：“不妨發起一片真實決定信心，向己躬下守箇無義味話。奮平生猛利身心，孜孜兀兀拍盲做向前去，也不問三十年二十年，但有一日光陰做取一日。”《永覺和尚廣録》卷九：“莫生卜度，莫生知解，一味拍盲做將去。有朝虚空中湧出日輪，頂門上突開正眼，是之謂圓照也。”

【百雜】《祖堂集》卷六《石霜和尚》：“和尚示衆云：‘三世諸佛不能唱，十二分教載不起，三承教外，別傳十方，老僧口到這裏百雜碎。’”

《唐五代語言詞典》收“百雜”一詞，釋作“指萬物或一切道理”。“百雜”其實不詞，當作“百雜碎”，字面意思是完全、徹底粉碎①，禪籍習見。如《雲門廣録》卷二：“盡十方世界乾坤大地，以挂杖一畫百雜碎。”《楊岐後録》卷一：“大千世界百雜碎，捧鉢盂向香積世界喫飯去也。”《圓悟録》卷八：“一擘百雜碎，折脚鐺子撞破無底籃兒。”

除實詞外，誤拆聯綿詞的情況也時有發生，如“勃窣”一詞，又寫作“勃訴、悖訴、悖素、勃素、敊揍、愂愬、勃塑”和“勃晬”等。有學者指出：“‘勃訴’爲一詞，其中‘勃’當爲‘悖’，乖戾荒謬也。”“勃訴”即胡亂訴説②。闞緒良認爲禪録中的“勃窣”與《世説新語·文學》“張憑勃窣爲理窟”之“勃窣”意思一致，有言詞多義。雷漢卿《禪籍詞語選釋》又認爲“‘勃訴’與‘拍搦’‘搦揍’‘勃窣’‘撫拍’‘摩挲’音義相關，皆有‘摩挲，撫摸’義”，“禪籍中‘切忌勃訴’相當於説切莫佇思測度揣摩”。孫昌武等則援引睦庵善卿《祖庭事苑》卷六“和盲悖訴”條云：“‘和盲’當作‘如盲’；‘悖訴’當作‘悖揍’。‘悖’，亂也；‘揍’，暗取物也。‘悖揍’亦方言，謂摸揍。”③

王長林對禪籍“勃窣”一詞聚訟紛紜的原因予以總結，認爲一是忽視了“勃窣”一詞

---

① 參拙著《禪籍方俗詞研究》第112~115頁。
② 參張美蘭《〈五燈會元〉詞語二則》。
③ 參孫昌武等點校《祖堂集》第360、724頁。

在禪籍中用法的多樣性,各執一詞,囿於一隅而難以旁通;二是不明"勃窣"的語源,不知其流雖別但其源實同①。其實,"勃窣"與"婆娑、磐珊、勃屑、婪屑、蹁躚、扶疏、摩挲"係同源聯綿詞,其語音結構均爲[b]-[s]-(或[b]-[ʃ]-、[m]-[s]-)②,其核心義素即舞動、晃動,由此可孳乳出步履蹣跚、輾轉思索、詞彩繽紛、紛披及搖曳等意思,禪籍用例可證。《五燈會元》卷九《潙山靈祐禪師》:"師後忽問仰山:'汝春間有話未圓,今試道看。'仰山云:'正恁麼時,切忌勃訴。'""切記勃訴"即切莫駐思揣摩。《圓悟録》卷二十:"夏滿思山要歸去,了卻武陵一段事。勃窣理窟乃胸中,行行不患無知己。"這裏的"勃窣理窟乃胸中"是禪師對安首座才華尤其是論辯才華的讚揚,"勃窣"形容人詞彩飛揚。《大慧録》卷下:"伽梨勃窣坐胡床,虎視叢林百怪藏。""勃窣"形容伽梨襤褸紛披貌。《虛堂録》卷八:"上堂:'吒吒呀呀,如獅子兒,我者裏也須勘爾。勃勃窣窣,似探竿影草,我者裏也須疑爾。'"這裏的"勃勃窣窣"即形容探竿和影草搖曳貌。

二、文字辨識問題

禪籍俗語多用俗字記録,加之抄寫、刻印訛誤的現象也較爲普遍,要正確解讀詞語必須清除俗字、訛誤字方面的障礙。禪僧筆録祖師法語,假借字爲數不少,需要我們破假借而還原其本字。對此,有兩點須引起重視。

(一)形近易混須慎辨

一般認爲大量使用俗字俗語是禪籍的主要特徵。但就其用字來説,情況要複雜得多。禪師所操語音各有土風,寫録者審音不準或用字習慣不同,同音替代字、異體字、訛錯字便紛然雜陳,如果不加以疏通,會給閱讀帶來障礙,所以掃清這些文字障礙,將有助於研究者對文獻的解讀③。目前研究中不乏混淆顛倒者,試以"搏量、起模盡樣"和"圇達"爲例。

　　【搏量】《圓悟録》卷八:"似地擎山,如石含玉。透得過者,盡在無盡藏中。透不過者,未免搏量。"《大慧語録》卷九:"有人向這裏識得,便與此老把手共行,不向幀子上搏量名貌。"《梵奇語録》卷四:"但是意識,於中搏量,是青是黄,是赤是白?"

《禪宗大詞典》據此立目,釋作(25~26頁):"以俗情世念去揣摩、思量。"

今按:上揭諸例"搏量"實爲"搏量","搏"與"搏"形近相混,辭書不辨,誤立詞目。

① 參王長林《禪籍"勃窣"拾詁》。
② 即上字上古音屬脣音下字屬心母(或山母)。
③ 參拙著《禪籍方俗詞研究》第43頁。

"摶"即捏聚成團,以手捏聚喻指心思輾轉。又作"團量",如《應庵和尚語録》卷七:"無主孤魂,坐在第八識裏,團量佗向上人大機大用,正如螢火燒須彌山之説。"《朱子語類》卷九○《禮七·祭》:"項羽也是團量了高祖,故不敢殺。"禪録又有"摶猜、摶謎子"①。"摶量、摶猜"是偏正式,語素"摶"是具體方式。"摶謎子"是支配式,語素"摶"表示動作行爲,後一個名詞表示動作對象。"摶"在複合詞中的含義都是思量猜度。

【起模盡樣】《祖堂集》卷六《洞山和尚》:"莫爲人間小小名利,失於大事,假使起模盡樣,覓得片衣口食,總須作奴婢償他。"

《唐五代語言詞典》"起模盡樣"條云:"指外觀盡善盡美。"高麗藏影印本"盡"實際上是"畫"的訛誤字。"起模畫樣"的同義詞禪録還有"起模打樣、做模打樣、裝模打樣、依模打樣、打樣裝模、打模畫樣"等,均是仿效他人模樣的意思。

【圍達】《祖堂集》卷六《石霜和尚》:"四海玄徒奔湊,日夜圍達。師走避深山而不能免,衆夫尋出圍挎。"

段觀宋認爲"達"即"撻"之借,"撻"與"挎"同有擊義,故一作"圍撻",一作"圍挎"。而"扣"(或"叩")也有擊義,由擊義引伸爲叩問義,並借用同步引申説認爲"撻"也有叩問義。"圍撻、圍挎"意爲環繞叩問。今按:"達"其實就是"遶"形近而誤②,"日夜圍遶"即日夜被學人圍繞參問。可見,如果字形勘辨失誤,就難免曲解詞義。

(二)廣參文例忌臆解

辨字形、破假借,必須要做到理據兼備,除了在字形和聲音上尋求證據之外,還必須要有足够的例子佐證,否則結論可能經不起推敲。

【突曉】《五燈會元》卷六《九峰道虔禪師》:"師曰:'演若迷頭心自狂。'曰:'還有不狂者麽?'師曰:'有。'曰:'如何是不狂者?'師曰:'突曉途中眼不開。'"

李開以爲"突曉"當做"突曉",《正字通》穴部:"突,深也。又陰暗處。《釋名》:突,幽也。""突曉"指半明半暗的狀態,即拂曉以前(218頁)。其實,改"突曉"爲"突曉"未爲諦當。卐續藏本、清龍藏本以及宋本《五燈會元》都做"突",故改字爲訓缺乏參證。我

---

① 《虛堂集》卷四:"普天匝地,無比無儔。會古通今,一模一樣。心性既非染汙,根塵定是純真。休同饊謎摶猜,致使雲泥間隔。"《大慧録》卷二八:"而今學者往往以仁義禮智信爲學,以格物忠恕一以貫之之類爲道。祇管如摶謎子相似,又如衆盲摸象各説異端。"

② 參詹緒左《〈祖堂集〉詞語札記》;雷漢卿《禪籍方俗詞研究》第24~25頁;孫昌武等點校《祖堂集》第318頁。

們認爲"突曉"即"黎明",文獻中相同的表述有"破曉、侵早、侵曉、侵晨、投明、投曉、遲明、遲旦、拂曉、拂明、拂曙、拂旦、至明、平旦、打明、黎旦"等等,這些詞語在構詞上都采用動詞+時間名詞的方式,這種命名方式與古人的時間觀念是密切相關的。"突曉"即破曉(天剛亮)①。"突曉"禪録用例甚夥,尤以"突曉途中眼不開"一語最爲常見,不煩舉證。

【屢生子】《虛堂録》卷二:"僧打圓相云:'者箇作麽生明?'師云:'明之則瞎。'僧云:'謝師指示。'師云:'屢生子。'"

與"屢生子"同義的還有"鈍屢生、瞎屢生"和"禿屢生",四則詞語禪録常見,都是詈稱罵詞,但對其理據以往多有忽視。《禪宗大詞典》認爲四個詞語中的"屢"乃是"驢"的借字。禪宗用語不避鄙俗,蔑稱頑鈍學人爲驢生之子雖符合禪宗的言説風格,但是筆者認爲,該説尚有疑點:

首先,"屢、驢"通借,雖具備語音相近的條件②,但還缺乏文獻用例的支撐。我們檢得"瞎驢生"一則用例,《密庵和尚語録》偈頌云:"瞎驢生得瞎驢兒,齷齪聲名徹四維。更把少林無孔笛,逢人應是逆風吹。"③該例之"瞎驢生、瞎驢兒"與上文之"瞎屢生"用法不同,並非詈罵之詞,禪籍還有"驢生馲駝馬生騾""龍生龍,鳳生鳳,老鼠生兒沿屋棟"等俗諺。"鈍驢、禿驢"禪籍雖屢見不鮮,但我們並未發現有"鈍驢生、禿驢生、驢生子"的用法,亦甚費解。

其次,"屢生"一詞可用於禪師法號、學人字號中,如大鑒下第三十八世有"屢生知禪師"(見清通醉輯《錦江禪燈目録》),《玉泉其白富禪師語録》卷下收《光嚴送屢生上座歸寶城》,再如《青城山鳳林寺竹浪生禪師語録》卷五列《送屢生法姪還寶城次來韻》。禪師德高望重,蔑稱學人爲"驢生子"尚可,但是在禪師法號、學人字號中就顯得不合常理了。

再者,以上用例乃臨別贈言、書信慰問,禪師並無詈罵情緒,也不大可能在這樣正式的行文中反常地戲謔蔑稱。

《葛藤語箋》"屢生子"條以爲"屢、婁"相通,引《韻會》遇韻"屢或作婁",又虞韻"龍珠切,一曰愚也"。《集韻》虞韻亦云:"婁,愚也。""屢生"即"婁生",亦即"愚生"。但"婁"爲何有"愚"義,尚待進一步探究。

---

① 雷漢卿、王長林《禪録方俗詞解詁》。
② 兩字中古音的確相近:屢,《廣韻》良遇切,屬來母遇韻去聲合口三等;驢,《廣韻》力居切,屬來母魚韻平聲合口三等;兩字雙聲韻近。
③ 該偈頌又見《叢林盛事》卷上,同爲密庵之偈,故稱"一則"。

三、徵引方言問題

禪宗用語不避鄙俗，方言俗語充斥禪録，很多還保留在現代方言中，因此利用方言釋讀詞語不失爲一條可行的路徑。但研究中尚存在如下兩方面的問題：

（一）忽略方言

【口吧吧】《虚堂録》卷一："上堂：'主丈子尋常口吧吧地道，我能縱能奪，能殺能活。及問他遠法師因甚不過虎溪，便道不得。且道，病在那裏？'"

"口吧吧"袁賓釋作"張大嘴巴"①，《集韻》麻韻："吧，大口貌。"此解可疑。今按："尋常口吧吧地道"是平常能説會道的意思，"口吧吧"即指話多，現代方言可證。1932年《景縣誌》(參《漢語方言大詞典》該條)："多言曰口巴巴。"山東寧陽還有"嘴巴巴"一詞，有話多、多嘴多舌的意思，亦可參證②。禪籍用例亦可資證明，如《圓悟録》卷一："若論此事，貶上眉毛早已蹉過。既已蹉過，何用鼓兩片皮口吧吧地？"《緇門警訓》卷八："諷誦如來經一卷，勝如閒話口吧吧。"又《環溪和尚語録》卷下："口吧吧地，説盡萬千，究竟不知有這一解。"幸賴現代方言佐證，"口吧吧"之義不難索解。

【君子可八】《云門廣録》卷三："云：'作麽生是入鄉隨俗底句？'代云：'君子可八。'"

王閏吉認爲"八"當作"入"，"'君子可入'據文義應是君子可以進入"，"禪録多用'君子可入'來比喻有道禪僧可以就此悟入"。我們認爲"八"當按本字讀，是一個閩方言詞，義即分别、知曉，"君子可八"是君子可知的意思。以"八"作"入"解，除了受到"八"與"入"字形相近影響之外，更主要的原因就是忽視了方言用法③。

（二）偏信方言

徵引現代方言來考證詞語要有充足的證據，且不能忽視禪籍文本語境，否則就容易牽强附會。

【打侭】《五燈會元》卷一三《藏嶼匡化禪師》："問：'如何是湖南境？'師曰：'艛船戰棹。'曰：'還許學人遊玩也無？'師曰：'一任闍黎打侭。'"

滕志賢認爲"頓"與"侭"聲韻皆近，"打侭"即"打頓"，猶逗留、停歇，此語今仍流行於

---

① 參袁賓《禪宗著作詞語匯釋》第103~104頁；《禪宗大詞典》釋爲"張大嘴巴(説話)"(240頁)。
② 參周學鋒《禪宗著作詞語拾詁》。
③ 詳參王長林《禪語"君子可八"釋義商兑》。

吳方言地區。“打頓”確有停歇義，如《續指月録》卷一八《天隱圓修禪師》：“有時以拄杖子行遍四天下，擲向壁角落裏，有時拋下拄杖子獨自打頓去。”明張守約《擬寒山詩》：“無事常不出，有門常不開。吟詩四五首，打頓兩三回。”《幻有禪師語録》卷一：“設若這虎歇卻打頓，掉轉頭來時，老僧性命安有得到今日也？”但是停歇義尚難契合《五燈會元》文例，故“打燈”作“打頓”解難以令人信服。據語境，這裏的“打燈”該是遊玩義，前問“還許學人遊玩也無”，回答“一任闍黎打燈”，即任由你遊玩。《廣韻》蒸韻：“燈，醉行貌。”“醉行貌”與遊玩語義相關，“打燈”或爲當時俗語，不可依現代方言改字而强爲之解。

【高茅】《汾陽録》卷上：“又不得一向高茅，點胸點肋，道我知我解，擔擎衒耀，逞己愚頑，誑他後學。”

（日）無著道忠《葛藤語箋》引《古抄》云：“高茆（茅），方語，無分曉、非精細人也。”①雷漢卿、孫豔在肯定無著釋義的基礎上，聯繫現代方言對“高茅”的來歷予以探尋。認爲“茅”衹是個記音字，和茅草義無關，“高茅”是個同義複合的複音詞。因爲在青海樂都等地方言中“高”可形容人性情張狂、説話做事不符合常理；又有“冒”一詞，義即冒失、張狂②。按：此解值得懷疑，雷文所引現代方言中的“高”和“冒”確實能單用，但古今内外典籍並無連用成詞的例證，説“茅”與“冒”相通，亦缺乏證據，難以令人信服。

【椀跶丘】《五燈會元》卷十六《投子修顒禪師》：“一元和，二佛陀，三釋迦，自餘是甚椀跶丘？”

又作“椀脱丘”。根據禪語“如範脱土”（《緇門警訓》卷三）一説，雷漢卿聯繫西北官話“脱”指用模子製作土坯，又聯繫晉語“碗脱子”（用蕎麵糊裝碗蒸熟的食品）等方言詞，認爲“椀脱丘”是用碗脱出的土坯，在禪籍中用作貶義，“甚椀跶丘”相當於説“什麽東西”或“什麽玩意兒”①。雖然不失爲一種説法，但是“跶”和“脱”之間的聯繫還必須從語音和語義方面通過文獻用例加以論證，否則難免有牽强比附之嫌。

四、語境求義問題

語境求義無疑是詞語考釋最爲常見的方法。禪宗用語詭譎離奇，據禪宗語境來推求詞義，稍不留心就會脱離禪文化語境依文解義，望文生訓是研究中最爲常見的問題。

---

① （日）無著道忠《葛藤語箋》第40頁。
② 雷漢卿、孫豔《禪籍詞語考》，《宗教學研究》2006年第1期。

【忍俊不禁】《續傳燈録》卷七《道寬禪師》:“僧問:‘飲光正見,爲甚麽見拈花卻微笑?’師曰:‘忍俊不禁。’”

《漢語大詞典》據此釋“忍俊不禁”作“忍不住笑”,蓋受拈花微笑的暗示。禪宗文獻中的“忍俊不禁”並不含笑這一義素①,如:

（1）上堂:“有物先天地,無形本寂寥。能爲萬象主,不逐四時凋。拈主丈:‘古人忍俊不禁,和盤托出,爭奈美食不中飽人喫。’”(《了堂一和尚語録》卷一)

（2）拈拄杖云:‘拄杖子從來死獪狙地②,今夜忍俊不禁踴躍出來,將乾坤大地一時吞卻了也。(《無文和尚語録》)

（3）二人互相問難,經八十反。山僧在暗地裏聽得忍俊不禁,咳嗽一聲。二人驚愕,云:“惡! 元來和尚在這裏。”(《佛鑒禪師語録》卷一)

內典中“忍俊不禁”又可説成“抑忍不禁、忍不住、忍俊不住”和“忍俊不能禁”等,如:

（4）時有苾芻先能歌舞,聞其聲韻憶舊管弦抑忍不禁,即從座起隨其音曲手舞逐之。(《根本説一切有部毘奈耶雜事》卷三四)

（5）我而今忍不住,把將從上佛佛祖祖天下老和尚留下許多潑你底惡水,埋卻你底搕搑,揯作一桶。(《福州雪峰東山和尚語録》)

（6）一日定中,忽觸著欠字,身心豁然,徹骨徹髓,如積雪卒然開霽。忍俊不住,跳下禪床擒住山云……(《補續高僧傳》卷一二《鐵山瓊禪師傳》)

（7）當場忍俊不能禁,大展家風吼一音。(《宗鑒法林》卷四五《福州羅山道閑禪師》)

不難看出,“忍俊”義同“忍、抑忍”,乃克制義;“不禁、不住、不能禁”亦義同。這些相似表述與“忍俊不禁”其實都是表達克制不住的意思。《漢語大詞典》由於忽視禪録中用例而僅憑上下文以求其義,導致望文生訓③。

【雪上加霜】《漢語大詞典》:“比喻一再受到災難,苦上加苦。《景德傳燈録·文偃禪

---

① 《成語大詞典》(商務印書館2006年)該條釋義云(第770頁):“忍俊:含笑;不禁:不能自制,止不住。忍不住要發笑。”引(南宋)悟明《聯燈會要·法寅禪師》:“山僧昨日入城,見一棚傀儡……仔細看時,元來青布幔裏有人,山僧忍俊不禁。”《成語大詞典》所引《聯燈會要·法寅禪師》例句由於處在棚頭戲的語境中,釋爲忍不住笑看似亦可通。但是筆者發現《成語大詞典》所引例句不全,後文還有“(山僧忍俊不禁)乃問:‘長史高姓?’他道:‘老和尚看便休,問甚麽姓?’”一句,可見這裏説的是法寅禪師忍不住問話,而非忍不住笑。

② 獪狙:狡狙。即疙瘩。死獪狙,形容死板、不靈活。《大慧普覺禪師語録》卷二五:“今時有一種剃頭外道,自眼不明,祇管教人死獪狙(狙)地休去歇去。若如此休歇,到千佛出世也休歇不得。”

③ 詳參雷漢卿、王長林《禪宗文獻詞語釋義商榷》。

師》：‘諸和尚子，饒你有什麼事，猶是頭上著頭，雪上加霜。’”《禪宗大詞典》本條：“比喻錯上加錯。”

以上解說都有問題，需要我們回到更多的禪宗話語中來重新解讀。“雪上加霜”本指雪後再下霜的自然現象，這個俗成語的字面含義在禪宗燈録有反映，《天聖廣燈録》卷三《德山志先禪師》：“問：‘如何是觸目菩提？’師云：‘寒風吹面裂，雪上更加霜。’”《五燈全書》卷八五《寶通俞昭汾禪師》：“昨夜雪上更加霜，今朝佛面增百醜。”同上卷九二補遺《黄岡魯子仁禪師》：“雪上加霜，天凍地裂。烏鴉嘴扁，叫寒不徹。”但對其在禪宗文獻中的引申義還須徵引更多用例才能看出。不妨將《景德傳燈録·云門山文偃禪師》做一完整引述：

> 師上堂云：“諸和尚子，饒爾道有什麼事，猶是頭上著頭，雪上加霜，棺木裏根眼[①]，灸瘡盤上著艾燋[②]。遮箇一場狼藉，不是小事。爾合作麼生？各自覓取箇托生處好。莫空遊州獵縣，祇欲捉搦閑話。待老和尚口動，便問禪問道、向上向下、如何若何。大卷抄了塞在皮袋裏卜度，到處火爐邊三箇五箇聚頭，口喃喃舉。更道遮箇是公才語，遮箇是從裏道出語，遮箇是就事上道底語，遮箇是體語。體爾屋裏老爺老娘。噇卻飯了祇管説夢，便道我會佛法了也。將知爾行脚，驢年得箇休歇麼？”

上段文字可以説是口語聯翩，用“頭上著頭、雪上加霜、棺木裏根眼、灸瘡盤上著艾燋”系列同義語表達了相同的含義，即佛本無事而人們往往無事生事。文偃禪師用“頭上著頭、雪上加霜”形容人們無事生事，自尋煩惱。與之含義相同的成語除了上文的“灸瘡盤上著艾燋”外，還有“屎上加尖、尖上加尖、土上加泥、泥上加土、眼中著屑、爲蛇畫足、嘴上加嘴、眉上安眉、床上安床、火上添油、火上益油”等，這些成語都是形容對領會佛法徒勞或有害無益、多此一舉的思想和行爲。辭書之所以釋爲“一再受到災難，苦上加苦”“錯上加錯”，就是由於未能參考禪宗語境所作的解説，實難驗之禪籍文本而通。

語境求義，首先要注意佛教文化和禪宗文化大語境。禪宗主張“不立文字，教外別傳”，具有特立獨行的語言觀，儘管禪宗文獻蘊含有豐富的佛教經典詞彙和口語詞彙，但其含義往往被禪化，稍不留意就會導致望文生義。其次要注意文本語境和上下文小語境，結合文本和具體的上下文求義，切忌斷章取義。再次，適當地利用禪宗語境互參，關注相同語境下措詞的異同，能够使我們更加準確地把握詞語在具體語境中的意義[③]。

---

① 根眼：瞪眼，瞪眼直視貌。
② 盤，瘢。《大慧録》卷七：“雲門今日和泥合水，向灸瘡瘢上更著艾炷。”
③ 參雷漢卿、王長林《禪宗文獻詞語釋義商榷》。

五、行業語問題

　　行業語是一種社會方言,語言學上一般把階級習慣語、行業語、集團語和隱語等全民語言的社會集團分支稱作社會方言。行業語祇是其中的一部分,是指"從事各行各業的人們、集團爲了專業工作需要而使用的專門詞語"①,就絕大多數禪宗行業語而言,它們首先是俗語,包括一般口語詞、成語、歇後語、俗諺等等。行業語的形成是通過比喻甚至是隱喻實現的。一般口語詞通過比喻、引申等方式沾染了禪義,其意義被禪化,便成爲禪宗行業語。用比喻方式的如"老古(骨)錐②、閑古錐、老擂槌、老骨撾、老禿奴"等形容機鋒癡鈍愚笨的禪師;"老大蟲"比喻精於機鋒的禪師;"獨眼龍"喻獨具慧眼者;"金剛圈、栗棘蓬"比喻包含峻烈禪機的話語、行爲;"露布"比喻外在的言句、言詞;"客作漢(兒)"指不能自己做主的學人。這類以一般方俗詞爲物質外殼而形成的行業語意義豐富多彩③。對於這類禪林行業語的理解分析,以往研究中差誤不大。但那些在禪宗臨機說法、禪門教義的影響下,在禪宗獨特言表習慣基礎上產生的行業語,誤釋或釋義不切的情況就比較多見了。

　　【傍不甘】《大慧録》卷二:"師云:'惜乎! 徑山當時不在,若在,點一把火照看這老漢面皮厚多少。即今或有傍不甘底出來道和尚也是普州人,又作麼生? 即向他道西天斬頭截臂,這裏自領出去。'"

　　拙文《禪籍詞語選釋》曾指出"'傍不甘'就是'不甘',這裏有不服氣、不贊同的意思。禪師在説一段法語之後,往往以反問的語氣詢問學人是否另有別解。'傍不甘底'相當於今天所説心中不服氣者或持有不同見解者"。釋義雖然大體不誤,但是"傍不肯"的構詞理據還是不太清楚,"傍"字的意義未能落實。而據王長林研究,"傍(旁)"實乃旁邊義。佛教文獻中"傍不甘"可作"傍不肯、傍不忿(憤)、旁不禁"和"傍不信"等。禪籍中"傍不V"中"傍"不僅可以組合成"傍邊、傍觀",還可以組合成"旁觀者、在傍"等。"傍不V"其實就是"旁觀不V、旁邊……不V"和"在旁不V"等形式省略而凝聚成的一個三字格詞語。禪師不循常理地把"旁觀不甘"等短語略説成"旁不甘",這是禪宗特殊的言表邏輯④。因

---

① 《語言學百科詞典》第193頁,上海辭書出版社1993年。

② (日)無著道忠《葛籐語箋》第117頁於"老古錐"下釋云:"錐元鋒利而古錐則尖退鋒禿,無復穎脱之能,以比老來無聰敏之機智也。"

③ 參拙著《禪籍方俗詞研究》第259~261頁。

④ 參王長林《佛教文獻釋詞補苴》。

而可以説“傍不甘”是禪林獨特的行業術語。

【合頭語】《祖堂集》卷一三《報慈和尚》：“師云：‘不見道，一句合頭語，萬劫繫驢橛。’”

江藍生説（183~184頁）：“‘合頭語’即蠢話，糊塗話。‘合頭’不可解釋爲徹底。元明時候有‘夾腦’一詞，如元雜居《舉案齊眉》一折：‘老孟是個真夾腦，酒不醉來飯不飽。’……據文義，‘夾腦’的意思是癡呆，愚蠢，跟唐五代時候的‘合腦’‘合頭’意義相同。由此我們推想‘合頭’‘合腦’的‘合’應與‘夾腦’的‘夾’意義相關，‘夾’有包圍義，故‘合’應是取義於‘整個’‘囫圇’的意思，‘合頭、合腦、夾腦’均猶今語死腦筋——頭腦不開竅之謂。”

《祖堂集》中的“合頭語”須要聯繫禪宗語境給予解釋。首先説“合頭”的“頭”不是頭腦義，而是一個詞綴，常置於動詞、形容詞之後表示抽象概念，禪籍中不乏用例，如“別頭、結交頭、入頭、安頭、徹頭”等等[1]。其次，“合頭”的“合”恐非整個義，而是符合、相應的意思。“合頭語”就是相符合、相對應的對答話語，是指在禪門應對、機鋒較量中，切合“第一義”、符合佛法大義的名言語句。禪宗主張“不立文字”，形諸言詮的“合頭語”畢竟落二落三，已與佛旨相去千萬里，若還醉心於這種言句上的契合應對，則如同驢繫橛，永無超脱，萬劫不復。

禪籍不避俚俗，使用大量當時社會各行業的俗語。要理解“綴五饒三、閉門作活、衝關、硬節、虎口、綽幹、肥邊、瘦肚”等詞語的含義必須瞭解古代的棋藝文化。要理解“打淨潔球子、八花球子上不用繡紅旗”等俗諺的含義則必須瞭解古代的蹴鞠文化。也即是説，要真正讀懂禪宗語録，還要必須關注其他行業語。

【叩齒】《五燈會元》卷五《溈潭文准禪師》：“擲下拂子，以兩手握拳叩齒曰：‘萬靈千聖，千聖萬靈。’”

“叩齒”又作“扣齒、扣牙”，袁賓《〈五燈會元〉詞語續釋》曾解釋爲“祈禱、念咒時的脣齒動作”，稍顯含混。後在《禪宗著作詞語匯釋》又釋作“以手叩擊牙齒，祈禱、念咒時的動作”（第105~106頁）。此説不確。“叩齒”其實是一個道教術語，指牙齒上下相扣合，是道士集中神智、驅避邪惡的修行術。《無上秘要》卷六六《叩齒品》：“叩齒之法，左右相叩，名曰鳴天鐘；右右相叩，名曰折天磬；中央上下相對叩，名曰鳴天鼓。”《天皇至道太清玉册》卷三：“凡叩齒者，是集真而集神。凡人體氣散，心氣耗，真氣不應，須用集之，所以叩齒者擊動天門，而甚氣應。”周學鋒進一步指出，《五燈會元》例中“叩齒”和“祈禱”其

---

[1]　參拙著《禪籍方俗詞研究》第370~373頁。

實是兩個不同的動作,有先後之分,先叩齒後再祈禱。禪宗文獻中出現這個道源詞可窺見道教對佛教影響之一斑。

　　【肥邊】【瘦肚】《五燈會元》卷一二《浮山法遠禪師》:"所以道'肥邊易得,瘦肚難求'。"

　　滕志賢認爲"肥邊"與"瘦肚"對文,當即"肥便"之借,"肥便"者大腹便便也。此説不確,不明術語故。"肥邊"和"瘦肚"都是圍棋術語,邱震强指出"(肥邊)指圍棋實戰中所得的厚實的邊地","肥邊易得,瘦肚難求"是圍棋界的常用語,指的是四邊容易做活,容易圈地,而中腹難以做活,難以成空。李旭認爲由於"瘦肚"在棋盤中腹,且又圍點成虛空的形狀,故禪宗燈録以此形狀引申爲自性圓滿、内心清淨圓澄之義。二説皆甚確當。

　　回顧近三十年來與禪宗文獻詞語考釋的相關論著,我們發現以上五類問題還比較普遍,在筆者自己的研究中亦未能避免。通過歸納以往研究中誤解誤釋的類型,可以診斷出研究中問題的頻發區及頻發的原因,引以爲鑒。在以後的研究中,如果能有意識規避以上五種常見的失誤,禪宗文獻詞語考釋工作定能更上一層樓,或許"方能稱得上是高層次的研究工作",謹與從事禪宗文獻語言研究諸君共勉!

參考文獻

段觀宋　《禪宗語録疑難詞語考釋》,《東莞理工學院學報》2001年第1期。

顧宏義　《景德傳燈録譯注》,上海古籍出版社2009年。

郭在貽　《訓詁學》(修訂本),中華書局2006年。

江藍生　《著名中年語言學家自選集·江藍生卷》,安徽教育出版社2002年。

江藍生、曹廣順　《唐五代語言詞典》,上海教育出版社1998年。

闞緒良　《〈世説新語〉詞語札記》,《安徽廣播電視大學學報》2002年第4期。

雷漢卿　《禪籍詞語選釋》,《語言科學》2006年第4期。

——　《禪籍方俗詞研究》,巴蜀書社2010年。

——　《近代俗語詞研究與禪宗文獻整理漫議》,《燕趙學術》(語言學卷)2014年。

雷漢卿、王長林　《禪宗文獻詞語釋義商榷》,《漢語史研究集刊》2014年第17輯。

——　《禪録方俗詞解詁》,《閩江學刊》2014年4期。

李　開　《五燈會元詞語考釋》,上海文藝出版社1999年。

李　旭　《禪録詞語釋義札記》,《漢語史研究集刊》2013年第16輯。

邱震强　《〈五燈會元〉釋詞二則》,《中國語文》2007年第1期。

(南唐)靜、筠禪師編撰,孫昌武等點校　《祖堂集》,中華書局2010年。

滕志賢　《〈五燈會元〉詞語考釋》,《古漢語研究》1995年第4期。

王長林　《禪語"君子可八"釋義商兌》,《語言研究》2015年第1期。

———　《禪籍"勃窣"拾詁》,《勵耘語言學刊》(待刊)。

———　《佛教文獻釋詞補苴》,《語言科學》2016年第2期。

王閏吉　《唐宋禪録疑難語詞考釋四則》,《語言研究》2013年第3期。

王勇、王長林　《禪籍點校獻疑》,《勵耘語言學刊》2015年第2輯。

(日)無著道忠　《虚堂録犂耕》,(京都)日本禪文化研究所1990年。

———　《葛藤語箋》,(京都)日本禪文化研究所影印1991年。

許寶華、(日)宮田一郎　《漢語方言大詞典》,中華書局1999年。

袁　賓　《〈五燈會元〉詞語續釋》,《語言研究》1987年第2期。

———　《禪宗著作詞語匯釋》,江蘇古籍出版社1990年。

———　《禪宗詞典》,湖北人民出版社2002年。

袁賓、康健　《禪宗大詞典》,崇文書局2010年。

詹緒左　《〈祖堂集〉詞語札記》,《安徽師範大學學報》2008年第1期。

張美蘭　《〈五燈會元〉詞語二則》,《古漢語研究》1997年第4期。

———　《祖堂集校注》,商務印書館2009年。

張錫德　《〈五燈會元〉詞語拾零》,《温州師院學報》1987年第4期。

張　相　《詩詞曲語詞匯釋》,上海古籍出版社2009年。

周學鋒　《禪宗著作詞語拾詁》,《漢語史學報》2012年第12輯。

文獻語言學（2）：136~203，2016

新校《蒙古字韻》①

張民權　　田　迪

（中國傳媒大學文法學部，北京，100024）

提要：《蒙古字韻》是研究近代漢語語音史的重要文獻，原本大致用852個蒙古八思巴字對音漢字2120組小韻，收錄漢字9438個左右。然而在韻字方面，現存《蒙古字韻》抄本訛誤俗寫現象非常嚴重，直接影響到該書文獻資料的充分利用，必須做相應的校勘工作。《蒙古字韻》所收韻字以《新刊韻略》爲基礎，通過與《新刊韻略》的比較勘正，殘本添加韻字160個，另外朱宗文等人後續添加韻字107個，實際增加字數爲267個左右。另外，《蒙古字韻》刪汰或遺漏了《新刊》120個左右的韻字。殘本韻字多有模糊殘缺，今參照《新刊韻略》補足30餘字。校正訛誤俗字800多個，綜上作校記文字970餘條。原本用八思巴字標記漢字聲母，但時有訛誤，今用傳統三十六字母形式重新做了標記，醒目而有條理。

關鍵詞：《蒙古字韻》；訛誤俗字；韻字校勘；聲母標記；《新刊韻略》

　　《蒙古字韻》是研究近代漢語語音史的重要文獻，是現存唯一一部蒙漢對音形式的韻書，它編寫於元世祖忽必烈至元時期。其編寫形式非常特殊，全書用852個蒙古八思巴字對音漢字音節，按照當時的漢語語音關係建立70個韻類，内涵2120組小韻，所收漢字9438個左右。

　　《蒙古字韻》訛誤俗寫非常嚴重，爲了充分利用該文獻資料，必須做相應的校勘工作。早在上世紀50年代，羅常培就進行了這項研究工作，爾後80年代初照那斯圖與楊耐思出

---

① 本文爲北京市社會科學基金項目"金代王文郁《新刊韻略》文獻整理及相關韻書研究"（14WYB033）階段性成果。古籍校勘是件非常艱辛而又費力費時的工作，需要豐富的文字音韻學和歷史文獻學知識。數年來，我們師生矻矻努力不辭辛苦反復勘正，前後數載才得以完成，由於我們對《新刊韻略》和《蒙古字韻》等相關韻書研究不深，校勘中難免會存在種種錯誤之處，掛一漏萬，祈盼有關專家學者不吝賜正。叩謝！另外，本次校勘參考和采納了前輩學者的大量研究成果，因校勘體例等原因，校注中沒有一一注明，敬請讀者原諒，並對這些學者的研究貢獻表示真誠的感謝！博士生肖方平、顏旭以及碩士研究生郭蓉蓉、李璠和符蘇等參加了材料的核對工作，謹此謝忱。

版了《蒙古字韻校本》，書後附録了比較詳細的校勘文字。但由於對《蒙古字韻》所依據的底本認識產生偏差，所以校勘工作也留下許多缺憾。羅先生以爲《蒙韻》編排是參照《廣韻》進行的，所以在校勘韻字時，一以《廣韻》聲韻爲基準，而照那斯圖、楊耐思校勘則以《韻會》爲參照，故誤校漏校甚多（舉例略）。後來甯繼福經過深入研究，發現《蒙韻》是以《新刊韻略》爲基礎編排的，並進行了深入的校勘研究工作，具體研究見《古今韻會舉要及相關韻書》等相關著述。雖然如此，但仍有遺漏之處，因此有必要重新啓動校勘工作，再則，甯先生校勘沒有與原文在一起，在使用上仍有不便之處。所以我們嘗試利用電腦技術進行新的校勘工作，給學界提供一個方便利用的新的文字版《蒙古字韻》。

我們在前輩學者校勘與研究的基礎上，利用《新刊韻略》多種版本重新進行了校勘工作。版本有臺北圖書館藏元覆刻大德十年（1306）中和軒刊本，北京圖書館藏影抄大德本以及上海圖書館抄本等。另外，我們還獲得了大量的朝鮮刊本《排字禮部韻略》，如明天順八年（1464）甲申本、嘉靖年間箕城本、萬曆年間仙岩書院本等，這些刊本都是《新刊韻略》的改版本。另外，我們對《韻會》引用的平水韻436個韻字，以及崔世珍《四聲通解》引用的470多處"蒙韻"文字進行了考察，以參校《蒙古字韻》。

依據《新刊韻略》，我們的校勘結果是：

《新刊韻略》106個韻部，3136組小韻（包括新添和重添字），收録韻字9311個。《蒙古字韻》十五個韻部，按殘本計算有818個八思巴字頭[①]，共有小韻數2055個，韻字9124個，另外，殘本可補缺9字[②]，如果加上麻韻補闕部分34個八思巴字，65組小韻，300個韻字（甯繼福1997），原本韻書大致是852個蒙古字，2120組小韻，9438個左右的韻字。《蒙韻》編排體例等相關研究成果我們將另文發表[③]。

以殘本校勘計算，今本《蒙古字韻》增添了韻字264個，添加的韻字有兩種形式：一是原本添加的韻字，大致有160個（甯先生86），這160個韻字中還包括兩韻兼收的情況，如泰韻"旆沬眛"三字既在支部出現又在佳部出現。二是後來朱宗文等人續添的韻字，一般有小字注釋，一共是107個，如東部平聲刘（刘也）玒（美玉）之類。但這107個韻字裏面卻有《新刊》12字，實際增加字數爲255個。另外，《蒙古字韻》删汰或遺漏了《新刊》120個左右的韻字，本次校勘據《新刊》補缺100字（甯先生39）；因原本模糊殘缺而補足者30餘

---

① 其中有一個八思巴字沒有相應的漢字對音，即蕭部最後一列寶字，表示"御寶上用此寶字"。

② 其中蕭部第六十列入聲"廓鞹漷"後脫"擴"字，麻韻第十三列些音節入聲"褺"字後脫"渫"字，麻韻殘本最後兩行脫"檡掘"和"䡾靴颫狨威"七字。

③ 具體研究論文有：《〈蒙古字韻〉編撰與近代官話語音史問題》（山西大學學報）2016年第2期）、《〈蒙古字韻〉編撰與校勘情況》（《中國語言學報》2016年第17期）、《〈蒙古字韻〉韻類與韻字編排問題》（《語文學報》2016年第3期）等（待發）。

字。綜上作校記文字970餘條。

本次校勘純粹是韻字校勘，今後有條件正式出版時，再考慮附原版照片。下面有必要説明一下本文校勘體例。

1.本次校勘僅校注韻本内漢語韻字正文，而於卷首校正字樣、總括變化之圖、三十六字母以及卷末回避字樣等，皆在省略之中。凡八思巴字拼寫訛誤與否，亦不在校勘之列。考慮到排印上的困難，僅録漢字而省録八思巴字。

2.本次校勘儘量從漢字形態學和訓詁校勘學出發，凡《蒙韻》中訛誤俗字、異體異構以及音義功能等，儘可能校正説明之，或指出其訛誤原因或説明校改理由。凡脱缺之字據《新刊》補足者以方括號[ ]表示，如東部第五列去聲缺"洞"字，則補足爲[洞]。凡添加之字以*號表示，如東部七列去聲"穜"字《新刊》無，則校補爲*穜。朱宗文等續添之字，一般有注文，校勘時將注文括號表示，如第一列玒（美玉）之類。小韻重複韻字省略例以〇表示。

3.凡不同聲母字錯列如清濁送氣與否混列，或者是開合混列，當時語音變化或如此，抑或編撰錯誤，因此本文不能一一校正之，姑遵其舊。如支部第七十一列影母入聲"域罭棫緎淢"乃喻母三等字，混列於影母中，按《蒙韻》聲韻系統應歸於魚母才是。

4.每列韻字之前據八思巴字母譯寫聲母，以傳統三十六字母表示，至於字母訛誤之處，參照前輩學者研究徑直訂正之。考慮到聲母知莊章三系的歷史分合問題，儘管韻本中三系聲母實際上合而爲一，但校勘時，仍標爲"知章、知莊"型，如有莊系獨立者則單獨標明之，以探明其源，有助於研究其音值。《蒙古字韻》於三十六字母外，匣母分出合母，影母析出幺母，疑母别出魚母，這些名稱本爲《通考》標識，我們仍借用之。又有"一"作零聲母標記者，韻書中有（吾）、（岏）、（訛）三個音節，本爲疑母字的零聲母化，校勘時我們標記爲"〇"聲母。

5.韻書中凡聲類韻類不做擬音描寫，韻類字加圈表示，如（公）（弓）之類。至於《蒙古字韻》音系研究，我們將另文發表。

附《蒙古字韻》東部圖版（《續修四庫全書本》），見下頁。

新校《蒙古字韻》卷上

一東

1.【見】平:㊀功工攻觥觵肱刉（刈也）玒（美玉），上:礦鑛，去:貢贛矼（至也）灨虹墳鳱①。

2.【溪】平:空箜崆悾倥（倥侗顆蒙②），上:孔倥悾，去:控倥空輕。

3.【端】平:東凍冬崠霒（雨皃），上:董崠懂蕫③，去:凍楝。

4.【透】平:通恫侗（大皃④），上:捅桶，去:痛統。

5.【定】平:同仝童僮銅桐筒瞳⑤曈犝潼犝置種峒筩侗酮彤澒鼟恫佟，上:動恫，去:[洞]⑥恫慟。

6.【泥】平:農䢅儂膿。

---

① 鳱，此字《新刊》及《蒙古字韻》皆有誤寫，貢下尚有乂或夕字，今依《集韻》改正。
② 顆蒙，原作頬蒙。據《廣韻》等韻書改。
③ 蕫，原董字偏旁艹頭作立頭，訛誤字，今改。
④ 大皃，原作犬皃，誤，《集韻》引《説文》大皃，據改。
⑤ 瞳，原從月旁作朣，據《新刊》改。瞳字《新刊》不載，見於《禮部韻略》，月初出。按:朝鮮刊本《排字禮部韻略》甲申本誤作朣，其餘不誤。本校注凡言《新刊》者，均爲元大德中和軒刊本，必要時參校朝鮮刊本等。
⑥ 洞，原脱。並脱表示聲調的去字，據《新刊》補。

7.【知章】平:中衷忠鍾鐘蚣終螽,上:冢塚腫種踵,去:中衷種衆*穜[①]。

8.【徹昌】平:忡充琉恔茺傭衝衝罿憧,上:寵。

9.【澄崇】平:崇崈。

10.【娘】平:醲濃禯[②]穠。

11.【幫】上:琫菶。

12.【並】平:蓬*逢[③]篷[④]髼芃韸,上:唪,去:*唪[⑤]。

13.【明】平:蒙冡濛朦矇罞幪雺盲[⑥]甍鄳甍萌氓甿,上:蠓懵幪猛艋,去:霿[⑦]孟盟雺懵。

14.【非敷】平:風楓豐酆灃[⑧]封葑峯鋒丰蠭蜂烽烽,上:覂[⑨]捧,去:諷風賵[⑩]葑。

15.【奉】平:馮渢逢縫夆,上:奉,去:鳳俸幏縫。

16.【微】平:瞢夢懜,去:寢夢瞢。

17.【精】平:豵嵕猣艐騣鬉椶宗,上:緫揔惣偬傯愡捴,去:糉粽傯綜倧。

18.【清】平:怱璁(石似玉)轗(載囚車[⑪])忩葱聰驄,去:謥憁。

19.【從】平:叢藂蘘[⑫]潀琮悰淙賨。

20.【心】平:鬆,去:宋送。

21.【審】平:舂惷捘[⑬]。

22.【禪】平:慵,上:尰。

23.【曉】平:轟訇諻薨。

---

① 穜,《新刊》無。《新刊》《廣韻》去聲不載,《集韻》去聲用韻:"穜種,朱用切,《説文》埶也,或从重。"

② 禯,原從衤旁,據《新刊》改。

③ 逢,《新刊》無,此《禮部韻略》東韻續添字,黄啟宗奏添,見郭守正《增修校正押韻釋疑》(下簡稱《校正釋疑》)。逢,薄紅切,《詩》鼉鼓逢逢,《釋文》薄紅切,鼓聲也。

④ 篷,原作蓬,前有蓬字,據《新刊》改。

⑤ 唪,《新刊》無,此字見於上聲,《廣韻》《集韻》諸韻書去聲均無此字。

⑥ 盲,原作肓,據《新刊》改。肓在唐韻荒小韻呼光切,曉母,與此聲位不合。盲甍鄳,皆庚韻武庚切字,音變在東韻。

⑦ 霿,原字形有誤,下不從目而作貝,據《新刊》改。

⑧ 豐酆灃三字,原訛誤成"豊鄷澧",因"豐"字寫成"豊"而致。元至順、至元本《事林廣記》百家姓酆字書寫亦如此,蓋當時風尚如此。

⑨ 覂,原下乏字作之,訛俗字,據《新刊》改。

⑩ 賵,《新刊》冒下目字誤作月(肉),朝鮮本誤同此。

⑪ 載囚車,原脱落中間囚字。

⑫ 蘘,甯繼福校正爲竹頭"籠"字,《新刊》上海圖書館抄本作竹頭,注釋草蘘生貌,顯與字形不合,其餘版本均作蘘,特記。

⑬ 捘,原作椿,據《新刊》改。捘,書容切,椿,江韻都江切(知母類隔),聲韻不合。

24.【合】平：洪訌紅虹鴻葒烘泾橫鬨鐄喤宏紘①嶸翃鈜弘②靰閎○③，上：澒玒④，去：哄烘鬨⑤橫。

25.【影】平：翁，上：蓊滃，去：瓮甕罋⑥。

26.【來】平：籠朧聾礱曨瓏曨櫳，上：籠攏，去：弄。

27.【見】平：⑤躬躳躳宮恭龔供共，上：拱珙⑦鞏珙栱冏⑧璟，去：供。

28.【溪】平：穹芎銎，上：恐，去：誇焪侊⑨恐。

29.【群】平：窮藭窮蛩邛筇[䓆]⑩蛬，去：共。

30.【澄】平：蟲冲盅重种，上：重，去：仲重。

31.【精】平：縱蹤，去：*從⑪縱。

32.【清】平：樅。

33.【從】平：從，去：從。

34.【心】平：嵩崧毿娀菘駷[㞞]⑫埣，上：悚竦聳。

35.【邪】平：松，去：頌誦訟。

36.【曉】平：胷凶兇詾⑬洶恟，去：夐。

37.【影】平：雍廱（辟廱）癰（癰疽）邕喁雝饔灉，上：擁壅，去：雍灉韅褕⑭壅⑮。

———————————————

① 紘，原作絃，據《新刊》改。

② 弘，原字右邊厶字缺點，寫作弘，此清抄本避諱，乾隆帝名諱弘曆。

③ 此組小韻省略一個冬韻泾字，因與東韻泾字重複故省略。本校勘凡重複省略例皆標記爲○，下同。

④ 玒，原作玗，據《新刊》改。玒，《新刊》注："金玉未成器也。乎瞢切。"玗，在去聲諫韻慣小韻古患切，與本音位不符。

⑤ 閎，原從門作閎，俗字，宜作閎，《新刊》亦如此，下陽韻閎字同。

⑥ 甕，原字下形旁缶字寫成𠙽，俗字，今改正。明焦竑《俗書刊誤》卷二有韻："缶俗作𠙽非。"後缶旁之字多有類似寫法者，如庚部"絣"字，陽部匣母音位上"缸瓨𦉢"、麻部"罇缺"等，缶旁均寫作𠙽，諸如此類皆徑改不注。

⑦ 珙，原本珙字寫作𤧭，以下凡珙聲字恐鞏銎蛩等均寫作𤧭，俗寫，今改正。又至元本《事林廣記》百家姓珙上部亦寫作𤧭。按：珙，《説文》褱也，從丮工聲。後隸定楷書時丮作凡，作几無意義。

⑧ 冏，《新刊》《廣韻》《集韻》等均作囧。囧，《説文》窻牖麗廔闓明，象形。或作冏，《尚書》有《冏命》篇，又有冏伯。今姑存其舊。

⑨ 侊，原作佄，據《新刊》改。

⑩ 䓆，原脫，據《新刊》補。注蕒莢實也。

⑪ 從，《新刊》無。按：從去聲疾用切，從母，下去聲之從即是。《新刊》不在此音位。

⑫ 㞞，原脫，據《新刊》補。駷㞞埣均清韻息盈切，音變在東韻。《韻會》七音三十六母通考心母弓字母韻。

⑬ 詾，《廣韻》《新刊》作詾，《集韻》作訩，或作讻。《蒙古字韻》或據《集韻》所爲，今姑存其舊。

⑭ 褕，原從衤旁，韻書無衤旁字，《新刊》亦誤作衤旁，此字見於用韻重添，注襪袽。可知衤旁爲誤，此《蒙古字韻》誤從《新刊》之誤。又按：《韻會》引平水韻鞼褕作韉褕。《集韻》或體。

⑮ 壅，原從扌旁作擁，據《新刊》改。擁在上聲，已録。

38.【魚】平:顒喁榮,上:永,去:詠咏泳禜①*醤②醤。

39.【幺】平:縈。

40.【喻】平:融融③烿⑤肜瀜容溶庸墉鎔鏞廭傭蓉瑢營塋*𤏡⑤*瑩⑥,上:甬涌勇踊恿穎⑦俑穎,去:用。

41.【來】平:隆癃窿隴龍,上:隴壠。

42.【日】平:戎羢駥絨茸,上:冗氄。

二庚

1.【見】平:驚京荊兢矜,上:警儆景境橄⑧,去:敬竟鏡。

2.【溪】平:卿,去:慶。

3.【群】平:擎劲黥鱷鯨檠,去:競竸倞。

4.【疑】平:迎凝,去:迎凝。

5.【端】平:丁釘玎仃,上:*朾⑨頂鼎⑩酊,去:矴釘定飣訂。

6.【透】平:汀聽⑪廳⑫鞓,上:珽侹頲,去:聽。

7.【定】平:庭停莛筳亭渟霆綎娗蜓廷,上:挺艇鋌町,去:定廷錠。

8.【泥】平:寧⑬,上:顁濘,去:甯佞濘⑭。

9.【知章】平:貞楨禎征鯖鉦正徵⑮蒸烝菥脀,上:整𩣡*證⑯拯整,去:政正証證。

---

① 禜,原作縈。據《新刊》改。縈在影母(幺),見下。

② 醤,《新刊》無此字。

③ 融,原作融,據《新刊》改。按:此爲融之別體。

④ 烿,原字中間丹字寫作舟字,俗字,《新刊》亦誤,今改。

⑤ 𤏡,《新刊》無此字。見於《集韻》營小韻維傾切,小瓜。

⑥ 瑩,《新刊》無此字,瑩字在《新刊》去聲徑韻鎣小韻烏定切。

⑦ 穎,原左下角誤作示,爲穎字俗寫,《新刊》誤作木,今改。

⑧ 橄,原作撖,《新刊》梗部作橄,注:"所以正弓。"

⑨ 朾,《新刊》無。《集韻》梗韻:"朾,都令切,擊也。"又迥韻都挺切,樘之異體。按:此字或疑打字之訛混,《新刊》梗部打字德冷切,又都挺切,擊也。

⑩ 鼎,原字形筆畫訛誤,據《新刊》改。

⑪ 聽,原皆爲俗寫,心上缺一橫。按:德之古文爲悳,但多省筆作惪,故德字多寫作德,其他字皆如此類推,非。今校勘時改爲正字。

⑫ 廳,原作廰,俗字。《集韻》:"廳,古者治官處謂之聽事,後語省直曰聽。故加广。"按:厂(呼旱切),《説文》山之崖巖;广(魚撿反),因巖爲屋,字義應與房屋有關。凡作厂頭者皆俗字。

⑬ 寧,原寫作寕,即下丁字與皿字連寫,俗字,今改正。

⑭ 以上寧字偏旁皆寫作寕,簡俗字,今改爲正體。

⑮ 徵,原作徵,俗字。山壬之間應有一橫。以下澂懲等均如此簡寫,徑改不注。

⑯ 證,《新刊》無。《新刊》證在去聲。

10.【徹昌】平：樫禎①橙稱偁，上：逞騁，去：遄偵稱秤。

11.【澄船】平：呈程醒裎②澂澄憕③懲繩乘澠，去：鄭瞪乘剩賸塍④甸⑤*嶒⑥。

12.【幫】平：兵并冰掤，上：丙眪邴炳怲秉餅鉼屏鉼鞞⑦，去：柄怲摒併⑧并。

13.【滂】平：傌砯⑨，去：聘娉。

14.【並】平：平評苹枰瓶缾屏萍洴凭馮憑，上：並並，去：病平評凭。

15.【明】平：頖（眉目間）⑩明盟鸏鳴名洺冥銘溟螟蓂瞑，上：皿茗酩，去：命瞑⑪。

16.【精】平：蜻（蜻蛚）精菁鶄晶睛旌斺，上：井，去：甑。

17.【清】平：鯖（魚名）清青，上：請，去：倩清⑫靘掅。

18.【從】平：情晴睛繒郮嶒⑬，上：靜靖穽阱，去：淨⑭穽靚請。

19.【心】平：星腥醒惺鯹（魚臭），上：醒省惺，去：醒姓性。

---

① 禎，原作頕，俗字。正字作禎。

② 裎，原作程，重複，《新刊》庚部作裎，佩帶。

③ 憕，大德本《新刊韻略》誤作燈，注"平也"。朝鮮刊本作憕，不誤。

④ 塍，原作勝，《新刊》去聲證韻作"塍"，注："送女從嫁。"

⑤ 甸，羅常培《蒙古字韻校注》以爲誤字，不確。此字在《新刊》去聲證韻乘小韻食證切，注曰："六十四井爲甸，又堂練切。"《廣韻》去聲不載此字，見於《集韻》證韻乘小韻石證切，注釋與《新刊》同，即"六十四井爲甸"。按：《新刊》收字以《廣韻》爲主，但酌情從《集韻》等書中收錄了少數韻字，如"㶸、㑋、甸、娍、㤅、胖、觫"等二十餘字，其後"新添、重添"又有大量增加，而《蒙古字韻》依據《新刊》所著，故如此。

⑥ 嶒，《新刊》無。《集韻》去聲證韻乘小韻："嶒，山名，在剡縣。"

⑦ 鞞，原右旁卑訛寫，田上無點，下十字亦無點，本書支部卑聲字大多如此，今改。

⑧ 併，原作枡，據《新刊》改。按：枡在平聲清韻并小韻府盈切，不合在此音位。

⑨ 砯，原作砳，《廣韻》和《新刊》均作砳，當爲砯，《切韻指掌圖》十六圖滂母平聲作砯。又宋代《重修玉篇》砯普冰切，水擊石聲。據改。

⑩ 頖，原作覵，按注文當爲頖，二字均爲青韻冥莫經切小韻字。《廣韻》："頖，眉目間也。覵，小見也。"宋《禮部韻略》誤注曰："覵，眉目間。"宋人毛晃《增修互注禮部韻略》（下簡稱《增韻》）、無名氏《附釋文互注禮部韻略》（下簡稱《附釋文韻略》和歐陽德隆《押韻釋疑》等均如此。《韻會》："覵，小見也……舊韻注誤。"又頖是後來續添字，不應置於小韻之首，應當置於小韻之末。《禮部韻略七音三十六字母通考》（下簡稱《通考》）所列小韻代表字是根據《蒙古字韻》列寫的，本小韻是明字而不是頖字，可以說明。下蜻（蜻蛚）和鯖（魚名）兩個韻字錯誤同此，今不改如舊。後倣此。

⑪ 瞑，《新刊》如此。照那斯圖、楊耐思《蒙古字韻校本》以爲瞑字之誤，不確。按：《廣韻》除張氏澤存堂本外，其餘本子去聲徑韻瞑字皆誤作瞑，注："夕也。莫定切。"顯然訓釋與韻字不符，《集韻》瞑字注閉目，與字形合。特辨正之。

⑫ 清，原作"清"，《新刊》去聲勁韻作清。

⑬ 嶒，照那斯圖、楊耐思《蒙古字韻校本》以爲增字之誤，不確。《新刊》如此。《校本》以《韻會》正誤誤作判斷依據，故有如此失誤。按：《校本》誤校或漏校甚多，不能縷述，後從略。

⑭ 淨，原作淨，據《新刊》改。淨爲後起簡俗字，韻書不載。

20.【邪】平:餳。

21.【審】平:聲升昇陞勝,去:聖勝滕①。

22.【禪】平:成城誠筬盛郕承丞,去:盛晟娍。

23.【合】平:恒。

24.【影】平:霙韺英瑛膺應鷹蟣鹰,上:影,去:映應。

25.【幺】平:罌罌鶯嚶櫻鸎罃攖瓔嬰纓,上:瘿,去:鎣鶯瀯。

26.【喻】平:孆(好也)攍②(擔也)盈嬴籯瀛赢③楹蠅,上④:郢楧涅,去:鞕硬孕。

27.【來】平:令靈齡図鴒蛉鈴醽欞蠣苓伶泠*笒⑤玲聆零翎瓴○⑥陵凌淩淩菱綾,上:領嶺衿⑦冷,去:令。

28.【日】平:仍陾。

29.【見】平:㧏⑧縆絚,去:亙恒。

30.【溪】上:肯。

31.【端】平:登燈簦甂甎,上:等,去:嶝鐙隥⑨磴。

32.【定】平:騰滕縢螣朕膡藤癆,去:鄧蹬。

33.【泥】平:寕寧⑩能。

34.【知莊】平:丁爭⑪箏,上:打⑫,去:偵諍*幀⑬。

---

① 滕,原作塍,《新刊》織機塍也。按:塍《廣韻》蒸韻繩小韻食陵切,不在此音位,《蒙古字韻》船母(照三)與澄母合流(見上第11行呈字音節)。

② 攍,原作“檑”,依注文改。此字取自宋人《禮部韻略》。

③ 以上赢赢等字皆有俗寫,中間亡下橫口字寫作橫目四字。

④ 上,原作去,誤。

⑤ 笒,《新刊》無。《廣韻》:“笒箐,小籠也。”

⑥ 此處省略青韻郎丁切令字。

⑦ 衿,原從衤旁,此衣領字,據《新刊》改。《廣韻》:“衿,衣衿。《禮》云左執領,不從衣。”《集韻》引《方言》袓飾謂之直衿,謂婦人初嫁上服。

⑧ 㧏,原從木作桓,據《新刊》改。韻書無此字。

⑨ 隥,原作蹬,據《新刊》改。蹬在去聲嶝韻鄧小韻徒亙切,定母濁聲,與此音位不合。

⑩ 以上二字偏旁寧字皆寫作甯,簡俗字,今改爲正體。

⑪ 爭,原寫作争,俗字,後凡爭聲字徑改。

⑫ 打,原作杕,據《新刊》改。按:《廣韻》杕,伐木聲,即《詩經》伐木丁丁之後起區別字。中莖切,在平聲。打,擊也,德冷切,又都挺切。上聲,此舌頭舌上類隔,仍爲知母。

⑬ 幀,《新刊》《廣韻》無,見於《集韻》幘之異體,《集韻》去聲映韻:“幘,張畫繒也,或作幀。”

35.【徹初】平:瞠鎗鏜①槍琤錚*樘②*樘③。僜

36.【澄】平:根橙,去:鋥瞪。

37.【幫】平:*崩④閍繃祊⑤絣*伻⑥,去:迸。

38.【滂】平:烹亨抨。

39.【並】平:彭棚朋堋鵬*弸⑦,上:倗,去:倗。

40.【精】平:增憎曾矰罾橧。

41.【從】平:層曾,去:贈。

42.【心】平:僧鬙。

43.【山】平:生笙牲鉎甥猩,上:省告。

44.【來】平:楞棱稜,上:冷。

45.【見】平:⑩駉坰⑧,去:頸。

46.【溪】平:傾頃,上:頃綮傾裰綮⑨*濙⑩。

47.【群】平:瓊甇嬛惸。

48.【曉】上:詗。

49.【匣】平:雄熊榮熒螢,上:迥炯泂。

50.【見】平:⑩鶊更秔粳賡羹耕經涇,上:梗挭綆鯁耿剄頸,去:更徑經逕俓勁。

51.【溪】平：阬坑鏗牼硜誙輕，上：謦①，去②：罄磬［䃔］③。

52.【曉】平：脝④亨⑤馨興，去：興。

53.【曉】平：兄。

54.【影】平：㶇。

55.【匣】平：行衡珩蘅莖誙陘形刑邢銒⑥倗硎型，上：杏荇莕幸悻婞脛，去：行脛⑦。

三陽

1.【見】平：岡崗堽剛鋼綱犅⑧堈亢，去：鋼。

2.【溪】平：康穅糠，上：慷忼，去：抗閌炕伉亢。

3.【疑】平：昂卬駠（馬怒）㭘（屋角），去：*駠⑨。

4.【端】平：當鐺艠（舟名）簹禣⑩璫，上：黨党⑪譡，去：譡⑫當擋。

5.【透】平：湯鏜，上：曭⑬儻帑，去：儻湯盪。

6.【定】平：唐煻糖瑭螗螳塘溏糖堂棠，上：蕩盪蕩，去：宕踼碭邊。

7.【泥】平：囊，上：曩，去：儾瀼。

8.【知章】平：張粻章漳樟璋彰障獐麞，上：長掌*仉⑭，去：脹漲張帳墇嶂瘴障。

9.【徹昌】平：猖（猖狂）伥昌倡閶菖，上：昶氅敞鶬廠，去：悵悵悵韔場唱倡暢。

10.【澄】平：長萇腸場，上：丈杖仗，去：仗長杖。

11.【娘】上：娘孃，去：釀。

12.【幫】平：幫綁鞤⑮謗邦，上：榜牓，去：謗［榜］⑯。

————————————

① 原罄磬䃔三字皆標爲上聲，實際上衹有謦才有上聲一讀，《新刊》迥韻注：謦欬也。去挺切。

② 去，原脱，謦在《新刊》去聲嵊韻新添，注："謦欬，言笑也，苦定切。"罄磬二字皆在去聲。

③ 䃔，《新刊》徑韻新添字，注："䃔，謦欬，言笑也。苦定切。"當補。

④ 脝，原作脭，脭在魂韻他昆切，與此音位不合，據《新刊》改。

⑤ 亨，原作享，與此韻母不合，據《新刊》改。

⑥ 銒，原作金旁邢聲，據《新刊》改。

⑦ 脛，原從目旁，韻書無此字，據《新刊》去聲徑韻胡定切改。

⑧ 犅，原作犏。據《新刊》改。

⑨ 駠，《新刊》無。《廣韻》去聲宕韻吾浪切，駠，馬怒。

⑩ 禣，原從衤旁，韻書不載，據《新刊》改。

⑪ 党，《新刊》無，《廣韻》《集韻》不載，見於《五音集韻》，党項，虜名。按：又姓氏，至元本《事林廣記》百家姓有此字。

⑫ 譡，原作讜，讜在上聲，譡在去聲宕韻丁浪切，言中理。

⑬ 曭，原作曭。《新刊》上聲蕩韻作曭，注："日不明。"

⑭ 仉，《新刊》無。《廣韻》上聲養韻掌小韻諸兩切："仉，姓，梁公子仉啓後也。"按：孟軻母仉氏，見《列女傳》。

⑮ 鞤，原下作章，誤，據《新刊》改。鞤，鞋革皮也。

⑯ 榜，原脱，據《新刊》補。按：謗字去聲，原脱表去聲的去字。

13.【滂】平:滂鎊霧雺雱脿。

14.【並】平:傍彷蹄房旁龐逄①,上:棒蚌玤,去:傍徬。

15.【明】平:茫忙邙蘉庬哤狵,上:莽②。

16.【非敷】平:祊(祭四方也)方坊蚄肪枋妨芳,上:昉倣放仿仿紡髣,去:放舫訪。

17.【奉】平:房防坊魴,去:防。

18.【微】平:亡芒蘉忘鋩望,上:網罔輞魍䍚惘枉③,去:妄忘望朢。

19.【精】平:臧贓牂④戕,上:駔髒,去:葬。

20.【清】平:倉蒼鶬滄,上:蒼。

21.【從】平:藏,上:奘,去:藏*臟⑤。

22.【心】平:桑槡喪⑥,上:嗓搡磉顙,去:喪。

23.【審】平:商賷⑦傷殤觴湯塲暘,上:賞鞝,去:餉向。

24.【禪】平:常尚裳甞⑧嘗償鱨,上:上,去:尚上。

25.【合】平:航行頏杭,上:沆頏,去:吭行笐。

26.【影】上:坱泱,去:盎。

27.【喻】平:陽暘楊揚颺煬鍚瘍敭羏羊佯徉洋痒⑨,上:養⑩痒癢瀁,去:漾恙恙颺煬様⑪養瀁⑫。

———————————

① 逄,原作逢,據《新刊》改。按:此爲姓氏之逄,元至順、至元本《事林廣記》百家姓所載即此字。

② 莽,原作莽,《新刊》無莽字,蓋莽之俗字。

③ 枉,影母字,《新刊》養韻紆往切,合口字,應置於光字韻類下才是。《中原音韻》與往字同圈。當時微母合口上聲字與影母和喻三可能合流了。存疑。

④ 牂,《新刊》《廣韻》如此,《集韻》和《禮部韻略》作牂,按:《詩經》作牂,《小雅·苕之華》牂羊墳首,毛傳:牂羊,牝羊也。甯繼福校訂爲牂,可參。

⑤ 臟,《新刊》無。見於《集韻》宕韻藏小韻才浪切,臟腑。

⑥ 喪,原作丧,俗體,下喪字同。今改正。

⑦ 賷,原字形筆畫有訛誤,貝上缺"八"字形,據《新刊》改。

⑧ 甞,原下甘字誤作百,據《新刊》改。

⑨ 痒,《新刊》此聲位無,痒在上聲,疑當時有讀陽平者。按:《集韻》陽韻余章切瘍之異體作痒曰:"《説文》頭創也,一曰創癰也,或作痒。"

⑩ 養,原作養,俗字,下去聲養字亦同,《干祿字書》上聲:"養養,上俗下正。"《校正釋疑》辨析養字曰:"是字從羊食,或作養,乃音卷。"按:元代八思巴碑刻文字就有大量的俗字,如《孔子廟學聖旨碑》養作養,體作軆,德作德等即是。

⑪ 様,原作樣,據《新刊》改。注式様。後來寫作樣,《蒙古字韻》卷首"校正字様"和卷末"迴避字様",皆寫作様,可知編者有意改寫。元李文仲《字鑒》卷四:"様,餘亮切,《廣韻》式也,法也,左從手,俗作樣非。樣,徐兩切《説文》栩實也,從木羕聲。"按:樣《廣韻》無,《集韻》上聲養韻象小韻似兩切,注:樣,栩實也。

⑫ 瀁,原作湌,據《新刊》改。湌爲餐之異體,俗作飡。

28.【來】平：筤（竹也）郎莨瑯稂桹廊榔鋃浪蜋琅狼，上：朗，去：閬浪埌蒗。

29.【日】平：穰攘禳瀼瓤，上：壤穰攘①，去：讓。

30.【見】平：薑疆畺壃繮䡓殭礓橿螿僵姜扛杠釭矼江，上：繈襁②鎠講耩港，去：彊絳虹降泽。

31.【溪】平：羌蜣腔悾羟，上：控。

32.【群】平：强彊，上：彊。

33.【疑】上：仰，去：仰。

34.【精】平：將漿蔣螿，上：蔣獎槳③楈蔣，去：醬將。

35.【清】平：蹡（行皃）槍鏘*將④瑲蹌斨搶⑤。

36.【從】平：牆廧墻嬙檣薔牂蘠，去：匠。

37.【心】平：纕（佩帶）襄廂湘相緗箱驤，上：想，去：相。

38.【邪】平：詳祥翔庠［痒］⑥，上：橡像象襐⑦。

39.【曉】平：香薌鄉⑧肛，上：響饗蠁嚮享傰⑨，去：向嚮。

40.【匣】平：降泽（水不遵道）缸瓨，上：項䃁，去：巷閧。

41.【影】平：央鴦殃鉠秧霙泱，上：鞅鞅決快，去：怏鞅。

42.【來】平：良梁粱樑粮蜋糧量⑩凉涼輬，上：兩魉，去：亮諒緉兩悢量掠凉。

43.【見】平：光㳚洸胱觥，上：廣，去：誑烡。

44.【溪】平：匡筐恇眶，去：曠曠⑪壙纊。

45.【群】平：狂軖。

---

① 攘，《新刊》誤作木旁作欀，然注釋不誤，曰"擾攘"。《集韻》有欀，但在去聲，與此音位不合。

② 襁，原從衤旁，據《新刊》改。

③ 槳，原作漿，據《新刊》改。

④ 將，原從土，《新刊》無，《集韻》瑲小韻千羊切，請也。此字或作牄，但韻書不載，當爲請願之將，《詩經》將仲子兮、將伯助予，毛傳皆訓釋爲請，《釋文》千羊切。此《集韻》音義之來源，《蒙古字韻》或據《集韻》添加。

⑤ 搶，原作槍，據《新刊》改。

⑥ 痒，原脱，《新刊》陽韻詳小韻似羊切第五字，據補。

⑦ 襐，原從衤旁作豫，據《新刊》改。

⑧ 鄉，原作鄉，其皀上無點，本組音節鄉聲之字《蒙古字韻》均作鄉，俗字，今改。按：《說文》鄉從邑皀聲，今文作鄉，徐鍇曰許慎其時皀音香。故鄉寫作鄉爲誤字。

⑨ 傰，原作溝，誤，據《新刊》改。

⑩ 量，原上曰字俗寫作旧，下量字同，今改。

⑪ 曠，原作曠，重出，據《新刊》改。《新刊》目無眮也。

46.【知莊】平:椿①,去:戀。

47.【徹初】平:窻愡窓攕。

48.【澄崇】平:幢撞漴,去:撞。

49.【山】平:雙慃。

50.【曉】平:荒肓,上:慌膿燻(寬明皃)②。

51.【影】平:汪尫,上:枉,去:汪。

52.【魚】平:王,上:往③皇④,去:迋⑤旺王。

53.【來】平:瀧。

54.【莊】平:莊⑥庄装粧⑦,去:壯。

55.【初】平:創瘡,上:刾搶,去:刱創愴滄。

56.【崇】平:牀床,去:狀⑧。

57.【山】平:霜鸘鷞孀[驦]⑨,上:爽鷞塽。

58.【合】平:黃皇遑惶煌艎隍蝗偟媓徨篁凰璜潢簧湟(水名)瑝(玉名)騜(馬黃白色)⑩,上:晃幌滉皝,去:攩擴眶。

59.【曉】平:况,去:況眖況。

四支

1.【見】平:羈覊畸奇飢肌姬基萁其箕幾譏磯韄饑機璣机,上:掎几⑪麂紀己幾蟣,去:寄

---

① 椿,原作椿。據《新刊》改。按:椿,木名,諄韻丑倫切,不在此音位。

② 寬明皃,寬原誤作莧。

③ 往,原作徃,俗字。今改。按:《說文》往從彳㞷聲,宋郭忠恕《佩觿》卷中:"㞷,戶光翻,草木妄生皃。"

④ 皇,羅常培以為有誤。按:《新刊》上聲漾韻往小韻于兩切收有此字,注:"皇皇,祭祀之儀。"《廣韻》無此字,此字取自《集韻》,《集韻》注釋與《新刊》同。

⑤ 迋,其中王字訛寫成壬字,改正。

⑥ 庄,《新刊》作莊,注俗字。《集韻》:俗作庄非是。《五經文字》卷中:"莊作庄非。"庄為莊之簡寫,庄又為莊之簡寫,今通作庄。此《蒙韻》編者有意簡化莊粧(見下)二字,今姑存其舊。

⑦ 粧,俗字,《新刊》作粧,注粉飾也。《說文》作妝,曰飾也,从女牀省聲。臣鍇曰今俗作粧。《韻略》作妝,取正體。《押韻釋疑》:"妝亦作粧,飾也。釋又女字,韓詩桃李晨粧靚,此是俗粒字。諸韻並無,宜知寫此恐成失韻。"明焦竑《俗書刊誤》卷一:"妝,俗作粧非。"《廣韻》妝粧別為二字,前注:"妝,女字,又飾也。"後注:"粉飾也。"《蒙古字韻》寫粧字,或有概括簡併二字之意。《中原音韻》作粧。

⑧ 狀,原右旁犬字缺一點,寫作大。

⑨ 孀,原脫,據《新刊》補。

⑩ 馬黃白色,原脫中間一黃字,據《廣韻》諸書改。又湟(水名)瑝(玉名)騜(馬黃白色)三字原置於小韻之首,此後來添加字應置於小韻之中或之末才是。黃為韻類代表字,故更改之。

⑪ 掎几,二字原作上掎下几,當為掎几二字相連之誤。掎在紙韻居綺切,當補於此。

冀巽旣*曁①覬槩驥記猘闋,入:訖吃戟撉急汲給伋級殛悒亟誣襋②棘。

2.【溪】平:魋(醜也)③欹④敧⑤崎欺傲,上:綺起杞屺玘芑崵犰桸豈,去:器亟氣憩愒揭

瓢,入:乞隙郤⑥綌泣湆吃。

3.【群】平:奇琦騎錡其期旗綦萁琪麒*箕⑦騏淇萁碁璂祺祈頎旂⑧畿璣⑨崎圻幾,上:技

妓錡跽,去:芰⑩騎臮曁堅洎垍忌惎鵋薺偈,入:劇屐及笈姞佶趃極。

4.【疑】平:宜⑪儀礒涯疑嶷沂澂,上:螘蟻蛾錡艤轙擬儗薿矣顗,去:議誼義劓毅刈乂艾,

入:疙屹仡逆嶷岌。

5.【端】平:低氐磾胝眂隄堤,上:邸底觝坻柢抵牴軧弤氏,去:帝諦嚏柢蔕蟳,入:的適

嫡鼑靪鏑馰滴弔芍(芙蕖中子)芍蹢樀。

6.【透】平:梯睇,上:體軆涕,去:替剃涕屜,入:逖逷倜趯剔惕踢籊。

7.【定】平:嗁啼遆*⑬[蹏]⑭蹄折提題媞綈稊醍[禔]⑮褆鵜黃緹騠,上:弟娣悌遞,去:弟

第遰提髢締睇⑯悌娣褅棣柂踶題遞逮地*遞⑰,入:狄荻敵籊翟覿笛籴糴滌踧頔迪⑱。

8.【泥】平:泥堲篝(有骨醢)⑲,上:禰莀⑳瀰,去:泥堲坭,入:怒溺惄。

---

① 曁,《新刊》無。

② 襋,原從衤旁,訛俗字,《廣韻》襋,衣領交也。故從衣不從衤。又右旁棘字本從兩束,而寫成兩朿字,下棘字誤同,今並改正。

③ 魋,《新刊》無,下有空白,似有脫文,注文醜也二字據《廣韻》等韻書補。

④ 欹,原作攲,俗字,按:支旁不能寫作攴(攵),今改。

⑤ 敧,原作欹,欹在支韻漪小韻於離切,影母字,不在此音位。

⑥ 郤,原作卻,據《新刊》改。按:郤爲姓氏,綺戟切。卻爲去約切,退卻。

⑦ 箕,《新刊》無。箕在《新刊》之韻姬小韻居之切,見母,韻書未見在群母者。

⑧ 旂,原字形有誤,上有艹頭,據《新刊》改。

⑨ 璣,元大德本《新刊》誤作瓈,朝鮮本不誤。

⑩ 芰,原從竹頭,誤。據《新刊》改。

⑪ 宜,原作一頭,俗寫字。

⑫ 逷,原作逿,據《新刊》改。本組從易得聲的字均寫作易旁,如踢寫作踢,俗字。按:逷踢等均在陽部,見上三陽第六列唐字音節去聲部分。

⑬ 遆,《新刊》無。《廣韻》不載,《集韻》姓也。

⑭ 蹏,原脫,據《新刊》補。

⑮ 褆,原脫,據《新刊》補。

⑯ 睇,原從目帝聲,據《新刊》改。

⑰ 遞,《新刊》無。遞之俗寫。

⑱ 迪,原作辶字底,俗寫字,今改正。

⑲ 醢,注文,原誤作韻頭字。

⑳ 莀,原誤作范,據《新刊》改。

9.【知章】平：知蜘胝衹砥支厄栀枝肢褆氏①泜鵝楮脂之芝，上：徵紙②咶衹坻軹咫枳抵砥旨③指厎④止時沚趾址芷阯，去：智知置致慣寊輊躓質寊忮觶鷙至志誌制製晢摯贅，入：陟⑤稙縶騭窒銍⑥稄隻炙摭跖質垤郅桎蛭驚劓鑕碩職織樴執汁墊。

10.【徹昌】平：絺瓻（盛酒器）*刿⑦摛［螭］⑧魑（魑魅鬼屬）麶癡笞鴟眵蚩⑨［嗤］⑩*陆⑪媸，上：恥袳侈齒*茝⑫，去：眙⑬熾饎糦幟掣瘛滞⑭，入：挟侄敕⑮（誠也）勑飭⑯鷘叱尺赤蚇斥。

11.【澄船】平：馳池箎踟墀墀坻泜遟遟治持，上：豸褫⑰侈杝廌雉薙峙跱峙痔偫庤時禓舐⑱，去：緻稚*稺⑲［遟］⑳穉治值植滯彘示諡，入：秩袟袟袠姪擲摘躑蟄直實射食蝕。

12.【娘】平：尼怩，上：柅你旎，去：膩，入：暱昵惬匿㉑。

---

① 氏，原作氐，誤，此闕氏字，據《新刊》改。
② 紙，原右旁寫作氐，字誤，今改。
③ 旨，原寫作旹，俗字，今改正。
④ 厎，原作底，訛誤字，據《新刊》改。按：厎音止，從厂，與從广之底音義有別，後多相混。《新刊》："厎，平也，致也，又柔石也。"
⑤ 陟，原步字下寫作少，俗寫，今改正。
⑥ 銍，原作銋，據《新刊》窒小韻改。
⑦ 刿，《新刊》無。《廣韻》《集韻》等無此字，其音義來源不明。金韓孝彥《四聲篇海》刀部七畫收此字，注曰："舊藏作郗，音丑脂反。"
⑧ 螭，原脱，據《新刊》補。
⑨ 蚩，原字形有誤，山下缺一橫，今改，下同。
⑩ 嗤，原脱，據《新刊》補。
⑪ 陆，《新刊》無。見於《集韻》和《五音集韻》，地名。
⑫ 茝，《新刊》無，《新刊》茝在海韻昌給切，香草也。《廣韻》又止韻諸市切，注："茝，香草。《字林》云蘪蕪別名。又昌待切。"此字《禮部韻略》收於止韻齒小韻昌里切，《蒙韻》或據此增入。
⑬ 眙，原左旁從耳，韻書無此字，據《新刊》改。
⑭ 滞，原作滞，滞在澄母直例切，據《新刊》瘛小韻尺制切改。滞，惉滞，音不和也。
⑮ 敕，原右旁作欠，據《新刊》改。
⑯ 飭，原右旁力字誤作方字，蓋餝（飾之俗字）之訛誤字。今正。
⑰ 褫，原從衤旁作褫，褫心母字，息移切，平聲，不合此聲位。
⑱ 舐，原右旁氏字作氐，訛誤字，今改。
⑲ 稺，《新刊》《廣韻》均無。《康熙字典》禾部稺字引《正字通》同稺。此當時俗字，已見《集韻》或作，吳均《增修復古編》從禾犀聲，俗作稺稚稺稊非。
⑳ 遟，原脱，據《新刊》補。
㉑ 此處省略一慝字，《新刊》兩見，一在質韻尾質切，一在職韻女力切。

13.【幫】平:卑椑箄禆①箄幒②陛狴③鎞○④篦(竹器),上:[匕]⑤妣秕比俾俾,去:臂痹⑥畀庇閉嬖箅⑦蔽,入:必畢篳韠趩蹕滭滭縪饆鷝珌辟躄璧鼊鼜壁。

14.【滂】平:紕諀磇陛剌批鈚,上:諀庀仳,去:譬媲⑧淠○⑨,入:匹僻辟癖霹劈澼。

15.【並】平:陴脾埤禆⑩[紕]⑪椑鼙魮(魚名)槐(榍也)毗比琵貔膍[豼]⑫肶蚍枇*樿⑬○⑭,上:婢庳⑮陛梐髀,去:鼻比庳⑯枇避辟獘斃幣敝,入:邲比苾佖駜飶[柲]⑰擗闢辟甓。

16.【明】平:弥彌瀰冞迷麛,上:渳弭瀰芈⑱敉米眯洣,去:寐謎袂⑲,入:蜜謐醯覓幎⑳辟鼏冪汨塓*幎㉑。

17.【非敷】平:菲飛扉緋非馡騑誹霏妃*騛㉒,上:匪篚棐榧蜰斐菲朏悱,去:沸芾誹廢癈費肺。

---

① 禆,原從衤旁作裨,訛誤字,據《新刊》改。

② 幒,原右旁皀作⺈(刀頭),俗字,今改,本書皀聲字皆如此俗寫,參見媲字注。

③ 狴,原從犭從坒,韻書無此字,據《新刊》改。

④ 此處省略齊韻箄字。

⑤ 匕,原脱,據《新刊》補。按:匕爲妣秕比小韻字。

⑥ 痹,原作痺,據《新刊》改。按:《廣韻》作痺,濕病之字,《集韻》作痹。

⑦ 箅,原作箄,據《新刊》改。按:箅在去聲霽韻閉小韻博計切,所謂甑箅即蔽甑之物。箄在支韻取魚竹器,又齊韻冠飾。

⑧ 媲,原作媲,俗字,韻書不載,本書皀聲字皆如此俗寫,如13列鎞篦、15列槐膍等,今改正。

⑨ 此處省略祭韻新添淠字,注云:"淠,《詩》云其旂淠淠,匹世切。"按:淠,《廣韻》霽韻媲小韻匹詣切作渒,注水名在汝南。《五音集韻》渒淠互爲異體。

⑩ 禆,原從衤旁作裨,訛誤字,據《新刊》改。按裨有兩讀,一在支韻卑小韻府移切,裨補;一在陴小韻符支切,副將。

⑪ 紕,原脱,據《新刊》補,紕爲陴小韻字。注飾緣邊也。

⑫ 豼,此字原脱,據《新刊》補。

⑬ 樿,《新刊》無此字,《廣韻》《集韻》皆在入聲質韻必小韻畢吉切,木名。

⑭ 此處省略一膍字,《新刊》兩見,一在脂韻房脂切,一在齊韻部迷切。

⑮ 庳,原作痺,據《新刊》改。庳,下也。《新刊》無痺字。

⑯ 庳,原作痺,據《新刊》改。《廣韻》無庳字,《新刊》據《集韻》添加,注:有庳,國名。

⑰ 柲,原脱,據《新刊》補。《廣韻》《集韻》均無此字,《韻會》引平水韻有柲字,見質韻邲小韻毗必切下。甯繼福認爲《新刊》柲爲怭字之誤,其説有可取之處。按:大德本《新刊》及朝鮮刊本均作柲,注幔也。但朝鮮《排字禮部韻略·玉篇》(下簡稱《禮部玉篇》)六十六心部爲怭,而二百九十一巾部無柲字。可見應爲怭字,今存疑於此。

⑱ 芈,原字形上部訛作艹頭作芊。

⑲ 袂,原從衤旁,訛誤字,據《新刊》改。

⑳ 幎,原誤寫作幅。《新刊》錫韻覓小韻莫狄切下韻字,幎,覆也,亦作冪。

㉑ 幎,《新刊》無此字。《集韻》錫韻莫狄切,注引《博雅》廣也。

㉒ 騛,《新刊》無此字,《廣韻》斐小韻字,注:"騛兔馬而兔走。"

18.【奉】平:肥腓淝,去:狒屝①翡跰蜚吠。

19.【微】平:微溦薇,上:尾亹,去:未味。

20.【精】平:齎齏虀擠躋隮,上:濟,去:霽濟祭際稯,入:聖唧積脊②踖借③迹跡踖鯽蹟勣即稷喞績濈。

21.【清】平:妻萋淒凄悽霋,上:泚玼,去:砌切妻,入:七漆榛磧刺④戚慽鏧⑤鍼緝葺諿耴慽。

22.【從】平:齊臍蠐,上:薺,去:穧嚌劑皆齊懠,入:疾嫉蒺籍藉耤堦瘠寂集輯鏶。

23.【心】平:西棲栖犀嘶撕⑥,上:洗洒,去:細壻*婿⑦,入:悉膝蟋藤昔腊潟碣舄錫⑧析褐⑨皙淅息熄惜。

24.【邪】入:席夕夛蓆習襲隰飇雹。

25.【審】平:絁施尸鳲屍著詩,上:馳矢豕始,去:翅施啻試儻*弑⑩世勢⑪貰,入:失室釋適爽⑫識式拭軾飾濕嫡⑬螫襫⑭。

26.【禪】平:時塒提匙褆杝,上:是氏諟市恃視眂眎⑮,去:豉嗜視醋侍蒔逝噬誓笫澁,入:石碩祏鉐鼫寔湜殖植填褶⑯什拾十。

27.【曉】平:犧羲戲巇曦傊熙嬉禧熹[嘻]⑰希晞稀豨俙,上:喜蟢豨飝唏,去:戲熹⑱欷餼飝愾,入:肒靐虩吸嗡歆翕潝闟肸迄釳忔汔○⑲爽⑳。

---

① 屝,原作扉,扉平聲非母(見上),屝去聲奉母,扶沸切,義爲草屩。

② 脊,原字訛誤,下作目,下踖字以及下兩行從母堦瘠二字誤同,徑改不注。

③ 借,原作徣,《韻書》無此字,據《新刊》改。

④ 刺,原作剌,形似而訛,《新刊》誤同,今改。按:剌來母字,聲母不合。

⑤ 鏧,下蚤字上又誤作入,今改。

⑥ 撕,原作廝,據《新刊》改。《廣韻》《集韻》皆無廝字。

⑦ 婿,《新刊》無。壻之後起俗字,首見於《集韻》霽韻壻字異體。

⑧ 錫,原誤作錫,易旁誤作昜,下褐字同,今改。

⑨ 褐,原作褐,据《新刊》改。褐在《廣韻》陽韻與章切,道上祭。褐,袒衣。

⑩ 弑,《新刊》無。《禮部韻略》亦無,此凶險忌諱字,故禮韻不載。

⑪ 勢,原作贄,據《新刊》改。

⑫ 爽,原字形訛誤,爽本從大从㸚,原字大字下多一橫。下襫字訛誤同,不另出注。按:《新刊》訛誤相同。

⑬ 嫡,原作嫡,據《新刊》和《廣韻》改。

⑭ 襫,原誤作礻旁,據《新刊》改。

⑮ 眎,原誤從日示聲。

⑯ 褶,原從礻旁,訛誤字,今改。

⑰ 嘻,原脱,據《新刊》補。

⑱ 熹,原作熹,熹是平聲,據《新刊》改。

⑲ 此處省略了一個肸字,迄韻許訖切。因前一字肸(質韻羲乙切)重複。

⑳ 爽,原作㸚,據《新刊》改。爽在《新刊》職韻肒小韻許極切下第三字,斜視。爽在昔韻釋小韻施隻切,審母字,不當在此,

28.【影】平：漪猗椅禕醫翳噫依衣，上：倚庡俿，去：懿饐意瘞衣，入：乙彮憶億臆醷薏抑邑悒浥䭓。

29.【幺】平：伊咿鷖磬縈鸒鄝，去：縊繄瞖医瑿縈壹殪，入：壹一嗌鄑齸膉揖挹益。

30.【喻】平：移𧥾橠詑酏匜㢊蛇姨彞夷峓恞痍桋陁黃洩飴怡坦貽頤詒台瓵倪霓齯輗猊麑鯢祝①兒，上：酏迤匜崍以目已苡苢，去：易傷肄隶異异食曳裔勩泄洩枻跇詍滴詣羿睨藝②瓾③蓺，入：逸佚佾溢軼鎰泆弋翊杙釴黓翌翼繹亦弈奕帟譯懌斁驛醳嶧腋掖袚④液易蜴場圛射墿襗熠艗蘦鷁鶃。

31.【來】平：離籬醨璃离麗漓灘縭蓠襦⑤［攡］⑥黎梨藜犂黎○⑦黧藜○⑧瓈鞮釐⑨貍氂軨罹驪狸麗鸝蠡劳（剥也）劙蓥⑩，上：邐崺里履裏鯉悝李理娌俚禮礼蠡澧醴鱧，去：詈離○⑪利荔浰⑫吏麗戾栵隸隸⑬儷螫唳渗⑭悷荔例厲礪勵癘，入：栗慄颲𩑾溧⑮策捒力劣泐⑯立蠇粒笠苙靂酈癧⑰轢歷⑱曆瀝鬲屬躒礫皪躒櫟櫪。

32.【日】平：兒而栭胹鴯洏，上：爾尔迩邇耳駬，去：二貳餌珥咡刵，入：日馹入。

33.【莊】平：㴣甾淄輜錙［緇］⑲，上：滓肺，去：哉，入：櫛榝戠濈。

34.【初】平：差嵯，去：厠。

────────────

① 祝，原從衤旁，據《新刊》改。注曰衣裗謂之祝。
② 藝，原埶字誤寫作執，下蓺字誤同，今改。
③ 瓾，原左邊下從示，不從木，誤字，今改。
④ 袚，原從衤旁，據《新刊》改。注袚縫。
⑤ 襦，原從衤旁，據《新刊》改。襦義爲衣帶。
⑥ 攡，原脱，據《新刊》補。
⑦ 此處省略一個齊韻犁字，郎奚切。前一犁字脂韻力脂切。
⑧ 此處省略一個齊韻藜字，與前一藜字脂韻力脂切重複。
⑨ 釐，原𤇾旁未字誤作牙字形，本書凡𤇾旁字如氂嫠勞嫠等皆如此俗寫，徑改不注。
⑩ 此小韻省略一驪字，《新刊》兩見，支韻吕支切和齊韻郎奚切。
⑪ 此處省略一個荔字，真韻力智切，下一個荔字霽韻郎計切。
⑫ 浰，原作㳤，據《新刊》改。按：㳤是苙的異體（㳤臨），浰是下灘水聲，《新刊》使用的是浰。
⑬ 隸，原作隷，俗字。按：《説文》隸，附箸也，从隶柰聲。
⑭ 渗，原從忄旁，據《新刊》改。
⑮ 溧，原作㵞，據《新刊》改。二字同音，《新刊》無㵞字，《廣韻》："溧水縣，在宣州。"
⑯ 泐，甯繼福以爲泐字之誤，不確。泐在職韻，泐在德韻，《蒙古字韻》各收入支部和佳部，不誤。《新刊》亦不誤。特記於此。
⑰ 癧，原作瘑，據《新刊》改。《韻會》錫韻引平水韻作瘑，或別本如此，存疑於此。按：朝鮮《禮部玉篇》作瘑。
⑱ 歷，原作歴，即上麻作麻，俗字。又本組歷聲字"癧靂瀝櫪"等，其中歷並作歴，即麻作麻，又曆字下日字缺下横筆，此清抄本避乾隆名諱弘曆所爲，今改正。按：歷寫作歴，已見元朝《文場備用排字禮部韻注》，如錫韻荻徒歷切，逖他歷切，怒奴歷切，其切下字歷均作歴。
⑲ 緇，原脱，據《新刊》補。

35.【崇】平：篜，上：士仕*鄌[①]柹启阤俟竢涘，去：事。

36.【精】平：貲頾[②]訾郀觜咨資粢齎諮姿齍兹孳孜滋鼒[③]仔，上：紫訿訾呰姊[④]秭子秄梓杍，去：積恣。

37.【清】平：雌，上：此佌玼泚，去：刺[⑤]朿次佽。

38.【從】平：慈磁鶿玆茨餈瓷疵玼[⑥]茈，去：字牸孳自漬骴。

39.【心】平：思司罳絲緦私斯廝虒凘[⑦]霹鷉褫禠偲，上：徙壐璽死枲葸，去：賜四肆泗駟笥伺思。

40.【邪】平：詞祠辭辤辝，上：兕似祀禩[⑧]姒巳耜汜，去：寺嗣飼食。

41.【山】平：釃簁師，上：屣史使，去：駛屣使，入：瑟飋蝨璱澀澁。

42.【見】平：㉂雞稽枅[⑨]笄，去：計係繫葪髻繼，入：吉激擊墼。

43.【溪】平：谿嵠溪磎鸂，上：啓棨綮稽企跂，去：契企跂蚑棄弃，入：喫詰。

44.【群】平：祇[⑩]示岐歧疷[⑪]軝[⑫]鬐耆祁*鄿[⑬]。

45.【曉】平：醯。

46.【匣】平：奚徯嫨蹊嵆兮鼷豀*屎[⑭]，上：徯謑，去：系禊繫，入：檄覡*欯[⑮]。

47.【見】平：㈤龜歸帰傀瑰瓌[⑯]，上：詭垝庪軌簋晷宄匭鬼，去：媿愧貴儈膾鱠檜澮鄶廥劊會獪襘[⑰]旝[⑱]憒劌蹶，入：國。

---

① 鄌，《新刊》無，原字筆迹不清，難辨其意。甯繼福校訂爲鄌字，可參。按：明宋濂編屠隆訂正《篇海類編》卷四邑部十四畫有此鄌字，注鉏里切，音士，地名，在密州縣，通作士。

② 頾，原誤作頚。

③ 鼒，原作鼐，不成字，據《新刊》改。

④ 姊，原作姉，俗寫字，下秭字同，《新刊》亦如此，今改。

⑤ 刺，原作剌，《新刊》誤同，今改。

⑥ 玼，原作毗，據《新刊》改。

⑦ 凘，原作澌，據《新刊》改。《廣韻》《集韻》無澌字。

⑧ 禩，原從衤旁，形似而訛，據《新刊》改。按：禩爲祭祀字之異體。

⑨ 枅，原作析，據《新刊》改。《廣韻》齊韻：枅，承衡木也，古奚切。

⑩ 祇，原作祗，非是，此地祇字，巨支切，牙音群母字。據《新刊》改。按：祗，敬也，脂韻旨夷切，齒音照母字，不合在聲位。氏聲字多在舌音和齒音，以下軝字薺韻都禮切，疷，胝之異體，皮厚也，脂韻丁尼切。皆誤字。

⑪ 疷，原作疷，據《新刊》改。

⑫ 軝，原作軧，據《新刊》改。

⑬ 鄿，《新刊》無。《廣韻》之韻其小韻收蘄字，注："州名，漢蘄春縣。"又見微韻。羅常培以爲鄿爲蘄之誤，可參。按：表縣名時鄿蘄爲異體，文獻以蘄字爲常。

⑭ 屎，此字《新刊》喜夷切，曉母，不應在此位。

⑮ 欯，此字《新刊》質韻許吉切，曉母，不應在此位。

⑯ 瓌，原作瓌，據《新刊》改。

⑰ 襘，原作禬，《新刊》亦如此。此據《新刊》注文和《廣韻》改。

⑱ 旝，原從方從會，俗字，《新刊》亦如此。按：以上禬旝二字，《新刊》並誤。《蒙韻》蓋從其誤。

48.【溪】平:虧恢詼魁悝盃,上:跪,去:喟穢塊。

49.【群】平:逵夔桊騤頄,上:跪,去:匱蕢饋餽①櫃簣歸。

50.【端】平:磓頧堆鎚敦,去:對碓祋。

51.【透】平:蓷推,上:腿,去:娧駾退。

52.【定】平:頹積隤魋壚②僓,去:兌轛隊憝鐓錞*憝③。

53.【泥】平:捼④,上:餒餒,去:內。

54.【知章】平:追錐佳騅雓,上:捶箠,去:惴綴畷贅。

55.【徹昌】平:吹炊推,去:吹出橇毳。

56.【澄】平:髻錘鎚椎,去:錘膇墜縋。

57.【娘】去:諉。

58.【幫】平:陂詖碑羆悲梐杯盃,上:彼豍儠鄙,去:賁佊詖陂祕秘毖閟彎泌費背輩,入:碧筆逼偪幅北⑤。

59.【滂】平:披鈹*邳⑥丕伾秠⑦駓醅肧坏伾,上:跛披豍秠,去:帔濞配妃,入:堛愊福副。

60.【並】平:皮疲罷邳裴徘培陪,上:被否圮琲,去:髲被鞁備俗羆佩珮邶偝誖悖背輩⑧旆⑨,入:弼愎⑩羆菔蔔匐踣僰⑪。

61.【明】平:酶(酒母)縻糜靡醾眉嵋湄楣郿麋枚梅媒玫煤脢謀罘莓鉾醚,上:靡骳美嬍浼每,去:媚魅○⑫妹昧沫每痗瑁眛,入:密*宓⑬默繆墨。

62.【精】平:劑,上:觜,去:醉晬綷最。

63.【清】平:崔催縗隁,上:皠漼璀,去:翠毳脆脺倅淬。

---

① 餽,原從釒從鬼,誤。據《新刊》改。

② 壚,原九旁誤作兀,改正。

③ 憝,《新刊》無。《廣韻》隊韻憝之異體,怨恨。《禮部韻略》續降字(張貴謨奏添)。

④ 捼,《韻會》灰韻引平水韻作捼,或體,早期《新刊韻略》版本或如此。

⑤ 北,原作比,疑誤。

⑥ 邳,《新刊》無,《新刊》符悲切,在並母,見下。

⑦ 秠,原作柸,據《新刊》改。

⑧ 輩,原作辈,據《新刊》改。

⑨ 旆,原作斾,俗字,《校正釋疑》:"旆,蒲蓋切。釋旗旐之旗作斾非。"據改。按:旆《新刊》泰韻蒲蓋切,當時蓋有二讀,一是讀如去聲隊韻與"背"(-ei)同音,一是讀如卦韻與"稗粺"(-ai)音同。凡泰韻脣音字類多如此,又如"沫昧"二字《蒙古字韻》兼收於支部與佳部即是。又泰韻字以開合口爲分化,合口在支部,開口在佳部,而脣音字則搖擺於兩者之間,故如此。

⑩ 愎,原作復,據《新刊》改。

⑪ 僰,原從棘從火,筆誤,據《新刊》改。《説文》:"僰,犍爲蠻夷,從人棘聲。"

⑫ 此處省略一個眛字,泰韻莫貝切,下一個眛字隊韻莫佩切。

⑬ 宓,《新刊》無。《廣韻》質韻密小韻字,祕宓。又姓氏,見於至元本《事林廣記》百家姓。

64.【從】平：摧崔，上：皐罪，去：萃顇悴瘁藂。

65.【心】平：眭綏雖睢挼輴毸，上：髓瀡，去：遂誶粹祟睟歲繀繐碎誶①。

66.【邪】平：隨隋，去：遂彗隧禭②璲檖燧毳鐩穗篲彗。

67.【審】上：水，去：稅説蜕帨。

68.【禪】平：垂陲誰倕，上：菙，去：睡瑞。

69.【曉】平：灰③，上：賄賄悔，去：譏饎翽誨悔晦。

70.【合】平：迴回洄槐徊瑰茴，上：痐瘣匯，去：會襘[繪]④潰繢闠迴，入：或惑蟈。

71.【影】平：逶葳委威葳蜲隈煨椳偎揞，上：委骫⑤鮠峞⑥猥○⑦，去：尉慰畏尉蔚穢濊*獩⑧薈○⑨，入：域罭棫緎減⑩。

72.【魚】平：危脆帷爲爲巍幃韋圍闈違湋桅嵬峞，上：硊頠蔿蘬闒遠洈鮪痏鍏煒暐偉瑋葦韡媁隗嵬頠⑪，去：僞位爲魏胃謂緯彙蝟緭渭煟衛彗外礒。

73.【來】平：纍虆樏⑫縲⑬纞瓃欙壘雷蠃⑭，上：縈累樏篹壘蠡誄磊蕾儡樏，去：類淶纍累纇襰耒攂酹。⑮

74.【日】平：蕤犙緌，上：蘂橤，去：芮汭蜹枘。

75.【見】平：規摫圭珪邽閨袿⑯窐，上：癸，去：季桂，入：橘鶪繘⑰。

---

① 誶，與前一誶字重複，原屬於不同韻部，一在至韻邃小韻雖遂切，一在對韻碎小韻蘇内切，語音變化，二者完全同音。今姑存之，便於研究韻部分合與語音的關係。

② 禭，原從衤旁，據《新刊》改。禭，祭名，《廣韻》《集韻》不載，見於《五音集韻》。禭，《廣韻》釋贈禭。

③ 灰，原作灰，俗體字，今一律恢復正體，以上恢詠盃等字徑改不注。

④ 繪，原脱，據《新刊》補。

⑤ 骫，原右旁丸字作九，訛誤字，今改。

⑥ 峞，原作嵬，據《新刊》改。嵬在疑母，即下列魚母字。

⑦ 猥，原右邊作鬼，誤字，韻書無猥字，《新刊》賄韻烏賄切，當在此音位。又該處省略一個峞字。前一峞字尾韻於鬼切。

⑧ 獩，《新刊》無。濊之異體字，《廣韻》濊：濊貊，夫餘國名，或作獩貊。

⑨ 此處省略一個濊字，《新刊》兩見，一在泰韻薈小韻烏外切，一在廢韻穢小韻於廢切。

⑩ 域罭棫緎減，《新刊》職韻雨逼切，喻三母字，當列在魚母字列。《通考》亦作影母，今不改如舊。

⑪ 頠，與前一字重複，前一字《新刊》紙韻魚毁切，疑母，閑習容止之義，後一字在賄韻新添字，音隗，五罪切。二字原本不同音，在《蒙古字韻》中完全同音，可以合并，今姑存之。

⑫ 樏，原從禾旁，韻書無此字。

⑬ 縲，原右邊作纍，韻書不載，據《新刊》改。

⑭ 樏壘雷蠃，以上四字原錯置於去聲中，誤。此四字《新刊》灰韻雷小韻魯回切，據《新刊》改。

⑮ 本行韻字錯置混亂，去聲類字一行錯置在上聲之前，而上聲縈字一行置於本行之末。

⑯ 袿，原從衤旁，據《新刊》改。《新刊》齊韻圭小韻古攜切，袿，婦人上服曰袿，袿，長襦也。

⑰ 鶪，原作鵙，《廣韻》《集韻》等韻書不載，爲後起俗字。

76.【溪】平：闚窺睽奎刲剄，上：跬*珪[①]頍，入：闃。

77.【群】平：葵，上：揆，去：悸[②]。

78.【曉】平：嘒嘒，入：赦闃殈[③]。

79.【匣】平：隳墮○[④]攜携蠵鑴觿畦鞋，去：憓慧惠蕙譓，入：獝。[⑤]

80.【曉】平：㷄撝揮煇輝暉翬徽褘[⑥]，上：毀燬譭烜虺虫卉，去：諱卉喙，入：洫侐閾。

81.【影】去：恚。

82.【喻】平：惟維遺濰唯，上：唯踓，去：遺鋭叡[⑦]睿，入：聿鴥遹鷸矞[潏][霱][⑧]役疫。

五魚

1.【見】平：孤苽菰姑辜酤鴣蛄呱觚沽柧罛，上：古鼓皷[⑨]瞽股罟蠱估盬牯鈷羖賈詁，去：顧頋雇故酤痼固錮鯝涸[⑩]，入：穀[⑪]穀轂谷穀縠梏牿告骨滑汩惛[⑫]。

2.【溪】平：恗（怯也）枯刳，上：苦筈，去：袴[⑬]庫胯，入：哭酷顝嚳窟矻。

3.【端】平：都闍，上：覩睹賭堵，去：妬蠹斁，入：篤督咄。

4.【透】上：土吐稌，去：菟[⑭]兔[⑮]吐鵵，入：禿鵚宊[⑯]。

5.【定】平：徒屠瘏塗途酴駼荼圖菟[⑰]，上：杜肚土，去：渡斁鍍度，入：獨讀黷讟髑殰櫝牘韣瓄瀆犢匵毒蝳突[⑱]揬鼵腯堗鈯。

---

① 珪，《新刊》上聲無，《廣韻》《集韻》珪均在平聲，今存疑於此。

② 悸，原作俤，據《新刊》改。按：《廣韻》《集韻》不載俤字，《康熙字典》載俤字注曰："《字彙補》其季切，音忌，心動也。按即悸字之訛。"

③ 赦闃殈，此三字錫韻許激切，開口字，不宜與合口字混列，此類現象較多，今不改如舊。

④ 此處省略一個觿字，支韻許規切，下一個觿字爲齊韻户圭切。按：許規切曉母，户圭切匣母，不宜合成一組小韻。存疑於此。

⑤ 此列匣母字摻入了曉母字，隳墮獝三字實際上爲曉母字。《蒙古字韻》喉音字往往混列，如上列影母字混列域字等云母字，當時語音或如此，諸如此類不煩移正。

⑥ 褘，原作禕，據《新刊》改。褘許歸切，后祭服也。禕於離切，美也，不在此聲位。

⑦ 叡，原作叡，《廣韻》等韻書無此字，據《新刊》改。

⑧ 潏霱，二字脱，據《新刊》補。

⑨ 皷，《新刊》作鼓。按照《五音集韻》注釋，皷爲俗字，然而《廣韻》作皷。姑存其舊。

⑩ 涸，原作涸，《新刊》暮韻顧小韻字，注："涸，凝也，閉也。"

⑪ 穀（五穀），原作榖（木名），筆誤，後有榖字。

⑫ 惛，原從巾旁，形似而訛，據《新刊》改。

⑬ 袴，原從衤旁，誤字，據《新刊》改。

⑭ 菟，原作莬，莬在問韻，亡運切，不合在本音節。《廣韻》："莬，新生草。"

⑮ 兔，原作兎，俗字。韻書不載。

⑯ 宊，原作突（突的異寫），《新刊》："出皃。他骨切。"後寫成突，《五音集韻》互爲異體。

⑰ 菟，原作莬，莬在問韻，不合。

⑱ 本音節"突揬堗"三字，並缺宀蓋頭上一點。俗寫字。

6.【泥】平：奴笯（籠也）①駑砮帑拏，上：怒弩［砮］②努，去：怒，入：訥。

7.【莊】平：［菹］葅③，上：阻俎④，去：詛阻。

8.【初】平：初⑤芻，上：楚礎憷⑥，入：矗閦⑦。

9.【崇】平：鉏鋤雛*鶵⑧，上：齟，去：助。

10.【幫】平：逋餔晡誧，上：補譜圃，去：布圃布，入：卜濮樸襮⑨*不⑩。

11.【滂】平：鋪痡，上：普溥浦，去：怖鋪，入：扑醭撲咄馞。

12.【並】平：酺匍*菩⑪蒲蒱，上：簿部，去：捕哺步駁荹，入：暴⑫曝瀑僕渤勃馞悖桲孛浡埻。

13.【明】平：模橅⑬謨摸，上：姥莽蟒姆（女師），去：暮慕募墓慔，入：木沐毣鶩霂楘没殁。

14.【非敷】平：跗趺膚鈇玞夫扶敷麩尃孚郛鄜俘罦稃莩桴痡，上：甫脯斧頫俯府腑⑭簠黼莆俌父撫弣拊⑮，去：付賦傅赴訃仆，入：福腹複⑯葍輻幅蝠蝮榀副覆拂茀祓艴刜髴髴跳弗紱黻綍⑰芾紼韍不翇○⑱汥⑲。

---

① 籠也，原缺籠字，《廣韻》模韻笯字解釋，籠也。

② 砮，原脱，據《新刊》補。注曰："石可爲矢鏃。"

③ 葅，菹之異體，《廣韻》《新刊》作菹，注曰："酢菜也，亦作葅。"然而當補菹字。

④ 俎，原作爼，俗字。俎，《説文》："禮俎也，从半肉（仌）在且上。"郭守正《校正釋疑》："字从仌，或从爻者非。"

⑤ 初，原作初，俗寫字。

⑥ 憷，原作楚，《新刊》元大德中和軒本亦作"楚"，而注釋爲"痛也"。依注當爲"憷"，朝鮮刊本《排字禮部韻略》（如仙岩書院本）和日本内閣文庫藏本《文場備用禮部韻略》等均作"憷"，可知《新刊》原本應爲"憷"，《蒙古字韻》蓋依誤本而爲之。

⑦ 閦，《韻會》引平水韻敕六切，徹母。

⑧ 鶵，《新刊》無。雛之異體。《廣韻》雛，鵷雛。鶵，籀文。

⑨ 襮，原從礻旁，誤字，此字義爲黼領，當從衣旁。下蕭韻襮字《新刊》亦誤作礻旁，《蒙古字韻》或誤從之。

⑩ 不，《新刊》無，"不"在《新刊》物韻弗小韻分勿切，注："不，與弗同，又府鳩方久二切。"《中原音韻》魚模韻入聲作上聲中亦收"不"字，與"卜"同一小韻。按：《中原音韻》不載"濮樸襮"三字。

⑪ 菩，《新刊》無。《廣韻》菩，梵言菩提，漢言王道。

⑫ 暴，原日下寫作恭敬之恭字，不從氺，寫作暴，《蒙古字韻》暴聲字皆如此俗寫，如本韻和蕭韻襮曝瀑等，如此之類皆徑改不注。按：至元本《事林廣記》百家姓暴字即如此俗寫，可能是當時一種風尚。

⑬ 橅，原作撫，據《新刊》改。橅爲模之異體。

⑭ 腑，原誤從目府聲，韻書無此字。

⑮ 拊，原作柎，據《新刊》改。《廣韻》柎甫無切，欄足。在平聲，不合。

⑯ 複，原從礻旁，誤字，據《新刊》改。

⑰ 綍，原右旁誤作字，據《新刊》改。

⑱ 此處省略了一個髴字，物韻有兩個髴字，前一個分勿切，後一個敷勿切。

⑲ 汥，原作泧，《新刊》亦誤作泧，注"寒冰皃"，當爲汥。《廣韻》《集韻》均不載"汥"，宋《重修玉篇》水部府伐切，注"寒也"。《蒙古字韻》或誤從之。

15.【奉】平:扶芙符鳧夫泭,上:父輔腐溔馭䎧釜,去:附袝賻駙[鮒]①胕②,入:伏復服茯
馥鞴鵬箙匐*鮒③枎④佛佛怫幞*宓⑤*虙⑥。

16.【微】平:無母蕪誣巫无⑦羆,上:武舞儛嫵侮憮斌砇廡甒鵡膴鄦,去:務婺霧鶩,入:目
睦穆牧繆物勿艻岉。

17.【精】平:租菹,上:祖俎組,去:作,入:鏃卒。

18.【清】平:麤麄⑧觕,去:措醋錯,入:簇族猝卒崒。

19.【從】平:徂殂,上:粗,去:祚胙阼酢,入:族捽。

20.【心】平:蘇穌麻酥,去:訴愬泝遡素愫嗉塑塐,入:速蔌⑨觫餗楸⑩蔌⑪涑窣。

21.【山】平:疏⑫梳蔬踈釃毹毺⑬,上:所數,去:疏揀數,入:縮茜謖蹜率帥蟀。

22.【曉】平:呼戲⑭嚇膴滹幠,上:虎琥滸,去:譹,入:熇忽笏惚。

23.【合】平:胡壺狐餬瑚湖鶘醐糊弧乎瓠虖,上:戶楛⑮扈怙鄠祜吘岵雇鳸酤,去:護瓠護
互濩洦⑯韄⑰罟,入:縠槲斛鵠翯薂黕紇滒⑱鶻。

24.【影】平:烏鳴洿污朽於惡,上:隖塢*鄔⑲,去:惡諮汙,入:屋剭沃鋈。

---

① 鮒字原脱,《新刊》此音位有鮒字,遇韻附小韻符遇切。

② 胕,原作腑,據《新刊》改。按:腑在上聲,肺胕字在去聲遇韻附小韻符遇切。

③ 鮒,《新刊》《廣韻》等無有在入聲者。

④ 枎,原作袯,據《新刊》改。

⑤ 宓,《新刊》無。按:《廣韻》宓在質韻蜜小韻彌畢切,又密小韻美畢切,開口呼,不當在此。《五音集韻》屋韻伏小韻房六切收虙字,注古虙犧字,又姓,孔門中有虙子賤,見《史記·仲尼弟子列傳》。宓爲虙之異體,張參《五經文字》卷下虙字注云:“文字訛舛,轉而爲宓。”《蒙古字韻》或因此而添。蒙古字《百家姓》有宓字,八思巴字作ᠫᠣᠣ,聲韻與此同。

⑥ 虙,《新刊》無,原誤作虑。參見上注。

⑦ 无,原作旡,俗寫字,《新刊》《廣韻》作无,注虛无之道。

⑧ 麄,原漫漶不清,據《新刊》補正。

⑨ 蔌,原作歟,據《新刊》改。

⑩ 楸,原右邊作攵,訛俗字,據《新刊》改。

⑪ 蔌,原字右邊缺欠字,據《新刊》改。

⑫ 疏,原作疎,俗字,《新刊》亦作疎。毛晃《增韻》:“俗作疎。”後疏字徑改。

⑬ 毺,原作愉,筆誤,據《新刊》改。按:毺爲虞韻毹小韻山芻切下韻字,義爲裂繒。

⑭ 戲,原作戲,俗寫,此於戲字,歎詞,據《新刊》改。

⑮ 楛,原作搭,據《新刊》改。按:楛爲上聲姥韻戶小韻字,《新刊》注:“木名,堪爲矢榦。”

⑯ 洦,原作洍,據《新刊》改。洦,《廣韻》不載,見於《集韻》模韻胡小韻洪孤切,注:“漫洦水皃。”洍,《廣韻》注寒凝。

⑰ 韄,《韻會》引平水韻作韅,異體字。

⑱ 薂黕紇滒,此四字《新刊》没韻下没切,《韻鏡》開口呼,《切韻指掌圖》合口呼。當時或讀合口。

⑲ 鄔,《新刊》無。《廣韻》縣名。

25.【來】平：盧鑪壚蘆顱鱸櫨轤獹瀘纑［爐］①旅，上：魯櫓滷虜艪②卤，去：路露潞輅鷺璐賂簬③籚，入：爐④祿鹿漉轆琭籠麗⑤麓盠磟驢簶⑥濼。⑦

26.【見】平：⑧裾据琚鷗車拘駒𩏩捄俱，上：舉莒矩筥弆（藏也）柜⑨（小柳），去：據⑩鋸倨踞鐻屨句約瞿，入：菊鞠掬鵴鞫㼓蘜捐厥屈。

27.【溪】平：墟祛⑪裾胠嘘區驅敺軀嶇，上：去齲踽，去⑫：去驅，入：麴曲*苗⑬屈詘。

28.【群】平：渠磲⑭蕖璩（環屬）⑮蘧蕖（竹席）衢瞿癯醵（合錢飲酒）*鐻⑯臒⑰鸜𪃍鴝鴝駒胊，上：巨鉅拒秬距炬詎虞⑱窶，去：遽勮詎懼具，入：鞫局跼倔崛褌⑲掘。

29.【知章】平：豬⑳猪潴諸誅株郴朱珠［侏⑳﹞絑蛛，上：貯褚⑳煮陼渚黗主麈炷，去：著翥註鉒駐軴注鑄㝥⑳炷澍，入：竹竺筑築粥祝瑐瘃斸窋䘑忧燭苗屬属囑矚。

---

① 爐，原脱，錯置於下入聲之首，據《新刊》補正。
② 艪，原誤從角盧聲，據《新刊》改，注："艪，所以進船。"
③ 簬，原作蕗，形訛而誤，據《新刊》改。
④ 爐，當爲誤寫字，《新刊》等韻書無有在入聲者。
⑤ 麗，原鹿上作叩，據《新刊》改。
⑥ 簶，原竹頭下作緑，韻書無此字。
⑦ 本行入聲之首有平聲爐字，今移至平聲，見上注。
⑧ 裾，原作裾，據《新刊》改。韻書無裾字。
⑨ 柜，原作拒，據注文改。
⑩ 據，原右邊豦字虍頭俗寫，今改，下豦旁字同。
⑪ 祛，原作袪，《新刊》作祛，注："袖也，舉也。"祛，《廣韻》不載，《集韻》平聲魚韻丘於切，注："祛，攘卻也。"
⑫ 去字下原有注文"環屬"二字，本爲璩字注文，錯置於此。
⑬ 苗，《新刊》無。《廣韻》燭韻曲小韻字，注：蠶薄，亦作苗。
⑭ 磲，原字右邊渠上缺氵旁，據《新刊》改。按：無氵旁之磲見於金韓孝彥《四聲篇海》卷十二石部九畫中，強魚切，硨磲，美石次玉。音義與《新刊》同。可見當時有書寫爲磲的。
⑮ 注文"環屬"二字原錯置於上一個音節去聲之下，《集韻》魚韻渠小韻求於切"璩"字注曰："環屬。"《禮部韻略》注釋亦如此。《蒙古字韻》或據《禮部韻略》添收。
⑯ 鐻，《新刊》平聲無此字。
⑰ 臒，原作矐，形似訛誤，據《新刊》改。
⑱ 虞，原作虡，俗字，據《新刊》改。
⑲ 褌，原作棍，實爲衤旁形訛，《新刊》從礻旁，皆誤。《新刊》注"衣短"，當爲衣旁"褌"字。此《蒙古字韻》以訛傳訛，誤從礻旁形訛爲木旁。按：《廣韻》《集韻》無礻旁字。棍字《廣韻》不收，見於《集韻》迄韻倔小韻渠勿切，"斷木也"。
⑳ 豬，原右旁者字誤作頁。
⑳ 侏，原脱，據《新刊》補。
⑳ 褚，原作楮，據《新刊》改。按：楮，上聲語韻丑吕切，徹母當在下一個音節，褚，丁吕切，知母（類隔）。故在此音節。
⑳ 㝥，原作𤡔，俗字，據《新刊》改。

30.【徹昌】平:攄樗①摴貙樞姝②,上:楮褚*逐③杵處,去:處處④,入:俶柷⑤觸[蓫]⑥黜怵⑦出。

31.【澄船】平:除躇儲*趂⑧篨滁廚⑨躕幬⑩赿,上:佇竚紵杼苧宁紓抒柱,去:箸筯除住,入:舳逐軸柚術述贖躅术秫沭潃。

32.【娘】平:袦⑪絮挐,上:女,去:女,入:肭⑫恧忸衄⑬。

33.【精】平:且蛆苴諏娵,去:怚沮足,入:蹙顣踧蹴⑭緅蟓卒崒足。

34.【清】平:疽岨砠趄苴沮狙⑮睢⑯趨趍⑰,上:取,去:覰⑱娶趣,入:促。

35.【從】上:咀沮跙聚,去:聚,入:崒崪。

36.【心】平:胥須鬚繻胥需,上:諝胥醑湑,去:絮,入:肅宿蓿夙翻鷫郵恤戌訹珬貹粟剺涑⑲。

37.【邪】平:徐,上:敘緒鰂⑳序嶼醹,入:續俗賡。

———————————

① 樗,原從衤旁,據《新刊》改。樗,《新刊》魚韻攄小韻丑居切,惡木。

② 姝,原作妹,據《新刊》改。

③ 逐,入聲,《新刊》此音位無。按:逐字屋韻直六切,澄母,已見於下一音節入聲字中。《中原音韻》逐字入聲作平聲用,"逐軸"二字同圈,分別見於魚模韻和尤侯韻。此字當時或有讀如上聲者,姑且存之,闕疑。《蒙古字韻》尤部無入聲,凡《中原音韻》尤部入聲皆在魚部。

④ 處,原誤加艹頭,據《新刊》改。

⑤ 柷,原作抌,據《新刊》改。韻書無抌字。

⑥ 蓫,原脱,《新刊》屋韻新添:"蓫,《詩》言采其蓫,丑六切又直六切。"《釋文》勑六反,當補於此。

⑦ 怵,原左邊作丬,據《新刊》改。

⑧ 趂,《新刊》無,《韻書》均無此字,疑爲當時踟躕之異體字,存疑於此。

⑨ 廚,原作厨,俗字。張參《五經文字》卷中:"廚,俗作厨非。"毛晃《增韻》:"廚,重株切,庖屋。从广从壴从寸,作厨誤,今正。"以下躕幬二字徑改作躕幬,不另出注。

⑩ 幬,原作懤,形似而訛,據《新刊》改。

⑪ 袦,原作衤旁,訛誤字,衣袦字,據《新刊》改。

⑫ 肭,原作目旁,形似而訛,據《新刊》改。

⑬ 衄,原作衂,形似而訛,據《新刊》改。

⑭ 蹴,《韻会》屋韻子六切引平水韻有欨字,疑即蹴之異體。《集韻》:"蹴,蹋也,逐也,或書作蹵。"《韻會》以爲欨字異文爲蹵。欨字注曰:"《説文》怒然也,引《孟子》曾西欨然,一曰悲貌,通作蹵。今《孟子》作蹵,曾西蹵然不悦。○平水韻增。"

⑮ 狙,原作徂,形似而訛,據《新刊》改。

⑯ 睢,原從目作睢,據《新刊》改。睢,《廣韻》,許規切,仰目也。

⑰ 趍,趨之俗字,不當列此,應列在四支。《新刊》:"俗,本音池。"此《蒙古字韻》盲從《新刊》所爲。

⑱ 覰,原作覷,據《新刊》改。《廣韻》覰,伺視也。七慮切。元李文仲《字鑑》卷四:"覰,七慮切,伺視。《説文》拘覰,未致密也,从見盧聲。盧,昨何切。俗从虚實字作覷,誤。"

⑲ 涑,《新刊》誤作涑,朝鮮刊本誤同。

⑳ 鰂,原從糸與聲,據《新刊》改。

38.【審】平：書舒紓絲輸，上：暑鼠黍瘋，去：恕庶戍，入：叔倏朮菽束。

39.【禪】平：蜍殊銖洙茶受，上：墅[桃]① 豎竪樹② 裋，去：署曙樹澍，入：熟孰淑塾璹婌蜀鞠屬属璹。

40.【曉】平：虚③ 歔嘘訏吁欻④，上：許詡昈⑤ 栩珝煦，去：昫⑥ 酗响煦，入：蓄畜慉旭項勖颮欻⑦。

41.【影】平：於扵淤紆迂，上：傴，去：飫淤嫗饂，入：郁或燠奧墺澳隩稶鬱欝爩菀尉熨蔚。

42.【魚】平：魚漁歔虞愚娛堣嵎隅于⑧ 迂盂雩竽，上：語籞圄敔圉齬禦麌俁羽禹雨宇寓瑀，去：御馭語遇寓芋雨羽，入：玉獄崛囿颵颲汩。

43.【喻】平：余餘畬舁璵旟歟與譽异好仔予逾踰崳臾楰腴鯬俞[愉]⑨ 榆歈褕⑩ 瑜悇揄萸渝諛，上：與[与]⑪ 予庾悇庾愈瘉斞，去：豫預譽璵萸與蕷澦裕諭喻籲，入：育毓鬻賣⑫ 煜昱塕⑬ 欲浴鵒慾谷*峪⑭。

44.【來】平：臚閭廬驢蘆樆蔞[婁]⑮ 膢，上：吕旅膂簏裇穭侶縷僂褸⑯，去：慮屢，入：六陸戮[勠]⑰ 稑蓼蛶律繂脺𦟝率錄淥綠醁籙碌騄*逯*綠⑱。

---

① 桃，原脱，據《新刊》補。見《新刊》語韻重添，注"桃，抒物之器"，取自《集韻》墅小韻上與切。

② 樹，原作樹，俗體，以下去聲樹澍二字皆如此類寫，逕改不注。

③ 虚，虛之古體，《新刊》《廣韻》作虛，《説文》虛从丘虍聲，姑存舊不改。

④ 欻，《韻會》引平水韻作煦，蓋《新刊韻略》早期刊本。

⑤ 昈，原作晔，昈之俗體，《禮部韻略》《新刊》亦如此書寫。毛晃《增韻》："昈，商冠名。又虞韻，上從日，曰音冒，從日誤。今正。"

⑥ 昫，原從月作朐，據《新刊》改。按：朐虞韻衢小韻其俱切，不在此音位。

⑦ 欻，原作欶，韻書無欶字，據《新刊》改。

⑧ 于，原作盂，下有盂字，當爲于。據《新刊》改。

⑨ 愉，原脱，據《新刊》補。

⑩ 褕，原從衤旁，形似而訛。韻書無此字。據《新刊》改。

⑪ 与，原脱，據《新刊》補。

⑫ 賣，原字形筆畫訛誤，據《新刊》改。

⑬ 塕，原作蛹，據《新刊》改。按：蛹與塕同音，均在《廣韻》屋韻育小韻余六切，《廣韻》："蛹，復蛹，蟬未蛻者。"（《集韻》伏蛹蟬蛻）又："塕，地上肥也。"

⑭ 峪，《新刊》無。谷之異體，後起分別字，宋元時地名專用字。見於《集韻》和《五音集韻》，《集韻》谷峪二字異體，欲小韻俞玉切。注曰："《爾雅》水注谿曰谷，或從山。"

⑮ 婁，原脱，據《新刊》補。

⑯ 褸，原從衤旁。韻書無此字，據《新刊》改。

⑰ 勠，原脱，據《新刊》補。戮，殺戮；勠，勠力。二者意義有別，後多混用，且以戮力爲常用。《蒙韻》編撰者或因此而省勠字。

⑱ 逯綠，二字《新刊》無，《廣韻》逯，謹也；綠，隨從。二字均在燭韻錄小韻力玉切。

45.【日】平:如茹儒濡襦①懦嚅醹,上:女（尔也）②汝粆（蜜餌）茹乳,去:洳茹孺,入:肉辱蓐褥③鄏縟溽。

46.【○】平:吾齬吳瑅鋘梧,上:五伍午仵,去:誤悮④寤忤迕晤悟捂⑤晤⑥,入:兀杌扤屼矹魷刖。

六佳

1.【見】平:該垓荄陔峐畡裓⑦,上:改,去:蓋勾[丐]⑧溉禨摡。

2.【溪】平:開,上:愷凱塏鎧闓,去:磕愒愾愒欬鎧慨。

3.【疑】平:皚敳,去:艾礙。

4.【端】上:*觰⑨*歹⑩,去:帶瘵戴。

5.【透】平:胎台邰,去:泰忲⑪太[汰]⑫貸態。

6.【定】平:臺薹簜擡儓苔菭駘,上:殆怠迨紿詒隸⑬待,去:大汏代岱黛袋逮埭靆儓瑇。

7.【泥】平:能,上:乃迺⑭鼐鼐嬭妳,去:柰奈耐鼐,入:搦。

---

① 襦,原作衤旁,據《新刊》改。襦,短衣。

② 注文"尔也"原在汝字下,《廣韻》《新刊》此音位均無此字。《集韻》和《禮部韻略》語韻汝小韻忍與切下收"女"字,注"爾也,通作汝"。尔爲爾之簡俗字。

③ 褥,原作衤旁,《新刊》亦誤,今改。褥,氈褥。

④ 悮,原作悟,後有悟字,《新刊》此音位作悮。

⑤ 捂,原作梧,據《新刊》改。按:梧在平聲魚韻,不當在此。

⑥ 晤,原從目旁,據《新刊》改。

⑦ 裓,羅常培以爲應作裓,誤。裓,《廣韻》德韻古得切,注釋典有衣裓。不在此聲位。《新刊》有裓,咍韻該小韻古哀切下第五字,注夏樂章名,與《廣韻》同。

⑧ 丐,原脱,據《新刊》補。

⑨ 觰,《新刊》無,亦不見《廣韻》和《集韻》,見於《五音集韻》上聲海韻多改切,義爲不俊。宋《重修玉篇》觰多改切,義闕。

⑩ 歹,《新刊》無。諸韻書不載。《康熙字典》歹部歹字注云:"《字彙》多改切,戴上聲,好之反也。《集要》悖德逆行曰歹。"此字蓋產生於唐宋間,而盛行於金元時期,陶宗儀《説郛》卷八五下載唐顏愍楚《證俗音略》有此字。按:觰歹均爲當時俗字,除了表示不好的意義外,還多用於非漢族人名的音譯,而蒙古族的人名特多,《宋史》和《元史》均可案檢,如《元史》中有"忙古觰、忙古歹、蒙古觰"等。《元朝秘史》音譯漢字中亦多歹字表示人名或種姓名,如"斡歌歹"（太宗名,《元史》作窩闊台）,又如"伯牙兀歹"（第15節,姓氏）、"土古兀歹"（第40節,人名）、"巴阿里歹"（第41節,種名）等,如此之類,書中隨處可見。《秘史》用歹字達305次之多。可見在蒙元時期是個常用的詞語,故《蒙古字韻》補收之。

⑪ 忲,《新刊》作忕,《廣韻》《集韻》作忕,今不改如舊。

⑫ 汰,原脱,據《新刊》補。

⑬ 隸,原字形書寫多有訛誤,左旁上下作合米,右邊作逮,據《新刊》改。

⑭ 迺,原作逎,俗字,《廣韻》《新刊》作迺,毛晃《增韻》:"迺,俗作逎非。"

8.【知莊】平:齋,去:債瘵祭,入:責嘖幘簀咋迮窄舴諎○①摘謫謫磔②笮。

9.【徹初】平:釵叉差摴③○④,上:茝,去:差瘥薑,入:册柵策⑤筴啅墌⑥。

10.【澄崇】平:柴柴豺儕,上:廌豸,去:眦寨,入:賾齰宅擇澤翟。

11.【幫】上:擺捭,去:拜扒敗貝沛狽茷⑦,入:伯百柏佰瓝檗擘迫。

12.【滂】去:派湃霈沛,入:拍珀魄。

13.【並】平:牌排俳,上:罷倍,去:粺稗斾⑧憊憊憊韛騑敗,入:白帛舶鮊。

14.【明】平:埋薶霾,上:買,去:賣邁勱勑眛⑨沫,入:陌貉⑩驀貊麥脈脉霢眿。

15.【精】平:栽灾災栽哉菑葘,上:宰崒⑪綷載,去:[載]⑫再綷。

16.【清】平:猜偲,上:采采綵宷彩,去:蔡菜埰。

17.【從】平:裁纔⑬財才材,上:在,去:載在儎裁。

18.【心】平:鰓⑭顋,去:賽簺塞。

19.【山】上:灑躧,去:曬洒殺,入:索棟澡⑮摵愬。

20.【曉】平:哈,上:海醢。

21.【合】平:孩頦,上:亥,去:害瀣劾。

22.【影】平:哀埃欸,去:藹壒餲靄瞹⑯愛優靉曖。

23.【幺】平:娃洼哇,上:矮,去:隘阨呃噫餲喝嗄,入:啞鈤疒厄搤扼軶阨。

---

① 此處省略一嘖字,《新刊》有二:一在陌韻側伯切,一在麥韻側革切。

② 磔,原作殊,形似而訛。據《新刊》改。磔在《新刊》陌韻陟格切。

③ 摴,《韻會》引平水韻作扡,異體,見《集韻》。

④ 佳韻與皆韻均有差字,此處省略皆韻楚皆切一個差字。不補如舊。

⑤ 策,原作策,訛俗字,此字從竹從束,俗作策非,《新刊韻略》誤同此。今改。

⑥ 墌,原字形訛誤,产字下中誤作巾。

⑦ 茷,原作茫,形似而訛,據《新刊》改。

⑧ 斾,此字原書寫形體有訛誤,右旁誤寫似希。

⑨ 眛,原作眛,據《新刊》改。按:眛有兩讀:一在隊韻妹小韻莫佩切,目暗義,已收於本韻四支部;一在泰韻莫貝切,與沫同小韻。《新刊》注:"眛,肺眛,目不明也。"

⑩ 原貉字之後誤寫一載字,《新刊》"陌貉驀貊"一組小韻,無載字,韻書亦無有讀脣音者,當刪。

⑪ 崒,原從目旁,誤寫。

⑫ 載,原脫,據《新刊》補。

⑬ 纔,原右邊誤作上下免字,今改。

⑭ 鰓,原作鰓,據《新刊》改。

⑮ 棟澡,二字原作棟澡,束旁字誤作束字,《新刊》及《廣韻》皆如此錯誤,《蒙古字韻》誤從之。《集韻》不誤,今依《集韻》改正。

⑯ 瞹,此字原從月旁,據《新刊》改。《廣韻》《新刊》注釋爲"日色"。

24.【喻】平：崖涯厓，上：騃，入：額額①詻。

25.【來】平：來萊騋秾［倈］②，去：賴③籟癩瀨賚倈④。

26.【見】平：㼌娲緺蝸騧，去：怪恠硊壞⑤卦挂掛詿罣夬獪*犗⑥，入：虢馘⑦蟈鹹幗摑。

27.【溪】去：快噲駃劊藈喟。

28.【初】平：衰⑧，上：揣，去：嘬。

29.【山】平：衰殯⑨，去：帥率，入：撼。

30.【曉】入：砉淈。

31.【合】平：懷⑩櫰槐淮褱⑪瀤，去：畫⑫壞話，入：獲畫劃嚄。

32.【影】平：蛙鼃，入：擭。

33.【魚】去：瞶⑬。

34.【見】平：佳街皆偕楷稭喈階湝齺荄飄楷，上：解，去：懈解繲廨誡戒界介疥玠齐魪价芥屆悈愵懈，入：格佫⑭骼隔［膈］⑮鬲䰚革苔。

35.【溪】平：揩，上：楷鍇，去：刉揩，去：客搭⑯。

36.【曉】去：譮忩，入：赫燅嚇。

───────────────

① 額，原左邊作名，誤，今改。

② 倈，原缺，據《新刊》補。

③ 賴，原作頼，俗字。郭守正《校正釋疑》："賴字從剌貝，作頼非。"以下"籟癩瀨"三字右旁負字均寫作頁，一併改正，不另出注。

④ 倈，原作狹，狹在平聲咍韻落哀切，不宜在此。

⑤ 壞，原寫作壞，俗字。按：宋元刻本韻書字書等多將壞字寫作壞，如《附釋文韻略》《校正釋疑》和毛氏《增韻》怪韻壞字，如棟亭本注釋文字"魯恭王壞孔子宅""壞其館之垣"等，即此俗寫。下褱聲之字均如此俗寫。這可能是一種風尚。

⑥ 犗，《新刊》無，《新刊》夬韻新補犗古拜切，屬開口，不當在此位。

⑦ 馘，原左邊各誤作名，據《新刊》改。

⑧ 衰，原作裹，此為裝之異體，當為衰字，楚危切，《新刊》注："小也減也殺也。"

⑨ 殯，原作扌旁，形似而訛。義為屋椽。

⑩ 懷，原寫作懷，俗字。以下"櫰褱"等字聲旁褱字其下部皆簡寫作衣形。按：褱字從衣從罒，但褱聲之字當時多將其下部寫作衣。

⑪ 褱，原從衤旁，據《新刊》改。

⑫ 畫，原作畫，俗字。

⑬ 瞶，原從目作瞶，據《新刊》改。按：瞶在未韻貴小韻居胃切。《新刊》瞶，聾也。五怪切。

⑭ 佫，原作狢，據《新刊》改。按：狢為貉之異體字，一在鐸韻下各切，匣母；一在陌韻莫白切，脣音。不宜在此。

⑮ 膈，原缺，據《新刊》補。

⑯ 搭，原從牛，韻書無此字。搭，《新刊》注"手把著也"。

37.【匣】平：膎①鞵鞋諧骸，上：蟹解獬澥嶰駭，去：邂解械齂②薢澥，入：鞈鞈霫翮核絃。

38.【溪】入：⟨刻⟩克尅。

39.【端】入：德③得。

40.【透】入：忒慝*貳④。

41.【定】入：特螣。

42.【莊】入：昃⑤仄側。

43.【初】入：測惻畟。

44.【崇】入：崱。

45.【精】入：則。

46.【從】入：賊蠈。

47.【心】入：塞。

48.【山】入：色嗇穡。

49.【來】入：勒扐肋仂泐。

50.【曉】入：⟨黑⟩。

51.【合】入：劾。

新校《蒙古字韻》卷下

七真

1.【見】平：⟨巾⟩斤筋釿，上：謹槿菫⑥懂卺⑦*瑾⑧，去：斤靳撻劤。

2.【群】平：勤芹懃懂瘽［䔲］⑨，上：近，去：近僅覲殣瑾饉墐。

---

① 膎，原從目作䁈，據《新刊》改。膎，《新刊》："脯也。肉食肴也。户佳切。"

② 齂，原字形體有誤，據《新刊》改。

③ 德，原作徳，俗字，今改。

④ 貳，《新刊》無，見於《集韻》德韻忒小韻惕得切，貸之異體。注引《説文》從人求物也，或作貸。

⑤ 昃，《新刊》作吳，《集韻》昃吳爲異體字。

⑥ 菫，原下從土，兩橫，本書菫聲字皆如此俗寫，今改。

⑦ 卺，原作巹，俗字，據《新刊》改。毛晃《增韻》："卺，以瓢爲酒器，婚禮用之，從丞從卩，卩音節，俗作巹。"後卺巹夻三字形訛混。按：夻，《説文》謹身有所承也，从己丞。卺，蠡也，从豆蒸省聲。

⑧ 瑾，《新刊》無。《廣韻》上聲不載，見於《集韻》隱韻謹小韻几隱切。

⑨ 䔲，原脱，據《新刊》補。《新刊》殷韻重添：䔲，草也，又州名，巨希切。按：《廣韻》《集韻》殷韻均無䔲字。《廣韻》微韻機小韻居依切收蘄字，注曰："縣名，在徐州，亦草名。又音其芹。"《集韻》機小韻居希切收蘄䔲二字，注曰："沛郡有蘄縣，或作䔲。"毛晃《增韻》補收蘄字，注曰："草名。《爾雅》薜山蘄，通作芹。"《新刊》或斟酌以上韻書重增䔲字。《新刊》微韻亦不收蘄或䔲字。

3.【疑】平:銀誾嚚垠圻○①齗齞,上:听,去:憖巹。

4.【泥】平:紉。

5.【知章】平:珍真甄振眕,上:軫畛聄紾診袗②鬒裖③稹,去:震振賑鎮瞋瑱(玉充耳)。

6.【徹昌】平:瞋嗔讀,上:辴,去:疢趁。

7.【澄船】平:神陳塵,上:紖朕④,去:陳陣。

8.【幫】平:賓⑤濱鑌彬斌豳邠璸儐(恭也),去:儐殯鬢擯。

9.【滂】平:繽闐(爭也)。

10.【並】平:頻蘋薲嬪玭螾顰顰貧,上:牝臏。

11.【明】平:旻珉岷緡閩民,上:愍慜憫閔敏暋泯俒。

12.【精】平:津瑨,上:盡⑥,去:晉搢縉進瑨。

13.【清】平:親,去:親。

14.【從】平:秦螓,上:盡。

15.【心】平:辛新薪,去:信訊迅汛。

16.【邪】去⑦:賮燼藎贐(餽贐)。

17.【審】平:申伸紳呻娠身,上:矧哂。

18.【禪】平:辰晨宸鷐臣,上:腎蜃裖⑧脤,去:慎脣蜃。

19.【合】平:痕,上:*狠⑨[很],去:恨。

20.【影】平:殷慇,上:隱磤縯[隿]⑩嶾轀,去:億檼隱。

21.【幺】平:因茵裀闉駰湮[烟]⑪氤陻絪姻堙歅姻,去:印。

---

① 此處省略一個垠字,殷韻圻之異體,因與前一字重複而省。

② 袗,原從衤旁,據《新刊》改。

③ 裖,原作裖,裖爲袗之異體,據《新刊》改。按:裖,時忍切,不在此音位。

④ 朕,原作朕,據《新刊》改。按:朕在寢韻直稔切,不在此音位。

⑤ 賓,原作賔,凡賓聲字皆如此,俗字。《新刊》及《禮部韻略》亦如此,經典相承,久而難改。《説文》從貝宀聲,賓爲正體,後凡賓聲字徑改。

⑥ 盡,原字形有誤,聿下皿上缺灬點。下盡字錯誤同。

⑦ 去,原作平。按:"賮燼藎"皆爲去聲震韻字。

⑧ 裖,原作衣旁寫作裖,誤,據《新刊》改。

⑨ 狠,《新刊》作很,《廣韻》《新刊》無狠字,《集韻》謤韻銀小韻魚巾切,然唐宋時期已變讀爲匣母。《詩經·常棣》"兄弟鬩于牆,外禦其務",毛傳:"鬩,很也。"《釋文》很戶墾反。宋人《詩經》類著作引述毛傳時均作"狠也"。可見很戾之詞已轉爲"狠",戴侗《六書故》:"狠,下狠切,悍戾不可馴也。"此《蒙古字韻》有意改字,《中原音韻》無很字而有狠字,今姑存其舊。然而缺很字,故補之。

⑩ 隿,原脱,據《新刊》補。按:隿(枯木)與下去聲檼(屋脊)意義不同。

⑪ 烟,原脱,《新刊》此音位有烟字,注:"烟煴,天地氣。《易》作絪縕。"此音義不常用,編者或有意删汰之。

22.【喻】平:寅夤腴,上:引蚓螾,去:胤酳靷。

23.【來】平:鄰轔*隣①嶙粦②磷潾轔麟鱗璘驎,上:嶙,去:遴吝悋藺躙磷躪躒。

24.【日】平:人仁,上:忍,去:刃認仞靭朄訒。

25.【見】平:⿰昆褌③崑琨鵾鯤錕,上:緄袞蓘錕緄輥。

26.【溪】平:坤髡,上:閫梱悃捆壼,去:困④。

27.【端】平:敦惇弴墩,去:頓。

28.【透】平:暾焞噋,上:睡⑤肫⑥,去:褪⑦。

29.【定】平:屯豚臀燉,上:囤敦盾沌遁遯,去:鈍遁遯。

30.【泥】去:嫩腝。

31.【幫】平:奔賁犇(牛驚走),上:本奔。

32.【滂】平:濆噴,去:噴。

33.【並】平:盆,去:坌。

34.【明】平:門捫璊⑧璊亹,上:悗懣,去:悶懣。

35.【非敷】平:分饋鼢芬紛枌翂雰翁氛,上:粉忿,去:湓忿糞濆償⑨奮。

36.【奉】平:汾氛棼頒⑩枌蚡棻弅鼖濆鼖賁焚墳豶,上:憤墳扮坋魵賁(怒聲)⑪,去:分坋。

37.【微】平:文聞紋雯蚊,上:吻刎抆忞,去:問汶璺緃紊聞抆(拭也)。

38.【精】平:尊鐏⑫樽鷷,上:撙⑬噂,去:捘。

39.【清】平:村,上:忖,去:寸。

---

① 隣,《新刊》無。鄰之俗體,《新刊》不載,僅在注文指出俗作隣。《中原音韻》有隣而無鄰,姑存之。

② 粦,原作鄰,俗字,《廣韻》等韻書不載。大德本《新刊》誤作鄰。

③ 褌,原從木作楎,據《新刊》改。

④ 困,大德本《新刊》寫成口中一求字,蓋當時忌諱字,朝鮮本作困。

⑤ 睡,原字右邊作熏,不成字,據《新刊》改。睡,混韻他衮切。

⑥ 肫,原字右邊月誤作日,據《新刊》改。今肫肉字。

⑦ 褪,原作腿,腿在《新刊》賄韻吐猥切,不應在此。羅常培以爲褪字,可取。此字《廣韻》《集韻》不載,《五音集韻》他困切,注衣寬重也。毛晃《增韻》:"褪,吐困切,卸衣,又花謝也。"《新刊》去聲恨韻新添褪字,媵頓切,《中原音韻》真文部去聲收褪字,故補正爲褪字。

⑧ 橢,原從才,據《新刊》改。

⑨ 償,原作憤,據《新刊》改。按:憤在吻韻房吻切,濁音,在下一音節中。

⑩ 頒,《新刊》誤作邠,注:"魚大首,亦衆兒,又布還切。"可知邠字爲誤。按:朝鮮刊本《排字禮部韻略》不誤。

⑪ 賁注怒聲,賁字爲《禮部韻略》新添之字,黃啟宗奏添,《押韻釋疑》賁字注:"黃補,怒聲也。《禮》廣賁之音作而民剛毅。"

⑫ 鐏,原作鐏,據《新刊》改。按:鐏在去聲從母,見下。《廣韻》引《說文》秘下銅也,徂悶切。作爲酒器之尊,鐏樽墫皆爲其異體,後起區別字,通用樽。

⑬ 撙,原作樽,據《新刊》改。

40.【從】平:存蹲,去①:鐏鱒。

41.【心】平:孫蓀猻飧②,上:損,去:巽潠遜愻。

42.【曉】平:昏惛婚闇。

43.【合】平:魂渾,上:混渾緄焜,去:图溷。

44.【影】平:温,上:穏③。

45.【來】平:論崙掄④,去:論。

46.【見】平:⃝軍鞿均鈞衠⑤,磨麇麛⑥,去:攈攟韗。

47.【溪】平:困箘,上:[麇]⑦。

48.【群】平:群⑧裠帬,上:窘僒箘菌,去:郡。

49.【知章】平:屯窀迍諄,上:準准埻純,去:稕。

50.【徹昌】平:春椿輴杶櫄,上:蠢踳賰。

51.【澄船】平:脣滣,上:盾揗楯,去:順掱。

52.【精】平:遵僎,去:儁俊餕畯晙⑨,駿夋⑩。

53.【清】平:逡皴夋。

54.【心】平:荀郇詢峋珣恂,上:笋筍隼篿,去:峻濬浚。

55.【邪】平:旬巡馴紃循洵楯揗,去:徇殉徇。

56.【審】去:舜蕣瞬。

57.【禪】平:醇純蒓鶉錞淳。

58.【曉】平:薰曛勳勛熏燻纁醺葷焄臐,去:訓爋。

59.【喻】平:匀昀,上:尹允狁。

60.【來】平:淪輪倫綸掄⑪。

---

① 去,原作上,鐏鱒二字在去聲图韻。

② 飧,原作飱,俗寫,《新刊》作飱,宋代《禮部韻略》作飱,《廣韻》《集韻》作飧,《說文》從夕食,餔也。據《廣韻》《集韻》改。

③ 穏,原作稳,簡俗字,據《新刊》改。

④ 掄,原作楁,據《新刊》改。按:掄(擇也)一在魂韻,一在諄韻(見下),楁(木名)在諄韻,《新刊》僅收掄字。

⑤ 衠,原從衤旁,韻書無此字。據《新刊》改。

⑥ 麛,原鹿下困作囷,訛誤字,據《新刊》改。

⑦ 麇,原空缺,據《廣韻》丘粉切注音補於此。《新刊》脫落反切注音,誤置於云粉切頵鼲二字之後,《蒙古字韻》亦誤從之。

⑧ 群,後起俗字,《新刊韻略》及《禮部韻略》並作羣,今姑存其舊。

⑨ 晙,原從目旁作睃,據《新刊》改。《廣韻》《新刊》不載睃字。

⑩ 夋,原右邊兔作免,據《新刊》改。夋,狡兔名,子俊切。下夋字誤同,今改。

⑪ 掄,原作楁,據《新刊》改。二字同音,《新刊》無楁字。

61.【日】平:惇,上:蝡,去:閏润。

62.【見】平:根跟,去:艮。

63.【溪】上:懇墾。

64.【透】平:吞,去:＊褪①。

65.【莊】平:臻蓁溱榛。

66.【初】去:櫬襯②儭齔＊覤③。

67.【山】平:莘駪籸甡兟詵侁鮮④。

68.【影】平:恩。

69.【見】上:緊。

70.【曉】平:欣忻昕訢炘,去:衅釁焮炘。

71.【匣】平:礥。

72.【影】平:瀠煴氲馧⑤,上:惲蘊薀韞醖,去:醞愠緼蕰⑥煴榅緼。

73.【魚】平:雲芸蕓＊耘⑦紜耘筠云員沄,上:殞隕惲霣(雨也)⑧顐巋⑨,去:韻員韗運暈餫鄆。

八寒

1.【見】平:干乾竿肝奸玕,上:笴簳虷𡐫桿,去:旰幹榦⑩矸。

2.【溪】平:看刊,上:侃衎,去:侃看衎。

3.【疑】平:豻犴,去:岸𠴫犴㘅。

4.【端】平:單鄲丹殫簞,上:亶⑪癉＊潬⑫,去:旦悬。

---

① 褪,原作衤旁,《新刊》誤同。《新刊》恨韻新添:褪,袒衣也,騰頓切。合口,列於此音位爲開口。存疑。

② 襯,原作衤旁,誤,據《新刊》改。

③ 覤,《新刊》無,《廣韻》去聲震韻櫬小韻初覲切。

④ 鮮,原作鮮,此《新刊》本小韻重添字,據改。

⑤ 馧,原從衤旁,據《新刊》改。

⑥ 蕰,原作蘊,俗字,依《新刊》改。

⑦ 耘,《新刊》無,《集韻》注與耕耘字同。

⑧ 雨也,注文,《續修四庫全書》本殘損脫缺,鄭光《蒙古字韻研究》附録照片清晰可見。按:《新刊》有霣字,見於上聲軫韻殞小韻于敏切,注:"霣,《説文》雨也,又齊人謂靁爲霣,一曰雲轉起也。"

⑨ 原巋字下有𪎭字,《廣韻》丘粉切,《新刊》脫落反切注音,誤置於云粉切顐巋二字之後。今重新移置於上困閫二字音節之上聲中(見上)。甯繼福説此字之誤最有功,今依之。

⑩ 榦,原字木上有一橫作榦,誤。今改正。

⑪ 亶,原下旦寫作旦,俗字。亶,《説文》多穀也,從靣旦聲。而《蒙古字韻》凡亶聲字壇檀鸇擅驙之類均將下旦字連筆作旦,諸如此類逕改不注。

⑫ 潬,原作湹,《新刊》無。湹,匣母字,不當在此音位。《新刊》上聲緩韻新添:湹,漫湹難測也,胡管切。疑爲潬字之誤,《廣韻》旱韻徒旱切,注水中沙爲潬。《集韻》平聲上聲亦收此字,如平聲灘小韻他干切:"潬,水中沙出,通作灘。"《蒙古字韻》添加之字往往不拘於聲母清濁與送氣否。甯繼福以爲《蒙韻》作者誤讀湹爲亶音而錯置,可參。

5.【透】平:灘嘽歎攤,上:坦,去:炭歎歎。

6.【定】平:壇檀撣彈驒驔,上:但袒①誕,去:彈但僤灘憚*燀②。

7.【泥】平:難,上:赧戁,去:難。

8.【知莊】上:醆酸棧盞。

9.【徹初】上:剗鏟,去:鏟。

10.【澄崇】平:潺孱僝,上:棧轏僝,去:棧轏(臥車)[袒]③綻組。

11.【幫】平:班頒鳻肦斑般編④彪⑤扳○⑥,上:版板鈑蝂。

12.【滂】平:攀扳販⑦,去:襻⑧盼*盻⑨。

13.【並】去:辦瓣辨。

14.【明】平:蠻䜌⑩,去:慢嫚謾縵。

15.【非敷】平:飜翻旛番幡蕃藩轓繙反,上:反皈阪坂返,去:販⑪販。

16.【奉】平:蹯繁蘩蕡樊礬蠜煩燔蕃膰璠笲袢⑫,上:飯,去:飯飰。

17.【微】平:晚娩挽輓,去:萬万蔓曼。

18.【精】平:賛讚酇⑬。

19.【清】平:餐湌,去:粲燦璨。

20.【從】平:殘戔,上:瓚。

21.【心】平:跚珊姍,上:散*嫩⑭繖傘,去:散。

──────────

① 袒,原從衤旁,據《新刊》改。

② 燀,《新刊》無。燀在《新刊》仙韻尺延切,火起皃,不在去聲定母音位。此字或據《集韻》添加,《集韻》上聲旱韻亶小韻黨旱切,注:"燀,厚燠也。《呂氏春秋》衣不燀熱。"存疑。

③ 袒,原脱,據《新刊》補。按:綻爲袒之異體。

④ 編,原作媥,據《新刊》改。按:媥在仙韻篇小韻芳連切,滂母,不在此音位。

⑤ 彪,原左旁上虍頭誤作雨,作霂,韻書無此字,據《新刊》改。

⑥ 此組小韻省略一個編字,山韻方閑切。

⑦ 販,原作販,據《新刊》改。目多白皃

⑧ 襻,原作攀,據《新刊》改。按:《新刊》誤作衤旁。

⑨ 盻,盼字異體,《新刊》未立字頭,僅在注釋中說明亦作盻。

⑩ 䜌,原從蠻從鳥作鸞,據《新刊》改。

⑪ 販,原作販,據《新刊》改。販,《廣韻》平聲上聲字,與此不符。

⑫ 袢,原作衦,據《新刊》改。

⑬ 賛及賛聲字,今多寫成贊,《説文》作賛,從貝從兟,文獻多作賛。《增韻》:"篆文作賛,《後漢書》作賛。"《校正釋疑》:"字上从兟,作贊非。"張參《五經文字》卷上:"賛贊,上《説文》,下經典相承隸省。凡酇纘之類皆從賛。"戴侗《六書故》賛字注:"兟音詵。按賛無見義,當以扶爲聲,作兟者,扶之譌,與賛聲亦不協。"按:《重修玉篇》扶蒲滿切,並行也,戴侗所言亦不確。今不改如舊。

⑭ 嫩,《新刊》無,韻書無此字,意義不明。

22.【山】平:删訕潸①山,上:潛産篹漣,去:訕汕。

23.【曉】上:罕暵熯,去:漢暵熯。

24.【合】平:寒韓翰邗汗,上:旱,去:翰捍垾釬汗悍瀚閈騿。

25.【影】平:安寋,去:按案。

26.【幺】平:殷,去:晏鷃。

27.【喻】平:顔,上:眼,去:鴈贗。

28.【來】平:爛蘭瀾闌欄攔*讕②幱③,上:嬾懶④,去:爛讕。

29.【○】平:屵刟忓虴抎源,去:玩妧翫。

30.【見】平:官莞觀冠倌棺,上:管筦輨盥悹琯痯,去:貫祼館舘瓘灌鸛爟冠盥觀。

31.【溪】平:寬髖,上:欵款梡。

32.【端】平:端,上:短,去:鍛[破]⑥斷*断⑦。

33.【透】平:湍,上:疃,去:彖⑧褖⑨。

34.【定】平:團博敦漙[摶]⑩,上:斷,去:段⑪。

35.【泥】上:暖煗煖餪,去:愞。

36.【幫】平:豃般,去:半絆。

37.【滂】平:潘拌,去:判泮沜[判]⑫。

38.【並】平:槃盤柈瘢磻幋磐鬆胖般鼜繁蟠弁,上:伴,去:叛畔伴。

39.【明】平:瞞謾饅鏝曼,上:滿㵩⑬,去:縵幔漫墁謾。

40.【精】平:鑽,上:纂纘⑭瓚(鋋也)纉儧酇,去:鑽。

---

① 潸,原作潛,俗字。下一潸字同。《説文》從水散省聲,據改。

② 讕,《新刊》無,此字見於《新刊》去聲中,《禮部韻略》平聲有此字。

③ 幱,原誤作忄旁作懶,形似而誤。

④ 嬾懶,二字互爲異體,原右旁賴字均作頼,俗字。毛晃《增韻》:嬾,亦作孏懶,旁從負,從頁誤。今正。《韻會》:"《説文》從負,舊韻從頼誤。"

⑤ 鍛,原作鍜,據《新刊》改。按:鍛在《廣韻》麻韻遐小韻胡加切下,注:鍜,鋘鍜。

⑥ 破,原缺,據《新刊》補。

⑦ 断,斷之俗字,《新刊》未立該字頭,僅在注釋中説明"俗作断",今姑存之。

⑧ 彖,原從彐頭,俗字,《説文》從彑從豕省,本書及《新刊》彖聲字褖篆瑑緣等均如此俗寫,今一律改作彖。

⑨ 褖,原從衤旁作褖,據《新刊》改。韻書無褖字。

⑩ 摶,原缺,據《新刊》補。摶在團小韻第五字,

⑪ 段,原作叚,據《新刊》改。按:叚在馬韻檟小韻古馬切,《集韻》去聲假之異體,均不在此聲位。元至順、至元本《事林廣記》百家姓段字亦寫作叚,可能爲當時書寫風尚。

⑫ 判,此字原缺,音義爲冰散,據《新刊》補。按:冰散之義後來多寫成泮宫之泮,此或有意刪汰。

⑬ 滿㵩,原㵩聲下网作雨,訛誤字,今改。

⑭ 纘,《新刊》等韻書無此字。

41.【清】去：鼠齾。

42.【從】平：欑①巑萴欑，去：攢。

43.【心】平：酸狻，上：算篹，去：箕蒜笇②。

44.【曉】平：歡貛（野豕）③懽驩讙獾，去：喚煥奐換。

45.【合】平：桓完丸瓛紈汍芄萑綄貆緺，上：緩澣浣［湤］④，去：換逭。

46.【影】平：剜豌蜿，上：盌（小盂）椀，去：惋腕。

47.【來】平：鑾鸞孌欒灓圝⑤，上：卵，去：亂乿。

48.【見】平：關関癏擐唁鰥綸矜，去：慣卝摜串。

49.【莊】平：跧。

50.【初】去：篡。

51.【崇】上：撰饌譔僎○⑥，去：饌。

52.【合】平：還⑦環饗寰［闤］⑧鍰圜鐶轘湲［邬］⑨，上：睆⑩睅莞，去：患擐宦轘豢幻。

53.【影】平：彎灣，上：綰。

54.【魚】平：頑。

55.【見】平：間⑪艱鷼菅⑫覸姦菅，上：簡柬揀，去：襇間覵鐧澗諫。

56.【溪】平：豻慳。

---

① 欑，原作攢，據《新刊》改。按：攢在去聲翰韻贊小韻則旰切，已見去聲。欑，《新刊》注木叢也，在丸切。從母字。

② 笇，原竹頭下著下字，誤，據《新刊》改。韻書無笇字。

③ 野豕，二字注文，原合成一個字，且豕字缺右邊撇捺。據《廣韻》改正。

④ 湤，原脱，《新刊》緩韻新添字，胡管切，據補。

⑤ 圝，原作囗旁，據《新刊》改。

⑥ 此處省略一個撰字，本組小韻由《新刊》兩組小韻組成，潸韻撰小韻雛睆切，獮韻撰小韻士免切。

⑦ 還，原睘聲中口字寫作厶，俗寫字，本書及《新刊》睘聲字（原寰字，從目袁聲）皆如此俗寫，徑改不注。

⑧ 闤，原脱，據《新刊》補。

⑨ 邬，原脱，據《新刊》重添補。《新刊》各種本子脱音注，此字見於《廣韻》刪韻還小韻户關切。

⑩ 睆，原作睅。《新刊》無睆字，睅（胃府）在《廣韻》上聲緩韻管小韻古滿切，見母，不在此音位。睆（大目），户版切，匣母，與此音位合。按：今存臺灣大德本《新刊韻略》均誤作睅，而本韻撰小韻雛睆切，可知睅字爲誤。《文場韻略》和朝鮮刊本《排字禮部韻略》作睆，不誤。蓋《蒙古字韻》據《新刊》誤本而抄寫。

⑪ 間，《新刊》間及從間得聲的字多寫作間，《蒙古字韻》均作間，此俗字。《韻略》不載，祇有"閒"。今照舊不改。

⑫ 菅，原作簡，據《新刊》改。

57.【匣】平:閑*間①瞯（睍也）嫻痶鷳憪②,上:僩③限羬,去:莧骭。

九先

1.【見】平:掔鞬,上:蹇謇○④,去:建。

2.【溪】平:愆㥊⑤諐褰騫,去:譴遣。

3.【群】平:乾虔,上:件鍵*揵⑥楗○⑦,去:健腱。

4.【疑】平:言漹焉,上:齴讞⑧齗⑨,去:彦唁喭諺。

5.【端】平:顛瘨巓蹎（仆也）驔（馬額白）滇（滇池在建寧）,上:典,去:殿。

6.【透】平:天,上:腆琠（玉名）睍悿,去:瑱。

7.【定】平:田佃畋鈿塡闐［沺］⑩,上:殄,去:電殿奠澱淀甸佃鈿闐姳⑪。

8.【泥】平:秊年,上:撚涊,去:晛⑫輾碾。

9.【知】平:邅趁鱣,去:驒禋⑬。

10.【澄】平:纏躔瀍廛㕓縋⑭。

11.【並】平:蹁蟈軿駢胼批便梗諞平,上:辮扁辯⑮辨諞,去:卞抃忭［汴］⑯抨⑰開⑱弁頄

---

① 間,《新刊》無。此爲匣母字,當爲《集韻》之"閑"字,《新刊》本音位無。

② 痶憪,二字《廣韻》作痶憪,《新刊》作痶憪,俗字,《蒙古字韻》從之,《中原音韻》有痶鷳二字,今仍舊。
按:《韻會》删韻引平水韻痶作痶。

③ 僩,原作僴,據《新刊》改。《詩經》作僩,《衛風·淇奥》瑟兮僩兮。

④ 此處省略了一個謇字,阮韻新添居偃切。

⑤ 㥊,原作㥊,二字皆爲愆諐辛的俗字,《廣韻》《集韻》作㥊。

⑥ 揵,《新刊》無,按:《廣韻》《集韻》阮韻皆在見母,《廣韻》揵小韻居偃切,《集韻》紀偃切。其義爲難也舉也。

⑦ 此處省略了一個鍵字,阮韻其偃切。

⑧ 讞,原字缺右邊犬字,據《新刊》等韻書改正。

⑨ 此處省略一齴字,《新刊》有二:阮韻語偃切,獮韻魚蹇切。

⑩ 沺,原缺,據《新刊》先韻田小韻徒年切補,《新刊》注:"沺沺,水勢廣大無際之兒。"此字音義生僻,編者或有意删汰之。

⑪ 姳,《新刊》同,《廣韻》霰韻電小韻堂練切作涎,美好兒。《廣韻》姳在清韻和迴韻,其義分別爲好貌和長好貌。《新刊》將涎改爲姳,或從其字形上考慮。今不改如舊。

⑫ 晛,原從目作睍,據《新刊》改。

⑬ 禋,原從礻旁,據《新刊》改。

⑭ 縋,原作纒,與前字重複。當爲縋,纏之俗字,據《新刊》改。又"纏躔瀍廛㕓"等並作厂頭,俗寫。《説文》㕓,一畞半,一家之居。從广里八土。今並改正。

⑮ 扁辯,二字原書殘缺不清,據《新刊》可補正其缺,銑韻辮小韻薄泫切,下收扁字;獮韻辯小韻符蹇切,下收辨諞二字。

⑯ 汴,原缺,據《新刊》補。

⑰ 抨,原右旁作弃,據《新刊》改。

⑱ 開,原門內字作弃,據《新刊》改。

匥便。

12.【明】平:眠緜綿,上:緬沔①湎黽勔勉免娩(順也)俛冕[菢][莬]②,去:麪麵瞑眄
　　䀉③面偭。

13.【從】平:前錢,上:踐餞俴,去:荐洊栫④賤餞。

14.【邪】平:次涎,去:羨。

15.【禪】平:鋋單蟬禪撢嬋澶,上:善墠鱓鄯部,去:繕擅膳饍禪單。

16.【喻】平:延埏筵綖蜒鋋妍研⑤,上:演衍戭,去:衍莚⑥羨硯。

17.【來】平:蓮憐怜零連聯⑦[漣]⑧,上:輦璉,去:練鍊[揀]⑨楝湅。

18.【日】平:然燃,上:蹨。

19.【見】平:🅢肩豣⑩麃⑪鵳甄枅(屋櫨),上:蠒趼*蜆⑫繭[栞]⑬,去:見。

20.【溪】平:牽汧岍,上:遣,去:掔。

21.【知章】平:饘旃旜⑭栴氈鸇,上:展輾,去:戰顫。

22.【徹昌】平:燀,上:闡繟幝⑮嘽燀(炊也)菚⑯,去:硟。

23.【幫】平:邊籩*嗣⑰蝙編鯾鞭,上:緶褊(衣小也)⑱扁,去:變徧徧。

───────────────

① 沔,原右邊寫作丐,下去聲眄字誤同,今改。丏,《廣韻》彌兗切,丏爲匄之異體,古太切。
② 菢莬,此二字原缺,據《新刊》上聲獮韻重添字補。《集韻》武遠切,與勉免冕等字都在一個小韻。
③ 䀉,原作䀏,據《新刊》改。
④ 栫,原從扌旁,據《新刊》改。
⑤ 妍研,按《說文》右邊开字應爲幵字,古賢切,俗寫作开,先韻中豣汧,以及齊韻笄枅,青韻中形刑邢
　 等,均如此簡寫,今不改如舊。段玉裁《說文解字注》幵字注:"用幵爲聲之字音讀多岐,如汧、麖、鴅、
　 研、妍、雅在先韻,音之近是者也。如井、刑、形、邢、鈃入清青韻,此轉移之遠者也。如笄、枅入齊韻,
　 此轉移更遠者也。"參見下條豣字注釋。
⑥ 莚,原作竹旁筵,據《新刊》改。筳,在《廣韻》《集韻》祇有平聲一讀,平聲仙韻以然切,不合在此聲位。
⑦ 聯,原字形訛誤,下卯字作大,俗字。今改。
⑧ 漣,原脫,據《新刊》補。
⑨ 揀,原脫,據《新刊》補。
⑩ 豣,原作豜。按:幵,但俗多寫成开字,《廣韻》开字注:"《說文》平也,兩干對舉。又羌名,今作开,同。
　 又音牽。"故本組开聲字多寫作开,今姑存其舊。
⑪ 麃,原鹿下开作廾,據《新刊》改。按:《韻會》引平聲水韻作麃,異體。
⑫ 蜆,《新刊》無,《廣韻》《集韻》銑韻曉母呼典切,不當在此。
⑬ 栞,原脫,據《新刊》銑韻繭小韻古典切補。按:《新刊》原字形作枀,俗字,今依《廣韻》改。
⑭ 旜,原字形有誤,亶上缺宀,今改。
⑮ 幝,原作憚,據《新刊》改。憚《廣韻》去聲翰韻徒按切,不當在此聲位。
⑯ 菚,原字形有誤,上艹頭作止。
⑰ 嗣,《新刊》無,音義不明。此字疑爲蹁躚之蹁,誤作口旁。但蹁部田切,並母,可疑。
⑱ 褊,原從衤旁,此字《新刊》注:"衣急,方緬切。"《集韻》引《說文》衣小也。

24.【滂】平:篇偏翩扁,上:鶣①,去:片鶣②。

25.【精】平:箋牋韉籛機③棧煎湔濺,上:剪翦戩錢,去:薦箭煎濺。

26.【清】平:千阡芊迁遷韆,上:淺,去:蒨茜倩。

27.【心】平:先躚躚仙僊鮮○④,上:銑洗跣毨獮鮮癬燹廯⑤薛,去:霰先綫線。

28.【審】平:羶埏挻扇煽,去:扇煽。

29.【曉】平:軒掀騫⑥(飛兒),上:幰顯,去:獻憲。

30.【影】平:焉蔫嫣(長兒)鄢(邑名),上:偃鷃鄢黫鰋,去:堰。

31.【幺】平:煙烟燕咽胭,去:宴燕鷰醼嬊[嚥]⑦咽。

32.【見】平:㳙明鵑蠲,上:畎羂,去:睊⑧胃絹狷。

33.【溪】上⑨:犬。

34.【群】平:權拳顴⑩鬈卷,上:圈○⑪,去:倦圈。

35.【知章】平:專甎顓籑,上:轉剸,去:囀傳轉。

36.【徹昌】平:穿川,上:舛喘,去:釧穿。

37.【澄船】平:船舡⑫椽⑬傳,上:篆瑑,去:傳。

38.【精】平:鑴胶。

39.【清】平:詮佺銓痊筌絟荃拴悛。

40.【從】平:全泉牷,上:雋吮。

---

① 原鶣下有菔苑二字,見於獮韻鶣字重添字亡辨切。鶣,披免切,二者不可合成一組小韻。蓋編者誤將鶣字下重添字視爲同一組小韻。今刪移至上12列眠字音節。

② 鶣,原作騙,後起俗字,據《新刊》改。按:《韻會》鶣注明平水韻增。鶣,本義爲躍上馬,後借爲誆騙字,《康熙字典》:"騙,《集韻》同鶣。《正字通》今俗借爲誆騙字。"欺騙字蓋廣盛於宋金之時,宋人文集已屢見之,《蒙古字韻》蓋以欺騙字改寫之。

③ 機,原作棧,棧在上聲産韻士限切,不當在此聲位,據《新刊》改。

④ 本組韻字中省略了仙韻躚字,與先韻躚字音同。這種情況在《蒙古字韻》中多有表現,三、四等韻重合時遇同形同音字大都省略。

⑤ 廯,原作癬,重出。《新刊》本小韻作廯,屋廯,據改。

⑥ 騫,原作騫,騫在仙韻愆小韻去乾切,溪母,據《新刊》改。

⑦ 嚥,原脱,據《新刊》補。嚥,吞也,後多寫作咽,此類情況或有意省略。

⑧ 睊,原右邊作員,形似而訛,據《新刊》改。

⑨ 上,原作平。按:犬在上聲,當改。

⑩ 顴,原作觀,據《新刊》改。

⑪ 此處省略一圈字,獮韻渠篆切。

⑫ 舡,船之異體,原作舷,據《新刊》改。

⑬ 椽,原右旁象字作彐頭,俗字,下瑑字同,本韻書象聲字皆如此俗寫,如緣寫作緣等,諸如此類徑改不注。

41.【心】平：宣瑄朘，上：選，去：選。

42.【邪】平：旋璿璇①淀璇還，去：淀旋。

43.【禪】平：遄篅圌。

44.【曉】平：翾儇蠉譞嬛駽暄喧萱諼塤壎誼②，上：蠉③烜咺，去：絢駽楥楦。

45.【匣】平：玄④縣懸，上：泫鉉軑琄鞙，去：縣袨⑤眩炫衒眩玹。

46.【影】平：鴛冤鵷蜿宛怨，上：婉菀苑蜿睕琬宛，去：怨。

47.【魚】平：元原邍源嫄騵謜沅蚖黿袁爰垣園援轅⑥媛猨猿員圜圓湲，上：阮遠，去：願愿遠謜瑗援媛院。

48.【幺】平：淵蕭蜎娟悁，去：餇。

49.【喻】平：沿沇鈆鉛捐鳶蝝緣，上：兗渷捲⑦，去：掾緣。

50.【日】平：壖，上：輭軟蝡愞。

51.【見】上：⑳捲菤⑧，去：臠⑨卷睊卷。

52.【溪】平：弮棬，上：綣，去：券勸。

53.【來】平：攣，上：臠孿，去：戀。

54.【匣】平：⑳弦絃蚿舷，上：峴倪（譬喻也）睍（日氣）⑩，去：見現。

十蕭

1.【見】平：⑳膏皋羔餻槹岧嶅⑪篙槔，上：暠杲槀⑫縞藁⑬，去：誥郜告縞膏，入：各閣。

----

① 璿，原字形有訛誤，據《新刊》改。

② 誼，原本殘缺，前輩學者補充。按：此字可從《新刊》補正，原爲元韻暄小韻況袁切下第七字。

③ 蠉，原作環，據《新刊》改。

④ 本組音節玄旁字泫鉉眩炫及下匣母字弦絃蚿舷等，均缺點作玄，清抄本避玄燁諱。

⑤ 袨，原從衤旁，據《新刊》改。

⑥ 轅，原右旁作爰，據《新刊》改。

⑦ 捲，原右旁兖字誤寫成充字，今改。

⑧ 菤，原作竹頭，韻書無此字，據《新刊》改。

⑨ 臠，原下斗字作廾，韻書無此字。臠，《廣韻》願韻居願切，注："脘物也。《説文》杅滿也。"按：《説文》從斗臠聲。《新刊》誤作臠，朝鮮《禮部玉篇》作臠，可參證。

⑩ 以上三字在《新刊》中皆不同音：睍（日光，奴甸切）倪（罄也譬也，苦甸切）峴（峻嶺，胡典切），前二字分別爲泥母和溪母去聲字，《蒙韻》已錄後一字爲匣母字，與八思巴字合。《廣韻》此三字皆在上聲銑韻峴小韻胡典切下："峴，峻嶺。""睍，日出好皃，又乃見切。""倪，譬喻，又苦甸切。"可知二字據《廣韻》添加。

⑪ 嶅，原字形筆畫略有訛誤。

⑫ 槀，原作槁，據《新刊》改。按：槀，禾稈。槁，藥名。均在《廣韻》上聲皓韻暠小韻古老切。然而此二字在文獻中常常混淆使用，寫成高下爲木者爲常，取其便俗也。

⑬ 藁，原作槀，俗字，據《新刊》等韻書改。

2.【溪】上：考攷①栲槁祰②燺薧③*槀④［拷］⑤，去：鎬犒槀⑥，入：恪。

3.【疑】平：敖遨翱鰲驁熬獒鼇聱螯*潡⑦［嗸］⑧嗷［璈］⑨，去：傲鏊驁奡，入：咢愕鄂諤萼鍔鶚鰐噩堮。

4.【端】平：刀魛忉舠，上：倒擣⑩搗島禱，去：到禱倒⑪。

5.【透】平：饕洮韜謟⑫慆叨絛挑綢弢滔，上：討韜⑬。入：託拓橐籜榜⑭欜⑮袥⑯蘀飥魄。

6.【定】平：陶⑰綯逃鼗鞉咷桃鞀掏騊啕萄濤檮翿飀，上：道稻纛，去：導翿纛悼蹈盜翿幬纛陶，入：鐸度憕。

7.【泥】平：猱獶峱鐃呶⑱譊怓［洳］⑲臑（羊豕臂），上：腦惱碯嫋撓，去：橈⑳淖鬧，入：諾。

8.【知莊】平：嘲，上：爪笊貘獠瑤，去：罩［箪］㉑罩抓［笊］㉒。

9.【徹初】平：抄，上：炒謅，去：抄抄。

10.【澄崇】平：巢，去：棹櫂（進船器）。

---

① 攷，原右邊攵作欠，據《新刊》改。
② 祰，《新刊》誤作衣旁，此爲告祭之字。朝鮮刊本不誤。
③ 薧，原作薨，據《新刊》改。按：《廣韻》薨，呼肱切，公侯卒也，不在此聲位。薧在皓韻苦浩切，魚乾。
④ 槀，《新刊》此聲位無此字。
⑤ 拷，原脱，見於《新刊》皓韻新添，注："打也，音考。"
⑥ 槀，原作稾，據《新刊》改。
⑦ 潡，《新刊》無，《廣韻》注："水名，出南陽魯陽縣。"
⑧ 嗸，原缺，據《新刊》補。按：《廣韻》嗸，衆口愁也。嗷爲嗸的異體字，《廣韻》注上同。
⑨ 璈，原缺，據《新刊》補。按：璈爲豪韻新添字，注：璈，樂器，五勞切。
⑩ 擣，原作禱，與後一字犯重，據《新刊》改。
⑪ 禱捯，二字原本字體殘缺模糊，據《新刊》去聲號韻到小韻可以補正。
⑫ 謟，原舀聲下作四，俗寫字，《蒙古字韻》舀聲字多如此，下舀聲字均改之。
⑬ 韜，原左旁誤作秀，此《新刊》皓韻新添字，即稻之異體字，注："關西呼韜黍他浩切。"按：《廣韻》不載韜字，見於《集韻》和《五音集韻》。《集韻》土皓切，注："關西呼蜀黍曰韜黍。"此《新刊》新添之由來。
⑭ 榜，原作搒，訛俗字，據《新刊》改。
⑮ 欜，原作扌旁，形似而誤，據《新刊》改。按：欜爲榜之或體。
⑯ 袥，原作祏，據《新刊》改，注："袥，開衣領也。"按：祏在昔韻石小韻常隻切，《説文》云宗廟主。聲韻皆不合。
⑰ 陶，聲旁匋字中缶俗寫作缶，後凡匋聲字皆如此俗寫，今改爲正體。
⑱ 呶，元大德本《新刊韻略》誤作奴，朝鮮本不誤。
⑲ 洳，原缺，據《新刊》補。釋義爲洳沙。此音義偏僻或有意汰之。
⑳ 橈，原從扌旁，據《新刊》改。見於效韻奴教切，木曲。
㉑ 箪，原缺，據《新刊》補。按：箪爲罩之異體。
㉒ 笊，原缺，據《新刊》補。按：《韻會》抓笊二字皆言平水韻增，可知脱二字。

11.【幫】平:褒褒包苞,上:寶保堢堡褓葆鸨*翍① 飽褓(褓褓)② 緥(小兒衣),去:報豹儤爆䶌犦(牛名),入:博③ 搏爆④ 襮⑤ 鑮鎛⑥ 簙⑦ 欂⑧ 溥⑨ 餺膊剥駮駁。

12.【滂】平:胞脬抛泡,去:窌礮*砲⑩,入:濼粕髆朴墣⑪ 樸璞。

13.【並】平:庖咆匏⑫ 炮炰跑袍⑬ 麃,上:鮑靤⑭ 抱,去:鉋暴虣曝瀑菢*醹⑮,入:雹爮⑯ 撲髆⑰ 泊亳⑱ 箔*怕⑲ 薄礴[簿]⑳。

14.【明】平:毛髦芼旄茅蝥貓,上:卯㉑ 茆昴,去:帽毷芼眊瑁冒旄鶜皃貌,入:寞瞙嗼莫幕膜鏌摸漠瘼邈皃㉒。

15.【非敷】入:縛㉓。

① 翍,《新刊》無,《廣韻》注釋彩羽。
② 褓,此字重出,原書下有闕文,中間存一皃字,不知何字之訛,甯先生以爲注文“小兒衣”,但下字緥有此注釋,不可能重複。《新刊》作褓褓,闕疑。
③ 博,原字右邊尃寫作専,俗字。本書和《新刊》凡尃聲字皆如此,形似專字。今改。
④ 爆,《韻會》引平水韻作煿,注曰:“火乾也。或作爆。一曰熱也。○平水韻增。”
⑤ 襮,原從衤旁作㩧,韻書無此字,見魚部㩧字注。
⑥ 鎛,原從金從暴作鑤,韻書無此字,據《新刊》改。
⑦ 簙,原博字偏旁作忄,俗寫,據《新刊》改。
⑧ 欂,原從扌旁,又薄字原從竹頭作簿,據《新刊》改。
⑨ 溥,原作搏,與上字犯重,《新刊》作溥,據改。
⑩ 砲,《新刊》無,爲後起俗字,此字見於《集韻》,爲礮之異體。《禮部韻略》作砲,作爲正體使用。《中原音韻》有砲字而無礮字,可見當時文字使用情況。後炮字通行,諸字皆廢。此文字演變之軌迹。
⑪ 墣,原作濮,韻書無此字,據《新刊》覺韻璞小韻匹角切改。
⑫ 匏,原左邊夸字大字訛寫兩點,誤字,後麻韻誇跨胯亦如此,今改。
⑬ 袍,原從衤旁作袍,形似而訛。據《新刊》改。
⑭ 靤,原左邊作柔,蓋俗寫,據《新刊》改。
⑮ 醹,《新刊》《廣韻》均無。見於《集韻》《禮部韻略》,注:“一宿酒也。”
⑯ 爮,原作爬,據《新刊》改。
⑰ 髆,原左邊作肩,不成字,據《新刊》改。
⑱ 亳,原下從毛作毫,據《新刊》改。
⑲ 怕,《新刊》無。按:《廣韻》怕在禡韻,《五音集韻》入聲鐸韻收怕字,在泊小韻,注:“憺怕,靜也。”《蒙古字韻》或據《五音集韻》添入。
⑳ 簿,原缺,據《新刊》補。
㉑ 卯,原右邊卩旁訛誤成阝旁,後卯聲字誤皆如此,徑改不注。
㉒ 皃,《韻會》引平水韻作貌,注:“容也,本作皃。注見效韻。又描畫人物類其狀曰貌。”與《新刊》注釋類似。《新刊》:“皃人類狀。本莫教切。”
㉓ 原縛後有戄字,誤置於此。戄,《新刊》藥韻許縛切,與本聲位不符,删移至下十七頁本韻之末。

16.【精】平：糟醩遭，上：早澡藻蚤璪棗①繰②纔，去：竈躁，入：作鑿。

17.【清】平：操，上：草慅，去：操造慥糙，入：錯縒。

18.【從】平：曹槽嘈螬艚漕，上：皁造，去：漕，入：昨酢怍鑿齪柞䋫鈼*筰③。

19.【心】平：騷搔繅繰臊飀［愻］④艘，上：［娞］⑤嫂燥掃埽*愻⑥，去：喿譟噪瘙埽掃燥，入：索摍。

20.【山】平：梢⑦捎弰髾旓筲鞘颵蛸，去：稍。

21.【曉】平：蒿薅茠⑧（拔田草）⑨撓（擾也）⑩，上：好，去：*耗⑪耗好，入：臛㲉⑫藊郝嗃。

22.【合】平：豪號毫嗥濠壕嶩（山名），上：*皓⑬昊暭浩鎬灝顥鄗晧（日出兒）⑭滈蔏（莎草），去：号號，入：涸鶴貃貉曤⑮*洛⑯。

23.【影】平：罋⑰（銅瓮）麀，上：襖⑱懊燠媼夭，去：奧懊隩墺燠澳饇，入：惡噁堊*虺⑲。

24.【幺】平：坳⑳，上：拗（拉也），去：靿衂，入：渥握偓幄喔約。

---

① 棗，原作棘，俗字，今改正。按：《新刊》《廣韻》亦從俗作棗，《説文》重朿爲棗，並朿爲棘，朿音刺，即木芒，古刺字。

② 繰，原左旁從金作鐰，據《新刊》改。

③ 䋫，《新刊》無，《廣韻》筰（竹索）之異體。

④ 愻，原缺，據《新刊》補。恐懼義。

⑤ 娞，原缺，據《新刊》補。按：娞爲嫂之古體，《蒙韻》編者或有意删汰之。

⑥ 愻，《新刊》無。按：愻上聲爲慅之異體，《廣韻》采老切，不當在此聲位。編者或有意變讀其音。

⑦ 梢，原作稍，據《新刊》，稍在去聲所教切，見下。

⑧ 茠，《新刊》無，據注釋文字補充。原注釋文字“休拔寸草”，其中休當爲字頭茠或揪之訛誤字而混進注文者。按：茠揪爲薅之異體，《廣韻》除田草也。

⑨ 拔田草，原作“休拔寸草”，休爲字頭混進注文者。又文獻中無“拔寸草”之語詞。

⑩ 擾也，原作撋也。《廣韻》豪韻蒿小韻呼毛切下有此字，注攪也。《集韻》《禮部韻略》擾也。

⑪ 耗，《新刊》無，耗字注曰俗作耗。

⑫ 臛㲉，二字原本殘缺空白，經與《新刊》對照，乃鐸韻臛小韻火酷切下韻字“臛㲉藊郝嗃”之中字。按：鄭光《蒙古字韻研究》附録照片删缺臛㲉二字。

⑬ 皓，《廣韻》無，僅有晧字，《新刊》卷内作皓字誤，當爲晧。按《集韻》皓爲古老切，在表示顥白意義上爲顥之異體。兩者意義區別在於：晧爲日光，皓爲顥白。蓋後來皓晧混用，以至於皓代替了晧的用法。《新刊》諸本韻目均爲晧字，而卷内韻首卻爲皓字。《蒙古字韻》不能辨别，於是乎二字兼收。

⑭ 日出兒，原三字注文位於滈之後，《新刊》注：滈，水名在京兆。晧，日出兒。據改。

⑮ 曤，羅常培以爲从目從霍（曤），不確。《新刊》鐸韻新添字，注：“白也。《史記》曤然白首，下各切。”此字《廣韻》不載，《集韻》録之，注釋與《新刊》同。注：“矐曤，白也。《史記》曤然白首，或从崔。”

⑯ 洛，原作洺，《新刊》此音位無洺字。《廣韻》鐸韻涸小韻下各切下字，注洛澤，水兒。

⑰ 罋，原右邊鹿下作土，不成字。據《廣韻》等韻書改。

⑱ 襖，原從礻旁，不成字，據《新刊》改。

⑲ 虺，《新刊》無，《廣韻》注蛇名。

⑳ 坳，原幼旁力字訛寫成刀，寫作坳，俗字，下幼旁字均如此，逕改不注。

25.【喻】平:聲聱,上:皶,去:樂礉墝,入:嶽岳樂鸑。

26.【來】平:勞牢牟療①醪撈簩②,上:老橑潦栳佬,去③:嫽澇④潦勞僗,入:落絡烙洛珞酪硌駱*零⑤雒*剎⑥樂*㰛⑦。⑧

27.【見】平:𩣺嬌憍鵁,上:矯皦撟蹻,入:脚⑨腳蹻屩。

28.【溪】平:趫橇鞒,入:卻却。

29.【群】平:喬橋僑蕎,去:嶠,入:噱臄醵。

30.【疑】平:鴞,入:虐瘧。

31.【定】平:迢條髫韶跳蜩佻苕調僚,上:窕掉挑,去:藋*銚⑩掉調莜⑪篠嬥銚(燒器)⑫。

32.【知章】平:朝昭⑬招釗鉊(大鐮)⑭,上:沼,去:照炤詔,入:著灼斫芍勺酌妁繳焯禚斲。

33.【徹昌】平:[怊]⑮弨,入:綽婥。

34.【澄船】平:[鼂]⑯晁鼌朝潮,上:肇⑰兆趙旐珧⑱,去:召,入:著。

---

① 療,《韻會》引平水韻作㷚,異體字。此或早期《新刊》版本。

② 簩,原從艹頭,韻書無此字,據《新刊》改。

③ 去,表聲調的去聲字原漫漶不清,以下五字皆爲去聲號韻嫽小韻字。據補。

④ 嫽澇,二字原本漫漶不清,對照《新刊》相應韻字,知爲嫽澇二字。據補。

⑤ 零,《新刊》無,《集韻》引《說文》雨零也。

⑥ 剎,《新刊》無,《廣韻》剎,去皮節又剔也。

⑦ 㰛,《新刊》無,《廣韻》鐸韻落小韻盧各切,陵㰛。

⑧ 以上去聲嫽澇二字,入聲剎樂㰛三字,以及下行蹻屩二字,原本模糊不清(《續修四庫全書》本),根據鄭光《蒙古字韻研究》的照片,清晰可見(原書附録第332頁)。可參照《新刊》相關韻部補正。

⑨ 脚,原右邊卩旁訛誤成阝旁,後腳字、下卻却二字誤皆如此,徑改不注。

⑩ 銚,《新刊》無,韻書無此字。見於明汪砢玉《珊瑚網》卷四《坡翁行書四詩真蹟》,其中有:"且學公家作茗飲,甎罏石銚長相隨。"宋王十朋《東坡詩集註》卷七《試院煎茶》詩,後句作"塼爐石銚行相隨",銚改作銚。可見此字最早見於宋代蘇軾詩句,而失載於古今辭書,諸如金代邢準《新修絫音引證群籍玉篇》、韓孝彥《四聲篇海》、明代《篇海類編》、清代《康熙字典》,缶部均不見此字。現代《中華字海》亦不見載。此字生僻,作爲添加字,《蒙古字韻》編者當置之於此行最末,而後注曰"燒器",與銚字互換字位。

⑪ 莜,原字形訛誤而成莜(渠遥切),下攸字誤作收,據《新刊》改。

⑫ 燒器,燒字原從火從兆作姚,《廣韻》姚光也。據《新刊》改。

⑬ 昭,原右邊召字寫作㲋,俗寫,後凡召聲字如此俗寫者皆徑改不注。

⑭ 大鐮,原注文合作一韻頭字,又鐮字誤作亻旁。

⑮ 怊,此字原缺,據《新刊》補,弨小韻首字,尺招切。

⑯ 鼂,原缺,據《新刊》補。

⑰ 肇,《新刊》作肇,《集韻》《禮部韻略》亦作肇,二字相互異體。

⑱ 珧,《續修四庫全書》本模糊似挑字,鄭光《蒙古字韻研究》附録照片清晰爲珧,《新刊》釋爲葬地。

35.【幫】平：鑣臕儦瀌糖蔍飆①標杓幖，上：標②標嶼表③。

36.【並】平：瓢飄④藨，上：摽鰾殍莩，去：*驃⑤。

37.【明】平：苗描緢貓猫，上：眇渺淼杪藐，去：妙廟庿。

38.【審】平：燒，上：少，去：燒少，入：爍鑠。

39.【禪】平：韶磬佋軺，上：紹佋⑥，去⑦：邵召劭，入：勺杓芍。

40.【曉】平：聊枵歊，入：謔。

41.【影】平：妖祅訞夭，上：夭殀麇（麇子）⑧，入：約。

42.【喻】平：堯⑨嶢遙傜繇飆窯銚姚摇謠愮軺陶繇瑶褕⑩，上：鷕漾，去：窔耀鷂燿曜，入：藥躍礿⑪禴⑫鑰瀹龠籥。

43.【來】平：聊膋遼嫽飀料寥撩撩⑬廖僚寮鐐鷯敹⑭嘹，上：了蓼瞭繚藔憭*憭○⑮僚，去：料鐐罶窌⑯燎僚爍療，入：略掠劕罶。

44.【日】平：饒橈蕘，上：擾〔擾〕⑰繞遶〔嬈〕⑱，入：若弱蒻*嬈⑲。

---

① 飆，原字左旁作炎，據《新刊》改。
② 標，原字左旁作衤，據《新刊》改。
③ 標嶼表，三字原本模糊殘缺，據《新刊》標字小韻補正。
④ 飄，原作剽，據《新刊》改。按：剽在去聲笑韻匹妙切，不合在此音位。
⑤ 驃，《新刊》無，《廣韻》去聲笑韻字，毗召切，注："驃騎，官名。"
⑥ 紹佋，此二字原標記作去聲，誤，乃《新刊》上聲篠韻字，據改爲上聲。
⑦ 邵召劭，三字皆爲《新刊》去聲笑韻字，據《新刊》補去字。
⑧ 麇子，二字本爲注文，誤合成一字。據《廣韻》等韻書改正。
⑨ 堯，從垚從兀，但《蒙古字韻》多將兀字一橫省去，所有從堯得聲的字均如此。如此之類並改正之。
⑩ 褕，原作衤旁，據《新刊》改。
⑪ 礿，原從木旁作杓，杓在藥韻彴的小韻市若切，一在錫韻的小韻都歷切，不在此音位。據《新刊》改。
⑫ 禴，原從木旁，非是，禴爲礿之異體，祭名。據《新刊》改。
⑬ 撩，原從木旁作橑，《新刊》作撩，注："取物，又理也。"《新刊》無橑字，《廣韻》注："橑，蓋骨，亦椽也。"
⑭ 敹，原從尞從攴，韻書無此字，據《新刊》改。敹，出自《尚書》揀擇之意，《說文》擇也，引《周書》敹乃甲冑。
⑮ 憭，《新刊》無，《新刊》此音位上是繚。按：《新刊》此聲位共七字，來自兩個韻部：篠韻了蓼瞭繚藔，小韻燎繚僚。因爲重出了一繚字，《蒙古字韻》編撰時省略一繚字，並添加了憭，韻字更豐富。
⑯ 罶窌，二字原模糊殘缺，據《新刊》補正。罶在《新刊》嘯韻，窌在《新刊》笑韻。
⑰ 擾，原缺，擾之異體，而沼切，《新刊》小韻新添字（原誤作擾字）。
⑱ 嬈，原缺，據《新刊》補。下入聲嬈字當移此。
⑲ 嬈，不當在此音位，《新刊》及《廣韻》《集韻》無有作入聲者。存疑。

45.【見】平:㊣驍梟澆儌徼,上:皎皦璬[繳]①,去:叫②徼*繳③。

46.【溪】平:蹺,去:竅。

47.【群】平:翹荍④*劭(勸勉也)⑤。

48.【端】平:貂刁琱凋鵰雕彫弴,上:鳥蔦,去:*吊⑥弔釣蔦。

49.【透】平:祧佻挑恌,上:朓窱,去:糶粜眺覜趒。

50.【泥】上:嫋褭褭嬈⑦。

51.【徹】平:超怊(悵恨也),入:婼逴㚟(似兔青色)。

52.【滂】平:漂僄飄慓翲,上:縹醥膘,去:剽漂勡。

53.【精】平:焦蕉膲鷦椒噍*啾⑧鐎(刁斗温器)⑨龜(灼龜不兆),上:勦劋,去:醮僬穛釂嚼爝(火炬也)⑩,入:爵雀爝⑪。

54.【清】平:鍫,上:悄愀,去:陗俏哨峭,入:鵲猎碏皵*猎⑫。

55.【從】平:樵憔顦譙燋(灼龜木),去:誚噍,入:嚼。

56.【心】平:簫蟰[蠨]⑬瀟飀⑭蕭箾翛霄消宵逍綃硝哨銷蛸痟,上:篠謏小,去:笑嘯歗肖鞘韒,入:削。

57.【曉】平:嘵憢,上:曉。

58.【匣】上:皛。

① 繳,原脱,據《新刊》補。按:繳爲《新刊》篠韻皎小韻古了切下第四字。下去聲繳字當移此。

② 叫,原作呌,俗字。據《新刊》改。按:《中原音韻》亦作呌。

③ 繳,《新刊》無,《集韻》嘯韻叫小韻古弔切:"繳,糾戾也。劉向曰紛繳爭言。"《蒙古字韻》編撰者蓋據《集韻》添入。

④ 荍,原形體有訛誤,下收字丩旁作丬,俗字,據《新刊》改。

⑤ 劭,《新刊》寔照切,去聲,不在此音位。《集韻》宵韻翹小韻祁堯切收録此字,注:"劭,精異意,《漢書》劭農,蘇林説。"與注文不合,毛晃《增韻》劭字注引晉灼曰勸勉也。或據《增韻》添入。

⑥ 吊,《新刊》無,俗字,《廣韻》《集韻》不載,見於《五音集韻》。

⑦ 嬈,原作燒,據《新刊》改。

⑧ 啾,《新刊》無。此字列此頗有疑問,《廣韻》入聲錫韻寂小韻前歷切,注啾嘆無聲。

⑨ 刁斗,原缺刁字,據《廣韻》等韻書補。

⑩ 火炬也,《新刊》《廣韻》皆注爲火也,《集韻》注火炬。

⑪ 爝,原作灂,據《新刊》改。按:灂,《廣韻》覺韻浞小韻士角切,不在此聲位。

⑫ 猎,《新刊》無,此據《集韻》添入,爲猎之異體。《集韻》:"猎猎猲,宋良犬名,或作猎猲。"

⑬ 蠨,原缺,據《新刊》補。

⑭ 飀,原作颾,據《新刊》改。

59.【幺】平:幺怮葽要腰〇[①]褄[②]喓邀,上:杳窅窈,去:要*約(信也)[③]。

60.【見】入:㊣郭㮯彍。

61.【溪】入:廓鞹漷擴[④]。

62.【泥】入:搦。

63.【知莊】入:捉斮斲涿[⑤]諑拯琢卓倬啄穛(生穫[⑥])。

64.【徹初】入:逴趠踔娖齪擉篧。

65.【澄崇】入:浞濁鷟濁擢鐲籗(罩也)濯。

66.【山】入:朔嗽[⑦]稍槊數箾[⑧]。

67.【曉】入:霍藿彍癨*攉[⑨]。

68.【合】入:穫鑊濩。

69.【影】入:臒[⑩]蠖韄矆。

70.【來】入:犖。

71.【見】平:交蛟咬郊茭鮫教膠嘐,上:絞狡佼鉸姣攪,去:教窖校鉸較覺,入:覺斠角較桷珏瑴榷捔傕摧。

72.【溪】平:敲磽墝,上:巧,去:礉,入:殼敲慤确嶨埆。

73.【曉】平:虓猇髇嗃哮烋涍,去:孝。

74.【匣】平:肴餚崤殽爻淆[⑪],上:佼,去:効效校恔斆㤓傚[佼][⑫],入:學确鷽。

75.【見】入:㊣玃攫[⑬]矍。

---

① 此處《新刊》有宵韻葽字,與前一蕭韻葽字重出,《蒙古字韻》省略。

② 褄,原從衤旁,據《新刊》改。

③ 約,《新刊》無。原字置於要字下注文内:"約信也。"《新刊》去聲無約字,要字注"約也"。約,《禮部韻略》新添(黄啟宗奏添),注:"於妙切,信也。"郭守正《校正釋疑》卷四去聲笑韻:"約,黄補。信也,《禮》掌邦國及萬民之約劑。又藥韻《記》大信不約,於妙反,此是。"

④ 擴,《蒙古字韻校本》原缺,鄭光《蒙古字韻研究》附録照片有此字。《新刊》小韻亦有此字。

⑤ 涿,原右邊從豕,後諑拯琢啄皆從豕,俗寫字,今並改正。按:豖,《廣韻》燭韻棟小韻丑玉切,引《説文》豕絆足行豖豖也。

⑥ 穫,原右旁作隻,又隹上缺艹頭,隹下有四字,訛誤字。

⑦ 嗽,原右旁作攵,俗字,據《新刊》改。按:《韻會》引平水韻作欶,注或作嗽。

⑧ 箾,原字右邊作肙,據《新刊》改。義爲以竿擊人。

⑨ 攉,《新刊》無。《廣韻》鐸韻霍小韻虚郭切,攉盤手戲。

⑩ 臒,原作艧,據《新刊》改。按:臒,烏郭切,丹也,一等韻。艧,《廣韻》《集韻》不載,《五音集韻》憂縛切,船名,三等韻。

⑪ 淆,原置於上聲之後,《新刊》肴韻肴小韻胡茅切第六字,據《新刊》改。

⑫ 佼,原缺,據《新刊》補。按:佼爲效韻新添字。注:"庸人之敏謂之佼,胡教切,又古肴切。"

⑬ 攫,原作欔(木名),據《新刊》改。《新刊》本小韻搏也。

76.【溪】入:躩①。

77.【影】入:嬳。

78.【魚】入:籰。

79.【曉】入:[矆]②。

十一尤

1.【見】平:鳩*捄③,上:九久玖*糺④灸韭,去:救灸廄(馬舍)⑤究疚。

2.【溪】平:[丘]⑥*邱⑦,上:糗。

3.【群】平:裘仇旮厹錄逑求絿璆艽[俅]⑧虯毬球*球⑨捄。上:舅臼咎諮,去:舊柩。

4.【疑】平:牛尤疣訧郵,上:有右友,去:宥又佑[右]⑩祐囿侑。

5.【知章】平:輈侜舟周州鵃⑪(鵃鵃鳥名)⑫賙譸調輖洲,上:肘帚箒,去:晝味噣呪祝。

6.【徹昌】平:抽惆瘳妯犨犨,上:丑杻⑬杽⑭醜魗,去:畜臭殠。

7.【澄船】平:儔幬疇籌裯⑮紬綢稠,上:紂,去⑯:胄⑰胄酎宙繇籀,

8.【娘】上:紐鈕杻狃,去:糅。

9.【幫】平:彪髟(髮垂)。

10.【明】平:繆,去:謬繆。

11.【精】平:啾揫湫,上:酒,去:僦。

―――――――――――

① 躩,原從口從矍作�,韻書無此字,據《新刊》改。《新刊》藥韻丘縛切,引《説文》足躩如也。

② 矆,本聲位原缺,據《新刊》補。矆,《新刊》藥韻許縛切,注:驚矆,又曰遽視。原置於前下十三b頁第六行非母"縛"之下,刪録於此。

③ 捄,《新刊》無,《新刊》捄在裘小韻,群母,見下。按:《集韻》鳩小韻居尤切收録此字。注盛土蕢中。

④ 糺,《新刊》無。按:糺爲《新刊》上聲黝韻糾之俗字,見於注釋中。

⑤ 馬舍,注文,原誤爲一字,《新刊》有廄字,注馬舍。

⑥ 丘,原脱,據《新刊》補。

⑦ 邱,《新刊》無,《廣韻》《集韻》皆注爲地名,非孔丘之避諱字。

⑧ 俅,原缺,據《新刊》補。

⑨ 球,《新刊》無,《廣韻》《集韻》皆無此字。疑爲球之後起異體字。

⑩ 右,原脱,據《新刊》補。

⑪ 鵃,《新刊》無,見於《禮部韻略》尤韻輈小韻張流切下,注:"鵃,鵃鵃,鳥名。"《五音集韻》嘲小韻陟交切:"鵃,鵃鵃,似山鵲而小短尾,至春多聲。"當以《五音集韻》描寫爲確,此乃北方常見之鳥,故《蒙古字韻》添收之。

⑫ 鵃鵃鳥名,原注文模糊成一字,似"鵃子"二字連文,今依照《禮部韻略》改正。

⑬ 杻,原作扭,據《新刊》改。

⑭ 杽,原作枔,《新刊》誤同。按:《廣韻》杻爲杻械,杽爲杻之古文。

⑮ 裯,原作裯,據《新刊》改。按:裯在上聲皓韻都皓切,牲馬祭也。不在此聲位。

⑯ 表聲調的去字原無,以下六字皆爲去聲宥韻字,故補之。

⑰ 胄,原字有誤,下月字誤作曰字,今改。

12.【清】平①:秋鞦鶖鰍楸。

13.【從】平:酋道,去:就鷲崷。

14.【心】平:脩修羞,上:滫訹②,去:秀琇繡宿。

15.【邪】平:囚,去:袖岫。

16.【審】平:收,上:首手守,去:狩獸守首收③。

17.【禪】平:雠酬醻讎,上:受壽綬,去:授壽綬售。

18.【曉】上:吼,去:蔻詬。

19.【合】平:侯鍭喉猴餱篌帿,上:厚後后䞭,去:*鍭④*後⑤候堠后逅。

20.【影】平:憂優麀𢤱。

21.【幺】平:幽呦⑥,上:黝怮,去:幼。

22.【喻】平:猷猶悠油攸由蕕輶⑦蝣斿游遊繇,上:酉誘牖卣櫾莠羑⑧輶,去:狖狖柚猶鼬蕕褎櫾。

23.【來】平:劉留騮瑠遛*瘤⑨*鶹⑩飀流飂旒鏐嫽⑪*瀏⑫榴。上:柳罶嬼茆飅瀏,去:溜雷餾⑬瘤留瑠㝴勠。

24.【日】平:柔鍒𤛮蹂輮腬揉,上:蹂楺鞣,去:蹂揉楺。

25.【幫】上:㨐。

26.【滂】上:剖,去:仆踣。

27.【並】平:裒抔掊,上:部培蔀瓿⑭。

28.【明】上:母牡某拇晦畝鴾莽,去:茂貿楙戊袤懋。

29.【非敷】平:不紑,上:缶否不,去:副仆覆富輻。

---

① 平,原作上,以下五字皆爲平聲尤韻字,故補之。
② 訹,原字訛誤言字後加亻旁,改正。
③ 收,原左旁作扌,誤字,今改。
④ 鍭,《新刊》無,《廣韻》去聲候韻見此字,注:鍭,《爾雅》曰金鏃翦羽。
⑤ 後,《新刊》無,《廣韻》去聲候韻收録,注:後,《方言》云先後猶娣姒。
⑥ 呦,原幼旁力字訛寫成刀,寫作㓜,俗字,下幼旁字均如此,徑改不注。
⑦ 輶,原作蝤,據《新刊》改。按:輶爲《新刊》尤韻猷小韻以周切下韻字,蝤爲《廣韻》尤韻酋小韻自秋切下韻字,齒音從母字,《新刊》不載。
⑧ 羑,原作羗,據《新刊》改(原下久字誤作女)。
⑨ 瘤,《新刊》無。《廣韻》瘤,肉起疾也。
⑩ 鶹,《新刊》無。《廣韻》鶹,鶹離鳥名。
⑪ 嫽,《新刊》無。《廣韻》嫽,田不耕而火種。
⑫ 瀏,《新刊》無。《廣韻》水清。
⑬ 餾,原作鎦,據《新刊》改。
⑭ 瓿,原左旁從言作䛢,韻書無此字,據《新刊》改。

30.【微】平:謀眸牟侔矛蝥蟊蛑。

31.【見】平:鈎①溝韝*雊②［緱］③篝枸④句⑤韝褠⑥(單衣),上⑦:苟垢筍者⑧枸狗,去:遘構媾覯姤購雊彀搆句。

32.【溪】平:彄摳,上:口扣叩訆釦(金飾器口)⑨,去:寇⑩扣詬。

33.【疑】上:藕偶耦蕅(芙蕖根)。

34.【端】平:兜,上:斗斁枓蚪阧陡,去:鬥⑪鬪。

35.【透】平:偷鍮婾,上:鋀,去:透透。

36.【定】平:頭投骰,去:豆竇裗逗酘荳脰⑫梪。

37.【泥】平:羺,去:耨。

38.【知莊】平:鄒緅騶,上:掫,去:皺縐縐。

39.【徹初】平:搊篘揫⑬,去:簉。

40.【澄崇】平:愁,去:驟僽。

41.【精】平:緅陬椒揫,上:走,去:奏走。

42.【清】上:趣取,去:輳湊腠蔟。

43.【從】平:鯫。

44.【心】平:揪鎪,上:叟⑭瞍⑮藪掫嗾,去:瘶嗽漱欶。

---

① 鈎,原作鉤,俗字,據《新刊》改。毛晃《增韻》鈎俗作鉤。

② 雊,《新刊》無。雊在去聲,《廣韻》《集韻》平聲無。甯先生以爲緱字之誤,不確,二字形體差別較大,不易訛混,當時或有讀平聲者。

③ 緱,此字原缺,據《新刊》補。緱,刀劍頭纏絲。

④ 枸,原作拘,據《新刊》改。

⑤ 句,原作勾,據《新刊》改。按:勾爲後起俗字,《校正釋疑》句字下注:"字從口或作勾非,乃薄報反,句當字在侯韻。"《中原音韻》寫作勾,或成爲當時通字。

⑥ 褠,原從衤旁。韻書無衤旁字,據《廣韻》《集韻》改。

⑦ 上,原作去,以下字皆爲上聲。今改。

⑧ 者,原作苟,與前一個苟字犯重,據《新刊》改。

⑨ 金飾器口,原飾作飿(飯之異體),誤。原無口字,《集韻》引《説文》金飾器口,《禮部韻略》無口字,據《集韻》改。

⑩ 寇,原作冦,俗字,今改。唐張參《五經文字》卷下攴部:"寇,從完,作冦非。"或從女作寇,亦非。元至順、至元本《事林廣記》百家姓亦作冦。

⑪ 鬥,原從門旁作鬪,下字同,《新刊》亦同此,俗字。

⑫ 脰,原左從目作脛,誤,據《新刊》改。

⑬ 揫,原作挣,據《新刊》改。按:揫爲搊之簡俗字,訛誤成挣。

⑭ 叟,原字形筆畫訛誤,上由下文,後叟聲字均如此訛誤,如搜廋等,今改。

⑮ 瞍,原作月旁,據《新刊》改。

45.【山】平：按①搜颼廋膄蒐，上：浚，去：瘦瘦。浚痠

46.【影】平：謳歐甌區［漚］②鷗，上：歐嘔毆，去：漚。

47.【來】平：樓婁髏嘍腰螻，上：塿簍，去：陋漏鏤屚瘻。

48.【見】平：㔠，上：*糗③糾④赳⑤。

49.【群】平：虯⑥觓璆，上：璆。

50.【曉】平：休咻貅狓庥，上：朽，去：齅。

51.【奉】平：浮桴枹罦罘涪芣蜉，上：婦負阜偩，去：復伏覆複⑦。

十二覃

1.【見】平：甘弇柑苷泔，上：感敢*澉⑧，去：*贛⑨淦⑩紺。

2.【溪】平：龕堪戡，上：坎，去：勘闞瞰。

3.【端】平：*黕*探⑪［耽］⑫*躭⑬湛眈⑭酖妉擔儋，上：黕膽紞*丼⑮磹，去：擔甔儋⑯（石甔）⑰。

---

① 按，原作㧓，下又字誤寫作夕，俗字。後颼浚瘦等字俗寫同此。今改。

② 漚，原缺，據《新刊》補。

③ 糗，《新刊》有韻去久切，溪母字，不當在此位。或當時有此一讀。

④ 糾，原作斜，據《新刊》改。按：《集韻》斜在厚韻妞小韻他口切，絲黃色。不合在此音位。本書丩聲多作斗，訛誤俗字。

⑤ 赳，原字丩聲作斗，《新刊》同，俗字，今改。

⑥ 虯，原作虯，此蝌蚪字，《新刊》誤同，不可取。

⑦ 複，原從衤旁，訛俗字，今改。

⑧ 澉，《新刊》無，《廣韻》敢韻字，注：澉餐無味。

⑨ 贛，《新刊》無，贛字《新刊》在宋韻貢小韻古送切。又原字右旁作頁，訛俗字。按：作爲水名之贛，異體有灨韻二字，從字體看，《蒙古字韻》編者寫作韻。

⑩ 淦，《新刊》無。《廣韻》注："淦，新淦縣，在豫章。"按：《中原音韻》有贛淦二字，其中贛作韻。

⑪ 黕探，二字《新刊》此韻位無，黕在《新刊》去聲闞韻賧吐濫切，無味，透母，見下音節。探有平、去二讀，一在覃韻他含切，一在去聲闞韻新添，注他紺切，與撢同。

⑫ 耽，原缺，據《新刊》補。

⑬ 躭，《新刊》無，耽之異體，丁含切。《新刊》耽字注：耳大垂也。或作躭。

⑭ 眈，原左邊作巾旁，據《新刊》改。眈，《新刊》注釋："視近而忘遠也。"眈，《廣韻》無，《集韻》去聲勘小韻駑小韻丁紺切，注："眈，冠俯前也。"

⑮ 丼，《新刊》無，見於《集韻》黕都感切小韻字，注："投物井中聲。又姓。"《廣韻》同韻亦收有此字，姓也。按：此字與《說文》八家一丼之丼（今作井）音義有別。

⑯ 儋，《新刊》無。此字本爲甔之假借，《廣韻》不載，《集韻》去聲都濫切添加爲甔之異體，注曰甖也，或作儋。毛晃《增韻》卷四闞韻擔小韻都濫切亦增入儋字，注："《漢書》漿千儋，注一儋兩甖。又小甖，《漢書》無儋石之儲。"按：《集韻》《增韻》均將借字當本字，不可取。戴侗《六書故》瓦部甔字注（卷二十八工事四）："都濫切。《史記》曰醬千甔，《漢書》作儋。師古曰：一人所儋也，一儋兩甖。"戴侗分析是對的。

⑰ 石甔，原罍字模糊不清，據鄭光《蒙古字韻研究》附録照片可辨析爲甔字。按：石甔本爲甔字之本義，《新刊》闞韻新添：甔，甔石大甖，都濫切。

4.【透】平：貪探聃①舯，上：襑②盚③唅莢觡毻，去：撢睒嗿馠④*睒⑤探。

5.【定】平：覃潭曇譚燂談郯惔淡澹餤痰，上：禫黮窞⑥髧⑦苔醰嗿嗷啖澹淡憺惔淡啗澹霮篸郯，去：憺惔淡啗澹霮篸郯。

6.【泥】平：南男枏楠諵喃，

7.【知莊】上：斬，去：蘸*站⑧。

8.【徹初】平：攙，上：*攙⑨*劖⑩，去：懺瓹⑪。

9.【澄崇】平：讒饞巉巑，上：湛，去：賺⑫轏⑬。

10.【非敷】去：汎泛氾⑭。

11.【奉】平：凡帆氾⑮朹，上：范軓範犯，去：梵帆訉馺。

12.【微】平：鋄毲⑯。

13.【精】平：簪鐕⑰，上：昝寁。

---

① 聃，原左從目旁，據《新刊》改。

② 襑，原從扌旁，《新刊》誤作衤旁，注釋衣大，與字形不符，今改。

③ 盚，原字上誤作既字，不成字。據《新刊》改。

④ 馠馠，二字《韻會》去聲勘韻引平水韻作徒濫切，在定母。

⑤ 睒，《新刊》無。《新刊》睒在上聲琰韻陝失冉切。

⑥ 窞，原穴下作臽，訛誤字，據《新刊》改。按：《蒙古字韻》臽舀二形旁經常相混，且臽多訛作舀。本書臽聲字幾乎都訛誤成舀聲，如苕啗諂焰閻陷等，後凡臽聲字徑改之。舀，臼也，羊朱切，又音由，又弋兆切。臽是陷阱，陷韻字，陽聲韻，故必須區別。從臽得聲的字多在舌音，如韜滔稻蹈等。

⑦ 髧，原字下誤作宂字，據《新刊》改。

⑧ 站，《新刊》無。《廣韻》《集韻》均有站字。《廣韻》去聲陷韻陟陷切，注：站，俗言獨立。按：站爲元驛傳，爲蒙古語音譯詞，元朝廣設驛站，有陸站、水站等，掌管驛站的人稱站赤，從事驛站管理勞役的人稱站戶，《元朝秘史》中多有記載。這是個新產生的詞，沿用至今。

⑨ 攙，《新刊》無，按《廣韻》《集韻》諸書，此字未見有上聲者，不知何字之訛。或《蒙古字韻》新添之字不拘清濁四聲，攙雜、攙入即此字。

⑩ 劖，《新刊》無，《集韻》嗛韻瀺小韻士減切，劖斷也。按：《中原音韻》有劖字，可能爲當時常用字。即劖削榛蕪、劖平城堡之字。

⑪ 瓹，原本殘，據《新刊》補。

⑫ 賺，《新刊》作賺，《集韻》作賺。按：《韻會》去聲陷韻引平水韻作賺。

⑬ 轏，原左從車旁，據《新刊》改。

⑭ 氾，原右邊寫作巳，訛俗字，本書巳聲字均如此，如范範犯等。今改。

⑮ 氾，原作圯，據《新刊》改。

⑯ 鋄毲，二字原字形有誤，據《新刊》改。

⑰ 簪鐕，二字右邊朁訛作朁，俗字，《蒙古字韻》朁旁字多寫作朁，如憯熸僭等，唐張參《五經文字》卷下："朁，千敢反，從曰從兓，兓子心反。凡潛譖之類皆從朁，作朁訛。"下凡朁旁字徑改不注。

14.【清】平：*参① 叅驂，上：慘② 憯朁③ 黲④。

15.【從】平：蠶撏慙慚蹔，上：蹔⑤ 歜，去：暫槧蹔。

16.【心】平：毵三参⑥，上：糝，去：三。

17.【山】平：攕⑦ 摻⑧ 杉雭衫⑨ 縿芟，上：摻⑩，去：釤剼。

18.【曉】平：憨，上：喊。

19.【合】平：含鋡涵函酣，上：頷撼菡，去：憾唅莟譀。

20.【影】平：諳鶕庵菴醃喑，上：晻揞唵埯揜，去：暗闇。

21.【幺】上：黤黯。

22.【喻】平：喦碞巖，上：*黯⑪。

23.【來】平：婪燣⑫ 嵐藍籃，上：壈⑬ 覽⑭ 擥攬欖，去：濫醂纜憸噉。

24.【見】上：㊣檢，去：劎。

25.【溪】去：欠。

26.【群】平：箝鉗鉆黚鍼鈐，上：儉芡。

27.【疑】平：嚴，上：儼广⑮，去：釅驗。

---

① 参，參之後起俗體，《新刊》無，僅作參，其俗字爲叅。《蒙古字韻》參旁字多簡寫作参，如慘作惨，黲作黪等。

② 慘，原作惨，此當時簡俗字，據《新刊》改。

③ 朁，原作賛，據《新刊》改。按：朁从兩旡，旡音簪，後或訛誤作兟，兟所臻切，《説文》曰進也，從二先。或旡字出頭似先字（如《新刊》），因此後代朁又多寫作替，從朁得聲的字如潛憯等亦如此書寫，今校勘時一律改作潛憯。

④ 黲，原作黪，此當時簡俗字，據《新刊》改。

⑤ 蹔，原字右邊誤加刂旁，據《新刊》改。

⑥ 参，原作叁，俗字，《新刊》俗作叄。蓋當時已用叁作數目"三"大寫字。

⑦ 攕，原從木旁，《新刊》誤同，朝鮮本不誤。攕，《詩經》作摻，女手皃，所咸切。櫼，《廣韻》音與攕同，引《説文》楔也，與《新刊》注釋不符。

⑧ 摻，原從木旁，據《新刊》改。見上注。

⑨ 衫，原從木旁，據《新刊》改。

⑩ 摻，原從衤旁，據《新刊》改。《新刊》豏韻："摻，擥也。《詩》曰摻執子之袪兮。所斬切。"又，此字或爲襂之訛字，衫之後起俗字，見於《集韻》《五音集韻》平聲，存疑。

⑪ 黯，《新刊》無。影母字，作爲疑母字"喦碞巖"之上聲，蓋二等韻牙喉音腭化而失去鼻輔音而成爲零聲母，故可四聲一貫，存疑。

⑫ 燣，原從忄旁作懔，據《新刊》改。按：禀訛俗字，正字爲稟，注説詳侵部稟字注。

⑬ 壈，原右邊作禀（從亩從示）。

⑭ 覽，原寫作覧，簡俗字，今改爲正體。唐張參《五經文字》卷下見部："覽，從監下見，作覧訛。"毛晃《增韻》："覽，魯敢切，視也。從監從見，俗作覧。"下"擥攬欖纜"等字並同，徑改不注。

⑮ 广，原作厂，據《新刊》改。按：厂，旱韻呼罕切，曉母，《説文》山石之崖巖。广，儼韻魚掩切，疑母，因巖爲屋。

28.【端】上：點玷，去：店坫痁墊。

29.【透】平：添，上：忝，去：桥。

30.【定】平：甜恬，上：簟覃，去：趈。

31.【泥】平：鮎拈，去：念。

32.【知章】平：霑沾詹瞻占，上：颭，去：占。

33.【徹昌】平：覘襜襜①惉，上：諂*覘②，去：蹹韂韂襜覘。

34.【娘】平：黏粘。

35.【幫】平：砭，上：貶，去：窆。

36.【精】平：尖殲漸熸，去：僭。

37.【清】平：僉籤、上：憸憸，去：壍塹槧。

38.【心】平：銛暹③韱纖④憸。

39.【審】平：苫，上：陝睒⑤閃泖，去：閃掞苫。

40.【禪】平：撏蟾，上：剡，去：贍。

41.【影】平：淹崦閹醃，上：奄掩揜㟺浟弇埯郁，去：裺⑥俺。

42.【喻】平：炎*焱⑦鹽⑧塩閻檐簷，上：琰剡餤，去：豔艷燄⑨灔⑩。

43.【來】平：廉⑪鐮鎌⑫簾匲⑬磏帘，上：斂⑭撿，去：殮⑮斂⑯瀲獫。

44.【日】平：髯髥，上：冄苒染⑰，去：染。

──────────

① 襜，原從衤旁，下去聲襜字亦同，據《新刊》改。

② 覘，《新刊》無，上聲琰韻諂小韻丑琰切僅有一字。

③ 暹，原字形有誤，右旁上曰作羽，成翟，據《新刊》改。

④ 纖，原字形有誤，糸旁後增生一食字，不成字，據《新刊》改。

⑤ 睒，原左旁作貝，據《新刊》改。睒《廣韻》去聲闞韻：“睒，夷人以財贖罪，吐濫切。”不在此聲位。

⑥ 裺，原作裺，據《廣韻》改。按：《新刊》各本亦誤作裺，注爲“衣寬”，可知爲裺之誤。此《蒙古字韻》承襲
　《新刊》錯誤而來。裺見於《集韻》琰韻奄小韻衣檢切：裺，襐也。《韻會》引平水韻作裺，不誤。

⑦ 焱，《新刊》無。按：《廣韻》《集韻》平聲均無焱字，《廣韻》見於去聲艷韻，火華。《集韻》見於上去二聲。

⑧ 鹽，原右邊中間作口不作鹵，蓋當時簡化字，據《新刊》改。

⑨ 燄，原作焰，訛誤字，據《新刊》改。

⑩ 灔，原作灧，簡俗字，據《新刊》改。

⑪ 廉，原寫作廉，俗字，後廉聲皆如此俗寫，均改正之。

⑫ 鎌，原作鐮，與上一字犯重，據《新刊》改。按：鎌是鐮的異體。

⑬ 匲，原作匲，據《新刊》改。按：匲，《廣韻》不載，《集韻》視爲匲之異體。

⑭ 斂，原右邊作欠，據《新刊》改。按：歛爲斂之俗寫。

⑮ 殮，原從石旁，據《新刊》改。磏《廣韻》《集韻》等無此字。

⑯ 斂，原右邊作欠，據《新刊》改。

⑰ 染，原字上汓字之九誤作丸，俗字。毛晃《增韻》染從八九之九，俗從丸非。

45.【見】平:兼縑鵜蒹鰜。

46.【溪】平:謙,上:歉①慊肷*傔②,去:傔歉[箝]③。

47.【從】平:潛④,上:漸。

48.【幺】平:懕猒饜,上:黶檿厭,去:厭猒饜。

49.【見】平:㊀緘瑊監礛,上:減⑤鰜,去:鑑鑒⑥監。

50.【溪】去:歉*箝⑦。

51.【曉】上:喊。

52.【匣】平:咸鹹函諴銜⑧,上:豏檻艦濫轞,去:陷臽⑨。

53.【曉】平:㊀杴,上:險譣嶮。

54.【匣】平:嫌。

十三侵

1.【見】平:㊀金今衿⑩襟⑪禁,上:錦,去:禁。

2.【溪】平:欽衾。

3.【群】平:琴黔禽芩擒檎,上:噤,去: 紟⑫噤。

4.【疑】平:吟崟。

5.【知章】平:碪砧斟針鍼箴,上:枕,去:枕。

6.【徹昌】平:琛賝郴,上:瞫瀋,去:闖。

7.【澄船】平:沈⑬沉霃,上:朕,去:鴆*甚⑭。

8.【娘】去:賃。

---

① 歉,原右邊作攵,據《新刊》改。按:歀爲歉的俗寫字。
② 傔,《新刊》無。按:傔,《廣韻》《集韻》等皆無在上聲者。
③ 箝,原缺,據《新刊》補。《新刊》釅韻重添字。
④ 潛,原寫作潜,俗字,今改。
⑤ 減,原作减,俗字,據《新刊》改。
⑥ 鑒,原作鍳,俗字,今改。
⑦ 箝,《新刊》此音位無此字。按:本組歉字在陷韻,屬於緘字母韻。
⑧ 銜,原字形訛誤,中間金字寫成缶,俗寫字,據《新刊》改。
⑨ 臽,原作舀,據《新刊》改。本韻部臽聲字幾乎都寫成舀,蓋當時風尚如此。
⑩ 衿,原從衤旁,據《新刊》改。韻書無衿字。
⑪ 襟,原從衤旁,據《新刊》等韻書改。
⑫ 紟,原作吟,據《新刊》改。《新刊》沁韻:紟,牛舌下病,巨禁切。
⑬ 沈,原作沉,與下字重複,據《新刊》改。
⑭ 甚,《新刊》無,《新刊》在上聲寑韻食荏切,桑實。在此變讀去聲濁塞擦音。此字當時可能濁上變去,《五音集韻》沁韻甚小韻時鴆切收甚字。可知此字並非衍文,而是當時實際語音反映。聲母船禪合流,讀擦音,或讀塞擦音。

9.【幫】上:稟①。

10.【滂】上:品。

11.【精】平:祲②,去:浸祲③㾕祲④。

12.【清】平:侵綬駿,上:寢寝錈,去:沁。

13.【心】平:心,上:伈⑤。

14.【邪】平:尋鐔潯鷨⑥*灊⑦。

15.【審】平:深,上:沈審瞫諗淰嬸牞⑧。

16.【禪】平:諶忱煁,上:[葚]⑨甚,去:*葚⑩[葚]⑪。

17.【影】平:音陰瘖⑫,上:飲,去:蔭窨蔭癊⑬飲。

18.【幺】平:愔。

19.【喻】平:淫霪婬蟫。

20.【來】平:林琳淋霖臨,上:廩懍凜⑭。

21.【日】平:任壬紝⑮,上:荏飪餁餁飪恁袵⑯稔,去:妊紝任。

22.【知莊】平:籫,去:譖。

23.【徹初】平:參⑰棽⑱,去:讖。

---

① 稟,原作稟,俗字。按:稟字筆錦切,因廩字又變讀力錦切,《説文》賜穀也,從㐭從禾。後訛俗從㐭從示作稟,如懔懍等。諸如之類從稟之字均改爲稟。

② 祲,原作棽,據《新刊》改。按:《新刊》棽在侵韻新添楚簪切。又《廣韻》棽與祲亦在同一小韻者。

③ 濅,原誤作寖,據《新刊》改。

④ 祲,原字上誤置一入聲之入字,今删。

⑤ 伈,原作沁,據《新刊》改,《新刊》上聲寢韻:伈,伈伈恐皃,斯甚切。

⑥ 鷨,原冘字訛作扶,訛俗字,下灊字誤同,今改。

⑦ 灊,《新刊》無,《廣韻》水名。

⑧ 牞,此《新刊》續添字,《廣韻》不載,見於《集韻》和《五音集韻》,牛名。

⑨ 葚,原脱,據《新刊》補。《新刊》上聲寢韻食荏切,桑實,俗作椹。

⑩ 葚,《新刊》去聲無,當時可能濁上變去,故上聲無。或以爲甚字訛誤。

⑪ 葚,原脱,據《新刊》補。按:葚有上、去二讀:一在《新刊》上聲寢韻常枕切,劇過也;一在去聲沁韻時鴆切,太過。

⑫ 瘖,原字形有誤,广内音字作昔字。據《新刊》改。

⑬ 癊,《新刊》作瘖,注:"心中病。亦作瘖。"今不改如此,又《新刊》《蒙韻》会旁皆作套,俗字。

⑭ 以上"廩懍凜"三字原寫作從稟之廩懍凜。

⑮ 紝,《新刊》作紅,去聲沁韻則作紝,注釋同,曰:"織紝,亦作紝絍。"不改如舊。

⑯ 袵,原衣旁作亻旁,據《廣韻》改。按:《新刊》各本亦誤作恁,而注文爲"臥席也",可知爲袵之誤。此《蒙古字韻》承襲《新刊》錯誤而來。

⑰ 參,原作参,簡俗字。

⑱ 棽,原扌旁,據《新刊》改。

24.【澄崇】平:岑涔。

25.【山】平:森參①蔘,去:滲*槮②。

26.【曉】平:歆。

十四歌

1.【見】平:歌謌柯舸③哥,上:哿舸,去:箇个,入:葛割輵潟閣鴿合蛤䈉*葢④。

2.【溪】平:珂軻,上:可軻坷,去:坷[軻]⑤,入:渴溘屙容⑥榼磕。

3.【疑】平:莪哦娥峨鵝俄蛾,上:我破,去:餓,入:嶭轊枑檗。

4.【端】平:多,上:嚲,去:癉。

5.【透】平:佗他它蛇挓,去:拖。

6.【定】平:駝駞鼉紽陀沱跎酡鮀⑦池馱⑧迱佗,上:柁舵袉⑨挓,去:馱大。

7.【泥】平:那儺,上:娜那,去:奈⑩那。

8.【精】上:左,去:佐左。

9.【清】平:蹉瑳搓磋,上:瑳,去:[磋]⑪。

10.【從】平:醝瘥郺⑫醝瑳嵯。

11.【心】平:娑抄⑬桫⑭獻傞⑮鈔,去:些。

12.【曉】平:訶呵,上:歌,入:喝獦歆。

---

① 參,原作参,参之簡俗字,《新刊》爲参。下之蔘滲槮三字均作如此簡化,徑改不另出注。

② 槮,原作惨,《新刊》《廣韻》《集韻》無有所禁切者,當爲槮之訛誤。槮爲罧之異體,《廣韻》去聲沁韻滲小韻所禁切。注:"罧,《爾雅》曰槮謂之涔,郭璞云今之作罧者,聚積柴木於水中,魚得寒入其裏藏隱,因以簿圍捕取。又息甚切,槮與罧同也。"又作罧,見《五音集韻》。

③ 舸,原左邊作片,據《新刊》改。

④ 葢,蓋之簡俗字,《新刊》無有在入聲者,見於《集韻》曷韻葛小韻居曷切,覆也。

⑤ 軻,原缺,據《新刊》補。按:軻在箇韻坷小韻口箇切。

⑥ 容,原誤作客,據《新刊》改。此爲容合(吻合)之義。

⑦ 鮀,原作鉈,據《新刊》改。

⑧ 馱,原作馱,訛誤字,下馱字誤同,《新刊》《廣韻》亦誤作馱。元李文仲《字鑑》卷四箇韻釋馱字曰:"唐佐切。《說文》負物也。又音駝,从馬大聲。俗从犬作馱誤。"按:此《說文》新附字。馱字或盛行於唐,《干祿字書》已指出其爲俗字。《中原音韻》亦作馱。

⑨ 袉,原作柁,據《新刊》改。

⑩ 奈,原上大字俗寫作木,訛俗字,今改。

⑪ 磋,原脫,據《新刊》補。按:磋在過韻新添,注:"磨磋,治象牙。千過切,又千何切。"

⑫ 郺,原左邊作虚,韻書無此字,據《新刊》改。

⑬ 抄,原誤作抄,據《新刊》改。

⑭ 桫,原誤作衤旁,據《新刊》改。

⑮ 傞,原作猜,《廣韻》歌韻娑小韻素何切傞字注:"舞不止皃,又千何切。"《新刊》亦誤作猜,下注與《廣韻》同:"舞不止皃,又千何切。"《蒙古字韻》誤從之,今據《廣韻》改正。朝鮮刊本不誤,仍作傞。

13.【合】平：何河荷菏苛，上：荷，去：賀襣①，入：曷褐②骷鶡盍闔嗑合郃迨盒。

14.【影】平：阿痾，入：遏頞堨閼餲靄罨喝。

15.【來】平：羅蘿儸灑欏囉鑼儸籮，上：攞㰠③，去：[邏]④。

16.【見】平：戈過鍋，上：果菓裹螺，去：過，入：括活檜栝聒⑤适佸秳。

17.【溪】平：科窠薖蝌，上：顆，去：課，入：闊筶。

18.【端】上：埵鬌綞朶朵，入：掇剟咄。

19.【透】平：詑，上：妥婑鮀⑥橢⑦，去：唾涶，入：侻挩⑧脫。

20.【定】上：墮垛棰⑨惰，去：＊墮⑩惰，入：奪敚脫。

21.【泥】平：捼，去：愞稬＊糯＊懦⑪＊渜⑫。

22.【幫】平：波嶓⑬番，上：跛簸＊譒⑭，去：播簸譒，入：茇⑮撥鉢鱍。

23.【滂】平：頗坡玻，上：叵頗，去：破，入：鏺潑⑯。

24.【並】平：婆鄱膰，入：跋胈魃拔軷茇坡鈸。

25.【明】平：摩魔磨劘，上：麼⑰，去：磨，入：末昧粖抹秫沫。

---

① 襣，原從木旁，據《新刊》改。襣，被袖也。

② 褐，原從衤旁，據《新刊》改。

③ 㰠，原從亻旁作儸，據《新刊》改。

④ 邏，原缺，據《新刊》去聲箇韻補，並補相應的去聲調字。

⑤ 聒，原從目旁，據《新刊》改。

⑥ 鮀，《廣韻》《集韻》作鱓，《新刊》作鮀，鱓之簡俗字，金元時期已經出現，《五音集韻》已載。今存舊不改。

⑦ 橢，原作扌旁，據《新刊》改。

⑧ 挩，原從木旁作梲，據《新刊》改。

⑨ 棰，原從木旁作棰，據《新刊》改。棰，《廣韻》不載，見於《集韻》果韻朶小韻都果切，木聚生兒。

⑩ 墮，已見上聲，《新刊》去聲不載，此字疑濁上變去，今存舊以備考。

⑪ 糯懦，二字《新刊》無，皆爲後起簡俗字，其中糯爲稬之後起簡俗字，懦爲愞之俗字，見於《集韻》過韻相關韻字下。《禮部韻略》愞亦作懦，稬亦作糯（毛晃《增韻》改作穤，從禾不從米）。《中原音韻》歌戈部亦載糯懦二字，可見當時二字使用情況。

⑫ 渜，《新刊》無，《廣韻》過韻無此音。見於《集韻》愞小韻奴臥切下，注水兒。

⑬ 嶓，原從土旁作墦，據《新刊》改，《新刊》嶓冢山名。

⑭ 譒，《新刊》無，上聲不載，見於去聲。

⑮ 茇，原作茭，據《新刊》改。

⑯ 潑，《新刊》《廣韻》作潑，《集韻》《韻略》作潑，如舊不改。

⑰ 麼，原作麽，俗字，正字從幺不從么，麼，細小義，故從幺。《新刊》《廣韻》皆作麽。凡諸本韻書字書作麽者皆誤。

26.【精】去:挫㮇,入:撮攥①*欕②緝③。

27.【清】上:脞,去:剒莝磋,入:撮褫④。

28.【從】平:矬痤,上:坐,去:坐座。

29.【心】平:莎蓑唆梭,上:鎖⑤瑣。

30.【曉】上:火⑥,去:貨,入:豁濊。

31.【合】平:和咊禾穌,上:禍夥輠,去:和,入:佸活越。

32.【影】平:倭濄渦踒,去:涴,入:斡捾。

33.【來】平:騾螺穭臝蠃鑼,上:裸⑦躶癴萮蠃⑧,去:邏摞,入:捋。

34.【○】平:訛訛吪鈋,去:臥。

十五麻

1.【見】入:結拮絜⑨潔檕袺⑩頰鋏筴梜莢唊。

2.【溪】入:挈契愜恔[匧]⑪篋。

3.【端】入:窒闑喋跕。

4.【透】入:鐵餮驖⑫怗帖鉆跕貼。

5.【泥】入:浧箑砠茶⑬聶躡鑷捻敜攝○⑭[驒]⑮。

6.【知章】平:遮,上:者赭,去:柘樜鷓炙蔗,入:哲蜇轍⑯徹撤澈晣晰浙折謵懾慴⑰熱

---

① 攥,原右邊纂旁上訛寫成莫字,下欕字同,今改。

② 欕,《新刊》無,《廣韻》《集韻》不載,音義來源不明。

③ 緝,原作緅,緅在侯韻子侯切,不當在此音位。據《新刊》改。緝,《新刊》末韻緝小韻子括切,撮攥皆爲其小韻字。

④ 褫,《新刊》誤從衤旁,《蒙韻》誤從之。注釋"緇布冠",可知爲衣旁,

⑤ 鎖,原字右邊作貨,訛誤字,後瑣字誤同。貟,蘇果切,《説文》貝聲也,從小貝。後俗書改小爲巛,乃爲川字。毛晃《增韻》鎖瑣二字均辨析曰,貟從小從貝,從巛誤。

⑥ 火,原字形訛誤,今改。

⑦ 裸,原從衤旁作裸,據《新刊》改。

⑧ 蠃,原作蠃,據《新刊》改。

⑨ 絜,原作潔,據《新刊》改。

⑩ 袺,原從衤旁作袺,據《新刊》改。

⑪ 匧,原脱,據《新刊》補,爲怗韻愜小韻苦協切字。

⑫ 驖,原字形略有訛誤,中間吉字下缺壬字。

⑬ 茶,原字形有誤,小字右多一點,不成字。

⑭ 此組音節字省略了怗韻茶字,重出。

⑮ 驒,原脱,據《新刊》補。《新刊》業韻新添字,注:"馬步疾也,尼輒切。"

⑯ 轍,原作輒,據《新刊》改。按:輒爲輒之異體。

⑰ 慴,原從土旁,據《新刊》改。

輒①摺②。

7.【徹昌】平:車*砷③,上:韃靦哆④搽⑤,入:撤徹耿⑥掣。

8.【幫】入:弸⑦閉鷩鼈別。

9.【滂】入:瞥擘。

10.【明】上:*乜⑧,入:蔑⑨蠛篾幭⑩滅⑪搣。

11.【精】平:嗟罝,上:姐扭⑫䄛,去:借,入:節窆接睫桝楫機婕莢浹。

12.【清】上:且,入:切竊膲妾緁。

13.【心】平:些,上:寫瀉,去:卸瀉,入:屑楔躠薛偰紲泄褻[渫]⑬媟离⑭燮⑮屧躞。

14.【審】平:奢賒,上:捨舍,去:舍赦*厍⑯,入:攝葉歙喋鞢設⑰。

15.【曉】入:脅愶弰嘈爔。

16.【匣】入:纈擷頡戛⑱協叶勰挾俠綊。

17.【影】入:謁喝腌裛⑲浥。

---

① 輒,原作轍,據《新刊》改。

② 摺,原作慴,據《新刊》改。按:此組入聲字的組合頗爲複雜,來自幾個韻部數組小韻,哲晢,薛韻陟列切;轍徹撤澈,薛韻直列切;哲晰淅折,薛韻旨熱切;讘懾慴慹摺,葉韻之涉切;輒,葉韻陟葉切。直列切爲澄母濁音字,竟然與清音字混淆在一起。

③ 砷,《新刊》無,《廣韻》砷磼,玉石之名。

④ 哆,原左從山旁,據《新刊》改。

⑤ 搽,原左從衤旁,據《新刊》改。

⑥ 耿,原從目,據《新刊》改。《新刊》薛韻以箭貫耳。

⑦ 弸,原作彌,據《新刊》改。《新刊》屑韻方結切,弓戾。

⑧ 乜,《新刊》無。《廣韻》馬韻:乜,蕃姓,彌也切。

⑨ 蔑,原首字下成字訛誤爲戌字,後蔑聲字皆如此,今改。按:《說文》蔑,勞目無精也,從苜從戍。人勞則蔑然也,而戍人最勞,作戌無義。

⑩ 幭,原左從石旁,據《新刊》改。

⑪ 滅,原從冫旁,俗字,今正。

⑫ 扭,《新刊》誤作组,注"取也",與韻字不合。按:朝鮮刊本不誤。又扭䄛二字《韻會》引平水韻作慈也切,在從母。《通考》亦作從母。

⑬ 渫,原脫,據《新刊》補。原書此處空缺,據《新刊》薛小韻可知爲渫字。

⑭ 离,原作离,據《新刊》改。

⑮ 燮,原字下又旁訛誤成火,下躞字同,今改。

⑯ 厍,《新刊》無,原作庫,據《廣韻》改。《廣韻》去聲禡韻舍小韻始夜切,注:"厍,姓也。出姓苑,今台栝有之。又昌舍切。"

⑰ 設,原作誐,據《新刊》改。設,薛韻識列切,合此音位。

⑱ 戛,原字形從隹從大,訛俗字。今改。按:戛,胡結切,《說文》頭衺骩戛態也,即頭偏頗之意。從矢圭聲,矢音側,阻力切,《春秋傳》齊有慶戛,故《新刊》收載此字。

⑲ 裛,原字形有誤,中間不從邑,據《新刊》改。

18.【幺】入：噎咽厭。

19.【喻】入：齧臬辥臲陧闑槸①嵲。

20.【來】入：列迦烈冽洌裂苶颲栵獵鬣躐。

21.【日】上：惹若，入：熱讘囁。

22.【見】平：⿰爪𩰫騧綱蝸媧，上：寡剮，入：刮。

23.【溪】平：誇②夸姱侉，上：髁，去：跨胯。

24.【泥】入：豽。

25.【知莊】平：㮶菭髽，入：茁*莝③。

26.【山】上：葰傻④，入：刷。

27.【曉】平：華花譁，去：化。

28.【合】平：華驊鏵鏵，上：踝，去：𢹎呆樺攫⑤鰀⑥*獲⑦華嬅，入：滑猾䯝*蜎⑧。

29.【影】平：宨洼蛙黿⑨窪哇。

30.【魚】上：瓦，入：刖。

31.【見】平：⿱加口家加葭笳廈麚猳駕痂珈⑩枷，上：檟⑪榎⑫䏮假賈斝，去：駕稼嫁架價假

---

① 槸，原作槸，此字正寫當爲槸，上從埶（種埶）而不從執（執持）。執字緝韻，旁從幸音聶，從埶諧聲字多在至栝緝帖葉五韻內，如蟄贄鷙縶墊摯鷙之類；從執諧聲者多在祭薛屑韻內。槸屑韻五結切，此彼此之大較。後世偏旁不分，埶旁混從執持字。《新刊》誤作槸，屑韻五結切，《蒙古字韻》誤從之，當從《廣韻》作槸。《考工記》置槸眡景，即此字。

② 誇，原右旁夸字筆畫訛誤，大字下贅加兩筆，今改正。下跨字誤同。

③ 莝，《新刊》無，《新刊》莝在過韻剉小韻麤臥切。

④ 傻，原字形有誤作傻。

⑤ 攫，原作欔，據《新刊》改。《新刊》禡韻新添攫字，胡化切，當在此音位。

⑥ 鰀，原從糹旁，韻書無此字，據《新刊》改。《新刊》禡韻新添鰀字，胡化切，當在此音位。《韻會》禡韻鰀字注平水韻增，可以旁證。

⑦ 獲，原從女旁，韻書無此字，犭旁與女旁相似而訛，所添之字當爲獲。《新刊》獲在麥韻胡麥切，此《蒙古字韻》新添字，見於毛晃《增韻》去聲禡韻華小韻胡化切中增入，注曰："獲，得也。《西都賦》觀三軍之殺獲，協韻音抓。"協韻音爲李賢注，原注："協韻音胡卦反。"

⑧ 蜎，《新刊》無。原字作從巾從骨，韻書無此字，疑爲蜎字之訛，暫改，《廣韻》蜎，蝪蜎似蟹而小，滑小韻戶八切。

⑨ 黿，原圭字部分少一橫，訛誤字，今改。

⑩ 珈，原從王從伽，據《新刊》改。

⑪ 檟，原字形有誤，據《新刊》改。

⑫ 榎，原從木從憂，據《新刊》改。

賈，入：戛①扴②秸頡稭夾郟袷③袂④甲胛押鉀鞂靲。

32.【溪】上：*骼⑤，去：骼，入：礉搚楬［猲⑥］恰掐⑦恰劫。

33.【曉】平：鰕呀，去：嚇罅諕⑧諕，入：瞎勘呷。

34.【匣】平：遐蝦鍜霞瑕騢碬，上：下夏厦，去：暇下夏芐，入：黠鎋韸⑨轄洽狹浹⑩峽袷狎匣柙硤悍*烆⑪。

35.【見】入：㳇滆譎訣觼鐍駃觖鴂決麫。

36.【溪】入：闋缺。

37.【知章】入：輟惙拙桗。

38.【徹昌】入：歠。

39.【精】入：蕝。

40.【清】入：絶。

41.【心】入：雪。

42.【邪】入：蚳。

43.【審】入：説

44.【禪】入：啜。

45.【曉】入：血。

46.【匣】入：穴。

47.【影】入：抉。

48.【魚】入：月刖軏越粵鉞絨樾蚎曰。

49.【喻】入：悦説閲。

————————————

① 戛，原作戞，俗字，據《新刊》改。

② 扴，原從木旁，不成字，據《新刊》改。《新刊》本小韻注揩扴物也。

③ 袷，原從衤旁作袷，據《新刊》改。袷，洽韻古洽切，複衣。袷，侯夾切，祭名，不在此音位。

④ 袂，原從衤旁，形似而誤，據《新刊》改。

⑤ 骼，《新刊》無，《新刊》骼在陌韻格小韻古伯切，已見佳部入聲。《中原音韻》骼字入作上聲，當時或已讀上聲。

⑥ 猲，原脱，據《新刊》補，見於《新刊》乏韻，注恐受財也，起法切又呼葛切。

⑦ 掐，原作搯，據《新刊》改。按：搯在豪韻饕小韻土刀切，搯揩之意。

⑧ 諕，原從言從宰，據《新刊》改。

⑨ 韸，原字形訛誤，改正。

⑩ 浹，《新刊》洽韻侯夾切下狹之異體，《廣韻》狹之異體爲陜陿。又《集韻》於同小韻出浹字，注："浹渫水皃。"《新刊》無陜陿二字，《蒙古字韻》收浹字或有所本。

⑪ 烆，原作押，《新刊》無，《新刊》押一在影母烏甲切，一在見母古狎切。此字當爲烆字之誤。《廣韻》狎韻狎小韻字，火皃。

50.【來】入：劣埒銕。

51.【日】入：藝*蚋①炳呐。

52.【見】入：㽜蹶瘚蕨。

53.【溪】入：闋。

54.【群】平：*瘸②，入：驚㩻掘③。

55.【曉】平：韡靴④，入：颮狨⑤威⑥。

附錄甯繼福補缺（行文序號續接上文）

56.【見】平：迦，入：訐羯揭孑劫。

57.【溪】平：呿，入：朅揭怯胠。

58.【群】平：伽茄，入：竭碣楬傑桀榤渴衸笈跲。

59.【疑】入：钀孽糵讞蠥糵孼曄晕鹺燁業鄴臬嶪。

60.【定】入：姪昳垤耋迭跌絰牒咥牒喋蹀諜堞甄褻疊蟄籨惵蝶。

61.【澄船】平：蛇虵，去：射麝貰，入：舌揲牒。

62.【並】入：蟞別峢。

63.【從】去：藉，入：截㦬捷健捷。

64.【邪】平：袤邪斜，上：灺，去：謝榭㵼。

65.【禪】平：闍，上：社，入：折涉。

66.【曉】入：歇蠍。

67.【喻】平：邪耶琊鎁釾斜，上：野壄也冶，去：夜射，入：拽葉揲。

68.【端】入：亶製答荅褡。

69.【透】入：闥撻獺牽達鐽㙮踏潔榻榆艚鰈鞳塔搭。

70.【定】入：達薘沓諮逷溚駭蹋闒鵽簹。

71.【泥】平：拏挐，入：捺納軜衲搦。

72.【知莊】平：楂相，上：鮓，去：詐溠咋吒咤妊，入：札蛰紮扎剳晣。

73.【徹初】平：叉杈差靫鎈，上：妊，去：詫，入：察剎插鍤扱。

74.【澄崇】平：楂茶楂查槎苴，去：乍褯蜡詐，入：煤餂喋。

---

① 蚋，《新刊》無。《廣韻》作蜹，祭韻字，蚊蚋。入聲見於《集韻》薛韻藝小韻如劣切蜹之異體。

② 瘸，《新刊》無，《廣韻》戈韻：瘸，腳手病，巨靴切。按《韻會》戈韻亦載瘸字，注釋與《廣韻》同，然而卻注曰平水韻增。似乎《新刊》原有瘸字，存疑。

③ 㩻掘，二字原本殘缺，爲驚小韻之字，據《新刊》補。

④ 韡靴，二字原本殘缺，據《新刊》補。《新刊》戈韻：韡靴，許胆切。正合在此位。

⑤ 颮狨，二字原本殘缺，據《新刊》補。《新刊》月韻：颮，小風，許月切。下有狨字，獸名，又走兒。

⑥ 威，原本殘缺，《新刊》薛韻許劣切，亦可補於此。以上七字皆甯繼福補正。

75.【幫】平：巴笆豝芭，上：把，去：霸覇弝欛靶灞，入：八朳捌。

76.【滂】平：葩，去：妑怕。

77.【並】平：爬杷琶，入：拔。

78.【明】平：麻蟆，上：馬，去：禡罵。

79.【非敷】入：髮發法灋妭。

80.【奉】入：伐筏栰罰閥垡橃帗戫乏泛疺。

81.【微】入：韈韤襪。

82.【精】入：帀迊师嘁赿。

83.【清】入：擦礤。

84.【從】入：巀嚓雜。

85.【心】入：虄掇槃跋颯靸駊雪钑。

86.【山】平：鯊鮀沙砂紗髿，上：灑，去：嗄廈，入：殺煞鎩霎歃萐翣箑。

87.【幺】平：鴉鵶，上：啞瘂，去：亞啞婭迓，入：軋圠揠鴨壓押壓。

88.【喻】平：牙衙芽枒涯，上：雅，去：訝迓砑。

89.【來】入：刺梸欐拉臘鑞蠟腊擸擸摺。

　　以上爲甯先生補缺部分，共34個字母34組音節，300個韻字，韻類含迦類和怛類（《通考》非入聲字作牙類、雅類、訝類）。《蒙韻》原本是否如此，祇能是仿佛而已。此外，照那斯圖、楊耐思《蒙古字韻校本》，依據《古今韻會舉要》補缺37個八思巴字390個韻字，大大逸出《蒙韻》範圍，其中有誤增小韻和重出韻字者，如日母讘小韻，朱氏《蒙韻》麻韻已有此小韻，"轍徹澈撤"四字亦見原本中，且本組小韻聲類歸併有誤，徹、澄、船、禪母的字不宜歸併在一組小韻内（這些韻字繫於八思巴字禪母下）。鄭再發補出25個音節119個韻字。甯先生據《新刊韻略》所補，比較可信，此外諸家皆不可取。

參考文獻

一、韻書類

（元）無名氏　《蒙古字韻》，《續修四庫全書》影印本，經部第259册。

（宋）陳彭年等　《廣韻》，張氏澤存堂刊本等。

（宋）丁度等　《集韻》，中華書局影印宋刻本等。

（宋）無名氏　《附釋文互注禮部韻略》，四部叢刊影印宋刻本。

（宋）毛晃、毛居正　《增修互注禮部韻略》，影印四庫全書文淵閣本（下同）。

（宋）歐陽德隆　《押韻釋疑》，中華再造善本叢書影印元刻本。

（宋）郭守正　《增修校正押韻釋疑》，四庫全書本。

（金）韓道昭 《五音集韻》，甯繼福校勘，中華書局影印明刻本。

（元）黄公紹、熊忠 《古今韻會舉要》，甯繼福校勘，中華書局影印明刻本。

（宋）王文郁 《新刊韻略》，臺北圖書館藏大德刊本等。

無名氏 《文場備用排字禮部韻略》，日本藏元統乙亥（1335）會文堂刊本。

無名氏 《文場備用排字禮部韻略》，臺灣藏元至正壬辰（1352）徐氏一山堂刊本。

（元）無名氏 《元朝秘史》，四部叢刊三編本。

（元）周德清 《中原音韻》，中華書局影印明正統訥庵序刻本，1964年。

朝鮮刊本《排字禮部韻略》，明天順八年（1464）甲申本等。

（朝鮮）崔世珍 《四聲通解》，韓國國立中央圖書館藏明刻本。

二、字書類

（漢）許慎 《説文解字》，中華書局影印清刻本。

（唐）張參 《五經文字》，四庫全書本。

（唐）顔元孫 《干禄字書》，四庫全書本。

（元）戴侗 《六書故》，四庫全書本。

（宋）邢準 《新修絫音引證群籍玉篇》，續修四庫全書本。

（金）韓孝彦 《四聲篇海》，續修四庫全書本。

（明）宋濂、屠龍 《篇海類編》，續修四庫全書本。

（明）梅膺祚 《字彙》，續修四庫全書本。

（明）焦竑 《俗書刊誤》，四庫全書本。

（清）張玉書 《康熙字典》，上海書店影印清刻本1985年。

朝鮮刊本《排字禮部玉篇》，明天順八年（1464）甲申本等。

三、研究類

照那斯圖、楊耐思 《蒙古字韻校本》，民族出版社1987年。

鄭光 《蒙古字韻研究》附録《蒙古字韻》，民族出版社2013年。

羅常培、蔡美彪 《八思巴字與元代漢語》（增訂本）附録《蒙古字韻》及其校勘記，中國社會科學院出版社2004年。

花登正宏 《古今韻會舉要研究》，汲古書社1997年。

李添富 《〈古今韻會舉要〉與〈禮部韻略七音三十六母通考〉比較研究》，第二屆國際暨第十届全國聲韻學學術研討會論文集1992年。

甯忌浮 《古今韻會舉要及相關韻書》，中華書局1997年。

田迪 《〈新刊韻略〉研究》，中國傳媒大學碩士論文2013年。

俞昌均 《校定蒙古韻略》，臺北成文出版社有限公司1973年。

張民權、田迪 《金代〈禮部韻略〉及相關韻書研究》，《中國語言學報》2014年第16期。

鄭再發 《〈蒙古字韻〉跟八思巴字有關的韻書》，臺灣大學《文史叢刊》1965年。

竺家寧 《古今韻會舉要的語音系統》，臺北學生書局1986年。

文獻語言學（2）：204~218，2016

盧文弨抱經堂本《經典釋文》再評價①

楊　軍　黃繼省

（安徽大學文學院，合肥，230601）

提　要：本文簡要敍述了盧文弨校刻《經典釋文》的始末，他以通志堂本爲底本，校以影宋抄本，參考諸經群籍，博采前修時賢，力辨今本《釋文》遭後人竄改之事實，考證精深。但歷來褒貶不一，段玉裁稍有微詞，顧廣圻詆爲“三厄”之首，本文以盧刻本卷一所有校改處與別本互勘，詳考查驗，以證盧氏校正皆有所據。顧廣圻詆毀之由，源於校勘理念與盧文弨、段玉裁等相悖而爭氣使然，以致評價有失公允。盧文弨學識深厚，所校《經典釋文》極精，段玉裁“善本”之譽不誣，是今傳三種刻本中之最爲精善者。

關鍵詞：《經典釋文》；盧文弨；段玉裁；顧廣圻；評價

一、盧文弨校刻《經典釋文》述略

　　陸德明《經典釋文》自宋解散附入十三經，後又散於注疏本當條注下，三十卷本流傳遂稀。明末錢謙益絳雲樓藏有一部宋刊本，後因火患而毀，幸有葉林宗雇刻工影抄一部。葉林宗，名奕，明末藏書家。錢曾《讀書敏求記》卷一“陸德明《經典釋文》三十卷”云：

　　　　吾友葉林宗，篤好奇書古帖，搜訪不遺餘力。每見友朋案頭一帙，必假歸躬自繕寫。篝燈命筆，夜分不休。我兩人購得秘册，即互相傳録。雖昏夜扣門，兩家童子，聞聲知之，好事極矣。林宗歿，余哭之慟，爲文祭之……君亡來三十餘年，遍訪海内收藏家，罕有如君之真知真好者。每歎讀書種子，幾乎滅絶矣。

　　　　此書原本，君從絳雲樓北宋本影摹，逾年卒業。不惜費，不計日，毫髮親爲是正，非篤信好學者孰能之？君歿後，余從君之介弟石君借來。

---

①　本文爲國家社科基金重大項目“《經典釋文》文獻與語言研究”（14ZDB097）的階段性成果。

石君,即葉萬。其在影宋抄本有記云:

> 此書從兄林宗借絳雲樓藏本影寫,書工謝行甫也。至乙巳春仲,林宗死,所藏宋元刻本並抄謄未見之書,盡爲不肖子孫散没。糕擔煙櫎,往往見之,惟此書幸存,因而留之……今絳雲樓已爲祝融所收,此書安得不重寶之邪!

《通志堂經解目録》諸經總類"《經典釋文》三十卷,唐陸德明撰"翁方綱考訂云:

> 釋《易》《書》《詩》《三禮》《三傳》《孝經》《論語》《爾雅》《老》《莊》。前有《序録》一卷,序言"癸卯",追陳至德初年也。何焯曰:"從遵王抄本付刊。伊人所校,滿紙皆訛謬。"

據此,知葉奕死後影宋抄本乃歸其從弟葉萬,錢曾又從葉萬處借得,而徐乾學乃據以刊入通志堂經解,此即最早的清刊本。然通志堂本訛誤較多,每遭詬病。傅增湘《藏園群書經眼録》卷二經部二《經典釋文》三十卷載朱錫庚跋云:

> 錫庚按:葉林宗,見錢曾《讀書敏求記》,稱其"篤學好奇書古帖[①],搜訪不遺力……"錢又云:"此書原本從絳雲樓北宋槧本影摹。"然則絳雲一炬,是編稱魯靈光矣。雖烏焉之寫,在所難免,然以世所行之通志堂本校之,其訛文佚句,不啻倍蓰,不惟與諸經疏中所載者有異也。

盧文弨《重雕經典釋文之緣起》云[②]:

> 此書雕版行於海内者,止昆山徐氏通志堂經解中有之。宋雕本不可見,其影抄者尚聞儲於藏書家。余借以校對,則宋本之訛脱反更甚焉。當徐氏梓入經解時,其撲塵掃葉,不爲無功,然有宋本是而或不得其意,因而誤改者亦所不免。

既通志堂本"誤改"而致"滿紙皆訛謬","訛文佚句,不啻倍蓰",加之"年來流傳漸少,學者不能盡見,因爲之手校重雕"[③]。盧文弨據葉抄重爲校勘,且博采他書,詳加考訂,於乾隆五十六年辛亥(1791)重新開雕並附《考證》三十卷於後,是爲抱經堂本。

盧氏重刻本仍以通志堂本爲底本,校以影宋抄本,參考諸經群籍以訂正訛誤,增補脱漏。然盧氏雖據影抄宋本校正頗多,而非悉以影宋爲是。形式方面,通志堂本出於影宋本,故書版款式一仍其舊,盧本則爲"便觀者"而改變行款不與宋本合。即如《緣起》所謂"其文舊皆連屬,今審其可離者離之"。内容方面,徐氏通志堂本"誤改者"則據宋本

---

① 《讀書敏求記》無"學"字。
② 清乾隆五十六年(1791)
③ 《重雕經典釋文之緣起》。

改正,如《尚書音義·君奭》"南宫括"條,通志堂本反切誤爲"土活反",盧本作"工活反",《考證》云:"舊訛土,今據宋本改。"遞修本(189.2)正作"工活反"。若宋本有誤而徐本是則從徐本,如《周易音義》自《小過》至《繫辭上》之"功贍"條,遞修本(影印本119~122頁)凡於反語皆作"某某切",而盧本則依徐本作"某某反",是也。又如《毛詩音義中·陳風·東門之枌》"婆,《説文》作婆"(272.1),抱經堂本乃依通志堂本作"《説文》作㜷"。《考證》云:"《説文》女部婆下引《詩》'市也㜷娑'。"又"娑,案何反"(272.1),"案"字顯誤,抱經堂本亦依通志堂本作"桑何反"。若二本皆誤,或據他本他書補正,或仍其舊而另於《考證》中出校。前者如《毛詩音義下·大雅·棫樸》"抱木",通志堂本、遞修本同,抱經堂本作"枹木"。《考證》云:"從注疏本改。"又《大雅·皇矣》"忔忔,《説文》作忔"。忔,通志堂本如此,遞修本(357.10)此字左邊忄似十,蓋爲"土"之壞。抱經堂本則作"圪",《考證》云:"舊圪訛忔,今改正。《説文》:'圪,墙高皃。'引《詩》'崇墉圪圪'。《九經字樣》作圪圪。"此皆據他本他書所改。後者如《周禮音義·地官下》"賒貰"條,通志堂本、遞修本(455.8)並作"音世,貸也。劉傷夜反,一時夜反",抱經堂本同,而於《考證》云:"一下脱音字。"又同篇"數穀數"通志堂本、遞修本(472.3)同。抱經堂本亦同,而於《考證》云:"數穀數,民數、穀數,兩者並言,豈可截去民字而以'數穀數'爲文?注明云'上民穀之數於天府',陸氏何以有此謬誤,令人不解。"此不輕改原文而於《考證》識其誤者也。亦有雖改而《考證》無説者,如《毛詩音義》上《王風·大車》"如璊"條:"《説文》作璊",通志堂本、遞修本(264.11)同。抱經堂本作"《説文》作㻞"。《考證》雖無説,然《説文》作㻞不作璊,當即所據也,是法偉堂云:"璊,盧改㻞。是。"

而其《考證》博采前賢及"所聞於師友者"如顧炎武、閻若璩、馮景、臧琳、何焯、惠棟、錢大昕、畢沅、趙曦明、許烺、戴震、孔繼汾、孫志祖、段玉裁、丁傑、陳樹華、吳騫、梁履繩乃至諸生臧鏞堂、顧明、丁履恒等説多達二十餘家,以附新刻之後,嘉惠士林不可謂不多矣。

王重民《中國善本書提要》"段玉裁等校通志堂本"下有"毓東"跋云[1]:"此段先生若膺以宋版手校本也,詳慎邃密,豪髮不苟。又得袁氏又愷、臧氏鏞堂、顧氏抱冲、王氏秋水,博稽故籍,分識上方。而江氏艮庭、盧氏召弓、顧氏澗濱三家之説,亦附見焉。"又云:"又考盧校多出《考證》之外,當是《考證》成書在前,而以此彌其闕也。"以此可見盧氏所云"以遲暮之年,精力慮有不周,刻成猶再三校,目幾爲之昏,弗恤也"[2],實非虛言。盧氏於《釋文》殫竭心力,而於《釋文》之流變,版本之優劣識見猶深。盧氏云[3]:

---

①《中國善本書提要》不著"毓東"姓氏者,蓋有三先生未考其詳。今謂此"毓東"既爲清末民初藏書家徐乃昌所藏題跋,當即錢塘鮑毓東。《中華再造善本》影印原徐氏所藏《明真楷大字本縉紳便覽》,載有"泉唐鮑毓東"光緒三十四年爲徐氏所題詩,其後跋文又署"毓東"可證。

②③《重雕經典釋文之緣起》。

　　且今之所貴於宋本者，謂經屢寫則必不逮於前時也。然書之失真，亦每由於宋人。
宋人每好逞臆見而改舊文……古來所傳經典，類非一本。陸氏所見與賈、孔諸人所見本
不盡同，今取陸氏書附於注疏本中，非强彼以就此，即强此以就彼。欲省兩讀，翻致兩
傷。又本書中如《孝經》《論語》《爾雅》，多以校者之詞羼入之。今雖不遽删削，唯略爲
之間隔，使有辨焉。

　　盧氏《考證》又於《序録·注解撰述人》"其《舜典》一篇，仍用王肅本"云："臧琳曰：
《舜典》經傳一篇，陸氏《釋文》用王肅本，孔氏《正義》用姚方興本，本自不同。今《舜典》
音義所標注中字，皆與《正義》本同，無一字出姚本之外者。《書釋文》之被後人竄改，此
篇最甚。"此皆力辨今本《釋文》遭後人竄改之事實，若非諳熟古書，精通文獻，斷不能有
此卓見。

二、關於盧刻本之評價及檢討

　　盧氏於古書校勘見解精闢，而考校《釋文》用力尤深，且有《十三經注疏校勘記》爲其
先[1]，蕭穆《敬孚類稿》卷八《記方植之先生臨盧抱經手校十三經注疏》云："抱經先生手
校《十三經注疏》本，後入山東衍聖公府，又轉入揚州阮氏文選樓。阮太傅作《校勘記》，
實以此爲藍本。"又於《周禮注疏校勘記》卷十二末葉方東樹記云："乾隆壬午夏四月借惠
松厓本對校竟，盧文弨識。道光四年借阮宮保抱經原本傳校，東樹九月廿日畢。"乾隆壬
午當1762年，距盧氏重雕《經典釋文》逾三十年，是其重刻之本，理當較通志堂本爲善，然
學界並無共識，反而褒貶不一。
　　其揚者如段玉裁，《翰林院侍讀學士盧公墓誌銘》云：

　　　校讎之事，自漢劉向、揚雄後，至聖朝極盛。公自以家居無補于國，而以刊定之書惠
　　學者，亦足以裨益右文之治，所出定《經典釋文》……諸善本，鏤版行世。

　　段玉裁列舉盧氏所校刻全部"善本"書籍中，《經典釋文》高居於首。而蓋因二人校
勘理念一致，故段氏概述盧氏校理經籍之貢獻則曰[2]：

　　　公治經有不可磨滅之論，其言曰："唐人之爲義疏也，本單行不與經注合。單行經
　　注，唐以後尚多善本，自宋後附疏於經注。而所附之經注，非必孔、賈諸人所據之本也，

_____

① 《清代詩文集彙編》本第七二九册第688頁。
② 《翰林院侍讀學士盧公墓誌銘》，《經韻樓集》第203頁。

則兩相齟齬矣。南宋後又附《經典釋文》於注疏間,而陸氏所據之經注,又非孔、賈諸人所據也,則齟齬更多矣。淺人必比而同之,則彼此互改,多失其真。幸有改之不盡,以滋其齟齬,啟人考核者。故注、疏、《釋文》合刻,似便而非古法也。"其讀書特識,類如此。

段玉裁雖對盧刻及其校勘成就推崇備至,而亦稍有微詞。臧鏞堂《经典释文跋》:"癸丑十一月十二日,庸堂为巫山知县段若膺先生校葉林宗抄本,舊藏吳縣朱文游家,近歸同邑周漪堂。段先生往借是書,屬爲細校。又云:'寫本名銜在《毛詩》末,甚是。蓋此書係南宋本彙刊①,故《尚書》《孝經》等音義竄改最甚,全非陸氏之舊,而《毛詩》或本之北宋,有乾德、開寶間名銜,因仍之。如徐、盧兩刻皆移於卷終,似全書皆北宋本矣。'余歎其論斷之精,遂識此以爲跋語。"②按:段氏謂寫本出於南宋,是也。然改名銜於卷終者,始於通志堂本,盧氏沿之,蓋失察也。徐氏既爲仿宋而又臆改寫本之舊,盧氏既非沿宋,或可免其譏也。方東樹云:"又見惠氏、盧氏諸家原校本,於傳注《釋文》《正義》三者所校更爲繁細。助語多寡,偏旁增減,或不足爲重,然精核可采者,亦復不少。"③

而攻之者蓋始於顧廣圻,顧氏嘉慶甲子(1804)所跋《經典釋文三十卷校本》云④:

予嘗言近日此書有三厄:盧抱經新刻本多誤改,一厄也;段先生借葉抄重校,而其役屬諸庸妄人之手,未得其真本,即此二厄也;阮中丞辦《考證》,差一字不識之某人臨段本爲據,又增出無數錯誤,三也。以此而陸氏身無完膚矣。葉抄原本在天壤之間,真有一髮千鈞之危。安得真心好古之士,重爲刊刻,以拯三危,則先聖遺經,實嘉賴之,其惟陸氏受其賜乎!吾愿與綬階禱祀以求之也。嘉慶甲子五月十九日,書識於無爲州寓齊中。時將以此本還五硯樓,距始借識閱五歲云。澗薲居士顧廣圻記。

元本今藏香巖氏,儻重借出精校一本,於拯厄亦有萬一之冀耳。又記。

又於《春秋經典釋文六卷》卷首題記云⑤:

余嘗言近日此書有三厄,盧抱經重刻本所改多誤,一厄也;段茂堂據葉抄更校,屬其役於庸妄人,舛駁脱漏均所不免,二厄也;阮雲臺辦一書曰《考證》,以不識一字之某人臨段本爲據,蹐駁錯誤,不計其數,三厄也。彼三種書行於天壤間一日,則陸氏之真面目

① 臧鏞堂臨段玉裁校本題記引段氏語唯"蓋此書係南宋本彙刊"作"故此書係南宋本"。按錢遵王《讀書敏求記》言"此書原本,君從絳雲樓北宋本影摹"已誤。
② 傅增湘《藏園群書經眼錄》卷二經部二,《經典釋文》通志堂刊本,吳江袁清賀傳録校宋本。
③《敬孚類稿》卷八《記方植之先生臨盧抱經手校十三經注疏》。
④《顧千里集》第268頁。
⑤《顧千里集》第267頁。

晦盲否塞一日。計惟有購葉抄本原本重加精雕,而雲霧庶幾一掃,其厄或可救也。余無其力,識於此以待愛惜古人者。澗薲居士書。

顧氏被許爲清代校勘第一人,而既詆《釋文》遭"三厄",又以盧刻爲"三厄"之首,是其説影響甚大。《四部叢刊》影印通志堂本後附《校勘記》載孫毓修氏識語曰:"通志、抱經俱奉(葉抄)爲藍本,而皆有臆改之處。其最顯著者,如寫本名銜在《毛詩》末,甚是。蓋宋本缺筆至'慎'字,是南宋刻本。故《尚書》《孝經》等音義竄改最甚,全非陸氏之舊。而《毛詩》有乾德、開寶間名銜,乃南宋重刻北宋本。徐、盧兩刻均移於卷終,似全書皆出於北宋本矣。"此語自"寫本"起除"蓋宋本缺筆至'慎'字"外,幾乎全抄襲段玉裁語[1]。且所謂"宋本缺筆至'慎'字"則非也。"慎"爲宋孝宗趙眘嫌名,而宋本所避帝諱當至欽宗。《釋文序録·注解撰疏人》"後漢劉昆字桓公",遞修本"桓"作"栢",《彙校》:"何云,栢本桓之誤。惠依葉抄校作桓公。焯案桓字避宋欽宗諱缺末筆,故宋本訛作栢。"黃説是也。欽宗爲南宋末帝,是此本既避其諱,則當刻於南宋欽宗年間。

既評説不一,故以盧刻本卷一所有校改處與別本互勘,以考其是否有臆改之處。爲便於查驗,仍將通志堂本列於每條之首,並在條末加以案斷。

(一)序録

1. 通志堂本"質文詳畧","畧"遞修本、葉抄本、抱經堂本作"略"。《考證》云:"舊田在上,今從宋本移左,與《説文》合。下並同。"此據宋。

2. 通志堂本"及老莊爾雅等音","爾"遞修本、葉抄本、抱經堂本作"尒"。《考證》云:"舊作爾,今從宋本。下並同。"此據宋。

3. 通志堂本"號曰經典釋文","號曰"遞修本、葉抄本、抱经堂本作"号曰"。《考證》云:"舊作號,今從宋本。"此據宋。

4. 通志堂本"經注畢詳","注"遞修本、葉抄本作"註"。抱經堂本作"注",《考證》未及。《彙校》:"宋本注並作註。"此未校,蓋疏漏也。

(二)條例

5. 通志堂本"慮有相亂,方復其録","其"遞修本、葉抄本、抱經堂本作"具"。《考證》云:"舊訛其,今從宋本。"法偉堂云:"其,盧改具。是。"此據宋。

6. 通志堂本"示傳聞見","傳"遞修本、抱經堂本同。法偉堂云:"傳,盧改博。是。"按:盧本未改,而於《考證》云:"當作博,下云示博異聞,語義正同。"出校未改。

7. 通志堂本"覽者察其哀焉","哀"遞修本同,抱經堂本改"衷"。法偉堂云:"哀,盧

---

① 見前引臧鏞堂《經典釋文跋》。臧鏞堂臨段玉裁校本題記引段氏語唯"蓋此書係南宋本彙刊"作"故此書係南宋本"。

改衷。是。"《彙校》："盧改哀爲衷，宋本已誤作衷。"此據理。

8. 通志堂本"與籍之文"，"與"遞修本、抱經堂本作"典"。法偉堂云："與，盧改典。是。"按：《考證》云："舊訛與，今校改。"此據宋。

9. 通志堂本"章句既異，蹏駮非一"，"蹏"遞修本、抱經堂本作"蹐"，法偉堂云："蹐，盧改蹏。是。"按：《考證》云："舊訛蹐，今據宋本改正。"此據宋。

10. 通志堂本"傳學者又不思多聞闕疑之義"，"傳"遞修本、抱經堂本同。法偉堂云："陸據《漢書·藝文志》改作博。"按：盧本並未改字，而於《考證》云"此當作博，宜據《漢書·藝文志》改正"。出校未改。

11. 通志堂本"毀所不見，終以自弊"，"弊"抱經堂本同，遞修本作"獘"。法偉堂云："盧據《漢書》改作敝。"按：盧本未改，而於《考證》云："亦當從《漢書》作敝。"出校未改。

12. 通志堂本"及夫自敗蒲邁反，敗他蒲敗反之殊"，"夫"遞修本、葉抄本訛"天"。"蒲敗"遞修本作"補敗"，抱經堂本作"補邁"。法偉堂云："蒲敗，盧改補邁。是。"按：《考證》"補邁反"下云："按薄字、補字，舊皆訛作蒲。下邁字舊作敗。今據宋本及《廣韻》改正……《左傳·隱元年》音義敗宋，必邁反；敗他也。亦是邁字，更無可疑。"《釋文》凡言"敗他"，音必邁反者39例、補邁反4例、伯邁反1例，無一例以"敗"爲切下字者。盧氏據本書正文以改條例之訛字，合於被注字不與反語同字之理，是也。此據宋。

13. 通志堂本"自壞呼怪反壞音怪撤之異"，"呼怪"抱經堂本同，遞修本作"乎怪"。法偉堂云："呼當依宋本改爲乎，《大禹謨音義》可證。"按：《考證》云"宋本作乎怪反"。出校未改。

14. 通志堂本"莫辯復扶又反重復音服反也"，"扶又反重"遞修本同，抱經堂本"重"下有"也"字。法偉堂云："重下盧補也字。"按：《考證》云："舊脫也字，今據《佩觿》補。"據他書補。

15. 通志堂本"如寵丑隴反字爲寵力孔反"，"爲寵"遞修本、抱經堂本作"爲寵"。法偉堂云："寵，盧改作寵。是。"按：《考證》云："寵字舊仍作寵，今據宋本改。顏之推語尤可證。"此據宋。

16. 通志堂本"錫思歷反字爲錫音腸"，"音腸"遞修本同，抱經堂本作"音陽"。法偉堂云："腸，盧改陽。是。"按：《考證》云："陽，舊訛作腸。"今按：錫字斷無"音腸"之理，《釋文》出音凡四見，《毛詩·大雅·韓奕》《左傳·成公十一年》《左傳·哀公十二年》皆"音羊"，《左傳·桓公二年》則"音楊"，並與"陽"音同。《彙校》云："惠依葉抄改腸爲陽。"是盧改亦非無據。據惠校改。

17. "其■之流，便成兩失"，"其■"遞修本同，抱經堂本作"若斯"。法偉堂云："其，盧改若。是。闕處盧補斯字。"按：《考證》云："舊本若字作其，斯字未刻，今據《佩觿》補正。"據他書補正。

（三）次第

18. 通志堂本"雖是子書,人又最後"。"雖"遞修本、抱經堂本同。法偉堂云:"雖,盧改既。是。"按:盧本未改,惟於《考證》云:"此雖字當作既。"出校未改。

19. 通志堂本"《爾雅》周公","周公"遞修本、抱經堂本同。法偉堂云:"周公下盧補所作二字。"按:盧本未補,而於《考證》云:"案下脱所作二字。"出校未補。

（四）注解撰述人

20. 通志堂本"雜卦■■",墨丁處遞修本同,抱經堂本有"是爲"二字。法偉堂云:"盧補闕二字作是爲。"《考證》云:"此二字舊未刻,今補。"出校補。

21. 通志堂本"傳即十翼也_{先儒説重卦及爻辭爲十翼不同解見余■■}","解見余■■"遞修本同（遞修本"儒"訛"隅"）,抱經堂本作"解見余所撰",《考證》云:"此下舊空二字。案《隋志》:《周易大義》二卷,陸德明撰。當即指此書,所脱蓋不止二字。"據他書補。

22. 通志堂本"同授淄川揚何_{字叔一本作字叔元太中大夫}","一本作字叔元"各本同。法偉堂云:"盧云:此後人校語。後仿此。"《考證》:"《漢書》云字叔元,元光中徵爲太中大夫。此一本六字蓋後人校語。"出校未改。

23. 通志堂本"後漢苑升","苑升"遞修本、抱經堂本作"范升"。法偉堂云:"苑,盧據宋本改爲范,與《後漢書》本傳及《儒林傳》合。"按:《考證》云:"舊訛作苑,今據宋本改,與《後漢書》本傳及《儒林傳》合。"此據宋。

24. 通志堂本"以授京兆楊政_{字七行}","七行"遞修本作"士行",抱經堂本作"子行"。法偉堂云:"七,盧改子。是。"按:《考證》云:"舊作七行誤,據范書改正。"其所據見范曄《後漢書》本傳及《儒林傳》。據他書改。

25. 通志堂本"以爲諸易家説皆祖田何、楊叔元、丁將軍","楊叔元"抱經堂本同,遞修本作"楊叔"。《考證》云:"宋本無元字,與《漢書》同,當從之。前淄川下亦止云字叔。"出校未改。

26. 通志堂本"及蘭陵母將永","母"葉抄本、抱經堂本作"毋"。法偉堂云:"母,盧據宋本作毋,是。"《考證》云:"舊作母,據宋本改。"《彙校》云:"母,盧據宋本改作毋。焯所見宋本缺。"按:遞修本亦作"母",不缺。盧氏所見宋本當即葉林宗影抄宋本,此作"毋"當葉抄校改。據葉抄改,與遞修本不同。

27. 通志堂本"今亦用韓本子夏易傳三卷",遞修本同。抱經堂本自"子夏"提行。按:盧本係重刻,行款不與宋本同。《重刻經典釋文緣起》云:"其文舊皆連屬,今審其可離者離之,以便觀者。"改行款。

28. 通志堂本"於是詔太常使掌故晁錯受焉_{古文尚書云伏生年老}","尚書"遞修本同,抱經堂本作"官書"。法偉堂云:"尚,盧改官。是。"《考證》云:"舊本官書誤作尚書。案《隋志》:'古文官書一卷,後漢議郎衞敬仲撰。'在小學類,今據改正。顏師古注《漢書·儒林傳》,於伏生下引衞宏古文尚書序云。作尚字非是。段氏有《古文官書考》一篇。"據他書改。

29. 通志堂本"遂世相傳,東京最盛……榮子郁以書授和帝……","和帝"遞修本同,抱經堂本作"章帝"。法偉堂云:"和,盧改章。是。"《考證》云:"舊作和帝,宋本作章,與《後漢書》合。今據改。"據他書改。

30. 通志堂本"山拊受同縣李尋","受"遞修本同,抱經堂本作"授"。法偉堂云:"受,盧改授。是。"《考證》云:"舊訛作受。"出校改。

31. 通志堂本"陸璣毛詩草木鳥獸蟲魚疏二卷……吳太子中庶子烏　令","烏　令"遞修本同,抱經堂本作"烏程令"。法偉堂云:"烏下盧補程字。是。"《考證》云:"程字舊空,據《隋志》補。"據他書補。

32. 通志堂本"得古禮獻之鄭六藝論公後得孔氏壁中","公"遞修本同,抱經堂本作"云"。法偉堂云:"公,盧改云。是。"《考證》云:"據《曲禮正義》引改正。"據他書改。

33. 通志堂本"■付書館","■"遞修本同,抱經堂本作"以"。法偉堂云:"闕處盧補以字。"《考證》云:"以字舊未刻,今補。"出校補。

34. 通志堂本"■授沛人通漢","■"遞修本同,抱經堂本作"蒼"。法偉堂云:"盧補蒼字。"《考證》云:"舊未刻。"出校補。

35. 通志堂本"庾蔚之略解十卷字■隨","字■隨"遞修本作"■■隨",抱經堂本作"字季隨"。法偉堂云:"盧補季字。"《考證》云:"舊脫季字,考《册府元龜》六百六,蔚之字季隨,院外散騎常侍。今據補。"據他書補。

36. 通志堂本"徐邈周禮音一卷■録無禮記音■卷","周禮音一卷■録無禮記音■卷"遞修本同,抱經堂本作"七録無禮記音三卷"。法偉堂云:"卷下盧補七字。音下盧補三字。"《考證》云:"舊闕,今補。"出校補。

37. 通志堂本"曹耽字愛道譙國人東■安人咨議參軍　禮記音二卷","東■安人"遞修本同,抱經堂本作"東晉安北"。法偉堂云:"東下盧補晉字。人,盧改北。是。""咨議參軍　禮記音二卷"遞修本作"咨議參軍不禮記音二卷",《考證》云:"舊脫晉字,北誤作人,參軍下空闕二字,今皆據《隋志》補正。"《彙校》云:"宋本……又參軍下有不字,校者知其誤而刊去之,故著墨丁。"據他書補。

38. 通志堂本"蔡謨晉司徒文穆公■■音■卷","文穆公■■音■卷"遞修本同,抱經堂本作"文穆公禮記音二卷"。法偉堂云:"公下補禮字。"按:《考證》云:"禮記、二據《隋志》補。"據他書補。

39. 通志堂本"王曉■作周禮音云定鄭氏音■■土江南無此書不詳何人",遞修本作"■■■作周禮音云定鄭氏音■■

<small>土江南無此書不詳何人</small>"，抱經堂本作"王曉<small>作周禮音云定鄭氏音北土江南無此書不詳何人</small>"。《考證》云："此下多空，今案，唯闕北字，補之。"出校補。

40. 通志堂本"沈重撰問禮禮記音"，"問禮"遞修本同，抱經堂本作"周禮"。法偉堂云："問，盧改周。是。"《考證》云："周字舊誤作問，今從段氏校改。"據段校改。

41. 通志堂本"故不顯于<small>世桓譚新論云……後有餘年</small>"，"有餘年"遞修本作"百餘年"，抱經堂本同。法偉堂云："有，盧改百。是。"《考證》云："百舊誤有，今據宋本改。"此據宋。

42. 通志堂本"皓星公二人受焉"，"皓"遞修本、抱經堂本作"浩"。《考證》云："舊浩作皓，同《漢書》。今從宋本。下同。"此據宋。

43. 通志堂本"車胤<small>字武子南平人東晉■陽尹</small>"，"南平人東晉■陽尹"遞修本作"南■人東晉■陽尹"，抱經堂本作"南平人東晉丹陽尹"。法偉堂云："■陽尹，闕處盧補丹字。"《考證》云："舊丹字空闕，《隋志》作丹楊尹，今據補正。陽當作楊，以山多赤柳得名。"據他書補。

44. 通志堂本"合成一法"，"一法"各本並同。法偉堂云："法，盧疑袟字訛。"《考證》云："法，疑袟字之訛。"出校未改。

45. 通志堂本"王尚述二卷"，各本並同。法偉堂云："述下盧據《隋志》增注字。"按：盧本未增，而於《考證》云此脱"注"字。出校未補。

46. 通志堂本"巨生内解"，各本同。法偉堂云："巨下盧據《隋志》無内字。"按：盧本有"内"，《考證》云："《隋志》巨生解二卷，無内字。"出校未改。

47. 通志堂本"釋慧■注二卷"，"慧■"遞修本同，抱經堂本作"慧嚴"。法偉堂云："慧下盧補嚴字。"《考證》云："嚴字舊闕，據《隋志》補。"據他書補。

48. 通志堂本"皆依郭本以郭爲主"，"以郭爲主"遞修本同，抱經堂本作"今以郭爲主"。法偉堂云："以上盧補今字。"《考證》云："今字舊脱，依前例補。"按：盧氏所謂"前例"者，陸氏述《易》云："而王氏爲世所重，今以王爲主；《繫辭》已下王不注，相承以韓康伯注續之，今亦用韓本。"述《尚書》則云："今以孔氏爲正，其《舜典》一篇，仍用王肅本。"述《詩》云："《毛詩》鄭箋，獨立國學，今所尊用。"述《禮》云："今三禮俱以鄭爲主。"述《春秋三傳》亦云："《左氏》今用杜預注，《公羊》用何休注，《穀梁》用范寧注。"述《孝經》云："古文孝經，世既不行，今隨俗用鄭注十八章本。"述《論語》云："王肅、周生烈之説……盛行於世，今以爲主。"述《老子》云："唯王輔嗣妙得■無之旨，今依王本。"又下文述《爾雅》亦謂："郭景純洽聞强識，詳悉古今，作《爾雅注》爲世所重，今依郭本爲正。"則此處上既云"徐仙民、李弘範作音，皆依郭本"，是下文自當作"今以郭爲主"。盧氏據陸書前後文例補"今"字，是也。據前後文例補。

以上48條爲盧氏刻本及《考證》中卷一全部有關材料之考察，其中：通志堂本誤而盧本據宋本改正者10條；各本並誤而盧本據他書、舊校改正者15條；各本並誤而據本書上下文或正文補正者2條；各本並誤盧本未改而於《考證》出校者13條；各本並誤據《考證》校改者6條；各本並誤據理校改者1條；與通志堂本同而不同於宋本而失校者1條①。以是觀之，盧本校補改正皆有依據，是此本之於通志堂本，其善固不可以道里計。然顧千里必詆之者，當別有因也。

三、顧廣圻極力詬病盧本緣由考

顧氏極詆盧本者，蓋既與段玉裁交惡，而盧、段交誼甚厚。段玉裁有詩云："先生與余交忘年，一字剖析歡開顏，十年知己情則堅。先生一去余介然，歸於其宮神理緜，其書可讀其澤延。"②且顧廣圻與盧氏弟子臧鏞堂素不和，以此累及盧刻本。顧千里與段氏反目，事起於阮元校勘《十三經注疏》。嘉慶六年（1801），阮元在杭州詁經精舍爲《十三經注疏》作《考證》③，即以盧文弨《校勘記》爲底本。方東樹《臨盧抱經手校十三經注疏》云④："抱經先生手校《十三經注疏》本，後入山東衍聖公府，又轉入揚州阮氏文選樓。阮太傅作《校勘記》，實以此爲藍本。"又云："阮作《校勘記》，以此爲本。"予其事者有顧廣圻校《毛詩》、臧庸校《周禮》《公羊傳》《爾雅》、徐養原校《尚書》《儀禮》、洪頤煊校《禮記》、嚴傑校《左傳》《孝經》、李銳校《周易》《穀梁傳》《孟子》、孫同元校《論語》。段玉裁復校審定，阮元主政。而此間顧千里與臧在東等不和，故多惡語相向。前引《春秋經典釋文六卷題記》卷首《經典釋文三十卷校本跋》中兩稱之"庸安人"即指臧鏞堂，其跋文又云："武進臧庸堂在東氏用葉林宗影宋本校⑤，元和顧廣圻臨。近知此人好變亂黑白，當不足憑據，擬借元本一覆之。壬戌（1802）正月記。"其前此《跋唐石經考異不分卷抄本》亦云："嘉慶辛酉（1801），元和顧廣圻借録一部訖。時寓西湖孤山之蘇公祠中。凡《毛詩》内夾簽出臧庸堂手筆，妄特甚。今粗用朱筆抹之，其説詳余所辦《毛詩注疏考證》中，此不及細載。千里記。"臧鏞堂爲臧琳重孫，先後師從盧文弨、段玉裁。顧所謂"一字不識之人、一

---

① 見4."經注畢詳"，遞修本、葉抄本皆作"經註畢詳"。按："注"與"註"陸書不甚分別，盧蓋以此從通志堂本，是雖失校而無關大旨。

② 段玉裁《盧公墓誌銘》，《經韻樓集》。

③ 即《十三經注疏校勘記》初名。《經韻樓集補編》卷下段玉裁《與劉端臨書》："今年（嘉慶七年）一年，《説文》僅成三頁，故雖阮公盛意，而辭不敷文。初心欲看完《注疏考證》，自顧精力萬萬不能，近日亦薦顧千里、徐新田（養源）兩君而辭之。"又顧廣圻《跋春秋經典釋文六卷》有"阮雲臺辦一書曰《考證》"語，《跋經典釋文三十卷校本》有"阮中丞辦《考證》"語，《與段懋堂大令論椒聊經傳書》有"此前爲阮中丞撰《考證》"及"頗有用《考證》者而此經未改"語（並見《顧千里集》）。

④ 見蕭穆《敬孚類稿》卷八《記方植之先生臨盧抱經手校十三經注疏》（《清代詩文彙編》668頁）。

⑤ 臧庸堂即臧鏞堂，后改名臧庸。

字不識之某人"則指何元錫,顧氏《跋經典釋文三十卷校本》云:"壬戌八月,西湖孤山寓中續校此《毛詩》三卷,用何夢華臨段校本。"何夢華即元錫,與顧廣圻同爲錢大昕弟子,同門而攻訐尚且如此,可見千里素有傲人之性。又李詳《愧生叢録》卷三:"顧千里爲阮文達校書湖上,與臧庸堂不和。杭州搢紳先生如孫頤谷侍御,不知何事與千里忤,千里盛詆之。"孫頤谷即孫志祖,爲《論語注疏》承校者孫同元之父。李詳又云:"侍御所著《文選考異》余見千里批本,勾乙滿紙,一則曰:'不知《文選》,又不知《繫傳》,此之謂俗學。'又云:'不知《文選》,又不知《後漢》,火棗兒羔,是名俗學。'又云:'五臣荒陋,侍御所見,略與五臣等耳。'如此者凡數十處。侍御選學,不及千里之精,平心而論,既考異,廣列諸説,存而不論,未爲不可。千里詆之過甚,非也。"孫志祖卒於1801,顧氏在杭州校《毛詩注疏》時已成古人,而極攻之者,段玉裁《答顧千里書》云:"且僕在杭州時,知足下爲頤谷所疎忽,故以此報之。一見《上阮雲臺書》,再見爲古餘所作《考異》,三見答僕書。"而顧廣圻與段玉裁反目之因,可知者有二事:一爲顧千里校《毛詩注疏》,引段玉裁説而隱其名,段復校見之而怒。事見蕭穆《記方植之臨盧抱經手校十三經注疏》[1],方東樹云:"阮序'臣復定其是非',按嚴(傑)云:'臣復定其是非,此語專爲段氏駁《詩經》而設,因以施於群序云爾。'按《校刊記》成,雲臺寄與段懋堂復校,段見顧所校《詩經》引用段説,未著其名,怒之。於顧所定,肆行駁斥,隨即寄粵,付凌姓司刻事者開雕,而阮與顧皆不知也,故今《詩經》獨不成體。此事當時無人知者,後世無論矣。乙酉八月,嚴厚民傑見告。蓋以後諸經乃嚴親齋至蘇,共段同校者也。"嚴傑亦段玉裁弟子,若非將此事私告方東樹,學界恐果無從知曉。二爲孫志祖考《禮記·王制》"虞庠在國之西郊"之"西"當作"四",而顧氏攻之"模糊亂道"。孫志祖《讀書脞録續編》卷一《王制》西郊當作四郊":"《禮記·王制》:'周人養國老於東膠,養庶老於虞庠,在國之西郊。'據《北史·劉芳傳》引作'四郊',蓋西字誤也。四郊小學即東南西北之四學,豈應偏置於西郊?《祭義》又云:'天子設四學,當入學而太子齒。'注云:'四學,謂周四郊之虞庠也。'《正義》引皇氏云:'四郊虞庠,以四郊皆有虞庠。'其爲四郊之訛無疑。《文王世子》"凡語於郊者",《正義》云:"郊,西郊也。周以虞庠爲小學,在西郊。以西方成就之地故也。"是孔氏所據本已誤。"顧千里作《禮記考異》則以《王制》作"西郊"不誤,舉證辯説,本無可厚非,然以其語出不遜,段氏作書規勸,且以"暇即面談"相邀未果[2],而顧"經兩月之久,爲《學制備忘之記》以駁之"[3]。至斥段玉裁"於經之明文鑿鑿者抹殺之曰訛","不能謂之訛者,則又換一法悉抹殺之曰誤","以斷章取證而不計其爲牽合"云云[4],攻訐至悍,言辭甚

---

① 《敬孚類稿》卷八(第668頁)。

② 見段玉裁《與顧千里書》,《經韵樓集》第295頁。

③ 見段玉裁《答黄紹武書》,《經韵樓集》第332頁

④ 見《顧千里第二札》,《經韵樓集》第296頁。

烈。此後兩人作書札、備忘等文二十餘通，相互詰難，越演越烈，以致師弟反目。此公案之影響盧氏重雕本評價者，盧氏與孫志祖、段玉裁甚厚，而臧鏞堂爲盧、段弟子，孫同元爲孫志祖之子，何元錫與段氏亦有師弟之誼。顧氏在十三經局與諸人交惡，雖與校勘理念有關，而更多當與其性格有關。《顧千里集》有《重有感》一首追憶杭州校經紛事之起云：

> 南華發冢枉生呀，莫挽頹波是殉財。《曲禮》頓教王式去，《公羊》頻告鄭詹來。但存博士同門蔽，況有高人割席猜。獨恨漆書私改日，豎儒重燄龍祖灰。

首句"南華發冢"用"儒以《詩》《禮》發塚"之典①，將西湖校經事喻爲盜取名利令人嗤笑之鬧劇。"挽頹波"用《宋史·歐陽修傳論》"挽百川之頹波，息千古之邪說"語②。"殉財"用《莊子·盜跖》"小人殉財，君子殉名"語。"王式去"用漢代王式因諸生強勸而爲禮博士，以堅守《曲禮》規制見詈辭歸事③。用此者，蓋謂己參與校經亦因人強勸而非情願，最終以固執己見受辱辭去。此影射段玉裁，段氏《與劉端臨第二十九書》："今年一年，《說文》僅成三頁，故雖阮公盛意，而辭不敷文。初心欲看完《注疏考證》，自顧精力萬萬不能，近日亦薦顧千里、徐新田_{養源}兩君而辭之。""鄭詹"事見《公羊傳·莊公十七年》："春，齊人執鄭瞻。鄭瞻者何？鄭之微者也。"《釋文》云："鄭瞻，二《傳》作詹。"千里改《公羊傳》之"鄭瞻"從《左傳》《穀梁傳》爲"鄭詹"者，當是譏段氏等或以他書改本書也④。"漆書私改"《後漢書·宦者列傳》："（李）巡以爲諸博士試甲乙科，爭弟高下，更相告言，至有行賄定蘭台漆書經字，以合其私文者。乃白帝，與諸儒共刻五經文於石，於是詔蔡邕等正其文字。"蓋亦指斥段、臧、何等不采"以不校校之"之法而私改舊籍。"況有"句用"管寧與華歆割席斷交"事⑤，句中"割席猜"之"高人"蓋指段玉裁、阮元等。末句"豎儒"用漢高祖詈罵侯生語，"重燄龍祖灰"以秦政焚書事謂阮校《十三經注疏》及《校勘記》不善而當重遭火毀。此詩大意謂阮氏主持《十三經注疏》時，因名利而放任改竄古書

---

① 《莊子·外物》："儒以《詩》《禮》發塚。大儒臚傳曰：東方作矣，事之何若！小儒曰：未解裙襦，口中有珠。《詩》固有之曰：青青之麥，生於陵陂。生不布施，死何含珠爲？接其鬢，壓其顪，儒以金椎控其頤，徐別其頰，無傷口中珠。"

② 《宋史·列傳》第七十八。

③ 見《漢書·儒林列傳》："（王式）詔除下爲博士……既至，止舍中，會諸大夫、博士，共持酒肉勞式，皆注意高仰之，博士江公世爲《魯詩》宗，至江公著《孝經說》，心嫉式，謂歌吹諸生曰：'歌《驪駒》。'式曰：'聞之於師：客歌《驪駒》，主人歌《客毋庸歸》。今日諸君爲主人，日尚早，未可也。'江翁曰：'經何以言之？'式曰：'在《曲禮》。'江翁曰：'何狗曲也！'式恥之，陽醉逼地。式客罷，讓諸生曰：'我本不欲來，諸生強勸我，竟爲豎子所辱！'遂謝病免歸，終於家。"

④ 此即陳寅恪所謂用今典也。

⑤ 《世說新語·德行》："管寧、華歆共園中除菜，見地有片金，管揮鋤與瓦石不異，華捉而擲去之。又嘗同席讀書，有乘軒冕過門者，寧讀如故，歆廢書出看。寧割席分坐曰：'子非吾友也。'"

之弊，而自己又以固守"以不校校之"之法受辱，同門以私改相欺，高人因猜疑斷交，最後離開校經局。此詩原注"壬戌九月西湖作"，則爲嘉慶七年（1802），至校經之始方逾年。可見千里與段、阮諸人嫌隙已深①。

顧後又作《陳仲魚孝廉索賦經函詩率成二十韻》亦有數句言及此事："惜哉西湖局，雅志敗群小。若爭自癡絕，未障狂瀾倒。"直將西湖校經"雅志"之敗因，歸於與已意不合之"群小"。又以勢單力薄而不欲作無謂之抗爭，故未能阻障事態發展。西湖校經之初段茂堂年六十六，顧千里方三十出頭，其血氣方剛，心性倔强，故與段氏及門下諸生因意見相左交惡。此二詩尤能見千里於西湖校經起糾紛之事耿耿於懷，直至晚歲，其忿懣之氣仍不減當年②。

今謂世雖有分校勘流派爲對校與理校者，然二法之目的皆爲求一真本而略有差別。顧氏極重宋本之價值，故主張不輕改古本，旨在爲古本留真。而段氏認爲宋本未必即不誤不訛盡合於古書之真本，故主張凡訛誤處若有據即可改，不僅校異同，且須定是非。事實上校勘無論采用何種方法，凡於所改正處出校注明者，皆不影響書本優劣。平心論之，就讀者言，對校者所留空間大，而理校者暗示導向强。然對校必當依理，理校且須有據，二者不可偏廢，合理運用，豈有所謂優劣哉！然因雙方不免於意氣之使而生激烈衝突，以致師弟割席，勢猶水火，遂爲清代學術史上一大公案。

盧抱經作古距阮元校經已逾五年③，至顧廣圻一再以"三厄"詬病盧刻本者亦歷十載，究其所以，直爲意氣使之，斷非公允之論，盧本全不似顧訾之不堪。然其説之餘響，竟遠紹幾三百年。近代羅振玉《雪堂校刊群書敘録·敦煌本易釋文殘卷跋》謂④："陸氏《音義》盧抱經先生作《考證》，勘訂至精。"羅常培《法偉堂校本經典釋文跋》云⑤："及盧召弓、段懋堂更據葉本重加校讎，別白是非，附以《考證》，而宋本之佳處乃以複顯。"陸志韋、林燾《經典釋文異文之分析》也説⑥："抱本後附盧氏《考證》，亦研究《釋文》者不可或缺之材料。"潘景鄭《葉鞠裳先生臨各家校通志堂本經典釋文》云："通志堂本《經典釋文》，蓋出於葉林宗影寫宋本，間有訛缺，尚不失古意。顧澗薲先生謂盧抱經重刻本所改多誤，而又訾段茂堂所校舛駁脱漏，其説未必盡是。要之書經重刻，几塵落葉，自所不免耳。"是皆實事求是之評價，故曰："盧氏校勘極精，頗多特見，學識深厚，可資參考者多而

---

① 汪紹楹《阮氏重刻十三經注疏考》以爲此詩除言及十三經局學人外，尚有斥戴震私改《永樂大典》之事者，似未確。
② 據汪紹楹考證，此詩末有"冉冉吾其老"語，"按五十以上曰老，考千里五十歲，爲嘉慶二十年乙亥"。
③ 盧文弨（1717~1795）。
④《羅振玉學術論著集》第九集第265頁。
⑤《法偉堂經典釋文校記遺稿》附録。
⑥《林燾語言學論文集》。

大抵皆有據，非如俗人之妄論。然撲塵掃葉，難免偶疏，誠所謂千慮之失，不可苛責。《釋文》多歷竄亂，非一人之力可治，而盧氏之校，寔陸元朗之功臣也。"①

參考文獻

《經典釋文》：宋元遞修本，上海古籍出版社1985年；徐乾學《通志堂經解》本，中華書局1980年；盧文弨抱
    經堂本，民國十二年北京直隸書局影印；《四部叢刊》初編影印通志堂本，商務印書館1922年。

（漢）班固 《漢書》，中華書局1962年。

（清）段玉裁 《經韻樓集》，上海古籍出版社2008年。

法偉堂 《法偉堂經典釋文校記遺稿》，華東師範大學出版社2010年。

傅增湘 《藏園群書經眼録》，中華書局2009年。

（清）顧廣圻撰，王欣夫輯 《顧千里集》，中華書局2008年。

國家清史編纂委員會 《清代詩文集彙編》，上海古籍出版社2009年。

黄 焯 《經典釋文彙校》，中華書局1980年。

（清）李詳 《愧生叢録》，江蘇古籍出版社2000年。

林 燾 《林燾語言學論文集》，商務印書館2001年。

（南朝宋）劉義慶撰，周祖謨等整理 《世説新語》，中華書局1983年。

（清）盧文弨 《抱經堂文集》，中華書局2006年。

——— 《抱經堂叢書》，民國十二年北京直隸書局影印。

羅振玉 《羅振玉學術論著集》，上海古籍出版社2010年。

潘景郑 《著硯樓書跋》，上海古典出版社1957年。

錢曾撰，丁瑜點校 《讀書敏求記》，書目文獻出版社1984年。

（清）孫志祖 《讀書脞録》，《續修四庫叢書》本，上海古籍出版社2002年。

（元）脱脱 《宋史》，中華書局1976年。

汪紹楹 《阮氏重刻十三經注疏考》，《文史》第三輯，中華書局1992年。

（清）蕭穆 《敬孚類稿》，《清代詩文集彙編》本，上海古籍出版社2010年。

楊軍、曹小雲 《〈經典釋文〉文獻研究述論》，《合肥師範學院學報》2015年4期。

---

① 楊軍、曹小雲《〈經典釋文〉文獻研究述論》。

文獻語言學（2）:219~229,2016

論《合併字學集韻》的整理①

梁慧婧

（北京語言大學,北京,100083）

提　要:《合併字學集韻》是一部具有革新精神的韻書,是研究近代語音的重要材料,同時在辭書編纂、文字沿革史、詞彙研究上都有重要的價值,因此有必要對其進行科學的古籍整理。《合併字學集韻》目前可見的藏本,均屬同一版本系統,都是明代張元善刊本,因此我們無法使用不同版本對校,祇能利用與其關係密切的前代韻書以及其他相關典籍來校勘。目前校勘工作已經完成,校勘出訛誤、不當之處近萬條,這些訛誤、不當之處可按照來源、類型、對象進行分類。

關鍵詞:《合併字學集韻》;古籍整理;校勘

　　《合併字學集韻》是明萬曆年間的一部韻書,由張元善、徐孝編訂,與字書《合併字學集篇》、韻圖《重訂司馬温公等韻圖經》三軌並行,合稱《合併字學篇韻便覽》（簡稱《便覽》）。《合併字學集韻》（簡稱《合韻》）與《重訂司馬温公等韻圖經》（簡稱《圖經》）是近世罕見的富有革新精神的音韻材料,是考察近代北音史、普通話語音史不可多得的重要文獻。前人研究多集中於《圖經》的研究上,忽略了《合韻》的研究。韻圖可以反映大的音韻框架,但尚有諸多細節難以反映,《合韻》則可以給我們展示更多關於明代北京音的細節,也能釐清普通話中若干難解的現象。《合韻》的載字量大,異體字多,包括俗體、訛體、省體、古體楷化,在其注文當中還有很多簡體字,對於我們研究文字演化也有幫助。此書釋義多承《五音集韻》,但有些常用字的釋義,已經有了明顯變化,有些甚至明確注明了"俗用"詞義,對於近代漢語詞義研究,也是一份難得的材料。此書長期以來爲傳統所貶抑,《四庫全書總目提要》（卷四三）説此書"事事皆出創造,較《篇海》《正韻》等書,變亂又加甚焉"。這一偏見,致使如此重要的著作,差點湮没不傳。到目

---

① 本文爲北京語言大學梧桐創新平臺"中央高校基本科研業務費專項資金"（16PT07）的階段性成果。

前爲止,尚無《合韻》的整理本,因此科學地、高品質地整理出一個《合韻》校本是非常有必要的。

一、《合韻》版本的具體情形

《合韻》爲《便覽》的一種,我們要瞭解它的版本情況,就必須瞭解《便覽》的版本情況。目前《便覽》的藏本大概有以下幾種:《四庫全書存目叢書》所收的西北師範大學圖書館藏本(簡稱西北本)、原北京圖書館藏本(北圖本)、江西省圖書館藏本(江西本)、首爾大學奎章閣藏本(奎章閣本)、日本所藏罕見韻書叢編本(罕見本)。《便覽》各個藏本不一定都包含《合篇》,但都有《合韻》。具體情況見下表:

	西北本	江西本	北圖本	罕見本	奎章閣本①
題識	《合併字學篇韻便覽》23卷(存22卷),[明]徐孝輯,明萬曆三十四年張元善刻本	《合併字學篇韻便覽》22册(存20册),[明]徐孝撰,萬曆三十四年張元善刻本	《合併字學集韻》10卷《四聲領率譜》1卷,13册,明萬曆年間刻本	明萬曆三十五年丁未張氏自刊本	《合併字學集韻》10卷(5册)明萬曆間刻本;《合併字學集篇》10卷(存9册),明萬曆間刻本
刊工(凡例)	江西彭仁刊	江西彭仁刊	江西彭仁刊	無凡例頁	情況不明
存卷數目	存22卷:《合篇》10卷《拾遺》1卷、《合韻》10卷、《圖經》1卷	存20卷:《合篇》9卷(缺第2卷)、《拾遺》1卷、《合韻》存9卷(缺第10卷)	存12卷:《合韻》10卷《圖經》1卷、《四聲領率譜》1卷	存10卷:《合韻》9卷(缺第10卷)、《拾遺》1卷	存19卷:《合韻》10卷《合篇》9卷(缺第10卷)
序、跋、引證、考證等	《合篇》前:沈一貫序、蕭大亨序(戊申)、馬應龍序(丙午);《合篇》後:陳之龍跋(丁未);《合韻》前:沈鯉序(丙午)、張元善序(丙午)	《合篇》前:沈鯉序(丙午)、馬應龍序(丙午);《合篇》後:陳之龍後跋(丁未);《合韻》前:沈一貫序、蕭大亨序(戊申)、張元善序(丙午)	《等韻圖經》《四聲領率譜》前:徐孝引證、張元善考證;《合韻》前:沈一貫序、蕭大亨序(戊申)、張元善序(丙午)	《合韻》前:沈一貫序、張元善序(丙午)	《合篇》前:張元善序;《合韻》前:徐孝引證、張元善考證、沈一貫序、蕭大亨序(戊申)、張元善序(丙午);
牌記藏書印記	無	無	明善堂覽書畫印記、安樂堂藏書記,無牌記	無	有弘文館、帝室圖書之章,無牌記

---

① 作者未見此藏本,以下內容據汪壽明《韓國部分圖書館所見中國古代部分“小學”善本書》。

		西北本	江西本	北圖本	罕見本	奎章閣本
共同部分歧義	重修合併篇韻姓氏	注釋:段震;督工:王之楨	注釋:段鎮;督工:王之珍	注釋:段鎮;督工:王之珍	注釋:段震;督工:王之楨	情況不明
	《合韻》總目	缺如聲二十五哀(目録第五頁)	不缺	不缺	不缺	情況不明
	《合韻》各卷目録	缺第九卷目録	第一卷目録置於總目前	不缺	不缺	情況不明
	《合韻》卷一	不缺	不缺	缺三十九頁(重複四十頁)、四十三頁(重複四十四頁)	不缺	情況不明
	《合韻》卷十	缺七十七頁後半葉、缺七十八頁前半葉	不缺	不缺	不缺	情況不明

　　《便覽》藏本中,西北本最全,存二十二卷,與《四庫全書總目提要》提到的内府本二十三卷相比,獨缺《四聲領率譜》一卷①。江西本次之,存二十卷,與西北本相比,《合篇》《合韻》各亡佚一卷。這兩個藏本,皆無《四聲領率譜》,也無徐孝引證及張元善考證,似乎比較接近,但二本的序言排序又有不同。在序言安排方面,江西本與北圖本類似,北圖本雖祇存《合韻》十卷,但各序言的順序爲沈一貫序、蕭大亨序、張元善序,這一點二書一致。《重修合併篇韻姓氏》有一處姓名異文,西北本與罕見本作"注釋段震,督工王之楨",而北圖本和江西本中作"注釋段鎮,督工王之珍"。從這點來看,西北本又似與罕見本近,北圖本與江西本近。

　　但我們並不能斷定它們是不同版本。這幾種藏本,正文的版本異文幾乎没有,反而有一些漫漶不清的地方,在好幾個藏本中都出現。西北本、江西本、北圖本都有《凡例》,凡例版心的刻工姓名均爲"江西彭仁"。所以我們認爲,這幾種藏本應該屬於同一版本系統,都是萬曆年間張元善刻本,刊刻的具體時間在明萬曆三十年到四十年間,也許刊刻過幾次,但没有重刊正文的内容,祇是或添加調整序言、或勘正了《重修合併篇韻姓氏》。此書刊刻之後,並不受關注,尤其在清代,被認爲是變亂舛誤之書,因此無清刻本。

　　耿軍(2010)認爲,西北本爲萬曆三十四年刊刻,江西本爲萬曆三十五年刊刻,罕見本爲萬曆三十年刊刻,韓藏本爲萬曆三十六年刊刻,恐不確切。各個版本中都有蕭大亨萬曆戊申年序,戊申年爲萬曆三十六年,難以解釋爲何萬曆三十四年刊刻的書有萬曆

①《四聲領率譜》爲《合韻》的反切總匯。

三十六年的序。很多善本目録所題的刊刻年代並不足以爲據,藏書機構在上報時,有時祇按照作者序言所寫的年代。因此我們祇能籠統稱它們爲明萬曆年間張元善刻本。

二、校勘的具體辦法

根據以上的版本分析,目前所見藏本均係同一版本系統,因此以哪種藏本爲底本本質上並無區别。我們選擇以西北本爲底本,西北本在《四庫全書存目叢書》經部一九三册中已有影印本,是最容易獲得的藏本,以西北本爲底本,便於其他學者覆案。

西北本《四聲領率譜》亡佚,我們補以北圖本的《四聲領率譜》,西北本還缺徐孝引證、張元善考證,這兩篇是此書的綱領式序言,對於其編纂目的和方法有很好的説明,因此我們也以北圖本補之。另外,西北本缺總目録第五頁,缺如聲第九卷目録,還有個别缺頁,這些我們均以北圖本補充,並注以"原缺,以北圖本補之"。

《合韻》的版本一致,因此無法使用對校法校異同,不過在漫漶不清的地方,可參看其他藏本。《合韻》有字書《合篇》與之相配,二書"相副而行",所録之字是差不多的,祇不過韻書按照音韻排列,字書按照部首排列,二書可以互相校勘。《合韻》在《改併五音集韻》(以下簡稱《五音集韻》)的基礎上合併,且釋義多承《五音集韻》而省,因此我們用逐字對讀的方式來利用《五音集韻》,《五音集韻》已經有甯忌浮的校本,我們在校勘中多有參驗。《説文》《玉篇》《集韻》《廣韻》等典籍,是小學類典籍的府庫,前人校勘成果豐富,因此也是我們校勘的重要參考。《合韻》的校勘成果暫以校勘記的形式體現,校勘理據一併寫入校勘記。原書擬以影印方式出版。

三、《合韻》訛誤分類舉例

目前,《合韻》的整理工作已經完成。校勘出訛誤、不當之處近萬條,這些訛誤、不當之處大致可以從以下幾個方面進行分類:

(一)從訛誤的來源看

有些訛誤是《合韻》自身校勘不嚴的疏漏,有些則是承襲自《五音集韻》,有些是據《五音集韻》義訓而省卻省略不當造成的。

1. 自身疏漏造成的訛誤舉例:

1\4\B2[①]:銕下注釋"銕鐵",《五音集韻》《廣韻》皆作"鐵銕",《合韻》訛。

---

① 1\4\B2,爲此字的位置標識,1(卷數)\4(頁數)\B(版心後頁)2(第二列),下同,F爲版心前頁。

1\4\B2：髦下注釋"毻毻，毛起貌"，《五音集韻》《集韻》皆作"毻氀，毛起貌"，典籍或作"毣毣、毻氀"，未見"毻毻"，且"毻氀"雙聲，《合韻》訛。

1\5\F1：烴訓"焦臭"，典籍無此字，《五音集韻》"燂"訓"焦臭也"，《合韻》"烴"爲"燂"之訛。

1\6\B3：篘下注釋"舟中篷"，《五音集韻》《集韻》《字彙補》皆作"舟車篷"，《合韻》"中"爲"車"之訛。

1\9\B5：鬈下注釋"鬈鬆，白髮"，《五音集韻》訓"髮皃"，《廣韻》訓"鬈鬆，髮皃"，"白"或爲"皃"之訛，"白髮"當爲"髮皃"之訛。

1\14\F9：鶵，《集韻》是爲切、株遇切，《五音集韻》是爲切、中句切，此處作川中切，"鶵"當爲"鷄"之訛。

5\23\F7：瞁等字下注釋"視也"，《五音集韻》訓"親也"，此處"視"爲"親"之訛。

5\33\F9：摘下注釋"發動也"，《五音集韻》作"發也，動也"，此處脫"也"字。

2. 承襲自《五音集韻》的訛誤舉例：

1\36\B5：舉爲舉之訛，《玉篇》音秩，《五音集韻》訛其音爲秩，《合韻》遂讀方蘇切。

1\38\F5：戠，甯校《五音集韻》以爲"哉才"二字誤合，《合韻》承襲了《五音集韻》的訛誤。

1\43\F2：梎下注釋"木名，堪作弓材"，《五音集韻》注釋同，《集韻》作"木名，堪作弓材"，"堪"爲"堪"之訛，《合韻》承襲了《五音集韻》的訛誤。

1\46\F1：械下注釋"決塘木也，又械窬，藝器也"，《五音集韻》注釋同。藝器，《廣韻》作"褻器"，"藝"爲"褻"之訛，《合韻》承襲了《五音集韻》的訛誤。

1\46\F6：腦下注釋"腊也"，《五音集韻》作"腊腦也"，《玉篇》作"腊腦"。腦，《集韻》訓"肥貌"，腊，《廣韻》訓"瘦也"，"腊腦"即"瘦胖"，《合韻》承襲《五音集韻》之訛，將"腊"訛爲"腊"，又脫"腦"字。

3\32\B4：肯下注釋"肯骨肉也"，《五音集韻》訓"字林肯骨肉也"，陸德明釋文引《字林》作"著骨肉也"，《五音集韻》"肯"爲"著"之訛，《合韻》承襲了《五音集韻》的訛誤。

3\32\B7：蠆，《廣韻》訓"神蛇"或"蜑蠆"，《合韻》"蚜也"之訓來歷不明，甯校《五音集韻》以"蠆"爲"壜"之訛，"蚜"爲"坿"之訛，此處因《五音集韻》而訛。

5\40\B1：恙下注釋"婦孕病貌"，《五音集韻》作"婦孕病皃"，《五音集韻》與澤存堂本《廣韻》同，周祖謨依據北宋本、巾箱本、黎本訂"皃"作"兒"。此處《五音集韻》因澤存堂本《廣韻》之訛，《合韻》又因《五音集韻》之訛。

3. 省略不當所致訛誤舉例：

1\22\F1：幾下注釋"庶幾，又祈蟣"。《五音集韻》作"庶幾，又祈蟣二音"，此處省"二音"，"祈蟣"非又義，而是又音，《合韻》體例不互注又音，"祈蟣"二字當删。

1\47\F8：揣下注釋"治擊也，老子揣而鋭之梁"。《五音集韻》作"治擊也，老子揣而鋭之，梁簡文帝讀"，"梁"爲"梁簡文帝讀"之省，當一併省去。

1\48\B8：綢下注釋"素錦綢杠，又旗竿"。《五音集韻》訓"爾雅曰素錦綢杠，郭璞曰以白地錦韜旗之竿"，"旗竿"爲郭璞注之省訛，非其又義，或據《五音集韻》不省，或一併省去。

5\14\F5：趡下注釋"蹙也"，《五音集韻》訓"蹙趡"，"蹙趡"爲聯綿詞，不能拆省，當從《五音集韻》。

5\30\F2：瓶下注釋"康瓠謂之瓶，又瓠壺也"，《五音集韻》訓"爾雅康瓠謂之瓶，郭璞云瓠，壺也"，"瓠壺也"爲郭璞注，非又義，當删。

6\36\B4：緫下注釋"闕也，總也，或爲緫也"，《五音集韻》訓"闕也，周禮朱總，鄭康成曰故書總或爲緫"，此處省訛，遂不得其解，當據補或一併省去。

6\37\B7：辠下注釋"自辛也"，《五音集韻》訓"文字音義云辠從自辛也"，"自辛"爲字形分析，此處省變爲義訓，不妥。

8\23\B7：芡下注釋"雞頭也，北燕謂之菱青，又謂之芡"，《五音集韻》作"説文云雞頭也。方言曰南楚謂之雞頭，北燕謂之菱，青徐淮泗之間謂之芡"，《合韻》省訛。

根據校勘的情況看，《合韻》直接承襲自《五音集韻》的訛誤最多，這也説明了二書的繼承關係。其自身校勘不嚴造成的訛誤也不少，此書編纂出自衆人之手，張元善爲總校刊者，徐孝爲合併篇韻者，二人可能並没有具體去編寫，張元善很像總編，他衹是在總體上規劃了此書及其革新的取向，徐孝則是具體合併篇韻的人，對於《合韻》來説，他衹是合併了音韻框架，對《合篇》來説，他合併了部首。但具體到每一個字，則是出自衆人之手，《重修合併篇韻姓氏》中就有裁定五人、校勘四人、注釋六人、評論音切四人、檢閲六人、謄録一人、鋟刊一人、督工四人等。可見，它有各種程序，每一個環節都可能出現訛誤。第三種情況雖比前兩種少，但絶對數量也不少，《合韻》本身釋義比《五音集韻》簡略些，主要在《五音集韻》釋義基礎上省略減縮，在省略減縮的過程中，就造成了很多錯訛。

（二）從訛誤的類型來看

1. 誤文例：

1\28\B4：貜下注釋"博也"，《集韻》作"搏也"，《合韻》"博"爲"搏"之訛。

1\34\B5：鎢下注釋"鎢錥，酒器"，《廣韻》"鎢錥，温器"。《合韻》"酒"爲"温"之訛。

1\47\B2：睢下注釋"尻也"，可知此處"睢"爲"脽"之訛。

5\14\B7：咨下注釋"易曰齋咨"，《易》萃卦作"齎咨"，《合韻》"齋"爲"齎"之訛。

5\16\F3：寺下注釋"寺者司也，官之所止有九司"，《廣韻》"寺者司也，官之所止有九寺"，《合韻》"司"爲"寺"之訛。

5\16\F6：肆下注釋"陳也，恣也，極也，於也"，《廣韻》"陳也，恣也，極也，放也"，《合韻》"於"爲"放"之訛。

5\25\F8：莦下注釋"餅堅柔相著"，《説文》訓"飯剛柔不調者"，《合韻》"餅"爲"餴"之訛，"餴"同"飯"。

5\28\F5：茍下注釋"自急救也"，《説文》訓"自急敕也"，《合韻》"救"爲"敕"之訛。

2. 衍文例：

1\35\B5：犝下注釋"養牛引"，《五音集韻》訓"説文以芻茎養牛，引春秋國語曰：犝拳幾何"，《合韻》因省而衍"引"字，當删。

1\37\F1：紓下注釋"繒色鮮文"，《集韻》訓"繒色鮮"，"文"字衍，當删。

1\37\F8：搪下注釋"搪，觸也"，"搪"爲字頭衍。

5\28\B3：彶下注釋"彶，遽也"，"彶"爲字頭衍。

5\32\B8：达下注釋"足滑滑"，《五音集韻》訓"足滑"，《合韻》衍一"滑"字。

6\11\F8：憎下注釋"在增口一阿含經"，釋典有《增一阿含經》，《合韻》衍"口"字。

7\30\F1：猰下注釋"雜也，犬也"，《玉篇》訓"雜犬也"，《合韻》衍一"也"字。

7\30\B3：忝下注釋"疆之也"，《説文》訓"疆也"，《合韻》"之"字衍。

3. 脱文例：

1\11\B8：庬等下注釋"屋中會也"，《説文》作"屋階中會"，《合韻》脱"階"字。

1\25\F2：岯下注釋"山再成曰"，《合韻》脱"岯"字，當作"山再成曰岯"。

1\30\F8：魆下注釋"小人"，《五音集韻》作"小人皃"，《合韻》脱"皃"字。

8\13\B6：賰下注釋"賰"，《五音集韻》作"賰益"，《合韻》脱"益"字。

8\16\B16：籈下注釋"籠，箱屬"，《字彙補》作"籈籠，箱屬"，《合韻》或脱"籈"字。

8\26\B2：纑下注釋"一曰紡"，《集韻》纑字下"一曰紡纑"，《合韻》或脱"纑"字。

8\45\F8：傷下注釋"未成人也"，《合韻》脱"死"字，當作"未成人死也"。

10\3\B9：哞下注釋"哞，搘挈"，《廣韻》作"嘴哞，搘挈"，《合韻》脱"嘴"字。

4. 倒文例：

3\6\B1：孑下注釋“孑孓，井中小蟲”，《合韻》“孑孓”爲“孓孑”之倒。

4\39\F8：軁下注釋“躴軁，身長貌”，《廣韻》作“軁躴，身長”，《合韻》“躴軁”爲“軁躴”之倒。

5\47\B3：驛下注釋“曰又驛，遞馬也”，“曰又”爲“又曰”之倒。

8\5\F8：瀘下注釋“湞瀘，水流急貌”，《廣韻》訓“瀘湞，水流急皃”，《合韻》“湞瀘”爲“瀘湞”之倒。

8\8\B8：頊下注釋“顱頊”，《説文》訓“頊顱也”，《合韻》“顱頊”爲“頊顱”之倒。

8\21\B8：龜下注釋“星辰名”，《集韻》作“辰星别名”，《合韻》“星辰”爲“辰星”之倒。

9\29\B9：陴下注釋“城上牆女也”，《合韻》“牆女”爲“女牆”之倒。

（三）從訛誤的對象來看

1. 字頭訛誤舉例：

A. 2\53\F5：鰷爲儵之訛，從魚不從黑。

3\2\B2：壬爲王之訛，二字音義皆不同。

6\52\F4：敫爲歘之訛，從欠不從夂。

B. 3\2\B7：犧爲檥之訛體，當與後九檥等字置同處。

3\37\F6：菖爲藟之訛體，當與前一藟字置同處。

4\29\B8：眂爲眠之訛體，當與後九眠字置同處。

C. 1\4\F5：蹚等字與上面党，音義皆同，應置同處。

6\4\F4：浂與前頁後九湀字同，當置同處。

7\15\F6：鸈與前五雞字同，當置同處。

字頭的訛誤有以上三種情況。A類是字頭字形訛誤，多數爲形近而訛；B類字頭也是形近而訛，但有正確的形體與之並存，我們將其稱作訛體，正體、訛體處理爲異體字關係，按照《合韻》體例，當置一處；C類不算是訛誤，衹能算失誤，依照《合韻》體例，同音同義的異體字或假借字應當置於同處，這些當置同處卻未置同處的情況，我們也一併寫入校勘記。

2. 訓釋訛誤舉例：

1\9\B2：蝀下注釋“義同東”。《廣韻》東字訓“……亦東風菜，廣州記云陸地生莖赤和肉作羹味如酪香……”，蝀字訓“東風菜，義見上，注俗加艹”，《廣韻》東可訓“東風菜”，所以蕫訓“義見上”便有著落，《合韻》東字無此訓，此處“義同東”便無所指，當直接訓“東風菜”。

3\37\B9：藁等字下注釋“藤也，又曰諸慮，山藁”，“諸慮，山藁”爲書證，非又義。

3\37\B1：橥下注釋“曾也，十黍之重也”，《説文》訓“增也，十黍之重也”，《合韻》“曾”爲“增”之訛。

3\37\B1：欏下注釋“欏，劍名”，“欏”爲字頭衍。

3\42\B7：朏下注釋“月三日明生之明”，《五音集韻》作“月三日明生之名”，《合韻》“明”爲“名”之訛。

4\4\F2：痞等字無注釋，不合體例。

《合韻》的訛誤，有大量是釋義中的訛誤。前文所舉例，多數是訓釋中的錯訛，此處略舉。有三點要特別説明：第一，《合韻》中“又”字，並不完全代表又義，往往是書證、進一步的注疏等，嚴格來説，這祇能説是作者在注釋體例上的失誤。第二，字頭衍，《合韻》引用字書、韻書或注疏時，有時直接解釋，有時卻重複字頭，在體例上也是不合適的衍文。第三，《合韻》的很多注釋訛誤，是因爲它試圖簡化訓釋，卻又簡化不當，這一點前文已述。

3. 音讀訛誤舉例：

A. 1\17\F9：觜，《廣韻》疾移切，《五音集韻》疾之切，《合韻》倉思切，按照音變規律，當讀如聲，此處折合讀音不當。

1\12\F1檧，《廣韻》蘇公切、先恐切，《集韻》蘇叢切、損動切，《合韻》此處讀崔烘切，或直接讀聲旁而訛。

1\13\F1：篊，《集韻》《五音集韻》並呼貢切，《合韻》呼通切，或爲直接讀聲旁而訛。

B. 1\8\F8蘁，《廣韻》《五音集韻》並丑略切、呵各切，《合韻》此處讀希輕切，呵各切或訛爲呵名切，遂有希輕切。

1\8\B7：窖，《改併四聲篇海》引《川篇》音官，《合韻》此處讀古翁切，此處訛官爲宫，遂有古翁切。

C. 1\14\F9：鴹，《集韻》是爲切、株遇切，《五音集韻》是爲切、中句切，此處川中切，“鴹”當爲“鷞”之訛。

5\30\B6：忡，《五音集韻》失人切，《集韻》升人切，《合韻》淵句切。《正韻》怏，讀雲俱切，此處“忡”或爲“怏”之訛。

D. 1\22\B8：期，《廣韻》渠之切，《五音集韻》渠羈切，依照音變規律，當讀如聲，《合韻》此處巧希切，屬例外音變，與今北京音合。

1\30\B1：嶉，《廣韻》遵誄切，《集韻》祖誄切，《五音集韻》即委切。《合韻》讀俊居切，可能是俗讀，方言中止、蟹攝合口字有讀y類音的情況。

4\45\B3：訪，《廣韻》《五音集韻》並敷亮切。《合韻》封廣切，讀上聲，當是後代的音變。《字彙》《正字通》也記載了上聲的讀音，但成書均晚於《合韻》。

E. 1\8\F9：辥爲贛之訛字。贛，訓"賜也"，讀古送切，《合韻》讀希輕切，來歷不明。

1\11\B4：屦，《廣韻》他回切，《集韻》讀徂回切，《合韻》讀租東切，來歷不明。

1\20\B3：酏，《廣韻》《五音集韻》讀呂支切，《合韻》讀産詩切，來歷不明。

　　《合韻》中小韻反切出現訛誤的例子幾乎没有，可見在審定音切時，《合韻》的作者是非常謹慎負責任的。但具體到小韻下面的字時，有不少字所處的音韻地位與前代韻書記載的讀音或者前代韻書折合的讀音不合，也就是説這些字的音讀來歷不明。這可能是審音不當造成的訛誤，如A類；也可能是前代音切字訛導致折合的音讀訛誤，如B類；又可能是字頭的訛誤，如C類；也可能是實際語言中發生了例外音變或存在方言俗讀的原因，如D類。這樣的俗讀不是訛誤，是很有價值的語音材料。大多數無來歷的音讀我們還不能判定到底是哪種情況，這些例子中祇有一部分可以認爲是訛誤，這些來歷不明的音讀還要進一步去研究，目前我們祇在校勘記中説明，暫不作校改。

　　4. 音義關係匹配不當的訛誤舉例：

1\16\B5：疵，《五音集韻》即移切，訓"卑疵，佞人皃"，又疾之切，訓"黑病"，《合韻》咨息切來自即移切，當與"卑疵"義匹配，此處卻訓"黑顙疾，吹毛求疵"，音義不匹配。

1\22\F4：旗，《合韻》讀減衣切，訓"旗常摠名"，《荀子·富國篇》"則國安於磐石，壽於旗翼"。楊倞注"旗，讀爲箕。箕翼，二十八宿名"，減衣切當與"二十八宿名"義匹配，此處音義不匹配。

1\30\B5：沮，《合韻》讀筌區切，訓"虜複姓，又止也"，《廣韻》七余切，訓"非也、止也"，子魚切，訓"虜複姓，有沮渠氏"，"虜複姓"當讀子魚切，此處音義不匹配。

1\43\B6：跬，《合韻》讀寬灰切，訓"蔽跬，用力貌"。《莊子·駢拇》篇"敝跬譽無用之言"，陸德明釋文"敝跬，用力貌。跬，先結切"，此處音義不匹配。

3\23\B9：杼，《廣韻》丈呂切，訓"説文曰機之持緯者"，神與切，訓"橡也"，《合韻》拴褚切當與"橡也"義匹配，此處卻訓"機杼也，持緯者"，音義不匹配。

5\7\F8：巠同巠，巠，《廣韻》古靈切，訓"水脈"，《五音集韻》胡頂切，訓"地名"，《合韻》讀希慶切當與"地名"義匹配，此處卻訓"水脈"，音義不匹配。

5\63\B5：羽，《廣韻》王遇切，訓"鳥翅也，又五聲宮商角徵羽"，王矩切，訓"舒也，聚也，亦鳥長毛也，又官名羽林監"，此處淵句切來源於王遇切，釋義卻來源於王矩切下訓釋,音義不匹配。

音義關係的研究是漢語言文字學研究的重要方面,在音義關係的匹配方面,《廣韻》《集韻》等都比較重視。但隨着音義關係的變化,音變構詞的衰落,宋金以後的韻書或字書在這方面便往往有錯訛,音義關係不匹配的現象也往往發生。以上所舉例皆如此,《合韻》又音非常之多,但有不少没有處理好音義關係。

綜上,對《合併字學集韻》這一部韻書進行整理校勘,是一件有裨於學術的事情,但並不是一件容易的事。它的版本系統比較單一,雖不用費工夫校版本異同,但同時也使得校訛誤的難度提高了,因此我們祇能采用清人校勘的辦法,用文字、音韻、訓詁等來相互推求,校勘的訛誤頗多,不少已經溢出了文獻學校勘的範圍,但我們認爲這樣的做法是有益的。

參考文獻

耿軍、羅志春　《〈合併字學篇韻便覽〉的作者及版本問題》,《樂山師範學院學報》2010年10期。

(梁)顧野王撰,(宋)陳彭年等重修　《大廣益會玉篇》,中華書局1987年。

(金)韓道昭　《改併五音類聚四聲篇海》,《續修四庫全書》,上海古籍出版社1995年。

(金)韓道昭著,甯忌浮校訂　《校訂五音集韻》,中華書局1992年。

(元)劉鑒　《經史正音切韻指南》,《景印文淵閣四庫全書》(二三八册),臺灣商務印書館2008年。

汪壽明　《韓國部分圖書館所見中國古代部分"小學"善本書》,《華東師範大學學報》1994年第4期。

(漢)許慎　《説文解字》(陳昌治刻本影印本),中華書局1963年。

(清)永瑢、紀昀等纂修　《四庫全書總目提要》,河北人民出版社2000年。

(明)張元善校勘,徐孝合併　《合併字學篇韻便覽》(西北本),《四庫全書存目叢書》(經部一九三册),齊魯書社1997年。

(明)張元善校勘,(明)徐孝合併　《合併字學集韻》(北圖本),《原國立北平圖書館甲庫善本叢書》(四二、四三册),國家圖書館出版社2013年。

(明)張元善校勘,(明)徐孝合併　《合併字學集韻》(罕見本),《罕見韻書叢編》,香港文化出版社1995年。

(明)張元善校勘,(明)徐孝合併　《合併字學篇韻便覽》,江西省圖書館藏本。

趙振鐸　《集韻校本》,上海辭書出版社2012年。

周祖謨　《廣韻校本》,中華書局2004年。

周賽華　《〈合併字學篇韻便覽〉研究》,湖北人民出版社2005年。

文獻語言學（2）:230~243,2016

敦煌詩文中平聲與上去聲相押現象之考察[①]

徐朝東　仝正濤

（北京語言大學人文社科學部,北京,100083;南京師範大學文學院,南京,210097）

提　要:包括敦煌所抄或所創作的詩歌、曲子詞、變文等韻文材料中,平上互押12次、平去互押10次、平上去互押12次。異文別字中,平上混用28次,平去相混31次。同時代的其他地區詩文用韻中這種平聲與上去聲相押現象非常少見。上去相押是唐五代韻文的通例,敦煌韻文材料中平去相押是唐五代西北方音的區别特徵,平上相押則是平去相押的變體。

關鍵詞:敦煌韻文;平上去聲字相混;平聲似去;唐五代;河西方音

“‘隋代韻文,平、上、去、入四聲分押’……例外是非常之少的”（李榮1982:204）。唐五代文人用韻中卻出現了一些異調相押的現象,有平聲與仄聲（上去入）相押的例子,也有上去混押的例子。本文主要討論唐五代詩文用韻平聲與上、去聲相押的現象。

鮑明煒曾指出:“止攝有不少特殊的韻例,平仄通押,上去通押都有……以平聲字爲主押入個別仄聲字的,或以仄聲字爲主押入個别平聲字的,應是當時有這種讀法,韻書失載,如志、鄙、轡、匱讀平聲,蕎讀上聲等,可以補韻書之不足。”如“議”字,《廣韻》寘韻宜寄切,祇有去聲一個讀音。《集韻》增加一平聲魚羈切。王梵志詩中“議”押平聲,説明初唐時期,“議”字已有平、去兩讀,祇是《廣韻》未收平聲。這類凡是《廣韻》或《集韻》在平聲音之外另收上聲或去聲音的韻字,我們不做統計。

一

本文涉及的敦煌詩文押韻材料主要包括[②]:

---

① 本文爲國家社科基金項目“明清以來河西方音研究”（12BYY064）與江蘇省高校“青藍工程”的階段性成果。
② 敦煌詩歌、曲子詞録文,依據張錫厚主編《全敦煌詩》。敦煌變文的文本材料,主要依據黄征、張涌泉《敦煌變文校注》。

（一）敦煌詩歌

我們將敦煌詩歌寫本進行分類整理，共整理出1852首。根據產生的地域及内容上的特點，把敦煌詩歌分爲以下幾類：1.文人詩。包括中原文人詩和敦煌文人詩。中原文人詩指的是敦煌文獻中保存的中原文人創作的詩歌，共有659首。敦煌文人詩指的是敦煌本地的文人及一些由中原遷到敦煌的文人所創作的詩歌，共243首。2.民間詩。民間詩的作者來自民間，這些作品基本上都是不見於《全唐詩》的佚詩，共142首。3.釋道詩。釋道詩主要包括佛教義理詩、勸善詩、禪宗歌偈等等，共445首。4.王梵志詩。敦煌寫卷王梵志詩有31個寫本363首。

（二）曲子詞

我們收録的抄卷曲子詞共2018首，除去抄本中重複的，共得917首。分爲：1.傳統意義上的詞。主要指P.3823V和S.1441V這兩個編號中的詞以及分別抄録在P.3128、P.3821等編號中一些零散的詞。前者屬於《雲謡集雜曲子》，它是我國現存最早的一部民間詞集，結集於後梁末年（922），開《尊前集》《花間集》之先，收詞33首；後者抄録得比較分散，共203首。2.俗曲。主要指敦煌俗文學中的俚曲小調，248首。3.佛曲。主要指佛教音樂，是專爲佛贊而設的曲調，與之配合的歌辭便是作爲文學文體的佛曲曲詞。344首。4.聲詩。主要指有固定調名、依托於一定曲調而被傳唱的齊言體詞。包括《水鼓子·宫辭》《何滿子辭》《劍器辭》等，共89首。

（三）變文

變文一般分爲歷史類變文和佛經類變文兩種。前者演繹歷史故事，後者講唱相關佛經經文。變文包括説白和唱詞兩部分。説白偶爾入韻，唱詞一般是押韻的。《敦煌變文校注》收録了1997年以前公布的變文，本文增補了17種變文，共30葉。

二

敦煌地區詩文用韻以及相關文獻材料中存在的平聲與上去聲混用的情況。

（一）敦煌地區詩文中平上去互混現象

1. 平上互押（計12次，詞3、詩2、文7）

（1）《十二時·普勸四衆依教修行》-2（P.2714）："或城隍。或村藪。矻矻波波各營勾。下床開眼是欺誑。舉意用心皆過咎。"勾，P.3286同，P.2054作"構"。營勾，謀取；營構，建造義。矻矻，勤勞不懈貌。波波，奔波義。抄本中多作"營勾"，"營勾"義合，取"勾"。"勾"唐宋前正字作"句"。句，《集韻》有兩平（虞、侯）、兩去（遇、候）。此處"營勾"之"勾"當作平聲。元人雜劇張國賓《羅李郎大鬧相國寺》第一折："蝸角蠅頭。利名營勾。空生受。浮世悠悠。歲月頻回首。”“勾”與“頭、悠”平聲相押,故《重編國語辭典》(修訂本,2007年網絡版)注“勾”爲gōu。而“營構”之“構”則爲去聲,慧琳《一切經音義》卷十三:“營構,古候反,顧野王曰:構,合也,成也。《説文》:交積材;《考聲》:結架也,蓋屋也。或苟,會意字也。”“藪(厚)、咎(有)”皆是上聲,此詞以平押上。

(2)《浣溪沙·使風行》(P.3155V)第二個韻段“斑山不迭跕烏遠,早晚到我本鄉園”。“遠”(阮)與“園”(元)平上相押。

(3)《喜秋天·其一》(S.1497)第二個韻段“在處敷陳結交伴,獻供數千般”。“伴”(緩)(《廣韻》另有換韻薄半切)與“般(桓)”(《廣韻》有桓韻兩音,删韻一讀;《集韻》增上聲緩韻一讀,表地名)相押。

(4)《北使長城》(S.2717)押“已(止)、裏(止)、委(紙)、止(止)、起(止)、觜(《廣韻》之韻語其切,義作觜觿,獸角;職韻魚力切)、圮(旨)、始(止)、市(止)”。

(5)王梵志《莫不安爪肉》(P.2718):“莫不安爪肉,魚吞在腸裏(止韻,《集韻》增去聲志韻一讀)。善惡有千般,人心難可知(支)。”

(6)《百鳥名》(1207/13/1)此段韻文作:“隴有道,出鸚鵡(麌),教得分明解人語(語)。人衷般糧總不如(魚),籠裏將來獻明主(麌)。”

(7)《維摩詰經講經文(三)》(829/12/1)韻段:“淨土莊嚴汝見否(有),可煞丘山有衆苦(姥)。如斯顯現一場間,王乃都之如不都(模)。”

(8)《佛説阿彌陀經講經文(二)》(684/21/0)韻段:“但緣總愛聲色,所以汙出言詞(之)。莫怪偈頌重重,切要門徒歡喜(止)。”

(9)《張議潮變文》(180/10/0)韻段:“尅勵無辭百載勞(豪)。丈夫名宦向槍頭覓,當敵何須避寶刀(豪)。漢家持刃如霜雪,虜騎天寬無處逃(豪)。頭中鋒芒陪壟土,血濺戎屍透戰襖(皓)。一陣吐渾輸欲盡,上將威臨殺氣高(豪)。”

(10)《蘇武李陵執別詞》(1203/8/1)蘇武和詩:“勸君所賜酒(有),過後爲君愁(尤)。欲知相憶處,思君棄水頭(侯)。有時無雁翼,群臣並是憂(尤)。”此“酒”入韻,前段李陵詩首聯出句即入韻。

(11)《長興四年中興殿應聖節講經文》(617/15/0)韻段:“然後願君唱臣和,天成地平(庚);峰煙息而寰海安,日月明而干戈靜(靜)。”

(12)《太子成道吟詞》(481/2/1)韻段:“白月才沉,紅日初生(庚)。儀仗才行,天下晏靜(靜)。爛滿繡衣化燦燦,無邊神女貌螢螢(青)。”

以上韻脚字,上聲的聲紐清濁都有,並非都是全濁上聲。

2. 平去互押(計10次,詞1、詩2、文7)

(1)《失調名·清明日登張女郎神廟》(P.3619)第四首作“爭奔陌上聲散散”。散,

《廣韻》去聲翰韻和上聲旱韻二音，《集韻》又收録平聲寒韻，爲"跚"異體。此取去聲與"桓（桓）、般（桓）、筵（仙）、泉（仙）、川（仙）"爲韻。

（2）王梵志《凡夫有喜有慮》（Φ256）"慮"（《廣韻》御韻一讀，《集韻》增兩平聲分別表示木名與縣名，意義無涉）與"愁（尤）、頭（侯）、求（尤）、休（尤）"相押。

（3）無名氏《都來不是愛他漢》（S.619V）："都來不是愛他漢，直至如今不相看。早晚歸到清淨處，且是前生業緣牽。"漢，《廣韻》有翰韻音，《集韻》增寒韻一讀，爲"灘"異體。此當是去聲音，與"看（寒）、牽（先）"相押。

（4）劉長卿《高興歌酒賦》-2（P.2555）："遠近咸知用度慣，輕棄隋珠趙玉環。渌酒長令能漲海，黄金不用積如山。""慣"（諫）與"環（删）、山（山）"平去相押。

（5）《目連緣起》（1014/2/1）韻段："奉勸座下門徒（模），一一鬚生覺悟（暮）。莫縱無明造業，他時必墜三途（模）。"

（6）《父母恩重經講經文（二）》（1000/5/1）韻段："形容日日衰羸（支），即漸轉加憔悴（至）。幾度親情屈唤，無心擬去相隨（支）。"

（7）《燕子賦（一）》（377/3/3）韻段："雀兒已愁（尤），貴在淹流（尤）。遷延不去，望得脱頭（侯）。乾言强語，千祈萬求（尤）。'通容放到明日，還有些些束羞（尤）。'鵾鷞惡發，把腰即搊（尤）。雀兒煩惱，兩眉不皺（宥）。撩簷擒去，須臾到州（尤）。"

（8）《燕子賦（一）》（377/11/3）韻段："雀兒自隱欺負，面孔終是攢沅（元）。請乞設誓，口舌多端（桓）：'若實奪燕子宅舍，即願一代貧寒（寒）。朝逢鷹奪，暮逢鴟算（换）。行即著網，坐即被彈（寒）。經營不進，居處不安（寒）。日埋一口，渾家不殘（寒）。'咒雖百種作了，鳳凰要自難謾（桓）。"

（9）《解座文二首》（1191/17/1）"兒覓富貴百千般（桓），不道前生惡業牽（先）。蓋得肚皮脊背露，脚根有襪指頭串（線）。朝求暮乞不成嚵，有日無夜著甚眠（先）。唯恨前生不修種，垂知貧苦最艱難（寒）。"

（10）《王昭君變文》（158/11/0）韻段："憶昔辭鸞（鸞）殿，相將出雁門（魂）。同行複同寢，雙馬覆（複）雙奔（魂）。度嶺看玄（懸）甕，臨行望覆盆（魂）。到來蕃裏重，長媿漢家恩（痕）。飲食盈帔案，蒲桃滿頡鐏（魂）。元來不向口，交（教）命若何存（魂）。奉（鳳）管長休息，龍城永絶聞（文）。畫眉無舊澤，淚眼有新恨（恨）（痕）。願爲寶馬連長帶，莫學孤蓬剪斷根（痕）。公主亡時僕亦死，誰能在後哭孤魂（魂）。"

另外，敦煌詩文中另有"鼻"作爲韻脚字9押入平聲，如《失調名·須大拏太子度男女》-3（S.1497）："羅睺一心成聖果，莫學五逆墮阿鼻（至）。生生莫做冤家子，世世長爲僥倖兒（支）。"無一例外，這9條材料都是"阿鼻"。"阿鼻"爲梵語avīci音譯詞，亦譯作"阿毗至、阿毗"等形式。而唐五代文人傳世材料中，"鼻"一般作爲去聲入韻，如羅隱《芳樹》、杜甫《送顧八分文學適洪吉州》、韓翃《贈別崔司直赴江東兼簡常州獨孤使君》、元稹《和李校書新題樂府十二首·上陽白髮人》、皮日休《酒中十詠·酒壚》、拾得《無題詩》等中，或是去聲獨押或是上去通押。敦煌韻文中，"鼻"9次押入平聲，證明其已有平聲音讀（另有專文討論）。

　　3. 平上去互押（計12次，詞4、詩4、文4）

　　（1）《傾杯樂·五陵堪娉》（P.2838V：4874）：比（旨）、知（支）、媚（至）、水（旨）、子（止）、髻（霽）、戲（寘）、裏（止）、壻（霽）。

　　（2）《傾杯樂·求名宦》（P.2838V：4872）：年（先）、苑（阮）、鶯（桓）、面（線）、見（霰）、詃（銑）、燕（霰）、眷（線）、宦（諫）、便（線）。

　　（3）《洞仙歌·今宵恩義》（S.1441：4859）：輝（微）、帷（微）、夷（脂）、壻（霽）、倚（紙）、被（紙）、泥（齊）、理（止）、意（志）、似（止）。

　　（4）《洞仙歌·戍客流浪》（S.1441：4861）：陽（陽）、光（唐）、傷（陽）、上（漾）、蕩（蕩）、亮（漾）、往（養）、香（陽）、訪（漾）、浪（宕）。

　　（5）王梵志《佐史非台補》（P.3211：1103）：上（養）、防、養（養）、杖（養）、當（宕）、正（勁）、胱（唐）、長（養）、餉（漾）、頑（《廣韻》有唐、宕兩讀，"頡頑"取平聲）、放（漾）。

　　（6）王梵志《有生必有死》（P.3418：1242）：離（《廣韻》有支、真、霽三讀，前兩讀義同，此取真韻）、皮（支）、子（止）、鬼（尾）、字（志）、你（止）、喜（止）。

　　（7）王梵志《兀兀自繞身》（P.3418：1304）：好（皓）、梠（宵）、腦（皓）、到（號）、繞（小）。

　　（8）王梵志《夫婦擬百年》（P.3418：1315）：死（旨）、使（止）、地（至）、你（止）、事（志）、子（止）、喜（止）、值（志）、知（支）。

　　（9）《雙恩記》（927/4/1）韻段：戒（怪），懷（皆）。愛（代）。背（隊），海（海）。退（隊）。

　　（10）《雙恩記》（929/8/1）韻段："量（漾），聞道報恩演暢（漾）。他也整頓威儀，各乃排比隊仗（漾）。披妙服以忻歡，躡彩雲兮禦陽（陽）。日月豈敢爭光，天地不能攔障（養）。花亂雨以繽紛，樂同音兮響亮（漾）。麥（藝）地空中頓下雲，各自持花申供養（養）。"

　　（11）《大目干連冥間救母變文》（1035/12/1）韻段："如來今日起慈悲（脂），地獄摧賤（殘）悉破壞（怪）。鐵丸化作磨尼寶，刀山化作琉璃地（至）。銅汁變作功德水（旨）。清良（凉）屈曲繞池流，鵝鴨鴛鴦扶㳷㳷（至）。紅波夜夜碧煙生，綠（綠）樹朝朝紫雲氣（未）。罪人總得生天上，唯有目連阿娘爲餓鬼（尾）。地獄一切並變化，總是釋迦聖佛威（微）。"

（12）《金剛醜女因緣》（1105/14/1）韻段："小娘子如今娉了（篠），免得父娘煩惱（皓）。推得精怪出門，任他到舍相抄（肴）（吵）。王郎諮申大姊：萬事今朝總了（篠）。且須遣妻不出，恐怕朋友怪笑（笑）。小娘子莫顛莫強，不要出頭出惱（腦）（皓）。王郎心裏不嫌，前世業遇須要（笑）。"

這些韻脚字聲紐上並無特殊之處。

（二）敦煌文獻中異文別字所見平上去混用現象

敦煌異文別字中平聲與上聲混用，詩歌中出現7例，變文計21次，聲紐全清、次清、全濁、次濁都有（上部爲詩歌部分，下部爲變文部分，各自編號）①：

序號	本字	異文	次數	出處
1	你泥止	泥泥齊	2	注186《欲得》p.3266、s.4669 考628《傷》s.5558
2	與以語	而日之	1	注055《工匠》s.5641
3	時禪之	是禪紙	1	考243《秦》p.3381、p.3953
4	爲雲支	與以語	1	考699《八》p.2555
5	與以語	爲雲支	2	注202《典史》s.3393 考147《古》p.3174、p.3929、s.6208
6	身書真	甚禪寢	1	注023《道士》s.5441
1	粉非吻	紛敷文	1	《捉季布傳文》92/7/0
2	粉非吻	分非文	1	《太子成道變文（三）》492/5/0
3	枯溪模	苦溪姥	1	《目連緣起》1013/18/47
4	睹端姥	都端模	1	《維摩詰經講經文（三）》830/5/0
5	指章旨	脂章脂	1	《太子成道變文（五）》498/3/0
6	緘見咸	減見鹻	1	《伍子胥變文》4/20/131
7	稽見齊	啟溪齊	2	《維摩經押座文》1147/4/0 《降魔變文》566/14/339
8	府非麌	符奉虞	1	《葉淨能詩》334/9/0

① 三組數位中，頭兩組數字分別表示《敦煌變文校注》的頁碼和行數；第三組數字0表示首句不入韻，1表示首句入韻，2表示首句脱，入韻否不能判斷，3表示説白中的韻語。增補變文的韻段直接標明藏地原編號。凡與其他韻字聲調不合，則標出。依次是所據文獻的頁碼、題目簡稱、敦煌文獻出處。"考"指的是徐俊《敦煌詩集殘卷輯考》；"注"指的是項楚《王梵志詩校注》。

序號	本字	異文	次數	出處
9	符奉虞	府非虞	1	《葉淨能詩》341/2/0
10	曉曉篠	消心宵	1	《維摩詰經講經文（三）》827/13/40
11	逞徹靜	程澄清	1	《伍子胥變文》3/21/101
12	程澄清	逞徹靜	1	《秋胡變文》232/19/0
13	恒匣灰	悼雲尾	1	《漢將王陵變》67/4/54
14	完匣桓	晚微阮	1	《秋胡變文》233/6/48
15	庭定青	底端薺	1	《李陵變文》129/20/112
16	如日魚	汝日語	1	《難陀出家緣起》591/16/59
17	綿明仙	免明獮	1	《維摩詰經講經文（一）》770/2/0
18	盲明庚	猛明梗	1	《不知名變文（二）》1134/4/8
19	疑疑之	擬疑止	1	《伍子胥變文》4/14/114
20	以以止	與雲虞	1	《悉達太子修道因緣》469/3/0

　　敦煌異文別字平去相混中，詩歌計9例，變文計22次，聲紐上清濁、次濁都有（上部爲詩歌部分，下部爲變文部分，各自編號）：

序號	本字	異文	次數	異文通假出處
1	離來支	利來至	3	注198《見貴》p.2718、s.2710 考501《題》s.373 考908同前s.6923V
2	智知寘	之章之	1	注214《雙陸》s.2710
3	刺清寘	祈群微	1	考147《古》p.3960
4	危疑支	遇疑遇	1	注205《有勢》p.3558
5	癩來泰	來來咍	1	注037《世間》s.5441
6	報幫號	胞幫看	1	考902《嬰孩》s.6631V
7	箭精線	前從先	1	注125《弟一》p.3833
8	之章之	至章至	1	《八相變（二）》524/13/67
9	至章至	之章之	1	《温室經講唱押座文》1152/6/8

序號	本字	異文	次數	異文通假出處
10	幼影幼	幽影幽	1	《董永變文》175/13/0
11	溝見侯	構見候	1	《長興四年中興殿應聖節講經文》624/2/0
12	餂見談	紺見勘	1	《太子成道經》440/11/364
13	猩心青	姓心勁	1	《伍子胥變文》10/2/353
14	會匣泰	回匣灰	1	《妙法蓮華經講經文（一）》706/11/13
15	菩並模	捕並暮	1	《大目乾連冥間救母變文》1028/20/0
16	淆匣肴	效匣效	1	《韓擒虎話本》302/18/143
17	號匣號	豪匣豪	1	《百鳥名》1208/2/0
18	慚從談	暫從闞	1	《大目乾連冥間救母變文》1027/1/0
19	群群文	郡群問	1	《舜子變》202/21/94
20	痕匣痕	恨匣恨	1	《李陵變文》158/14/0
21	勞來之	耱來祭	1	《茶酒論》424/15/114
22	命明映	名明清	1	《維摩詰經講經文（六）》904/13/0
23	儀疑支	御疑御	1	《太子成道經》435/16/84
24	愚疑虞	遇疑遇	2	《伍子胥變文》15/8/0 《舜子變》203/4/100
25	遇疑遇	愚疑虞	3	《廬山遠公話》256/10/0 《葉淨能詩》333/13/0 《維摩詰經講經文（三）》832/10/0
26	誤疑暮	吳疑模	1	《雙恩記》930/14/0

三

　　敦煌韻文材料包括敦煌所抄或所創作的詩歌、曲子詞、變文材料中，平上互押12次（詞3、詩2、文7），平去互押10次（詞2、詩4、文13），平上去互押12次（詞4、詩4、文4）。平上、平去、平上去相押數量相當。異文別字中，平聲與上聲混用28次（詩7、變文21），平去相混31次（詩9、變文22）。這兩種數值差別也不大。其他敦煌材料情況與此差不多①。

---

① 敦煌音注本《開蒙要訓》存在平與上去混注的例子，也有其他聲調互注的例子（羅常培：126~128；高田時雄：182~185；洪藝芳：529~530；劉燕文：250）。

從混押與異文別字混用字的聲紐看，全清、次清、全濁、次濁都有，且數量並無差異。

　　唐五代其他地區詩文用韻的平聲與上去聲相押情況如何呢？

　　統計唐五代詩文用韻平聲與上、去聲相押數量時，我們根據相關研究成果（見注），核查原材料。凡是異調相押的字，先查《廣韻》又音，再查《集韻》的又音；如可能再查《古今韻會舉要》的異讀。根據研究的標準，凡是相異處，皆注出（徐朝東、全正濤）。我們自己調查的材料，不另作注解。

　　詩人的籍貫，主要依據陳尚君《唐詩人占籍考》，並參考《全唐詩》中的小傳及《全唐詩大辭典》中的人物索引和《唐才子傳校箋》相關考證材料。

　　結果如下（古體詩、文、詞，：前爲首或篇數，後爲韻段數。"平去"包括平去與平上去通押）：

文人		詩文用韻				平仄相押	
區域	數量	近體詩	古體詩	文	詞	平上	平去
敦煌		802	1050:1603	86:1377	917:930	12	22
關中	301	2875	1471:2084	455:2856	83:151	0	0
山西	107	2399	919:3930			0	0
山東	61	503	529:1722			0	0
河北、北京	141	1899	632:1052	214:1374		0	0
河南	306	5588	1957:4590	6:6		0	0
蘇皖北部	17	920	76:136	196:1141	203:320	0	0
安徽	54	1707	283:551	31:211		0	0
四川	70	542	160:250	203:333		0	1
湖北	56	1055	546:798	58:364		2	0
湖南	27	1154	331:445			0	0
江西	68	1174	132:216			0	0
江浙吳語	160	5534	2208:2879			0	0
兩廣	44	422	271:291			0	0
福建	107	724	148:172			2	0
高麗三國	6	103	11:17			0	0
總計	1525	27401	10752:20760	1249:7662	1203:1401	16	23

　　敦煌地區的文人詩文用韻中存在平聲與上去聲相押的現象比較多,其他地區祇是四川有平去相押1例,福建和湖北各有2例平上相押的現象。其他未統計的地區詩文用韻情況也應該大體相當。

　　敦煌材料中入聲開始出現消變的迹象了(徐朝東:420~427),其反映唐五代西北地方聲調系統,如果演變到現代,應該祇有三個或更少的聲調。

　　現代漢語有184個方言點中存在三個單字調,分布在官話區膠遼、冀魯、蘭銀、中原、西南等區域,存在於贛語區吉茶片和客家話于桂片交界的井岡山、寧岡兩地(顏森:47;辛世彪:24)。而在西北地方131個三調方言點(鄧文靖:66)。敦煌材料反映的平上相混、平去相混、上去相混三種現象,在這131個點中都能找到各自"歸宿"。其實,兩者性質非一,敦煌材料所見平上或平去聲相押,主要是平與上或平與去的調型相近或調值相近,並不是兩種聲調合二而一;畢竟唐五代西北韻文材料中,平、上去(除了上去通押外)、入三調,絕大多數的情況下還是單獨入韻,異調相押的情況少之又少,這與現代三調方言系統中兩調的合併,絕非一回事。

　　敦煌材料中所見這些聲調相混的現象,其聲紐是不論清濁的;而現代三調方言中,除了平聲不分陰陽以外,其他方言兩調相混是有條件的,有上聲併入陰平的,有去聲併入陽平的。即便是保留入聲調的、與唐五代西北方音有承襲關係的現代晉語(喬全生:348)一些地區,如汾河片和五臺片也存在清平與清上相混的音韻現象,這些地區方言保留入聲調(喬全生:258),但與敦煌材料反映的兩調相混現象也不盡相同。

　　另外,從入聲演變(消變)與其他兩調歸併的時間序列看,這些方言一般來説,可能像"博山、博興、無棣、萊蕪四處方言陽平和上聲的合流,嶗山、即墨兩處陽平和去聲的合流,都在入聲分化之後"(李榮1985:242)。三調方言可能都是入聲消變後,其他兩調或者是由於調型相同或相近、或者是因爲"調值的相近度"(曹志耘:95)而歸併。顯然,敦煌材料兩調相混現象至少不晚於入聲分化。

　　所以説,敦煌材料中出現的平聲與上聲、去聲相混,與現代方言中平聲與其他聲調相混,並無直接的繼承關係。

　　這種平聲與上聲或去聲相押的原因,可能還是兩種聲調的調型相近或調值相近,並不是兩種聲調合一。唐五代詩文用韻中上去通押是慣例,而在敦煌材料中平上相混與平去相混數量相差無幾。到底是平聲與上聲相近還是與去聲相近呢?

　　"平聲似去"應該是唐五代時期河西方言(主要以敦煌地區爲代表)乃至大部分西北方言的普遍特徵。陸法言《切韻序》云"梁益平聲似去",梁益地區大致在陝西秦嶺以南到四川地區和山西西部,包括今天的西北蘭銀官話和中原官話。這種情況影響到了唐五代的關中地區,甚至逐步進入唐代的通語。"平去兩調相切,大概是調型接近,《切韻序》

云：'梁益則平聲似去。'歷史上梁、益與關中關係密切,同屬秦地,平去相似現象有可能是從秦地波及梁、益,在唐代又進入通語"。也出現大量佛教譯音改譯的例子,"其改譯的一個重要特徵就是將前代的平聲字替換成去聲字"(儲泰松:90~91)。唐時其他北方地區也有記載。顏師古《匡謬正俗》卷七舉太原人謂"啁"(可驚嗟)(知母尤韻)爲"罩"(知母效韻);李匡乂《資暇集》卷上"戲源驛"條云:"京北昭應縣(今陝西臨潼縣)東有戲(去聲)源驛……小顏云:'今有戲源驛,音平聲。'"至於宋時關中地區仍有這種現象。沈括《夢溪補筆談》卷一:"官名中尚書,本秦官,尚音上,謂之常書者,秦人音也。至今秦人謂尚爲常。"周祖謨案(658頁):"常、尚聲調不同,沈以平聲讀爲秦音。"

"平聲似上"現象,目前我們尚未找到相關文獻的記載。敦煌材料所見的平去相押,與隋至宋期間北方方言"平聲似去"現象的性質是一樣的。

那麼平聲與上聲相押又代表什麼呢?儲泰松認爲上聲與平去相混,並不是三類聲調調型、調值相混,而是不同方言的讀音習慣差異造成的。而且某些全濁上聲字,可能變成了去聲進而與平聲相押(儲泰松:93)。唐浩則認爲(72頁):"變文中平上相混反映了唐五代西北方音的音韻現象;上去相混反映唐五代中原地區方音的音韻現象;平去相混是唐五代中原和西北地方普遍存在的音韻現象。"

敦煌材料中,押入平聲的類似"伴"字等全濁上聲字,究其實應是平去相押,因先是濁上變去,"伴"等變成了去聲,與平聲字相押。但平、上相押中還存在大量非全濁上聲,這種觀點無法解釋。可見平上相押,可能不是調型或調值相近的原因造成的。

我們推測,由於敦煌詩歌中上去相押的現象很普遍,平聲又與去聲調值相近或調型相近(就是"平聲似去"),詩人可能把平聲當作去聲,而與上聲相押。這種平上相押,可能是上去通押的一種變體。因此才會出現平上相押的現象。

另則,現代西北方言中存在大量三調系統,不少學者運用橋本萬太郎(79~87頁)的理論,認爲由於北方方言與阿勒泰語接觸,而導致音節數量和聲調數量等都有減少的趨勢。其實,這種理論並非通解。如在三調的方言中,有不少是山東地區像煙臺、青島等[①],甚至還有西南官話的麗江、昌寧,還有贛語的井岡山等,應該沒有與阿勒泰語接觸的機會。這些地區三調形成的原因可能還得另尋出路。類似敦煌材料中的"平聲似去"等語音特點,絕非受到阿勒泰語言的影響而致,而且敦煌地區曾經受到類似吐蕃(藏語)等統治。這種語音現象首先出現在梁、益等廣大北方地區,應該是漢語本有的現象。

---

① 亓海峰(118~120頁)認爲,膠遼官話四調合併成三調,類似陽平和去聲合併的青島型,是因爲陽平和去聲在未合併以前調值很接近。而像去聲和陰平合併的新派大連話,則是因爲連讀變調中陰平和去聲在兩字組中變爲高平調而導致兩調的合併。另則其他地方方言三調是受到青島等大城市強勢方言的影響而形成的。

　　敦煌作爲曾經的交通要點,經歷了多次的歷史移民。唐五代中原地區的不少人由於逃避徭役(逃户),唐末尤其黄巢之亂以後這種現象尤甚。"西至關内,東至青(今山東青州)、齊(今濟南),南出江淮,北至衞(今河南衞輝市)、滑(今河南滑縣),魚爛鳥散,人煙斷絶,荆榛蔽野"(《舊唐書·秦宗權傳》)。爲了避亂,黄河流域的人民又一次向異鄉遷徙,絶大多數人向南走(顧立誠),也有一些人向河西地區遷移。如吐魯番出土文書《開元二十一年西州都督府案卷》記載了一個叫蔣化明的雲陽縣(今陝西涇陽,今屬中原官話關中片)人,作脚夫,替人從涼府運輸物品到北庭。後入籍金滿(今新疆昌吉地區)。當時敦煌(沙州)成了不少外鄉人居留之地,也有一些駐軍成爲河西地區的居民;河西地區也有向關内移民。

　　唐五代敦煌材料,無論是手民所抄或所寫的世俗文書(如曲子詞、詩歌、變文等)甚至包括傳統的韻書,還是不同族群之間的對音材料等,表現出來的語音特點都有相同之處,如"平聲似去"等現象。一般方言語音特徵,有區别特徵(distinctive features)和普遍特徵(universals)。"平聲似去"這種語音現象,是有資格作爲唐五代西北方音普遍特徵的代表的。唐五代時期的"平聲似去",如何過渡到今天西北諸多方言,尤其是三調方言的聲調系統,還有許多值得研究的地方。

參考文獻

鮑明煒　《初唐詩文的韻系》,《音韻學研究》第2輯,中華書局1986年。
曹志耘　《漢語方言聲調演變的兩種類型》,《語言研究》1998年第1期。
陳大爲　《唐五代湖北文人用韻研究》,安徽師範大學碩士學位論文2005年。
陳尚君　《全唐詩補編》,中華書局1992年。
———　《唐代文學叢考》,中國社會科學出版社1997年。
儲泰松　《唐五代關中方音研究》,安徽教育出版社2005年。
鄧文靖　《西北地方三聲調方言分布特點透析》,《蘭州大學學報》(社會科學版)2009年第3期。
傅璇琮主編　《唐才子傳校箋》第二册,中華書局1989年。
(日)高田時雄　《敦煌資料による中國語史の研究》,日本創文社1998年。
耿志堅　《唐代近體詩用韻之研究》,臺灣政治大學博士論文1983年。
顧立誠　《走向南方:唐宋之際自北向南的移民及其影響》,臺灣大學出版委員會2004年。
韓翠芳　《唐五代山西詩人詩歌用韻研究》,南京師範大學碩士學位論文2009年。
洪藝芳　《論〈俗務要名林〉所反映的唐代西北方音》,《慶祝潘石禪先生九秩華誕敦煌學特刊》,文津出版
　　　社1996年。
侯精一、温端政主編　《山西方言調查研究報告》,山西高校聯合出版社1993年。
黄征、張涌泉　《敦煌變文校注》,中華書局1997年。

霍文豔　《敦煌曲子詞用韻研究》，南京師範大學碩士學位論文2008年。

焦立爲　《三個單字調的漢語方言的聲調格局》，《第六屆全國現代語音學學術會議論文集》（天津）2003年。

李　榮　《音韻存稿》，商務印書館1982年。

———《三個單字調的方言的調類》，《方言》1985年第4期。

劉燕文　《從敦煌寫本〈字寶〉的注音看晚唐五代西北方音》，《出土文獻研究續集》，文物出版社1989年。

羅常培　《唐五代西北方音》，科學出版社1961年。

潘重規　《敦煌變文集新書》，文津出版社1994年。

朴柔宣　《唐五代河南詩人用韻研究》，南京大學博士學位論文1992年。

朴萬圭　《海東文宗崔致遠詩用韻考》，《聲韻論叢》第4輯，學生書局1992年。

（日）平岡武夫　《唐代的詩人》，上海古籍出版社1991年。

亓海峰　《膠遼官話的聲調簡化現象》，《中國海洋大學學報》（社科版）2010年第2期。

錢　芳　《唐五代池州文人詩文用韻特點》，《滁州學院學報》2016年第1期。

錢錦偉　《唐五代江浙吳語區詩人用韻研究》，南京師範大學碩士學位論文2009年。

喬全生　《晉方言語音史研究》，中華書局2008年。

（日）橋本萬太郎著，余志鴻譯　《語言地理類型學》，世界圖書出版公司2008年。

榮新江　《敦煌學十八講》，北京大學出版社2001年。

邵榮芬　《敦煌俗文學中的異文別字和唐五代西北方音》，《邵榮芬音韻學論集》，首都師範大學出版社1997年。

唐　浩　《敦煌變文音韻研究》，南京師範大學碩士學位論文2010年。

唐長孺　《唐長孺文存》，上海古籍出版社2006年。

魏建功　《古音系研究》，中華書局1996年。

夏才發　《唐五代皖南文人用韻特點》，《滁州學院學報》2007年第1期。

夏　鼐　《敦煌考古漫記》，百花文藝出版社2002年。

項　楚　《王梵志詩校注》，上海古籍出版社1991年。

———《敦煌變文選注》，中華書局2006年。

謝友中　《唐五代皖北詩人用韻考》，《滁州學院學報》2006年第2期。

辛世彪　《贛方言聲調的演變類型》，《暨南大學學報》（哲社版）1999年第3期。

徐朝東　《敦煌韻文中陰入相混現象之考察》，《語言科學》2011年第4期。

徐朝東、仝正濤、徐小兵　《唐五代韻文中異調相押韻腳字的音韻問題舉隅》，《南京師範大學文學院學報》2014年第4期。

徐　俊　《敦煌詩集殘卷輯考》，中華書局2000年。

許國梁　《唐代山東文人詩韻研究》，南京師範大學碩士學位論文2008年。

顏　森　《江西方言的聲調》，《江西師範大學學報》（哲社版）1988年第3期。

姚　穎　《〈全唐文〉用韻研究》，華中科技大學碩士學位論文2006年。

袁祖亮　《絲綢之路人口問題研究》，新疆人民出版社1998年。

張文龔　《唐五代晉南詩人用韻考》，陝西師範大學碩士學位論文2009年。

張世方　《漢語方言三調現象初探》，《語言研究》2000年第4期。

張錫厚主編　《全敦煌詩》,作家出版社2006年。

張忠綱主編　《全唐詩大辭典》,語文出版社2000年。

趙振鐸　《唐人筆記裏面的方俗讀音》(二),《漢語史集刊》第3輯,巴蜀書社2001年。

鄭豔華　《唐代湖南詩人用韻研究》,華南師範大學碩士學位論文2007年。

周長楫　《從義存的用韻看唐代閩南方言某些特點》,《語言研究》1994年增刊。

周祖謨　《宋代方音考》,《問學集》(下),中華書局1966年。

朱　丹　《敦煌詩歌用韻研究》,南京師範大學碩士學位論文2008年。

朱宰臣　《唐五代黄淮海地區用韻研究》,南京大學博士學位論文2003年。

文獻語言學（2）：244~269，2016

《南通方言疏證》中的語音史料[①]

周遠富　費鴻虹

（南通大學文學院辭書研究中心，南通，226019）

提　要:《南通方言疏證》反映了19世紀下半葉南通方音的特點。全濁聲母大部分清化，知莊章精相混。韻母系統簡化，閉口韻消失，入聲尾保留。全濁上聲併入去聲，平去兩聲調值相近。

關鍵詞:《南通方言疏證》;南通;方音

　　《南通方言疏證》（簡稱《疏證》），四卷，州人孫錦標（1856~1927）爲《光緒通州志·方言》補缺正誤，積十餘年勤求搜取之努力而成，南通翰墨林書局1913年石印發行。全書輯録南通方言詞語1670條，分爲"釋天、釋地、釋時……釋鳥、釋獸、釋蟲、釋鱗介"等50目，每條都有音讀。孫錦標《疏證·例言》云:"所注之音多用通俗之音，有不必與《字典》相合者，因《字典》所注之音反多難識之字，必須音而又音，不若音以通俗之音較爲直截。"其音釋材料共1823條，包括注音和析音兩種，注音以直音爲主，析音以音轉爲主。其中關於南通方音的音釋880條，去除重複，共計630條，反映了19世紀下半葉南通方音的特點。韻母分析與明清南通范氏十三代詩文（簡稱《范詩》）用韻相比照。

一、聲　母

（一）全濁聲母大部分清化

　　所有的全濁聲母不同程度地表現出清化的趨勢。崇、船、邪未出現自注例，祇有混注例，船與溪、見混注，崇與精、清混注，邪與清、心混注。可見船、崇、邪已經清化。其他全濁聲母既存在自注例，也有不同程度的混注例，見下表。

---

①　本文爲國家社會科學基金項目"大型歷時語文辭書音義關係研究"（14BYY129）、江蘇省十二五教育科學基金項目（B-b/2015/01/023）的階段性成果。

《疏證》中全濁聲母自注、混注率統計表

全濁聲母	自注率	混注率	例證
並	64.3%	35.7%	並幫混注,《釋親》爸音轉爲拜。爸(並),拜(幫)。
奉	90%	10%	奉幫混注,《釋首》下輔之輔,音轉若巴。輔(奉),巴(幫)。
定	44%	56%	定端混注,《釋目》盯讀若丁。盯(定),丁(端)。
澄	20%	80%	徹澄混注,《釋睡》矃讀若蟲。矃(徹),蟲(澄)。
從	61.5%	38.5%	從精混注,《釋饌》鑛音齊。鑛(精),齊(從)。
禪	87.5%	12.5%	章禪混注,《釋足》疒音若湛。疒(章),展(禪)。
群	25%	75%	見群混注,《釋足》佐音廣。佐(群),廣(見)。
匣	70.4%	29.6%	見匣混注,《釋時》見音現。見(見),現(匣)。

由上表可見,並、奉、從、禪、匣母等自注率超過50%,可知這些濁聲母已開始清化,定、澄、群母,清化程度較大。

(二)輕脣、重脣分化

從重脣音和輕脣音自注、混注的數目來看,幫組、非組以自注爲主,僅有並非、明非、幫奉混注三例爲重、輕脣混注,這三例輕脣注重脣還處在重脣音分化輕脣音的過程之中,但已經是爲數不多的幾例,説明《疏證》所反映的南通時音輕脣已經從重脣中分化出來。從表中還可以看到敷母沒有任何自注、混注例,敷母可能已經消失,併入非組其他聲母中。

《疏證》中脣音各母自注及互注數目統計表[①]

	幫	滂	並	明	非	敷	奉	微
幫	22	3	2	3				
滂	3	9	4	1				
並	4		18					
明	1			35				
非			1	1	3			
敷								
奉	1						9	
微								1

---

① 表中橫行爲被注字聲母,縱列爲注音字聲母。下同。

重脣音各母混注例還體現了送氣音與不送氣音相混的現象,如:

滂注幫,《釋言》掤音抨。掤（幫）,抨（滂）。

幫注滂,《釋體》脬音抛。脬（滂）,抛（幫）。

（三）舌頭、舌上分化,泥、娘二母合一

從舌頭音、舌上音自注、混注情況看,端組、知組除娘、泥外以自注爲主,僅有端徹、透徹、透澄、定澄等個例,這些個例都是舌上注舌頭,展現了舌頭音分化出舌上音的過程,但例子很少,我們認爲舌頭音、舌上音分化,已經獨立。其中泥母、娘母並未分化,仍爲一。李榮認爲《切韻》時代没有娘母,他在《切韻音系》中認爲:"後來的人認爲知徹澄配日不妥當,便造出一個娘母來。"王力《漢語音韻》認爲《切韻》有娘母,而在其後的《漢語史稿》和《漢語語音史》中取消了娘母。可見娘母並非實際語音中分化出來的,而是在搭配的過程中造出來的,王力最後也選擇取消娘母。從下表的泥、娘二母自注、混注的情況看,混注比例遠遠大於它們的自注比例。南通方言時音中泥、娘二母不分,且在實際語音中無區別意義的作用。

《疏證》中舌音各母自注及互注數目統計表

	端	透	定	泥	知	徹	澄	娘
端	18	3	1	1				
透	2	9	5	1				
定	7		11		1			
泥				1				
知								
徹	1	1				4	1	
澄		1	1			1	1	
娘				6				3

舌頭音各母混注例還體現了送氣音與不送氣音有相混的現象,如:

透注端,《釋小食》俗讀滴若訂者。滴（端）,訂（透）。

端注透,《釋言》嘮叨讀若勞刀。叨（透）,刀（端）。

（四）知、莊、章、精四組相混

知、莊、章三組聲母在中古時期就開始合流,到現代漢語普通話音系中,這三組已經完全合併,這三組聲母從開始合流到完全合併是一個漫長的過程。而《疏證》反映的19世紀下半葉南通方言時音這三組表現出相混的情況,有合流的趨勢,且與精組相混。

《疏證》中知、莊、章、精四組混注情況統計表

混注類型	數目	特點	例證
知、精混注	7	精組開口三等與知組一、三等	《釋小食》粽作上聲,音中
知、莊混注	2	知組開口二、三等分別與莊組開口二、三等	《釋憑具》笝讀若抽
知、章混注	4	知組開口三等與章組開口三等	《釋雜物》匙音池
章、精混注	4	章組開口三等與精組開口一、三等	《釋品類》秄音粢
莊、精混注	3	莊組開口二等與精組合口一等	《釋幼》瀄汨音如節骨
莊、章混注	3	莊組開口三等與章組開口三等,莊組合口三等與章組合口三等	《釋首》壯音如掌

（五）牙音與喉音相混

牙音見組、喉音影組內部各母相混,且牙音與喉音之間的混注也較多,可見19世紀下半葉南通時音牙音與喉音相混。

《疏證》中牙音見組與喉音影組混注情況統計表

類型	注音情況	數目	例證
見影混注	見讀影	3	《釋時》光汪,音轉也
見曉混注	見讀曉	1	《釋饌》蚶音甘
見匣互注	見讀匣	4	《釋時》見音現
	匣讀見	1	《釋總物》梐讀若袞
溪曉互注	溪讀曉	2	《釋饌》頯音熙
	曉讀溪	1	《釋饌》膲,膈並讀考平聲
溪匣互注	溪讀匣	2	《釋體》檺,讀豪去聲,音如號
	匣讀溪	1	《釋手》掀音痕,俗讀若肯平聲
疑影互注	疑讀影	1	《釋罪辟》五百讀若亞把
	影讀疑	5	《釋服》袎音傲
疑曉混注	疑讀曉	1	《釋饌》鮽,讀昏去聲
疑匣互注	疑讀匣	2	《釋言》詽音混
	匣讀疑	1	《釋宮》蓋俗讀戶若五,讀限若檻,是戶五限檻音轉
影溪混注	影讀溪	2	《釋手》圖,讀若扣平聲
雲疑混注	雲讀疑	2	《釋女飾》圍讀若魚

　　零聲母擴大是近代漢語的一項重要音變。王力《漢語史稿》將這種音變概括爲三個階段：第一階段主要是雲、以合流，時間大概在10世紀（即《守温字母》時代）就已經完成；第二階段主要是疑母的消失、影喻相混，時間大概在14世紀（即《中原音韻》時代）；第三階段主要是微、喻、疑的合流，時間大概在17世紀（即《五方元音》時代）。上表有雲、疑混注2例，説明19世紀下半葉南通方言時音零聲母出現合流現象，且處於第三階段。

　　雲類在《切韻》系統中歸匣母。《疏證》中出現雲匣互注例證，説明南通方言時音中匣、雲仍合流，繼承《切韻》特點。

（六）半舌音、半齒音相混

　　半舌音來母與半齒音日母相混，且分别與齒音、牙音、喉音相混。

《疏證》中半舌音來母、半齒音日母互注及各自混注情況統計表

類型	注音情況	數目	例證
半舌與半齒互注	日讀來	1	《釋禾》茹讀若鹵
	來讀日	1	《釋言》六讀若肉
半舌與喉混注	來讀匣	1	《釋服》袼讀若袷，袷袼一音之轉
半舌與牙混注	來讀溪	1	《釋飯》敕音敲
	來讀疑	2	《釋蟲》掠音虐
半齒與齒混注	日讀泥	2	《釋言》廿讀若念
	日讀娘	1	《釋體》捼，今俗讀女平聲
半齒與牙混注	日讀疑	2	《釋言》二讀若義
半齒與喉混注	日讀雲	1	《釋服》緌讀若緯
	日讀以	1	《釋足》繞音如鷂

（七）七音聲母之間存在牽混現象

　　特殊音注反映了19世紀下半葉的南通方音中存在喉牙音與各母之間的牽混，有牙脣互注、脣喉互注、舌脣互注、舌齒互注、喉齒互注、牙喉互注等現象，這反映了19世紀下半葉南通人的發音習慣。

《疏證》中七音各母之間混注情況統計表

類型	注音情況		數目	例證
牙脣互注	脣音注牙音	牙讀重脣	3	《釋雜物》勻,今俗讀若畁
	牙音注脣音	重脣讀牙	5	《釋女飾》銼音減
脣喉互注	脣音注喉音	喉讀重脣	4	《釋商業》蘊,讀若悗去聲
	喉音注脣音	重脣讀喉	3	《釋手》讀偶若堰
舌脣互注	半舌音注脣音	重脣讀半舌	2	《釋足》㐬讀若料
	舌音注脣音	重脣讀舌頭	1	《釋數》薹音等
	脣音注舌音	舌頭讀重脣	1	《釋草木》讀搣若掊
		舌上讀重脣	1	《釋口》黏讀若蠻
舌齒互注	齒音注舌音	舌頭讀正齒	1	《釋人事》摶讀若贍
	舌音注齒音	齒頭讀舌頭	1	《釋手》㩆,讀若騰入聲
		正齒讀舌頭	2	《釋手》讀指甲若祇掐
	半舌注齒音	正齒讀半舌	2	《釋戲玩》拒讀若鄰
喉齒互注	喉音注齒音	正齒讀喉	4	《釋財》爪讀若旱
	齒音注喉音	喉讀正齒	2	《釋老歾》毀讀若絮
牙喉互注	牙音注喉音	喉讀牙	13	《釋女飾》圍讀若魚
	喉音注牙音	牙讀喉	16	《釋時》光汪,音轉也
牙脣混齒	脣音注齒音	齒頭讀重脣	1	《釋宮》呞音幣
	牙音注齒音	正齒讀牙	1	《釋足》瘶讀若救

二、韻　母

（一）陰聲韻

1. 齊微部支、脂、之、微、齊、祭韻有合流趨勢。

《疏證》中齊微部內部各韻互注、混注情況較多。支脂互注,支之互注,脂混入之、微,支、脂混入齊,齊混入之,表現爲主要元音[e][ɛ][ə][i]的合流趨勢,且內部相混都是三、四等字。齊微部與魚模部、皆來部有相混。《疏證》中有脂、微、齊混入魚、虞,支、脂、微、齊、祭混入皆、灰、咍。

《疏證》中齊微部內部混注及與魚模部、皆來部混注情況統計表

類型	注音情況/主要元音		數目	例證
齊微部內部相混	支脂互注	脂讀支/[i][e]	1	《釋果蓏》枇音皮
		支讀脂/[e][i]	1	《釋手》奇讀若季
	支之互注	之讀支/[ə][e]	2	《釋戲玩》嬉戲一音之轉
		支讀之/[e][ə]	1	《釋首》髭讀若子
	脂混入之微祭	脂讀之/[i][ə]	1	《釋蟲》狶音喜
		脂讀微/[i][əi]	2	《釋服》綏讀若緯
		脂讀祭/[i][ɛi]	1	《釋靈異》水讀稅上聲
	支脂祭混入齊	支讀齊/[e][ei]	2	《釋言》敫音如奚
		脂讀齊/[i][ei]	3	《釋常言》呢,讀泥上聲
		祭讀齊/[ɛi][ei]	2	《釋鱗介》鱖,居衛切,與桂音同
	齊混入之	齊讀之/[ei][ə]	1	《釋果蓏》荸薺音轉如別基
齊微部與魚模部、皆來部相混	脂微齊混入魚虞	脂讀魚/[i][o]	4	《釋靈異》水讀若許
		微讀魚/[əi][o]	1	《釋女飾》圍讀若魚
		齊讀魚/[ei][o]	2	《釋草木》西讀若虛
		微讀虞/[əi][u]	1	《釋雜物》緯讀若遇,緯遇蓋雙聲之字
	支脂微齊祭混入皆灰咍	支讀咍/[e][ɒ]	1	《釋女飾》讀帔若倍
		脂讀皆/[i][ɐi]	1	《釋言》咦音如諧
		脂讀灰/[i][ɒi]	1	《釋首》徽音梅
		微讀灰/[əi][ɒi]	1	《釋體》痱讀若佩上聲
		祭讀灰/[ɛi][ɒi]	1	《釋體》蛻讀若退

　　《范詩》中支微部開、合口與灰泰部合口字相押。這與明浙江詩韻中兩部混押條件不同,明浙江詩韻中,灰泰韻合口字押入支微合口,或支微合口押入皆咍部,或兩部開口相押。開口對應開口,合口對應合口。明清南通范氏詩歌中兩部混押較自由。

《范詩》中支微部與魚虞部、灰泰部相押情況統計表

類型	詩體	數目	例證
支微部與魚虞部相押	古體詩	40	古<2-163梁鼠>馳之支蛆魚嬰孤虞鼠語侮虎麌
	近體詩	1	
支微部與灰泰部相押	古體詩	16	古<3-73行路（4）>台灰此紙
	近體詩	4	

2. 魚模部魚、虞、模三韻有合流趨勢。歌戈部歌、戈合流。尤侯部尤、侯韻有合流趨勢。麻部存在麻二麻三，並非對立，有相混。魚模部、歌戈部、尤侯部、麻部有合流趨勢。

魚、虞二韻在《范詩》中不管是近體詩還是古體詩，兩韻通押比例都遠遠超過10%，兩韻合部。在《疏證》中魚、虞二韻分別祇有2例自注，模韻有10例自注，有2例分別混入魚、虞二韻，我們認爲19世紀下半葉南通方音中魚、虞、模三韻有合流趨勢。《范詩》中歌韻獨立爲歌部，《疏證》中歌、戈互注，合流。《范詩》中尤韻獨立爲尤部，《疏證》中，尤侯有混注例，相混。《范詩》中麻、佳韻合爲麻佳部，《疏證》中麻韻獨立爲麻部。這四個韻部混注、互注例較多，有合流趨勢。

《疏證》中魚模部、歌戈部、尤侯部、麻部混注情況統計表

類型	注音情況/主要元音		數目	例證
魚模部與歌戈部相混	模混入戈	模讀戈/[u][uɑ]	3	《釋首》錯音如挫
	歌戈混入虞模	歌讀模/[ɑ][u]	1	《釋憑具》舵讀若度
		戈讀虞/[uɑ][u]	1	《釋饌》朵讀若懦
魚模部與尤侯部相混	虞混入尤侯	虞讀尤/[u][əu]	1	《釋儔》傔讀若救
		虞讀侯/[u][əu]	3	《釋天》雩與吼音近
	尤混入魚虞	尤讀魚/[əu][o]	1	《釋體》溲讀若虛
		尤讀虞/[əu][u]	2	《釋地》浮橋之浮讀若孚
魚模部與麻部相混	虞模混入麻	虞讀麻/[u][a]	1	《釋罪辟》下輔之輔，音轉若巴
		模讀麻/[u][a]	4	《釋罪辟》五百讀若亞把
	麻混入魚虞模	麻讀魚/[a][o]	1	《釋言》牙讀爲魚
		麻讀虞/[a][u]	1	《釋幼》麻讀若無
		麻讀模/[a][u]	1	《釋靈異》麻媽音近
歌戈部與麻部相混	歌戈混入麻	歌讀麻/[ɑ][a]	1	《釋老歿》侉音誇去聲
		戈讀麻/[uɑ][a]	2	《釋足》波讀若巴
	麻混入歌	麻讀歌/[a][ɑ]	1	《釋靈異》瑕通俗轉爲那

　　從上表可以看出這幾部相混表現爲後低到高的元音與前低元音相混，主要爲[u][o][a]系元音之間的相混。這幾部的相混在《范詩》中也有相應的情況。見下表：

《范詩》中魚虞部、歌部、尤部、麻佳部相押情況表

類型	詩體	數目	例證
歌部與魚虞部	古體詩	5	古<3-296黃橋>過多歌歌如魚
	近體詩	1	
尤部與魚虞部	古體詩	25	古<2-117>喉尤袖畫覆宥趣句步遇去御
	近體詩	1	
歌部與麻佳部	古體詩	4	古<3-20敕勒>馬馬大破簡
	近體詩	0	
歌、麻、魚三部	古體詩	1	古<3-184董孝（2）>嘩麻何他多河跎訛歌奴虞
	近體詩	0	
麻佳部與魚虞部	古體詩	7	古<3-15（2）>下馬羽蕭虞
	近體詩	0	

　　《范詩》中尤部字押入魚虞部共26次，以尤部脣音與否爲標誌，主要分爲兩種情況：一種是古體詩中尤部脣音字押入魚模，如：

　　　　古<3-41隴西>不尤裾盧余舒魚榆都珠躕隅須鬚區孤樞夫虞

　　　　古<2-117>喉尤袖畫覆宥趣句步遇去御

另一種是古體詩中尤部非脣音字押入魚模，如：

　　　　古<2-75挽柱（5）>如余歟初渠魚徒素虞周尤

　　　　古<2-119贈鶴>秋眸尤語許語去馭御

　　魚模部、歌戈部、尤侯部、麻部還分別與皆來部相混，魚虞部、尤侯部還與蕭豪部相混，但相混例子較少，而蕭豪部、皆來部幾乎没有混入以上各部，所以分開討論，見下表：

《疏證》中魚模部、歌戈部、尤侯部、麻部與皆來部混注情況統計表

類型	注音情況/主要元音		數目	例證
魚模部與皆來部相混	虞混入灰	虞讀灰/[u][uɒi]	1	《釋食具》瓿讀若梧
歌戈部與皆來部相混	歌戈混入皆哈	歌讀哈/[ɑ][ɒi]	1	《釋體》挓讀若胎
		戈讀皆/[uɑ][ɐi]	2	《釋親》爸音轉爲拜
尤侯部與皆來部相混	侯混入灰	侯讀灰/[nɐu][uɒi]	1	《釋首》捓音如配
麻部與皆來部相混	麻混入皆	麻讀皆/[a][ɐi]	1	《釋體》䯍，讀怪平聲

　　從上表看，相混兩韻的主要元音有相近的成分，在發音的時候比較容易發生轉化。《范詩》中也有相應的例證，尤部與蕭豪部混押6次，如：

　　古<2-121顧麗>求流_尤口手_有笑嘯_{肖蕭}

古<2-121顧麗>求流尤口手有笑嘯肖蕭

　　古<3-34王子>頭流丘樓悠求漚留休秋尤翹嘯喬飄蕭

　　3. 皆來部佳、灰、哈、泰、夬韻有合流趨勢。

　　皆來部佳、灰、哈、泰、夬韻混注，皆韻無自注例，但有混入他韻的幾例，可能已經分化入哈、泰韻。《范詩》中灰泰部灰、佳、泰三韻通押14次，佔自押总数的32.56%，三韻合部，佳韻字除押入灰泰部外还押入麻佳部。

《疏證》中皆來部內部混注情況統計表

注音情況/主要元音		數目	例證	等呼
哈混入佳	哈讀佳/[ɒi][ai]	1	《釋戲玩》捱讀若礙	開口二等與開口一等相混
夬混入佳	夬讀佳/[æi][ai]	2	《釋禾》稗音敗	開口二等相混
哈混入皆	哈讀皆/[ɒi][ɐi]	1	《釋水》介讀若哀	開口二等與開口一等相混
泰混入皆	泰讀皆/[ɑi][ɐi]	2	《釋手》挨，俗讀艾平聲	開口二等與開口一等相混
哈混入夬	哈讀夬/[ɒi][ai]	1	《釋數》薹音等	開口二等與開口一等相混

　　4. 蕭宵部蕭、宵、肴、豪韻有合流趨勢。

　　蕭、宵、肴、豪四韻混注情況較多，合流趨勢明显。《范詩》中蕭宵部蕭、肴、豪韻在古体詩中合爲一部，在近体詩中三韻独立成部。

　　（二）陽聲韻

　　1. 東鍾部東、冬、鍾韻合流。

　　《疏證》中冬、鍾韻沒有自注例，祇有混注例。東_一、東_二有分有合，東鍾互注有7例，比例超過自注例,東鍾部各韻合流趨勢明顯。《范詩》中東、冬通押次數比例不論近體詩、古體詩都大於10%,合爲一部。

2. 江陽部江、陽、唐韻有合流趨勢。

《疏證》中陽、唐韻互注共9例,江韻混入陽韻1例,唐韻混入江韻2例,三韻有合流趨勢。在《范詩》中古體詩江、陽韻通押的比例大於10%,也是合爲一部的。

3. 真文部內部各韻較爲獨立,但也有相混。

欣韻無自注例,袛有1例混入痕韻,可能併入痕韻等其他韻。真、諄、文、魂、痕韻皆有自注例,且自注率高。另,文韻有3例混入魂韻,痕韻有1例混入魂韻。

4. 先天部先、仙、元韻有合流趨勢。

關於元韻的歸部問題,是歸入真文部還是寒先部,歷來各家詩韻情況不一。從《范詩》中元韻與真文、寒先部的通押情況看,比例均較低,故獨立成部。從《疏證》中的資料看,元韻與先、仙韻關係密切,仙元互注2例,先仙互注3例,有合流趨勢。

5. 山删部山、删二韻合流,寒、桓二韻合流,山删、寒桓韻有合流趨勢。

《疏證》中山删互注4例,寒桓互注6例,删混入寒1例,寒混入山3例,桓删互注4例。

6. 庚青部庚、耕、清、青韻有合流趨勢。蒸登部與庚青部有合流趨勢。

庚耕、庚清、庚青各混注1例,且各韻注入他韻情況較多而且複雜,有分化趨勢。蒸登部自注例較少,蒸韻自注2例,登韻自注1例,混入耕韻較多,且庚青部與蒸登部互注例較多,有合流趨勢。蒸、登韻與真、魂韻混注,耕、清韻也與真、魂韻混注,更可見庚青部與蒸登部的合流趨勢。

7. 侵尋部、覃咸部、嚴添部各韻有分化趨勢。

覃咸部、嚴添部內部自注、互注例都較少,袛有侵、覃、談、嚴、鹽韻有自注例,且數目不多,可能大部分已經分化。

8. 陽聲韻韻尾的轉化情況。

《疏證》中陽聲韻部之間混注情況統計表

類型/韻尾	注音情況/主要元音		數目	例證
東鍾部與江陽部相混/[ŋ][ŋ]	江混入東冬	江讀東/[ɔ][u]	1	《釋食》潀音淙
		江讀冬/[ɔ][o]	1	《釋食》潀讀若總
東鍾部與蒸登部相混/[ŋ][ŋ]	東混入登	東讀登/[u][ə]	1	《釋小食》洪,讀若崩上聲
江陽部與庚青部相混/[ŋ][ŋ]	陽唐混入庚耕	唐讀庚/[ɑ][ɐ]	1	《釋宮》桁音衡
		陽讀耕/[a][æ]	1	《釋宮》踉讀若迸
	庚混入唐	庚讀唐/[ɐ][ɑ]	1	《釋言》喤,讀若尤平聲

類型/韻尾	注音情況/主要元音		數目	例證
庚青部與東鍾部相混/[ŋ][ŋ]	庚混入東鍾	庚讀東/[ɐ][u]	1	《釋貧富》榮讀若融
		庚讀鍾/[ɐ][o]	1	《釋親》通俗稱人曰老兄,以汗榮切識字,讀若凶音
庚青部與蒸登部相混/[ŋ][ŋ]	耕清青混入蒸登	耕讀登/[æ][ə]	3	《釋足》迸,讀若崩去聲
		清讀蒸/[ɛ][ə]	2	《釋鱗介》蟶音稱
		青讀蒸/[e][ə]	1	《釋手》拎音陵
	蒸混入耕	蒸讀耕/[ə][æ]	1	《釋言》掤音抨
先仙部與寒歡部相混/[n][n]	仙混入寒桓	仙讀寒/[ɛ][ɑ]	2	《釋禾》矜讀若粲
		仙讀桓/[ɛ][ɑ]	1	《釋首》宣,本轉爲蒜,通俗又轉爲秀
山删部與寒歡部相混/[n][n]	删混入寒桓	删讀寒/[a][ɑ]	1	《釋獸》豻讀若汗
		删讀桓/[a][ɑ]	1	《釋戲玩》頑頑,或作桓桓,或作盤盤,皆一聲之轉
	桓混入山删	桓讀山/[ɑ][æ]	3	《釋足》絆讀若盼
		桓讀删/[ɑ][a]	3	《釋幼》貫音慣
侵部與覃咸部相混/[m][m]	侵混入覃	侵讀覃/[ə][ʊ]	1	《釋水》撢音貪
覃咸部與嚴添部相混/[m][m]	覃咸混入鹽添	咸讀添/[ɐ][e]	1	《釋足》站音占
		覃讀鹽/[ʊ][ɛ]	1	《釋人事》潭讀若瞻
	凡鹽混入先銜	凡讀咸/[ɐ][ɐ]	1	《釋婦女》鋄音減
		鹽讀銜/[ɛ][a]	1	《釋鱗介》讀箝與嵌近,蓋一音之轉也
東鍾部與真文部相混/[ŋ][n]	諄混入東	諄讀東/[ė][u]	2	《釋睡》鼕讀若蟲
江陽部與先仙部相混/[ŋ][n]	元混入陽	元讀陽/[ɐ][a]	1	《釋首》健音轉爲象
江陽部與真文部相混/[ŋ][n]	陽混入痕	陽讀痕/[a][ə]	1	《釋果蓏》柍桃之柍,音如恩
真文部與庚青部相混/[n][ŋ]	真混入青	真讀青/[ė][e]	1	《釋草木》讀銀杏若靈限
	庚耕清混入真魂痕	庚讀痕/[ɐ][ə]	1	《釋食》粳米湯,讀粳若艮
		耕讀痕/[æ][ə]	1	《釋鳥》鸚哥轉音爲恩哥
		耕讀魂/[æ][ə]	1	《釋憑具》橙音頓
		清讀痕/[ɛ][ə]	1	《釋果蓏》瓔讀若恩
		清讀真/[ɛ][ė]	1	《釋數》整千整萬之整,即塵鎮之音轉也

續表

類型/韻尾	注音情況/主要元音		數目	例證
真文部與蒸登部相混/[n][ŋ]	魂混入登	魂讀登/[ə][ə]	1	《釋性情》忖讀若肱
	蒸登混入真文	蒸讀真/[ə][ė]	1	《釋常言》應讀若印
		登讀魂/[ə][ə]	2	《釋憑具》鐙音頓
東鍾部與侵部相混/[ŋ][m]	東混入侵	東讀侵/[u][ə]	1	《釋貧富》窮通俗皆讀渠弓切,鄉俗或讀徐林切,音如尋,窮尋雙聲,故窮得讀若尋也
江陽部與覃咸部相混/[ŋ][m]	唐混入咸	唐讀咸/[ɑ][ɐ]	1	《釋言》喤喊雙聲,喤即喊也
庚青部與侵部相混/[ŋ][m]	庚混入侵	庚讀侵/[ɐ][ə]	1	《釋時》更讀若今
侵部與蒸登部相混/[m][ŋ]	侵混入登	侵讀登/[ə][ə]	1	《釋餐具》椹讀若登
先仙部與嚴添部相混/[n][m]	先仙混入鹽	先讀鹽/[e][ɛ]	1	《釋天》電讀若閃
		仙讀鹽/[ɛ][ɛ]	1	《釋蟲》讀涎沫爲黏蠻,蓋音轉也
	嚴添鹽混入先	鹽讀先/[ɛ][e]	2	《釋憑具》縴音欠
		添讀先/[e][e]	1	《釋總物》战音顛,顛鼎一聲之轉
		嚴讀先/[ɐ][e]	1	《釋性情》沾讀若先
山删部與覃咸部相混/[n][m]	談混入山	談讀山/[ɑ][æ]	1	《釋首》憨讀若莧
覃咸部與寒歡部相混/[m][n]	覃混入桓	覃讀桓/[ɒ][ɑ]	1	《釋貧富》婪讀若鸞
覃咸部與先仙部相混/[m][n]	覃混入仙	覃讀仙/[ɒ][ɛ]	2	《釋食》糝與椹同,讀若鮮少知鮮
嚴添部與山删部相混/[m][n]	鹽混入删	鹽讀删/[ɛ][a]	1	《釋性情》黏讀若蠻

（1）[m]尾在消變的過程中,主要向[n]尾轉化。[n][ŋ]尾韻母相混較多,前後鼻音相混。

從下表我們可以看出陽聲韻尾[m][n][ŋ]互相轉化,從陽聲韻各韻部內部自注、互注例看,[m]尾最少,在向[n][ŋ]轉化的過程中,陽聲韻尾相混數目統計如下:

[m]、[n]、[ŋ]尾韻母韻部混注數目統計表

相混類型	數目	共計	相混類型	數目	共計
[m][m]	5		[n][ŋ]	14	
[n][n]	11	31	[n][m]	12	30
[ŋ][ŋ]	15		[ŋ][m]	4	

一方面[n][ŋ]尾韻母各自內部自注率較高，但[m]尾韻母祇有5例自注；另一方面[n][ŋ]尾各自內部混注數量較多，[m]尾較少，可見[m]尾韻母在逐漸消變的過程中，但在19世紀下半葉並未完全消變，有部分保留。《范詩》中侵部、覃鹽部各韻有一定量的自押、混押例，也說明了這一情況。上表韻尾相同韻部相混的數目與韻尾不同韻部相混的數目相當，比較[m]尾混入[n][ŋ]的數目，我們可以看出19世紀下半葉，南通方音[m]尾主要向[n]尾轉化，前後鼻音相混。

（2）不同韻尾的混注主要發生在主元音相同或相近的韻系之間。見下表：

陽聲韻混注的韻尾、韻腹情況表

相混韻尾	相混韻腹類型	例證				特點
[m][m]	[a]與[ə]混	[ə][ɒ]				低元音[a]系與上、前方的元音相混
	[a]系與[e]系混	[ɐ][e]	[ɒ][ɛ]	[ɛ][a]		
	[a]系內部混	[ɐ][ɐ]				低元音[a]系前後相混
[n][n]	[a]系與[e]系混	[ɛ][ɑ]	[ɛ][ɑ]	[ɑ][æ]		低元音[a]系與上、前方的元音相混
	[a]系內部混	[a][ɑ]	[a][ɑ]	[ɑ][a]		低元音[a]系前後相混
[ŋ][ŋ]	[ɔ]與[u][o]混	[ɔ][u]	[ɔ][o]			後元音高低混
	[u]與[ə]混	[u][ə]				後高元音[u]與央元音[ə]相混
	[a]系與[u][o]混	[ɐ][u]	[ɐ][o]			低元音[a]系與上、前元音相混
	[a]系與[e]系混	[a][æ]				
	[a]系內部混	[ɑ][ɐ]	[ɐ][ɑ]			低元音[a]系前後相混
	[e]系與[ə]混	[æ][ə]	[ɛ][ə]	[e][ə]	[ə][æ]	前元音[e]系與央元音[ə]相混
[n][ŋ]	[e]與[u]混	[e][u]				前元音[e]系與後高元音[u]相混
	[a]系內部混	[ɐ][a]				低元音[a]系前後相混
	[a]系與[e]系混	[a][ə]	[ɐ][ə]			低元音[a]系與上、前方的元音相混
	[e]系內部混	[æ][e]	[ɛ][æ]			前元音[e]系上下混
	[e]系與[ə]混	[æ][ə]	[æ][ə]	[ɛ][ə]	[ə][e]	央元音[ə]向前向上轉
	[ə]與[ə]混	[ə][ə]	[ə][ə]			同位混

續表

相混韻尾	相混韻腹類型	例證					特點
[n][m]	[u]與[ə]混	[u][ə]					後高元音[u]與央元音[ə]相混
	[a]系內部混	[ɑ][ɐ]					低元音[a]系前後相混
	[ə]與[ə]混	[ə][ə]					同位混
	[a]系與[ə]混	[ɐ][ə]					低元音[a]系與央元音相混
[ŋ][m]	[e]系內部混	[e][ɛ]	[ɛ][ɛ]	[ɛ][e]	[e][e]		前元音[e]系上下混
	[a]系與[e]系混	[ɐ][e]	[æ][ɑ]	[ɑ][æ]	[ɒ][ɛ]	[ɛ][a]	低元音[a]系與上、前方的元音相混
	[a]系內部混	[ɒ][ɑ]					

（三）入聲韻

1. 屋、燭韻合流。

屋、燭各自注1例，燭韻混入屋韻1例。沃韻無自注、混注例證，可能已經併入屋、燭韻。屋韻與覺韻互注，有合流趨勢。屋韻還有1例混入薛韻。

2. 覺、藥、鐸韻合流。

覺韻自注1例，藥韻自注2例，鐸韻自注5例。覺、藥韻都混入鐸韻，各有1例混注，覺、藥韻有併入鐸韻的趨勢，覺、藥韻還混入屋韻，有分化入屋韻的趨勢。鐸韻混入洽、麥韻。

3. 沒、術、質、物、櫛韻分化入合、昔、職、屑、物等韻。

沒、術、質、物、櫛韻內部自注、混注例都極少，祇有沒、質兩韻各有1例自注，櫛韻有1例混入質韻，這五韻已經合流分化，混入合、昔、職、屑、物等韻。

4. 屑、薛韻合流。

屑、薛韻互注2例。月韻無自注例，祇有1例混入物韻。

5. 鎋、黠韻有分化趨勢。

鎋、黠韻內部自注、混注例極少，祇有1例黠韻自注，黠韻還混入質韻。這兩韻可能已經在分化的過程中。

6. 末、曷韻獨立。

末韻混入月、陌韻，曷韻混入黠、盍韻，曷、盍混注較多，有合流趨勢。

7. 陌、麥、昔、職、德韻有合流趨勢。

麥韻混入陌韻1例，昔韻混入麥韻1例，職韻混入德韻1例，麥、德韻互注2例。錫韻混入月、沒韻2例。

8. 緝韻獨立成部

緝韻混入合韻1例。合韻混入黠、鎋韻3例,混入盍韻1例。

9. 葉韻、帖韻有分化趨勢。

葉韻自注1例,混入鐸韻1例,帖韻無自注例,混入曷、末、薛韻各1例。

10. 入聲韻韻尾轉化情況。

入聲韻自注、混注不到80例,約佔《疏證》中反映南通方音的有效音釋總條數的八分之一,相對其他類型韻母,比例較低,而自注祇有27例,約佔入聲混注例的二分之一,可以看出19世紀下半葉南通方音中入聲韻仍保留一定量,但已經開始合流、分化,處在消變的過程中。我們將入聲韻部混注例集中列表分析。

《疏證》中入聲韻部混注情況統計表

類型/韻尾	注音情況/主要元音		數目	例證
屋燭部與藥鐸部相混/[k][k]	屋混入覺	屋讀覺/[u][ɔ]	1	《釋言》歈與暑音近
	覺藥混入屋	覺讀屋/[ɔ][u]	1	《釋天》雹音撲
		藥讀屋/[a][u]	1	《釋睡》著音如鑿
藥鐸部與陌德部相混/[k][k]	鐸混入麥	鐸讀麥/[ɑ][æ]	1	《釋戲玩》鑊音獲
質物部與薛月部相混/[t][t]	櫛混入屑	櫛讀屑/[e][e]	1	《釋性情》瀄汩音節骨
	月屑混入物質	屑讀質/[e][ė]	1	《釋性情》蔑讀若密
		月讀物/[ɐ][ə]	1	《釋憑具》扤讀若物
鎋黠部與物質部相混/[t][t]	黠混入質	黠讀質/[a][ė]	1	《釋手》硈讀若吉
末曷部與鎋黠部相混/[t][t]	曷混入黠	曷讀黠/[ɑ][a]	2	《釋手》擦音察
末曷部與薛月部相混/[t][t]	末混入月	末讀月/[ɑ][ɐ]	1	《釋地》跋音伐
緝部與洽狎部相混/[p][p]	緝混入合	緝讀合/[ə][ɒ]	1	《釋禾》捊讀若納
	合混入盍	合讀盍/[ɒ][ɑ]	1	《釋宮》拉讀若臘
屋燭部與薛月部相混/[k][t]	屋混入薛	屋讀薛/[u][ɛ]	1	《釋果蓏》荸薺音轉如別基
質物部與陌德部相混/[t][k]	質混入昔	質讀昔/[ė][ɛ]	1	《釋女飾》膝讀若夕
	錫混入沒	錫讀沒/[e][ə]	1	《釋性情》瀄汩音節骨
末曷部與陌德部相混/[t][k]	末混入陌	末讀陌/[ɑ][ɐ]	1	《釋地》跋讀若捇
陌德部與薛月部相混/[k][t]	錫混入月	錫讀月/[e][ɐ]	1	《釋足》踢音傑

續表

類型/韻尾	注音情況/主要元音		數目	例證
藥鐸部與洽狎部相混/[k][p]	鐸混入洽	鐸讀洽/[ɑ][ɐ]	1	《釋服》袼讀若袷，袷袼一音之轉
陌德部與洽狎部相混/[k][p]	陌混入盍	陌讀盍/[ɐ][ɑ]	1	《釋天》澤讀若搭
葉帖部與藥鐸部相混/[p][k]	葉混入鐸	葉讀鐸/[ɛ][ɑ]	1	《釋足》乏音託
物質部與洽狎部相混/[t][p]	没混入合	没讀合/[ə][ɒ]	1	《釋戲玩》骨讀若合
鎋黠部與洽狎部相混/[t][p]	合混入點鎋	合讀點/[ɒ][a]	2	《釋時》雩音剳
		合讀鎋/[ɒ][æ]	1	《釋宮》颯讀若刷
末曷部與緝盍部相混/[t][p]	曷混入盍	曷讀盍/[ɑ][ɑ]	6	《釋首》瘌音如臘
葉帖部與末曷部相混/[p][t]	帖混入末曷	帖讀末/[e][ɑ]	1	《釋足》疊音如奪，疊奪一聲之轉也
		帖讀曷/[e][ɑ]	1	《釋禾》䄷讀若蠶
葉帖部與薛月部相混/[p][t]	帖混入薛	帖讀薛/[e][ɛ]	1	《釋服》協厥音近

（1）入聲[k][t][p]尾韻母中[t]尾韻母最爲活躍。見下表：

入聲[k][t][p]尾韻母韻部混注統計表

相混類型	數目	共計	相混類型	數目	共計
[k][k]	4		[k][t]	6	
[t][t]	8	14	[k][p]	3	21
[p][p]	2		[p][t]	12	

　　從表中我們發現與[t]尾韻部相混的數目較多，佔總數的絕大部分，可見19世紀下半葉南通方音中的入聲以[t]尾最爲活躍。從入聲同韻尾韻部相混與異韻尾韻部相混的總數看，不同韻尾韻部之間的相混數目更多，可見，當時南通方音中入聲相混主要受韻腹的影響而非韻尾。

　　（2）不同韻尾的混注主要發生在主元音相同或相近的韻系之間：

相混韻尾	相混韻腹類型	例證			特點
[k][k]	[ɔ]與[u]混	[u][ɔ]	[ɔ][u]		後元音高低混
	[a]系與[u]混	[a][u]			低元音與高元音相混
	[a]系與[e]系混	[ɑ][æ]			低元音[ɑ]系與上、前方元音相混

相混韻尾	相混韻腹類型	例證			特點
[t][t]	[a]系與[ə]混	[ɐ][ə]	[ɐ][ə]		低元音[a]系與央元音相混
	[e]系內部混	[e][e]	[e][ė]		前元音[e]系上下混
	[a]系與[e]系混	[a][ė]			低元音[a]系與上、前方的元音相混
	[a]系內部混	[ɑ][a]	[ɑ][ɐ]		低元音[a]系前後相混
[p][p]	[a]系與[ə]混	[ə][ɒ]			低元音[a]系與央元音相混
	[a]系內部混	[ɒ][ɑ]			低元音[a]系前後相混
[k][t]	[e]系與[u]混	[u][ɛ]			前元音與後高元音相混
	[e]系內部混	[ė][ɛ]			前元音[e]系上下混
	[ə]與[ə]混	[ə][ə]			同位混
	[e]系與[ə]混	[e][ə]			前元音與央元音相混
	[a]系內部混	[ɑ][ɐ]			低元音[a]系前後相混
	[a]系與[e]系混	[e][ɐ]			低元音與上、前方元音相混
[k][p]	[a]系內部混	[ɑ][ɐ]	[ɐ][ɑ]		低元音[a]系前後相混
	[a]系與[e]系混	[ɛ][ɑ]			低元音與上、前方元音相混
[p][t]	[a]系與[ə]混	[ə][ɒ]			低元音[a]系與央元音相混
	[a]系內部混	[ɒ][ɑ]			低元音[a]系前後相混
	[a]系與[e]系混	[ɒ][æ]	[e][ɑ]	[e][ɑ]	低元音與上、前方元音相混
	[ɑ]與[ɑ]混	[ɑ][ɑ]			同位混
	[e]系內部混	[e][ɛ]			前元音[e]系上下混

（四）陰聲韻與陽聲韻相混

《疏證》中陰、陽聲韻混注共有11例,各韻大都祇有1例混注,祇有齊、真、麻、魂韻有兩三例,齊、真、魂的主要元音是[ə],麻的主要元音是[a],説明在陰陽混注中,這兩類韻母最爲活躍。《范詩》中陰、陽聲韻混押共有179例,陰聲韻中支微部比較活躍,與陽聲韻任一部都有混押,其中與江陽、寒先、庚蒸部混押比例最高,另外,尤部與其他部也均有混押。陽聲韻中寒先部與庚蒸部也比較活躍。《范詩》中支微部包含了[ə][e][ei][əi]這四個主要元音,所以支微部與庚蒸、江陽、真元、寒先、侵、覃鹽部的混押就理所當然,但與東冬部的混押比較特殊,我們認爲發生了旁對轉。具體混注情況見下表。

《疏證》中陰陽混注數目統計表

陰聲韻＼陽聲韻	添	唐	元	桓	真	諄	魂	東	陽
齊	1				1				
歌		1							
麻			1		1				1
夬				1					
微						1	1		
灰							1		
豪								1	

《范詩》中陰陽聲韻混押數目統計表

陽聲韻＼陰聲韻	支微	魚虞	麻佳	灰泰	蕭豪	尤部	歌部
東冬	5	4	3		3	4	
江陽	14	1　5	5			3	1　0
寒先	20	6	2	4	11	19	4
侵	1	1				1	
真文	1　7	5		1　1		6	1
庚蒸	18	3	3	1	4	6	2
覃鹽	1				1	1	

（五）陰聲韻、陽聲韻與入聲韻相混

　　《疏證》中陰聲韻、陽聲韻都有大量混入入聲韻的例證,《范詩》中也有大量入聲與陰、陽聲韻混押的情況,我們分別列表統計,數據如下:

《疏證》中入聲韻與陰聲韻混注數目統計表

入聲韻＼陰聲韻	支	脂	魚	模	齊	皆	祭	夬	豪	歌	麻二	尤	侯	合計
屋											1	2		3
沃									1					1
燭												1		1
沒												1		1

續表

入聲韻＼陰聲韻	支	脂	魚	模	齊	皆	祭	夬	豪	歌	麻二	尤	侯	合計
覺													1	1
質	2	1												3
薛					1		1			1				3
黠						1								1
屑							1							1
鐸										1		1		2
藥			1								1			2
陌								1			1			2
錫	1				1									2
合							1		1					2
職	1		1		1									3
陰入配總數														28

《疏證》中入聲韻與陽聲韻混注數目統計表

入聲韻＼陽聲韻	東	諄	元	寒	桓	刪	唐	耕	青	談	合計
屋								1			1
術				1							1
鎋						1					1
薛					1	1					2
末					1						1
曷				1	1						2
鐸							2				2
昔										1	1
錫									1		1
緝			1								1
合				1							1
德		1									1
陽入配總數											15

《范詩》中入聲與陰、陽聲韻混押數目統計表

陰陽聲韻 ＼ 入聲韻	屋沃	藥覺	職質	屑月	屑藥	職屑	屋職	屋職藥	屋藥	職藥	職藥屑	共計
東冬	5	3	15	1		1	1					26
江陽	6	4	10	2	1	2		1	1	3		30
真文	4	2	11	3		1	1		1	1	1	25
寒先	9	6	24	4	1	4	2	2		5		57
庚蒸	7	6	8	2		2	1		2	3		31
侵	2	3	2	1		1	1			1		11
覃鹽	1	1	2									4
陽入配總數												184
支微	4	10	27	10		3	2	1	1	7	1	66
魚虞	9	3	16	2		3	1	2	1	3		40
麻佳	4	4	6	2			1	1		2	1	21
灰泰	4	4	5	7			1	1		2	1	25
蕭豪	5	4	6	5			1	1	1	3	1	28
歌	2	2	6	3		1						14
尤	9	5	17	2		3	2		1	3		42
陰入配總數												236

　　綜上三表，《范詩》所反映的明清南通方言，入聲派入陰聲韻和派入陽聲韻數量相當，陰入配數量略高於陽入配數量。到19世紀下半葉《疏證》所反映的情況是陰入配數量明顯高於陽入配數量。

（六）韻攝相混

　　《疏證》中的混注例也體現了韻攝間的相混情況，我們分互注、混注兩種情況統計下表：

《疏證》中韻攝互注數目統計表

類型	注音情況	數目	類型	注音情況	數目
止蟹互注	止讀蟹	10	通江互注	通讀江	1
	蟹讀止	1		江讀通	3
蟹遇互注	蟹讀遇	1	臻梗互注	臻讀梗	2
	遇讀蟹	1		梗讀臻	7
遇果互注	遇讀果	3	臻曾互注	臻讀曾	2
	果讀遇	2		曾讀臻	3
遇流互注	遇讀流	4	臻山互注	臻讀山	2
	流讀遇	3		山讀臻	4
遇假互注	遇讀假	5	山咸互注	山讀咸	4
	假讀遇	3		咸讀山	14
蟹果互注	蟹讀果	1	梗曾互注	梗讀曾	8
	果讀蟹	3		曾讀梗	2
果假互注	果讀假	3	通流互注	通讀流	1
	假讀果	1		流讀通	3
宕江互注	宕讀江	1	臻止互注	臻讀止	1
	江讀宕	2		止讀臻	3
宕臻互注	宕讀臻	1	山蟹互注	山讀蟹	1
	臻讀宕	1		蟹讀山	2
宕咸互注	宕讀咸	2	咸蟹互注	咸讀蟹	1
	咸讀宕	1		蟹讀咸	1
宕梗互注	宕讀梗	3	臻假互注	臻讀假	1
	梗讀宕	1		假讀臻	1

《疏證》中韻攝混注數目統計表

類型	注音情況	數目	類型	注音情況	數目	類型	注音情況	數目
臻蟹混注	臻讀蟹	2	梗深混注	梗讀深	1	宕遇混注	宕讀遇	1
止遇混注	止讀遇	6	深咸混注	深讀咸	3	宕果混注	果讀宕	2
遇效混注	遇讀效	1	曾深混注	深讀曾	1	宕流混注	宕讀流	1
蟹假混注	假讀蟹	1	通宕混注	通讀宕	1	梗止混注	止讀梗	1
流蟹混注	流讀蟹	1	通山混注	通讀山	1	梗蟹混注	梗讀蟹	2
通曾混注	通讀曾	1	臻咸混注	臻讀咸	1	梗假混注	梗讀假	2
通效混注	通讀效	2	山梗混注	山讀梗	1	咸效混注	咸讀效	1
通臻混注	臻讀通	2	梗咸混注	梗讀咸	2	曾遇混注	曾讀遇	1
通深混注	通讀深	1	通假混注	假讀通	1	曾蟹混注	蟹讀曾	1
宕假混注	宕讀假	2	臻流混注	流讀臻	1	曾止混注	止讀曾	1
梗通混注	梗讀通	2	山果混注	山讀果	1	臻深混注	深讀臻	1

　　上表可見,韻攝之間的混注很多祇表現出單一方向性,可見不光存在合流現象,還有併入某攝的現象。由上表可知,合流的韻攝很少,大多數的韻攝祇有一兩例混注的例子,可能祇是古音的遺留。

三、聲　調

　　1. 平分陰陽。

　　平、上、去、入四聲清聲所佔比例均在45%~50%之間,而濁聲均在10%左右,濁上更是少至5%。嚴格來講,除上聲已經消變外,其他聲調的濁聲部分保留。詳見下表:

《疏證》中平聲自注、混注數目分類統計表

四聲	相注聲調類型	數量	百分比	自注、混注比例
平聲	清平	116	45.67%	73.23%
	濁平	27	10.63%	
	次濁平	43	16.93%	
	清平／濁平	42	16.53%	26.77%
	清平／次濁平	17	6.69%	
	濁平／次濁平	9	3.54%	

續表

四聲	相注聲調類型	數量	百分比	自注、混注比例
上聲	清上	27	45.00%	76.67%
	濁上	3	5.00%	
	次濁上	16	26.67%	
	清上／濁上	6	10.00%	23.33%
	清上／次濁上	3	5.00%	
	濁上／次濁上	5	8.33%	
去聲	清去	31	50.00%	75.8%
	濁去	8	12.90%	
	次濁去	8	12.90%	
	清去／濁去	6	9.68%	24.2%
	清去／次濁去	5	8.06%	
	濁上／濁去	4	6.45%	
入聲	清入	34	45.33%	81.3%
	濁入	8	10.67%	
	次濁入	19	25.33%	
	清入／濁入	7	9.33%	18.7%
	清入／次濁入	3	4.00%	
	濁入／濁入	4	5.33%	

2. 入派三聲。

在《疏證》中部分入聲與平、上、去相混,可見,已派入其他三聲,我們列表分析:

《疏證》中入派三聲數目統計表

三聲　　入聲	平聲		上聲		去聲	
	陰平	陽平	陰上	陽上	陰去	陽去
全濁入聲	2	1		1	5	2
次濁入聲	4	5	1	4	1	4
清音入聲	9	4	1	1	18	3
總計	25		8		33	

入派三聲有很强的規律性,即:全濁聲母變陽平,次濁聲母變去聲,清音聲母變上聲。而在《疏證》中全濁入聲除了變成陽平外,還變成了陰平、陽上、陰去、陽去。次濁入聲除了變成去聲外,還變成了陰平、陽平、陰上、陽上。清聲母除了變成上聲外,還變成了陰平、陽平、陰去、陽去。可見,《疏證》中入聲一方面遵循了入派三聲的規律,另一方面也保留了自身在演變過程中的特點。

3. 平去相混。

《疏證》中部分平聲字與去聲字相混,且數目較大,有91例。可見,19世紀下半葉南通時音可能存在平去音值相近的特點。

《疏證》中平去混注數目統計表

混注類型	混注數目	混注類型	混注數目
陰平／陰去	45	陽平／陽去	18
陰平／陽去	13	總計	91
陽平／陰去	15		

4. 濁上變去。

全濁上聲與去聲互注共12例,約佔全濁上聲的54.55%,材料中未見濁上自注的例證,可見《疏證》中濁上已不再保留,發生音變。另外,還有部分特殊音注例證,濁上變爲清平、濁平,故部分濁音清化。

《疏證》中全濁上聲字混注數目統計表

混注類型	數目	比例	混注類型	數目	比例
濁上／濁去	12	54.55%	濁上／濁平	6	27.27%
濁上／清平	4	18.18%	總計	22	100%

四、結　論

從上面的分析可以看出,相較於近代漢語語音系統,19世紀下半葉南通方音的主要特點是:全濁聲母大部分清化,知莊章精相混。韻母系統簡化,閉口韻消失,入聲尾保留。全濁上聲併入去聲,平去兩聲調值相近。

參考文獻

鮑明煒、王均　《南通地區方言研究》,江蘇教育出版社2002年。

代青霞　《明清南通范氏詩歌用韻研究》,南通大學2012年碩士學位論文。

范　曾　《南通范氏詩文世家》,河北教育出版社2004年。

顧　黔　《通泰方言音韻研究》,南京大學出版社2001年。

盧東琴　《〈南通方言疏證〉音釋研究》,南通大學2011年碩士學位論文。

魯國堯　《魯國堯語言學論文集》,江蘇教育出版社2003年。

王　力　《漢語史稿》,中華書局1980年。

———　《漢語語音史》,商務印書館2008年。

———　《漢語音韻》,中華書局2002年。

魏建功　《魏建功文集》,江蘇教育出版社2001年。

周遠富　《中國語言學史論集》,河南人民出版社2006年。

文獻語言學（2）:270~273,2016

辭書注音商榷四則

趙　彤

（中國人民大學文學院,北京,100872）

提　要:本文從古今音對應、音義匹配、同一詞語讀音一致、注音和書證呼應等幾個方面出發,分析了常見工具書對"倞、僑、爹、諏"幾個字的注音存在的問題,提出了新的意見,並在此基礎上討論了幾個注音原則問題。

關鍵詞:辭書注音;倞;僑;爹;諏

《漢語大字典》《漢語大詞典》《辭源》和《王力古漢語字典》是語言文字工作者經常使用的、具有一定權威性的幾部工具書①。我們在使用這些工具書的過程中,發現其中有些條目的注音還值得商榷,寫在下面就正於方家。

一、倞

"倞"字在四部工具書中都收有 jìng 和 liàng 兩個讀音。前者據《廣韻》渠敬切,義爲強。後者據《集韻》力讓切或《洪武正韻》力仗切或《音韻闡微》吏漾切,義爲索取、亮、遠等。

唐代有楊倞,注《荀子》。"楊倞"的"倞"應當取上述兩讀中的哪個讀音呢? 《集韻》《附釋文互注禮部韻略》《增修互注禮部韻略》《五音集韻》《古今韻會舉要》《洪武正韻》等"倞"字都有其亮切一讀,義爲"強也"。其中有的韻書在此音下專門注了人名楊倞。《增修互注禮部韻略》和《洪武正韻》注:"楊倞,人名。"《古今韻會舉要》注:"又人名,楊倞,注《荀子》。"所以"楊倞"的"倞"是其亮切,今音應當是 jiàng。

"倞"字應當有如下三個音項:

（一）jìng 《廣韻》渠敬切。

（二）liàng 《集韻》力讓切。

---

① 《漢語大字典》和《辭源》均據第二版。

（三）jiàng　《集韻》其亮切。

渠敬切和其亮切的意思都是强，從古音來看，二者應當是同一個來源。從簡化的角度，可以祇保留其亮切一讀，則可以同時兼顧人名的讀音。《詩經·大雅·桑柔》"秉心無競"和《抑》"無競維人"，二"競"字唐石經皆作"倞"。這可能是渠敬切一讀的來源。其實這兩處可以作通假字處理，不一定要單立一個音項。

二、儭

"儭"字《廣韻》未收，《集韻》有四音，質韻三見：其述切，"狂屈俯張，似人而非也"；其律切，"狂鬼"；允律切，"日傍氣也"。屑韻一見：古穴切，日傍氣。《漢語大字典》和《漢語大詞典》都收了其述切和允律切兩讀，今音分別是jú和yù。《辭源》收了《集韻》的其律切和允律切兩讀，但是今音祇注了一個yù①。《王力古漢語字典》祇注古穴切一讀，今音jué。"儭佹"一詞見於王逸《天問序》，即"譎詭"。"譎"字《廣韻》古穴切，今音jué。按《漢語大字典》和《漢語大詞典》，"儭佹"的"儭"讀jú，則同一個詞會有兩種不同的讀法。允律切和古穴切同義，保留一讀即可，所以《王力古漢語字典》的處理可取，在"日傍氣"的意義上祇取古穴切一讀，同時可以照顧到"儭佹"一詞的讀音。其述切和其律切折合成今音都是jú，意義也相關，可以祇保留一讀。其律切異體作"魊"。"魊"字祇有一讀，所以應當取其律切，以保持異體字注音的一致。

"儭"字應該分立兩個音項：

（一）jué　《廣韻》古穴切。

（二）jú　《廣韻》其律切。

三、爹

"爹"字在《廣韻》中有兩個讀音。麻韻：陟邪切，羌人呼父也。哿韻：徒可切，北方人呼父。這兩個讀音都是父親的稱謂。《梁書·始興王憺傳》："民爲之歌曰：'始興王，民之爹。赴人急，如水火。何時復來哺乳我？'"原注："爹，徒可反。"而且"爹火我"押韻，可證"爹"字確有徒可切音。再從字形來看，"爹"字從"多"聲，很可能徒可切是本讀。而陟邪切一讀據《廣韻》當爲外來詞。

陟邪切有兩條演變線路：一是聲母變爲端母②，就是今音的diē。由於與陟邪切不合，所以《洪武正韻》改爲丁邪切，《音韻闡微》改爲低些切。二是聲母變爲照母。《廣韻》麻韻："奢，正奢切，吳人呼父。""奢"其實就是"爹"的一種變讀③。

---

① 《辭源》第三版分作jú和yù兩個音項，分別對應其述切和允律切。

② 也可能是借入時聲母即爲[t]，一直保留在口語中。

③ 清代黃生已經提出"奢"與"爹"同源。參看《字詁義府合按》第28~29頁，中華書局1984年。但是他認爲"徒可切"轉爲"陟邪切"則不準確。

徒可切按規律應當演變爲duò。同小韻的"柂舵"今音即爲duò。漢語方言中有稱父親爲"大"的[①]。這個"大"的本字其實就是"爹"[②]。由於"爹"是稱謂詞，口語中使用頻率較高，演變滯後，所以保留了韻母爲低元音的形式。明代沈榜在《宛署雜記・民風二》中説："父曰爹，又曰別，又曰大。"[③]已經不知"大"的本字爲"爹"。

《漢語大字典》和《漢語大詞典》在"爹"字條目下都收了《廣韻》的兩個反切，但是今音都祇注了一個diē。這是不恰當的，diē祇能對應陟邪切。《王力古漢語字典》祇注了陟邪切。這幾部工具書都用了《始興王憺傳》的書證（《漢語大字典》用的是《南史》）。這條書證祇能對應徒可切，不能對應陟邪切。《辭源》注了diē和duǒ兩個讀音。其中duǒ音顯然是對應徒可切的，但是既不合乎音變規律，又於今音無據[④]。

"爹"字應該分立兩個音項：

（一）diē 《廣韻》陟邪切。

（二）dà 《廣韻》徒可切。

由於字形和讀音的聯繫已經斷了，在音項（二）下應該注明"俗作'大'"。

四、諏

《廣韻》虞韻："諏，謀也。子于切，又子侯切。"侯韻無"諏"字。《集韻》虞韻遵須切小韻和侯韻將侯切小韻均有"諏"字。四部工具書均取《廣韻》子于切，而今音注zōu。子于切與zōu音不合，當取《廣韻》又音子侯切或《集韻》將侯切[⑤]。

星次名"諏訾"的"諏"《漢語大詞典》今音也注爲zōu。"諏訾"又作"娵訾、娵觜"。《禮記・月令》："孟春之月，日在營室。"鄭玄注："此云孟春者，日月會於諏訾，而斗建寅之辰也。"《釋文》："諏，足俱反，又足侯反。本又作'娵'，同。"《左傳・襄公三十年》："歲在娵訾之口。"《釋文》："娵，子須反。""娵"字《廣韻》祇有子于切一讀，四部工具書一致注今音爲jū。"諏訾"和"娵訾、娵觜"既然是同一個詞，讀音應當一致，更何況"諏"字本身就有子于切一讀。所以"諏"字應當增加jū音。

"諏"字的兩個音項應當如下處理[⑥]：

（一）zōu 《廣韻》子侯切（又音），《集韻》將侯切。

（二）jū 《廣韻》子于切。

---

① 參看許寶華、宮田一郎主編《漢語方言大詞典》第233~234頁，中華書局1999年。

② 參看陳燕《"爹"字二音考》，《辭書研究》2003年第3期，第141~145頁。

③ 見《宛署雜記》第193頁，北京古籍出版社1980年。

④《辭源》第三版取消了"徒可切"和duǒ音，但是仍保留了《始興王憺傳》的書證。

⑤《辭源》第三版仍取"子于切"，但是增加了《集韻》的"將侯切"，音韻地位按將侯切。

⑥ "諏"還有zhōu一讀，同"謅"，這裏不討論。

結　語

通過以上例子我們進一步來討論幾個注音的原則問題：

第一，古今音要對應。比如“諏”字，古音取子于切，今音注zōu，子于切當爲jū，二者不能對應。又如“僑”字，古音取其律切和允律切兩讀，今音祇注了一個yù，祇能與允律切對應。

第二，音和義要匹配。比如“諏訾”的“諏”與“娵”同，不是咨詢的意思。所以不當注zōu，而當注jū。

第三，同一詞語的讀音應當一致。比如“諏訾”和“娵訾”是同一個詞，如果寫作“娵訾”讀jūzī，寫作“諏訾”就讀zōuzī，顯然是不合理的。又如“僑佹”和“譎詭”是同一個詞，如果寫作“譎詭”讀juéguǐ，寫作“僑佹”就讀júguǐ，顯然也是不合理的。

第四，專名的讀音儘可能遵循古人相承的習慣。比如“楊倞”的“倞”，韻書中既然有明確的記載是其亮切，就應該承用。

第五，音變不規則的，如果在口語中還保留，就不應該簡單地用反切來折合。比如“爹”字徒可切的讀音在口語中讀dà，不應該按反切折合成duò。正如“他”和“哪”今音tā和nǎ，而不是tuō和nuǒ。

第六，注音和書證要呼應。比如“爹”字條目下如果用了《始興王憺傳》的書證，卻不注徒可切的讀音，就不能正確反映原文押韻的現象。

稿　約

　　《文獻語言學》爲學術集刊，每年兩輯。本刊宗旨是：立足事實分析語文現象，依據文獻研究漢語歷史，貫通古今探索演變規律，融會中外構建學科理論，凝聚隊伍成就學術流派。

　　本刊注重出土文獻、傳世文獻包括海外漢籍的挖掘與利用，刊發原創性研究作品，主要包括文獻語言學理論與方法、漢字與漢字史、訓詁與詞彙史、音韻與語音史、語法與語法史、方俗語與方言史、語文與語言學史等研究領域的最新成果。也刊登學術熱點與重點的研究綜述、有重要影響的學術著作的書評、重要論題的純學術爭鳴或商榷性文章，還願意刊布具有重要學術價值的文獻語言學研究資料。本刊强調扶持年輕學者，歡迎專家推薦青年才俊的優秀稿件。

　　來稿長短以論題需要爲依據，不作字數上的硬性限制，但要求論點明確，材料可靠，探討深入，邏輯嚴謹，表述準確，語言簡練，格式上符合本刊《稿例》要求。

　　本刊編輯部郵箱收到稿件會自動回復，此回復兼作收稿日期確認；稿件勿寄私人，以免誤事。來稿一經采用，即付稿酬，並寄樣刊二册。未用稿件，恕不退稿，三個月内未接到用稿通知，作者可自行處理。

稿　例

一、題目、作者、内容提要、關鍵詞、題注

來稿的中文題目限20字以内,需要内容提要和關鍵詞,關鍵詞一般在3至6個。題目字體與字號爲宋體二號;作者仿宋體小四號;提要、關鍵詞楷體五號。

來稿所關涉的課題及須要向有關人員表示致謝等,應以題注的形式標在稿件正文首頁下方,同時注明課題的批准編號。

二、正文格式

正文中標題編排格式爲:二級標題用"一"(居中、宋體四號)或"一、……";三級標題用"(一)"(首行縮進兩格,宋體五號加粗);四級標題用"1.……(宋體五號)"。正文中例句排列采用(1)(2)(3)……的形式(起三回一)。正文中涉及公元世紀、年代、年、月、日、時刻和計數等,均使用阿拉伯數字。

正文文字請用宋體五號;獨立引文用仿宋五號(起四回二)。

三、注釋

行文中的注釋一律使用脚注,注釋應是對正文的附加解釋或者補充説明,每頁連續編號,脚注符號用①②……,如果參考文獻中已經有完備信息的,可采用文中簡注,注釋内容置於( )内。

脚注用宋體小五。中國年號、古籍卷數請用中文數字。其他如公曆年數、期刊卷期號、頁碼等,均請用阿拉伯數字。

四、參考文獻以作者姓名音序排列,具體格式示例如下

(1)古籍

(漢)應劭著,王利器校注 《風俗通義》,中華書局1981年。

(2)現代論著、論文集論文

楊伯峻 《古漢語虚詞》,中華書局2000年。

(日)橋本萬太郎著,余志鴻譯 《語言地理類型學》,世界圖書出版公司2008年。

陳寅恪 《陳垣敦煌劫餘録序》,《金明館叢稿二編》,三聯書店2009年。

（3）期刊論文、學位論文

李新魁　《論近代漢語共同語言的標準音》,《語文研究》1983年第1期。

周彦文　《千頃堂書目研究》,臺灣東吴大學博士學位論文1985年。

五、注意事項

（1）本刊用繁體字排印,來稿請用繁體字（新字形）。須要采用古文字、異體字等,請予以説明。冷僻字、特殊符號、圖表、圖片（高分辨率）均請另作電子文件,以最清晰的格式提交。

（2）紙稿請寄:北京市海淀區學院路15號,北京語言大學人文社科學部《文獻語言學》編輯部（郵編:100083）。電子本（doc和pdf格式各一份）請發送至: wxyyx15@blcu.edu.cn。